计算机基础与实训教材系列

U0668566

中文版

Project 2016项目管理

实用教程

陶晓云 编著

清华大学出版社
北京

内 容 简 介

本书由浅入深、循序渐进地介绍了 Microsoft 公司项目管理软件——中文版 Project 2016 的操作方法和使用技巧。全书共分 12 章，分别介绍了项目管理概述，Project 2016 基础知识，创建与管理项目，管理项目任务，管理项目资源，项目成本管理，管理项目进度，美化项目文档，分析财务进度，管理多重项目，管理项目报表，商业建筑项目管理实例等内容。

本书内容丰富、结构清晰、语言简练、图文并茂，具有很强的实用性和可操作性，是一本适合于高等院校及各类社会培训学校的优秀教材，也是广大初、中级电脑用户的自学参考书。

本书对应的电子教案、实例源文件和习题答案可以到 http://www.tupwk.com.cn/edu 网站下载。

图书在版编目(CIP)数据

中文版 Project 2016 项目管理实用教程 / 陶晓云 编著. —北京：清华大学出版社，2017（2022.1 重印）
（计算机基础与实训教材系列）
ISBN 978-7-302-47735-8

Ⅰ.①中… Ⅱ.①陶… Ⅲ.①企业管理—项目管理—应用软件—教材 Ⅳ.①F272.7-39

中国版本图书馆 CIP 数据核字(2017)第 158402 号

责任编辑：胡辰浩　袁建华
装帧设计：孔祥峰
责任校对：成凤进
责任印制：宋　林

出版发行：清华大学出版社
　　　　网　　址：http://www.tup.com.cn，http://www.wqbook.com
　　　　地　　址：北京清华大学学研大厦 A 座　　　　　邮　　编：100084
　　　　社 总 机：010-62770175　　　　　　　　　　邮　　购：010-62786544
　　　　投稿与读者服务：010-62776969，c-service@tup.tsinghua.edu.cn
　　　　质 量 反 馈：010-62772015，zhiliang@tup.tsinghua.edu.cn
印 装 者：北京嘉实印刷有限公司
经　　销：全国新华书店
开　　本：190mm×260mm　　　　印　　张：19.25　　　　字　　数：505 千字
版　　次：2017 年 8 月第 1 版　　　　　　　　　印　　次：2022 年 1 月第 3 次印刷
定　　价：69.00 元

产品编号：070048-02

编审委员会

丛 书 序

计算机已经广泛应用于现代社会的各个领域，熟练使用计算机已经成为人们必备的技能之一。因此，如何快速地掌握计算机知识和使用技术，并应用于现实生活和实际工作中，已成为新世纪人才迫切需要解决的问题。

为适应这种需求，各类高等院校、高职高专、中职中专、培训学校都开设了计算机专业的课程，同时也将非计算机专业学生的计算机知识和技能教育纳入教学计划，并陆续出台了相应的教学大纲。基于以上因素，清华大学出版社组织一线教学精英编写了这套"计算机基础与实训教材系列"丛书，以满足大中专院校、职业院校及各类社会培训学校的教学需要。

一、丛书书目

本套教材涵盖了计算机各个应用领域，包括计算机硬件知识、操作系统、数据库、编程语言、文字录入和排版、办公软件、计算机网络、图形图像、三维动画、网页制作以及多媒体制作等。众多的图书品种可以满足各类院校相关课程设置的需要。

⊙　已出版的图书书目

《计算机基础实用教程（第三版）》	《Excel 财务会计实战应用（第三版）》
《计算机基础实用教程(Windows 7+Office 2010 版)》	《Excel 财务会计实战应用（第四版）》
《新编计算机基础教程（Windows 7+Office 2010）》	《Word+Excel+PowerPoint 2010 实用教程》
《电脑入门实用教程（第三版）》	《中文版 Word 2010 文档处理实用教程》
《电脑办公自动化实用教程（第三版）》	《中文版 Excel 2010 电子表格实用教程》
《计算机组装与维护实用教程（第三版）》	《中文版 PowerPoint 2010 幻灯片制作实用教程》
《网页设计与制作(Dreamweaver+Flash+Photoshop)》	《Access 2010 数据库应用基础教程》
《ASP.NET 4.0 动态网站开发实用教程》	《中文版 Access 2010 数据库应用实用教程》
《ASP.NET 4.5 动态网站开发实用教程》	《中文版 Project 2010 实用教程》
《多媒体技术及应用》	《中文版 Office 2010 实用教程》
《中文版 PowerPoint 2013 幻灯片制作实用教程》	《Office 2013 办公软件实用教程》
《Access 2013 数据库应用基础教程》	《中文版 Word 2013 文档处理实用教程》
《中文版 Access 2013 数据库应用实用教程》	《中文版 Excel 2013 电子表格实用教程》
《中文版 Office 2013 实用教程》	《中文版 Photoshop CC 图像处理实用教程》
《AutoCAD 2014 中文版基础教程》	《中文版 Flash CC 动画制作实用教程》
《中文版 AutoCAD 2014 实用教程》	《中文版 Dreamweaver CC 网页制作实用教程》

《AutoCAD 2015 中文版基础教程》	《中文版 InDesign CC 实用教程》
《中文版 AutoCAD 2015 实用教程》	《中文版 Illustrator CC 平面设计实用教程》
《AutoCAD 2016 中文版基础教程》	《中文版 CorelDRAW X7 平面设计实用教程》
《中文版 AutoCAD 2016 实用教程》	《中文版 Photoshop CC 2015 图像处理实用教程》
《中文版 Photoshop CS6 图像处理实用教程》	《中文版 Flash CC 2015 动画制作实用教程》
《中文版 Dreamweaver CS6 网页制作实用教程》	《中文版 Dreamweaver CC 2015 网页制作实用教程》
《中文版 Flash CS6 动画制作实用教程》	《Photoshop CC 2015 基础教程》
《中文版 Illustrator CS6 平面设计实用教程》	《中文版 3ds Max 2012 三维动画创作实用教程》
《中文版 InDesign CS6 实用教程》	《Mastercam X6 实用教程》
《中文版 Premiere Pro CS6 多媒体制作实用教程》	《Windows 8 实用教程》
《中文版 Premiere Pro CC 视频编辑实例教程》	《计算机网络技术实用教程》
《中文版 Illustrator CC 2015 平面设计实用教程》	《Oracle Database 11g 实用教程》
《AutoCAD 2017 中文版基础教程	《中文版 AutoCAD 2017 实用教程》
《中文版 CorelDRAW X8 平面设计实用教程》	《中文版 InDesign CC 2015 实用教程》
《Oracle Database 12c 实用教程》	《Access 2016 数据库应用基础教程》
《中文版 Office 2016 实用教程》	《中文版 Word 2016 文档处理实用教程》
《中文版 Access 2016 数据库应用实用教程》	《中文版 Excel 2016 电子表格实用教程》
《中文版 PowerPoint 2016 幻灯片制作实用教程》	《中文版 Project 2016 项目管理实用教程》
《Office 2010 办公软件实用教程》	

二、丛书特色

1. 选题新颖，策划周全——为计算机教学量身打造

　　本套丛书注重理论知识与实践操作的紧密结合，同时突出上机操作环节。丛书作者均为各大院校的教学专家和业界精英，他们熟悉教学内容的编排，深谙学生的需求和接受能力，并将这种教学理念充分融入本套教材的编写中。

　　本套丛书全面贯彻"理论→实例→上机→习题"4 阶段教学模式，在内容选择、结构安排上更加符合读者的认知习惯，从而达到老师易教、学生易学的目的。

2. 教学结构科学合理、循序渐进——完全掌握"教学"与"自学"两种模式

本套丛书完全以大中专院校、职业院校及各类社会培训学校的教学需要为出发点，紧密结合学科的教学特点，由浅入深地安排章节内容，循序渐进地完成各种复杂知识的讲解，使学生能够一学就会、即学即用。

对教师而言，本套丛书根据实际教学情况安排好课时，提前组织好课前备课内容，使课堂教学过程更加条理化，同时方便学生学习，让学生在学习完后有例可学、有题可练；对自学者而言，可以按照本书的章节安排逐步学习。

3. 内容丰富，学习目标明确——全面提升"知识"与"能力"

本套丛书内容丰富，信息量大，章节结构完全按照教学大纲的要求来安排，并细化了每一章内容，符合教学需要和计算机用户的学习习惯。在每章的开始，列出了学习目标和本章重点，便于教师和学生提纲挈领地掌握本章知识点，每章的最后还附带有上机练习和习题两部分内容，教师可以参照上机练习，实时指导学生进行上机操作，使学生及时巩固所学的知识。自学者也可以按照上机练习内容进行自我训练，快速掌握相关知识。

4. 实例精彩实用，讲解细致透彻——全方位解决实际遇到的问题

本套丛书精心安排了大量实例讲解，每个实例解决一个问题或是介绍一项技巧，以便读者在最短的时间内掌握计算机应用的操作方法，从而能够顺利解决实践工作中的问题。

范例讲解语言通俗易懂，通过添加大量的"提示"和"知识点"的方式突出重要知识点，以便加深读者对关键技术和理论知识的印象，使读者轻松领悟每一个范例的精髓所在，提高读者的思考能力和分析能力，同时也加强了读者的综合应用能力。

5. 版式简洁大方，排版紧凑，标注清晰明确——打造一个轻松阅读的环境

本套丛书的版式简洁、大方，合理安排图与文字的占用空间，对于标题、正文、提示和知识点等都设计了醒目的字体符号，读者阅读起来会感到轻松愉快。

三、读者定位

本丛书为所有从事计算机教学的老师和自学人员而编写，是一套适合于大中专院校、职业院校及各类社会培训学校的优秀教材，也可作为计算机初、中级用户和计算机爱好者学习计算机知识的自学参考书。

四、周到体贴的售后服务

为了方便教学，本套丛书提供精心制作的 PowerPoint 教学课件(即电子教案)、素材、源文件、习题答案等相关内容，可在网站上免费下载，也可发送电子邮件至 wkservice@vip.163.com 索取。

此外，如果读者在使用本系列图书的过程中遇到疑惑或困难，可以在丛书支持网站(http://www.tupwk.com.cn/edu)的互动论坛上留言，本丛书的作者或技术编辑会及时提供相应的技术支持。咨询电话：010-62796045。

前　言

计算机基础与实训教材系列

Microsoft Project 2016 是 Microsoft 公司发布的集使用性、功能性和灵活性于一身的强大的项目管理工具。对于任何行业的项目管理人员来说，依靠 Microsoft Project 2016 来计划和管理项目，可以有效地组织和跟踪任务与资源，使项目符合工期和预算，缩短投入生产的周期，降低成本，提高项目产品的竞争力。

本书从教学实际需求出发，合理安排知识结构，从零开始、由浅入深、循序渐进地讲解 Project 2016 的基本知识和使用方法。全书共分为 12 章，主要内容如下。

第 1 章和第 2 章介绍了项目管理的基本概念，Microsoft Project 2016 的工作界面以及基本操作等基础知识。

第 3 章~第 7 章介绍了项目、项目任务、项目资源、项目成本、项目进度等操作。

第 8 章介绍了美化项目文档的方法，包括设置项目组件格式和整体格式等操作。

第 9 章介绍了分析财务进度的方法，包括使用挣值视图、挣值成本标记表、挣值日程标记表、可视图表的方式，测量项目的进度等操作。

第 10 章介绍了管理多重项目的方法，包括合并项目、建立项目间的相关性、在项目间共享资源、管理多项目等操作。

第 11 章介绍了项目报表的管理方法，包括生成项目报表、生成可视报表、打印报表和视图操作。

第 12 章介绍了通过创建商业建筑项目，来介绍创建项目、工作分配、跟踪项目和打印项目等内容。

本书图文并茂、条理清晰、通俗易懂、内容丰富，在讲解每个知识点时都配有相应的实例，方便读者上机实践。同时在难于理解和掌握的内容上给出相关提示，让读者能够快速地提高操作技能。此外，本书配有大量综合实例和练习，让读者在不断的实际操作中更加牢固地掌握书中讲解的内容。

为了方便老师教学，我们免费提供本书对应的电子教案、实例源文件和习题答案，您可以到 http://www.tupwk.com.cn/edu 网站的相关页面上进行下载。

除封面署名的作者外，参加本书编写的人员还有陈笑、孔祥亮、杜思明、高娟妮、熊晓磊、曹汉鸣、何美英、陈宏波、潘洪荣、王燕、谢李君、李珍珍、王华健、柳松洋、陈彬、刘芸、高维杰、张素英、洪妍、方峻、邱培强、顾永湘、王璐、管兆昶、颜灵佳、曹晓松等。由于作者水平所限，本书难免有不足之处，欢迎广大读者批评指正。我们的邮箱是 huchenhao@263.net，电话是 010-62796045。

作　者
2017 年 5 月

推荐课时安排

章　名	重点掌握内容	教学课时
第 1 章　项目管理概述	1. 理解项目和项目管理 2. Project 2016 在项目管理中的角色 3. 安装和卸载 Project 2016	1 学时
第 2 章　Project 2016 基础知识	1. Project 2016 的启动和退出 2. 初识 Project 2016 3. 在 Project 2016 中选择数据域	1 学时
第 3 章　创建与管理项目	1. 新建项目文档 2. 制定项目计划 3. 管理项目文档	2 学时
第 4 章　管理项目任务	1. 创建任务 2. 编辑任务 3. 组织任务 4. 设置任务工期	2 学时
第 5 章　管理项目资源	1. 项目资源概述 2. 创建资源 3. 设置资源信息 4. 分配资源和管理资源库	2 学时
第 6 章　项目成本管理	1. 项目成本管理概述 2. 创建项目成本 3. 查看项目成本 4. 分析与调整项目成本 5. 查看分析表	2 学时
第 7 章　管理项目进度	1. 项目进度管理概述 2. 设置跟踪 3. 跟踪项目进度 4. 查看项目进度	2 学时
第 8 章　美化项目文档	1. 设置组件格式 2. 插入绘图 3. 插入对象	2 学时

(续表)

章　名	重点掌握内容	教学课时
第 9 章 分析财务进度	1. 设置挣值的计算方法 2. 使用【挣值】表 3. 查看进度指数 4. 查看成本指数	2 学时
第 10 章 管理多重项目	1. 合并项目 2. 建立项目间的相关性 3. 在项目间共享资源 4. 管理多项目	2 学时
第 11 章 管理项目报表	1. 报表概述 2. 生成项目报表 3. 生成可视报表 4. 打印报表和视图	2 学时
第 12 章 商业建筑项目管理实例	1. 设置任务和资源 2. 工作分配 3. 合并项目	2 学时

注：1. 教学课时安排仅供参考，授课教师可根据情况作调整。

2. 建议每章安排与教学课时相同时间的上机练习。

目录

计算机基础与实训教材系列

计算机 基础与实训教材系列

第 1 章

项目管理概述

学习目标

一个项目是否成功取决于时间、成本、质量与范围的控制程度。如果用户单纯地通过手工计算项目数据，既繁琐又不准确。此时，用户可借助微软公司最新推出的 Project 2016 项目管理软件，顺利地完成项目的管理工作。Project 2016 是微软新研发的集实用性、功能性与灵活性于一体的项目管理软件，在项目管理领域中占据着重要地位，它不仅具有强大的报表及灵活的管理工具，而且还具有团队协同作业的功能。

在了解 Project 2016 之前，用户需要先了解一下项目管理基础知识。通过本章的学习，可帮助用户完全掌握项目管理与 Project 2016 的基础知识，为后面的学习打下坚实的基础。

本章重点

- ◉ 项目概述
- ◉ Project 2016 的简介
- ◉ Project 2016 的安装
- ◉ Project 2016 工作界面

1.1 认识项目管理

近年来，项目管理思想得到了空前的应用，项目管理已成为全球管理的新热点。越来越多的企业引入了项目管理，一些跨国企业也把项目管理作为自己主要的运作模式和提高企业运作效率的解决方案，由此可见，项目管理在当今经济社会中起着重要作用。

本节介绍什么是项目管理、项目管理的发展简介、项目的要素与特征、项目管理的特点、项目周期和项目管理的知识领域等。

①.1.1　项目和项目管理

项目是有明确定义的，即：项目是具有相同的开始和结束的一系列事件，项目的目的是要达到一个明确的目标。项目是一个狭窄的概念，它比传统的管理目标更为狭窄。项目管理是指一系列的管理活动，这些活动的最终结果是项目的最后成功。

项目管理是第二次世界大战后期发展起来的技术之一。最早起源于美国，后来于 20 世纪 50 年代由华罗庚教授引进中国，即中国早期的统筹法与优选法。它是"管理科学与工程"学科的分支，是基于管理原则的一套计算方法，主要用于计划、评估、控制工作活动，保证按时、按预算、依据规范达到理想的最终效果。

任何项目在管理的过程中都会受到时间要素、成本要素及范围要素三大要素的限制。其中，时间要素表示完成项目所需用的时间；成本要素表示完成的项目所需要的人员、设备及材料的费用；范围要素表示项目的目标与任务。

①.1.2　项目管理的发展简介

项目管理(Project Management)是基于管理原则的一套计算方法，主要用于计划、评估、控制工作活动，保证按时、按预算、依据规范达到理想的最终效果。换言之，项目管理就是应用管理知识与技能，完成项目的目标与需求。

项目管理作为一门新兴学科，得到了迅猛的发展和不断地完善。下面将详细介绍项目管理的发展过程及相关软件。

1. 项目管理的发展阶段

项目管理通常被认为是第二次世界大战的产物(如美国研制原子弹的曼哈顿计划)，事实上，项目管理历史源远流长，其发展大致经历了以下阶段。

- ◉ 二千多年前：其代表作如我国的长城、埃及的金字塔、古罗马的供水渠这样不朽的伟大工程。我国汴梁古城的复建也可称为成功的项目管理的典型例子。
- ◉ 20 世纪 40 年代(近代项目管理的萌芽)：主要应用于国防和军工项目。美国把研制第一颗原子弹的任务作为一个项目来管理，命名"曼哈顿计划"。美国退伍将军莱斯利·R·格罗夫斯(L.R.GROVES)后来写了一本回忆录《现在可以说了》(Now it can be told: The story of the Manhattan Project)，详细记载了这个项目的经过。
- ◉ 20 世纪 50 年代后期(近代项目管理的成熟)：美国出现了关键路线法(CPM)和计划评审技术(PERT)。项目管理的突破性成就出现在 20 世纪 50 年代。就在这一方法发明一年后，美国海军开始研制北极星导弹。这是一个军用项目，技术新，项目巨大，据说当时美国有三分之一的科学家都参与了这项工作。20 世纪 60 年代这类方法在由 42 万人参加，耗资 400 亿美元的"阿波罗"载人登月计划中应用，取得巨大成功。此时，项目管理有了科学的系统方法。当时主要运用在军事工业和建筑业，项目管理的任务主要是项目的执行。现在，CPM 和 PERT 常被称为项目管理的常规"武器"和经典手段。

◉ 20 世纪 70 年代至 80 年代(项目管理的传播和推广)：1969 年，美国成立了一个国际性组织 PMI (Project Management Institute)，即美国项目管理学会，它是一个有着近 5 万名会员的国际性学会，是项目管理专业领域中最大的由研究人员、学者、顾问和经理组成的全球性专业组织。这个组织的出现极大地推动了项目管理的发展。尔后 PMI 一直致力于项目管理领域的研究工作，1976 年，PMI 提出了制定项目管理标准的设想。经过近十年的努力，于 1987 年推出了项目管理知识体系指南(Project Management Body of Knowledge)，简称 PMBOK。这是项目管理领域又一个里程碑。20 世纪 70 年代至 80 年代，项目管理迅速传遍世界其他各国，当时，我国 CPM 为统筹法(这是华罗庚教授首先将其介绍到国内时，根据其核心思想为它取的名称)。项目管理从美国最初的军事项目和宇航项目很快扩展到各种类型的民用项目。其特点是面向市场迎接竞争，项目管理除了计划和协调外，对采购、合同、进度、费用、质量、风险等给予了更多重视，初步形成了现代项目管理的框架。这个知识体系把项目管理归纳为范围管理、时间管理、费用管理、质量管理、人力资源管理、风险管理、采购管理、沟通管理和整合管理九大知识领域。PMBOK 又分别在 1996 年和 2000 年进行了两次修订，使该体系更加成熟和完整。

◉ 20 世纪 90 年代至今(现代项目管理的新发展)：进入 20 世纪 90 年代，又跨越了世纪之交，项目管理有了新的进展。为了在迅猛变化、急剧竞争的市场中迎接经济全球化、一体化的挑战，项目管理更加注重人的因素、注重顾客，注重柔性管理，力求在变革中生存和发展。在这个阶段，应用领域进一步扩大，尤其在新兴产业中得到了迅速的发展，比如通信、软件、信息、金融、医药等现代项目管理的任务已不仅仅是执行任务，而且还要开发项目、经营项目，以及为经营项目完成后形成的设施、产品和其他成果必要的条件。

通过上述项目管理经历的 5 个阶段的阐述，通常项目管理专家把项目管理划分为以下两个阶段：

◉ 20 世纪 80 年代之前为传统的项目管理阶段。
◉ 20 世纪 80 年代之后为现代项目管理阶段。

2. 项目管理软件概述

随着项目管理的普及，市场上的项目管理软件也越来越多。其项目管理软件从应用对象大致可以分为工程类和非工程类项目管理软件，而工程类项目管理软件通常具有材料管理的功能。

工程类的项目管理软件从研发地区可以分为国外和国内项目管理软件。其中，国外的项目管理软件通常包括 P3、Open WorkBench、OpenPlan、SureTrak、Project 等软件，而国内的项目管理软件包括邦永科技 pm2、易建工程项目管理软件等软件。工程类项目管理软件的具体情况如表 1-1 所示。

表 1-1　工程类项目管理软件

软件名称	公　　司	说　　明
P3	Primavera	企业级管理软件，应用于高端的项目管理，并侧重于多个事件的业务串联管理
Open WorkBench	NIKU	其是基于 Windows 的桌面应用软件，具有强大的项目计划安排和项目管理能力
OpenPlan	Welcom	企业级管理软件，提供标准的 WBS、RBS 和 OBS 模板
SureTrak	Primavera	其适用于中小企业，是简化的 P3，采用了国际标准的项目管理工具，可以组织丰富的视图与报表，快速进行进度计算
Project	Microsoft	其为微软推出的全球比较知名的 PM 项目管理软件，目前最新版本为 Project 2016
邦永科技 pm2	邦永科技	其是以集团多项管理为依托的多行业，多版本的集团化项目管理软件，具有实用性、可靠性、安全性和易用性等特点
易建工程项目管理软件	易建科技有限公司	该软件是以成本管理为核心、以进度计划为主线、以合同管理为载体，适用于建筑领域的综合型项目管理软件

3. 项目管理的发展趋势

随着经济全球化，区域一体化的发展，项目管理已成为经济发展的重要构成因素。它对项目的发展与成功起到至关重要的作用，它的灵活性也适应了企业产品多变的要求。因此，深入而广泛地开展项目管理实践活动，提高项目管理水平，是时代发展的需要，是经济发展的客观要求。从总体上看，当代项目管理的发展呈现出以下趋势。

- 项目管理的应用范围扩大：20 世纪 90 年代以来，项目管理的应用迅速扩展到所有的工业领域(行业)，例如 IT、通信、交通、能源、环保、航空航天、国防、建筑、制造、金融投资、医学和行政管理等行业，应用范围从单一项目环境扩展到整个组织环境，有些项目管理从单一的项目管理转变为多个项目管理，或者一种项目的组合管理。

- 从偏重技术管理到注重人的管理：项目管理重点开始转移，从偏重技术管理转移到注重人的管理，从简单的考虑工期和成本控制到全面综合的管理控制，包括项目质量、项目范围、风险、团队建设等各方面的综合管理。过去，项目管理片面强调技术。例如建筑业，过去有技术方面的经验就可以胜任项目经理的工作，现在要求项目管理者和项目成员不再仅仅是项目的执行者，他们要能胜任更为广泛的工作，要求掌握更加广泛的专业技术、经营管理知识和技能。

- 信息技术平台为项目管理解决更复杂的现实问题提供了可能：目前，越来越多的项目管理人员使用 Internet 等现代化的通信技术，对项目全过程中产生的信息进行收集、储存、检索、分析和分发，以改善项目生命周期内的决策和信息的沟通。各种类型的项目管理软件功能也在不断地改善和加强。

1.1.3 项目管理的要素与特征

随着项目管理的广泛应用,各种不同的产品会应用不同的项目。但是所有的项目具有3大要素及6大特征。

1. 项目管理的要素

项目的要素是指影响项目成败或发展方向的根本原因或条件。影响项目管理的因素比较多,而时间、范围和费用是项目管理的三要素(有时也称项目三角形),是不可少的条件,然而其中任何一个发生变化时,就会影响其他两个,如图1-1所示。

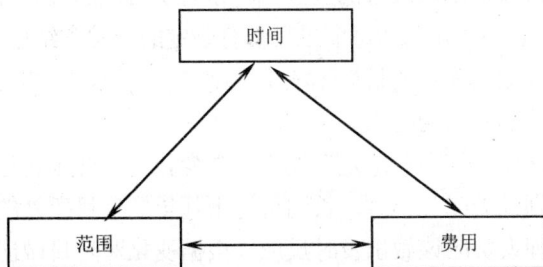

图1-1 相互作用的项目管理三要素

知识点

项目的三要素是相互影响的,在项目开始时需要明确项目范围,防止不确定性以免造成成本或时间的增加。同时当项目发生变化时,需要根据实际情况平衡三者之间的关系。

项目管理三要素的定义如下所示。

- 范围:也称工作范围,指项目的目标和任务,以及完成这些目标和任务所需的工作。通常通过定义交付物和交付物标准来定义工作范围。
- 时间:反映在项目日程中的完成项目所需的时间。在项目中表现为任务的进度和工期。
- 费用:即项目的预算,它取决于资源的成本。这些资源包括完成任务所需的人员、设备、空间和材料。

虽然这3个要素都很重要,但通常有一个要素会对项目起决定性的影响。这3个要素之间的关系根据每个项目而异,它们决定了用户会遇到的问题种类,以及可以实现的解决方案。了解项目中的限制及可灵活掌握的部分,将有助于计划和管理项目。

例如,建造一幢房子,范围就是按要求交付房子,若需要交付的内容增加,则有如下两种情况:第一种,交付时间变长,这样务必产生资源等成本的开支;第二种,增加资源的投入,这样同样增加了成本的开支。

2. 项目管理的特征

项目是指在一定约束条件下(主要是限定资金、限定时间等),为完成某一独特的产品或服务具有特定目标的一次性任务。例如三峡工程、北京申办2008年奥运会、建造一座大水坝、研制一种新药等都是项目。各种不同的项目,其内容是千差万别的。但它们都具有相似的特性。

- 目标确定性:任何项目都必须具有特定明确的目标。这是项目的一个重要特征。项目目标往往取决于项目法人所要达到的最终目的。例如,工业建设项目的最终目标是要增加或提供一定的生产能力，形成具有一定使用价值的固定资产；而科学研究项目则以突破原有理论、取得研究成果为其特定目标。每个项目所追求的目标必须服从总体运作体系的要求，项目完成的结果应该是可以依据目标说明书进行判断的，实现了项目的目标，也就意味着项目的结束。

- 独特性：每个项目都是唯一的。一个项目所涉及的人员、资源、地点、时间等均是不可能完全相同的，项目的执行过程也是独一无二的。

- 约束性：项目会受到时间、资源及成本的限制。一个项目的开始时间与完成时间，必须符合项目的规划时间，同时为了保证项目的顺利完成，还必须符合资源及成本规划或基准的约束。

- 一次性：这是项目与其他重复性运行或操作工作最大的区别。项目有明确的起点和终点，不能完全照搬，也不会完全相同，它不能重复。每个项目都有确定的开始和结束，当项目的目标已经实现，或已清楚地预测到项目的目标无法实现则放弃，或项目的必要性不存在并已终止时，该项目就到达到了它的终点。

- 不确定性：在项目的实施过程中，外部和内部因素总是会发生一些变化，因此项目也会出现不确定性。项目持续的时间短则几天或几小时，长则可达十几年。项目所处的环境总是不断变化的，因此，项目管理人员应该做出及时反应，根据变化对项目做出调整，否则将不能实现预期的目标。

- 不可挽回性：项目活动过程的一次性和活动成果的单件性，决定了项目实施的风险性和项目管理的特殊性，一旦失败就失去了重新进行原项目的机会。为了降低项目实施的风险，尽可能地实现项目目标，就要求项目成员去研究和掌握项目的实质和规律性，用科学的管理方法保证项目的一次成功。

1.1.4 项目管理的特点

项目管理经过多次发展，已具有自己的独特特点。熟悉项目管理的前提条件，便是了解项目管理的特点。

随着社会的发展，信息技术越来越被重视，而项目管理技术也逐渐信息化。信息化时代的项目管理相对于传统的项目管理，具有独特的特点。其中传统项目与信息化时代项目管理的特点如表 1-2 所示。

表 1-2 项目管理的特点

项目类别	传统的项目管理	信息化时代的项目管理
管理目标	技术性	经营性、商业性、综合性
人员要求	技术技能	技术技能、商业技能、管理技能
涉及内容	技术	技术、财务学、管理学、领导学、组织行为学等知识
层次性	单一性	创新性、开发性、业务性等同时实现

(续表)

项目类别	传统的项目管理	信息化时代的项目管理
管理方式	死板	灵活
风险意识	不重视	强化风险管理
项目办公室	传统、单一管理	标准化与专业化管理

1.1.5 项目周期

除了项目的三要素时间、范围、费用外，项目周期(也称项目生命周期)也是项目的重要过程。项目周期就是指从定义项目目标、制定项目计划直到最终完成整个项目的过程，如图1-2所示。

1. 定义项目目标

在制定项目计划前，用户必须明确该项目要完成什么或提交什么，不但要对待完成的工作了如指掌，还要明确能够使项目委托人满意的质量标准。

此外，用户还必须清楚该项目是否有最后完成期限，工作应在什么时候开始，什么时候结束，以及明确是否需要考虑项目的成本要求等。

因此，定义项目目标是关键一环，要防止目标的不确定。

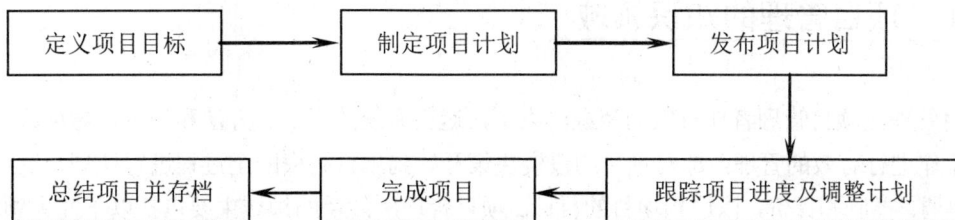

图1-2 项目周期的几个阶段

2. 制定项目计划

制定项目计划，就是为了完成目标而展开的一系列活动计划。明确项目目标之后，就可以着手制定项目计划了。在制定计划之前，首先要与小组成员进行讨论，明确工作的主要阶段和每个主要阶段的具体任务，然后估计出每项任务的大致完成时间。其次，为了使任务按一定的先后顺序进行，还需要对任务进行链接。此外，还需要为任务分配资源和工时，输入资源的标准费率和加班费率，以及输入固定的任务成本等。

制定好项目计划后，需要对所做的计划进行检查，对项目执行过程中可能出现的问题给予解决。

3. 发布项目计划

项目计划完成后，如果需要使计划得到上级的批准，或者将任务分配给下属，或者需要与他人(比如项目风险承担者)交流项目信息，就需要发布项目计划。用户可以通过多种方式来发布计划，比如把计划打印出来、通过 E-mail 邮件或者利用 Web 页面等。

4. 跟踪项目进度及调整计划

项目开始实施后，用户需要不停地记录各项任务开始和完成的实际时间，即对项目计划的实施进行跟踪。由于用户需要知道项目的实施过程与所创建的计划有什么出入，因此需要创建一个基准，便于与实际情况进行比较。在某一任务的实际完成日期与原始计划有偏差时，应重新确定下一个任务的开始日期和完成日期。如果在预定的期限内有完不成计划的危险，则需要提前在日程中对资源进行必要的调整，尽可能地使项目保持在日程内并且不超出预算，以保证任务顺利实施，防止任务出现问题影响整体项目。

5. 完成项目

完成项目目标，是展开活动的最终目标。任何项目都不可能无期限延续。

6. 总结项目并存档

完成项目后，需要提交一份总结报告来描述项目的成功完成或其存在的错误之处，并对该项目进行详尽的描述与分析，以便将来为其他项目计划提供有价值的参考信息、经验或教训。

①.1.6 项目管理的知识领域

项目管理是项目管理者在有限的资源约束下，运用系统的观点、方法和理论，对项目涉及的全部工作进行有效的管理，即对项目的投资决策开始到项目结束的全过程进行计划、组织、指挥、协调、控制和评价，以达到项目的目标。项目管理所涉及的领域主要包括以下九大领域。

> **提示**
>
> 项目管理的知识领域是指作为项目经理必须具备与掌握的重要知识与能力，这些知识领域涉及很多的管理工具和技术，用来帮助项目经理与项目组成员完成项目的管理。

1. 项目范围管理

范围管理是为了实现项目的目标，对项目的工作内容进行控制的管理过程。这个过程用于确保项目组和项目成员对作为项目结果的项目产品以及生产这些产品所用到的过程有一个共同的理解。它包括确定项目的需求、定义规划项目的范围、范围管理的实施、范围的变更控制管理以及范围核实等。

2. 项目时间管理

时间管理是为了确保项目最终的按时完成所实施的一系列管理过程。它包括具体活动界定、活动排序、时间估计、进度安排及时间控制等工作。

"按时、保质地完成项目"大概是每一位项目经理最希望做到的。但工期拖延的情况却时常发生。因而合理地安排项目时间是项目管理中的一项关键内容，它的目的是保证按时完成项目、合理分配资源、发挥最佳工作效率。

3. 项目成本管理

成本管理是为了保证完成项目的实际成本，使费用不超过预算成本所实施的管理过程。它包括资源的配置，成本和费用的预算和费用的控制等工作。项目成本管理是在整个项目的实施过程中，为确保项目在已批准的成本预算内尽可能好地完成而对所需的各个过程进行管理。

4. 项目质量管理

质量管理是为了确保项目达到客户所规定的质量要求所实施的一系列管理过程。它包括质量规划、控制和保证等工作。

5. 项目人力资源管理

人力资源管理是为了保证所有项目关系人的能力和积极性都得到最有效地发挥和利用所实施的一系列管理措施。它包括组织的规划、团队的建设、人员的选聘和项目的班子建设等工作。项目人力资源管理包括项目团队组建和管理的各个过程。项目团队包括为完成项目而分派有角色和职责的人员。项目管理团队是项目团队的子集，负责项目管理活动。

6. 项目沟通管理

在项目管理中，专门将沟通管理作为一个独立的知识领域。PMBOK 中也建议项目经理要花 75%以上时间在沟通上，可见沟通在项目中的重要性。多数人理解的沟通，就是善于表达，能说、会说。项目管理中的沟通，并不等同于人际交往的沟通技巧，更多是对沟通的管理。

沟通管理是为了确保项目信息的合理收集和传输所实施的一系列措施。它包括沟通规划、信息传输和进度报告等工作。

7. 项目风险管理

项目风险管理是指对项目风险从识别到分析乃至采取应对措施等一系列过程。它包括将积极因素所产生的项目风险管理流程影响最大化和使消极因素产生的影响最小化两方面内容。

风险管理涉及项目可能遇到的各种不确定因素。它包括风险的识别、量化、控制和制订对策等工作。

8. 项目采购管理

采购管理是为了从项目实施组织之外获得所需资源或服务所实施的一系列管理措施。它包括采购计划、采购与征购、资源的选择和合同的管理等工作。

9. 项目综合管理

综合管理是指为确保项目的各项工作能够有机地协调和配合所展开的综合性和全局性的

项目管理工作和过程。它包括项目集成计划的制定、项目集成计划的实施和项目变动的总体控制等工作。

在项目管理过程中，首先要严格控制项目的进度，保证项目在规定的时间内完成；其次要合理利用资源，并将项目的费用尽量控制在计划的预算之内；同时，要跟踪项目执行的情况，保证项目按照规定的质量标准执行。

知识点

> 在项目管理的九大知识领域中，核心领域是范围管理、时间管理、成本管理与质量管理。

1.1.7 现代项目管理的方式

随着知识经济的飞速发展，项目管理模式将在企业竞争及经济发展中扮演着日益重要的角色。现代项目管理作为一套科学的管理方法体系、一种已被公认的管理模式，是在长期实践和研究的基础上总结而成的，有其独特之处。

概括起来，现代项目管理具有如下几方面的方式。

- 项目管理的对象是项目或被当作项目来处理的事务。
- 项目管理的全过程都贯穿着系统工程的思想。依据"整体-分解-综合"的原理，把项目分解成多个责任单元。
- 项目管理的组织具有特殊性，其管理的组织是临时性、开放性的，组织结构为矩阵结构。
- 项目管理的方式为目标管理，是一种多层次的目标管理方式。项目管理者以综合协调者的身份向各方面的专家讲明应承担的责任，协商确定时间、经费、工作标准的限定条件。
- 项目管理的体制是一种基于团队管理的个人负责制。项目经理对项目结果全面负责。
- 项目管理的要点为创造和保持是项目顺利进行的环境。项目管理是管理过程不是技术过程。
- 项目管理的方法、工具和手段具有先进性和开放性。

1.2 项目管理中的概念与原理

项目管理是一门学科，不仅可以监督项目，而且还可以提供控制项目的管理方法。通过项目管理，不仅可以组织项目中的任务，而且还可以对项目进行系统化管理。下面介绍一些在项目管理中使用的概念，以及项目管理的基础原理。

①.2.1 项目管理中的概念

项目管理需要经历日程安排、预算、资源管理、进度跟踪与报告等领域。一般情况下，其包括关键路径、可宽延时间、工期和里程碑等概念。

1. 关键路径

关键路径主要用于标记项目中的关联任务，是影响计算项目完成日期的一系列任务。由于关键路径为最小任务计算工期、定义最早、最迟开始与结束日期，所以关键路径直接决定了项目的大小因素，有助于确保项目的按时完成。

一般情况下，可通过下列方法来组成关键路径。

- 需要将项目中的各项任务视为具有时间属性的节点，从项目的起点到终点进行有序排列。
- 使用具有方向性的线段标出各节点的关系，使之成为一个有方向的网格图。
- 需要用正、逆推算法计算任务的最早与最晚开始时间，以及最早与最晚结束时间，并计算各个活动的时差。
- 找出时差为零的路线，既表示时间差为零的路线为关键路径。

其中关键路径具有以下特点。

- 决定项目的工期：关键路径中的活动持续时间直接决定了项目的工期，而所有活动的持续时间的总和即为项目的工期。
- 决定工时的延迟：关键路径中任何一个任务都为关键任务，其中任意一个任务的延迟都直接决定整个项目的工时延迟。
- 影响项目的完成时间：关键路径中的耗时决定项目的完成时间。当缩短关键路径的总耗时，会缩短总工期，反之则延长总工期。

关键路径既具有相对性，也具有可变性。在一定情况下，关键路径可变为非关键路径，而非关键路径也可以变为关键路径。

2. 可宽延时间

"可宽延时间"表示在不影响其他任务或项目完成日期的前提下，任务可延迟的时间。当用户清楚项目排列中的可宽延时间时，可在无时差的阶段，移动其他过多时差阶段中的任务。

"可用可宽延时间"表示在不延迟后续任务的情况下，可以延迟的时间。使用"可用时差"域可以决定任务是否具有可延迟的时间。

"可宽延的总时间"表示在不延迟项目完成的情况下，任务可延迟的时间。其中"总时差"可以为整数，也可以为负数。为正数时表示任务可宽延，为负数时表示未为任务排定足够的时间。

3. 工期和里程碑

在项目管理中，大多数任务需要在特定的时间段内完成，而完成任务所需要的时间被称为工期。为准确跟踪每个任务进度，也为了能按时完成整个工程，用户可不断地尝试将项目中工期比较长的任务分解为多个较短工期的任务。

在项目中，还有部分任务不需要在特定的时间段内完成，也就是该部分任务的工期为零，只表示时间中的一个点，该任务被称作为里程碑。里程碑只用于标记项目中的关键时刻。

1.2.2 项目管理中的原理

在实际项目运作过程中，由于缺乏正确的管理方法，往往会遇到进展拖延、费用超支等问题。在深入学习项目管理方法之前，用户还需要先了解一下项目管理的工作内容、三坐标管理，以及项目管理的组织和领导的基础知识。

1. 项目管理的工作内容

一般情况下，项目管理可以分为 C、D、E、F 这 4 个阶段。其中，各阶段的具体内容如表 1-3 所示。

通过对项目管理工作内容的归纳，可将项目管理的工作内容分为可行性研究、工作结构分解、三坐标管理与项目评估 4 个方面的工作。

表1-3 项目管理的工作内容

阶 段	含 义	工 作 内 容
C	概念阶段	调查研究、收集数据、确定目标、资源预算、确定风险等级等内容
D	开发阶段	确定成员、界定范围、制定计划、工作结构分解等内容
E	实施阶段	建立项目组织、执行 WBS 工作、监督项目、控制项目等内容
F	结束阶段	评估与验收、文档总结、清理资源、解散项目组等内容

2. 三坐标管理

由于项目实施过程中的进度、费用与质量之间存在相互协调、相互制约和相互适应的关系，所以项目的进度管理、费用管理与质量管理被称为三坐标管理。

其中，项目的进度管理是项目按期完工的保证，主要分为编制进度计划和控制计划两部分，具体内容如表 1-4 所示。

表1-4 项目进度管理的内容

含 义	内 容
编制进度计划	项目分解、工作序列、评估工作时间、安排进度等内容
控制计划	作业控制、控制项目总进度、控制项目主进度、控制项目详细进度等内容

项目的费用管理包括资源计划、费用估计、费用预算、费用控制等方面，是项目按照预算计划完成的保证。其具体内容如表 1-5 所示。

表1-5 项目费用管理内容

方 面	内 容	方 法	结 果
资源计划	工作分解结构、项目进度计划、历史信息等内容	数学模拟法、头脑风暴法等	资源的需求计划、资源的相关描述等
费用估计	资源需求计划、资源单位价格、费用表格等	类比分析法、参数模拟法、估计法等	项目总资源费用与明细
费用预算	工作分解结构、费用评估值、项目进度计划表等	类比分析法、参数模拟法、估计法等	获得费用基线等
费用控制	费用预算值、实施执行报告、增减预算的请求等	费用控制系统、附加计划等	修订费用估计、更新费用预算、估计项目总费用等

项目的质量管理包括质量计划、质量保证、质量控制等内容，是确保项目按照设计计划完成项目的保证。其具体内容如表 1-6 所示。

表1-6 项目质量管理内容

含 义	内 容	方 法	结 果
质量计划	质量方针、产品与范围陈述、规则标准等	利益与成本分析、制作实施标准等	质量管理计划、操作说明等
质量保证	质量管理计划、操作说明等	质量审核与质量计划所采用的方法	保证质量、质量改进等
质量控制	质量管理计划、操作描述、具体工作结果等	统计样本、控制图表、趋势分析等	质量改进措施、完成检查表、过程微调等

3. 项目管理的组织设计原则

项目管理的组织设计主要包括以下原则。

- 目标一致：需要建立保证与协调的目标体系。
- 有效的管理幅度与层次：管理幅度与管理层次成反比效果，为避免管理信息的迟滞，还需要扩大管理幅度，减少管理层次。
- 责权对等：在项目管理的实施过程中，需要将责任与权力进行对等分配，确保管理人员工作的积极性。
- 集分权相结合：根据项目的具体情况，需要确保集权与分权的合理分配。

4. 组织结构形式

项目的组织结构形式主要包括传统式和矩阵组织式两种结构形式。其中，传统式的组建结构形式又包括直线式、职能式和直线职能式 3 种形式。直线式是按级别直接领导的结构样式，例如厂长直接领导主任，而主任则直接领导组长。而职能式是多头领导的结构样式，"直线职能式"是直接领导与职能领导结合的结构样式。

矩阵组织形式是可以运用多个部门人员，同时进行多个项目的一种结构方式。在该结构方式中，同一个人员可以参与多个项目。新成立的项目组是一个临时组织，既不属于行政组织，也不与行政组织并列。

5. 项目管理的领导

在项目管理中，领导类人员需要发挥项目决策、指挥、协调、刺激等方面的作用。其中，领导权力的类型主要包括强制权、奖励权、法定权、专长权与影响权 5 种权力类型。

另外，根据领导控制与影响程度，可将领导方式划分为集权型、民主性与放任型 3 种类型。

1.3 Project 2016 在项目管理中的角色

项目管理离不开管理工具的支持，这是所有项目管理工作者的共识。Project 2016 是微软公司最新推出的一款专用于项目规划与管理的软件。它是 Microsoft Office 系统中不可缺少的一部分，它可以灵活地满足管理工作和人员的需要，不论在独立的管理项目中，还是小组、部门或组织内以项目组合的方式进行的管理项目中。

1.3.1 Project 2016 产品介绍

Project 2016 以其强大的功能、友好的界面吸引了众多的用户，成为目前各领域最受欢迎的项目管理软件之一。它可以适用不同企业规模和不同管理目标的需求，既可以选择满足个别需要的单用户版本，也可以选择满足大型项目管理需求的服务器版本，允许多个用户使用普通数据协同工作。

Project 2016 系列产品包括 Microsoft Project Standard 2016、Microsoft Project Professional 2016、Microsoft Project Server 2016。

- Microsoft Project Standard 2016(标准版)：是基于 Windows 的一个客户端程序，此版本只能进行单一的项目管理，无法与 EPM(企业项目管理) Project 进行交互。
- Microsoft Project Professional 2016(专业版)：是基于 Windows 的一个客户端程序，此版本包括 Standard 的完整特性集，可以与 EPM(企业项目管理) Project 进行交互。
- Microsoft Project Server 2016(服务器版)：是基于内联网解决方案的一个服务器程序，用户通过该服务器进行工作分配、日程、成本等项目信息的交流。另外，Project Portfolio Server 中的相关项目组合功能已合并到 Project Server 2016 中。

1.3.2 Project 2016 新增功能

在对项目进行管理时，常常需要制定项目范围，确保项目时间，节省项目成本，应对项目风险，与项目干系人及工作组成员沟通，对人力资源进行管理合理利用，确定项目质量，管理项目采购招标以及为了确保各项工作有机协调配合进行综合管理等。Project 2016 作为一个功能强大、使用灵活的项目管理软件，可以帮助用户完成如下工作。

● 快速入门：启动 Project 2016 不像启动 Project 其他版本一样直接打开一个空白项目文档。Project 2016 启动后，为用户提供了许多种项目文档启动的方式，如使用模板、主题、最近的项目文档或空白项目文档等。

● 新增展示项目数据功能：Project 2016 新增了图形报表，以用来形象地展示项目数据。其无须将数据导出即可创建简洁且色彩丰富的专业化报表。另外，该新增功能还可以通过添加图片、形状、图表、动画、链接和其他元素，增加图形报表的可视性内容。

● 全新的报表集：Project 2016 新增了一些全新的预安装报表集，它们利用了新的图形和格式设置功能。报表集中的各类报表，不仅数据背景墙被色彩丰富的图表和图像所取代，而且还可以通过更改图表颜色来达到美化图表的目的。通过预安装的报表集，可以通过添加或删除任何元素的方法，让项目干系人一目了然地把握项目状态，并详细了解项目的落后和提前情况。

● 新增跟踪任务路径功能：对于复杂的项目，通常情况下项目中的甘特图是由无数的条形和连接线组合在一起的网结，无法突出某个所需查看的任务。此时，用户可以使用 Project 2016 中新增的跟踪任务路径功能，突出显示某一任务的连接状态，即当用户单击某个任务时系统会自动以某种颜色显示该任务的所有前置任务，并以另一种颜色显示该任务的后置任务。

● 与工作组沟通功能：Project 2016 新增的与工作组沟通功能，可以帮助用户在不必退出 Project 组件的同时与工作组成员保持联系，以获取项目进度的最新情况。用户只需将鼠标悬停在某个资源名称上(某个姓名)，系统即显示需要进行联系的方式。

● 新共享会议功能：Project 2016 新增的共享会议功能，可以将 Project 报表、日程表和数据导出到 Office 程序中。即使未安装 Office 组件，也可以通过任何受支持的设备加入连接会议并共享 PowerPoint 幻灯片、Word 文档、Excel 电子表格或 OneNote 笔记。

● 新云中保存和共享文件功能：云为网络中的文件存储。联机时，便可以访问云。在 Project 2016 组件中，用户可以轻松地将 Project 文档保存到自己的 SkyDrive 或组织网站中。另外，用户还可以在云中访问和共享 Project 日程、Excel 电子表格和其他 Office 文件。

● 更灵活的日程表：借助 Project 2016，不仅可以利用多个日程表来展示工作的不同阶段或类别，还可以单独为每个日程表设置开始时间和结束日期，以便清晰地描绘所涉及的工作的总体情况。

● 更好地控制资源调度：某些资源的可用性有限，可以由资源经理安排其时间。借助 Project 2016 专业版和 Project Online，项目经理和资源经理可以达成称为资源预订的协议，以确保在组织内资源可以得到恰当且有效地使用。

● 使用"操作说明搜索"快速执行：Project 2016 功能区上的一个文本框，其中显示"告诉我您想要做什么"。这是一个文本字段，可以在其中输入与接下来要执行的操作相关的字词和短语，快速访问要使用的功能或要执行的操作。在此区域，还可以选择获取与要查找的内容相关的帮助。

⦿ Project 的新主题：可以应用 3 种 Office 主题，分别是彩色、深灰色和白色。若要访问这些主题，可以选择【文件】|【选项】|【常规】命令，然后选择【Office 主题】旁的下拉菜单中的相应选项。

1.4 安装和卸载 Project 2016

使用 Project 2016 进行项目管理，需要安装 Project 2016 到本地计算机上。安装 Project 2016 就是指将程序文件添加到操作系统中，添加过程由 Project 2016 安装向导完成。

1.4.1 配置要求

不管哪个版本的 Project，在计算机上进行安装时需要达到一定的软硬件要求。如果要安装 Project Professional 2010，需要满足如表 1-7 所示的软硬件条件。

表 1-7 Project Professional 2016 的配置要求

组　件	要　求
计算机和处理器	1 GHz 或更高处理器，包含 SSE2 指令集
内存	2 GB 运行内存
硬盘空间	3.0 GB 存储空间
驱动器	DVD 驱动器
显示	分辨率 1280×800
操作系统	Windows 7 SP1、Windows 8、Windows 8.1、Windows 10、Windows Server 2008 R2、Windows Server 2012、Windows Server 2012 R2 或 Windows 10 Server

1.4.2 安装 Project 2016

将 Project 2016 软件光盘放入光驱，或者从官方网站下载 Project 2016 软件，在安装文件所在的目录找到 Setup.exe 可执行文件并运行，按照提示逐步操作，即可完成软件的安装。

【例 1-1】在 Windows 7 操作系统中第一次安装 Project 2016 软件。

(1) 将 Project 2016 的安装光盘放入光驱中，找到光盘的安装文件 setup.exe，并双击该安装图标，如图 1-3 所示，系统将自动运行安装配置向导并复制安装文件。

(2) 软件显示"即将准备就绪"，如图 1-4 所示。

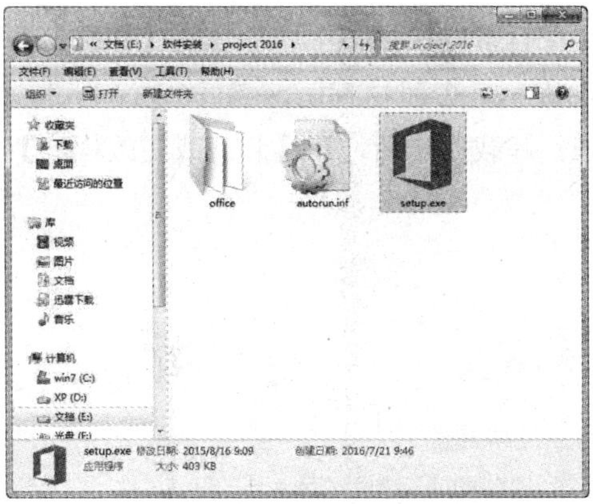

图 1-3 运行安装配置向导

图 1-4 即将准备就绪

(3) Project 2016 软件自动进行安装，如图 1-5 所示。

(4) 等待软件自动安装完毕，显示 "一切就绪！Office 当前已安装"，如图 1-6 所示。

图 1-5 自动进行安装

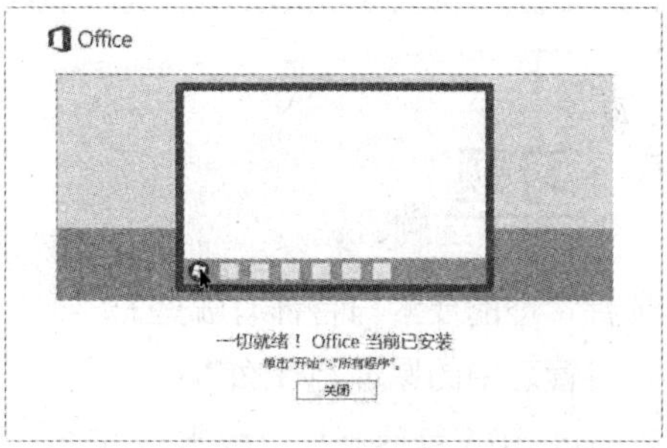

图 1-6 安装完成

1.4.3 卸载 Project 2016

如果要卸载 Project 2016，可以选择【开始】|【控制面板】命令，如图 1-7 所示，打开【控制面板】窗口。选择【卸载程序】选项，打开【程序和功能】窗口，如图 1-8 所示。

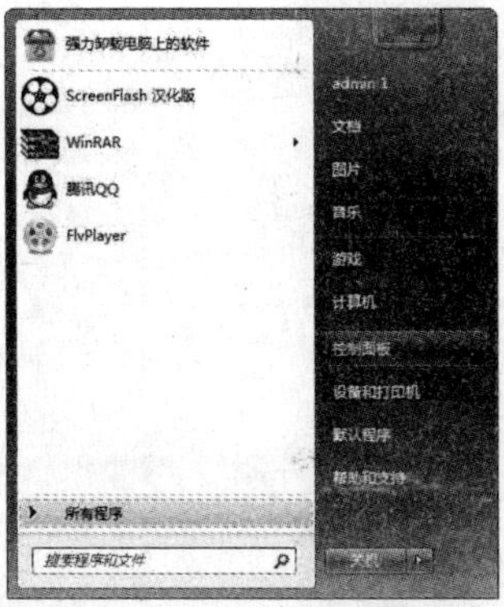

图 1-7 选择【控制面板】命令

图 1-8 控制面板

计算机 基础与实训教材系列

右击 Microsoft Project Professional 2016 选项，在打开的快捷菜单中，选择【卸载】命令，如图 1-9 所示。打开如图 1-10 所示的信息提示框，提示是否卸载 Microsoft Project Professional 2016，单击【卸载】按钮，即可自动执行删除操作。卸载完毕后，在【卸载或更改程序】列表框中就看不到该程序了。

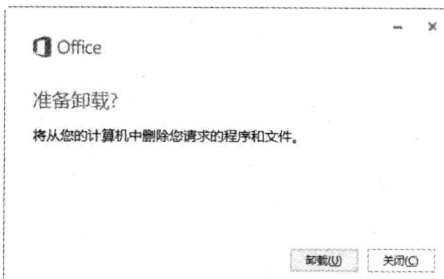

图 1-9　选择【卸载】命令

图 1-10　提示信息

1.5　习题

1. 项目管理的要素与特征有哪些？
2. 项目管理中的原理是什么？
3. Project 2016 包括哪几个版本？每个版本的作用如何？
4. 练习安装 Project 2016 软件。

第2章

Project 2016 基础知识

学习目标

Project 2016 是美国 Microsoft 公司推出的项目规划和管理软件，是 Microsoft Office 系统产品中的一员。项目管理人员、业务管理人员和计划人员可以使用它独立地管理和规划项目。用户只有充分掌握 Microsoft Project 的工作界面、常用视图和选择数据域等基本知识后，才能更好地学习 Project 的应用。

本章重点

- ◉ Project 2016 的启动和退出
- ◉ 初识 Project 2016
- ◉ 在 Project 2016 中选择数据域

2.1 Project 2016 的启动和退出

软件的启动和退出是学习使用软件时的最基本操作。当用户安装完 Microsoft Office Project Professional 2016 之后，用户就可以正常启动和退出 Project 2016。

2.1.1 启动 Project 2016

当用户要使用 Project 2016 管理项目时，首先要在操作系统中启动 Project 2016。可以通过以下方法来启动 Project 2016。

- ◉ 启动 Windows 7 操作系统后，单击【开始】按钮，在打开的菜单中选择【所有程序】|
  Project 2016 命令，启动 Project 2016，如图 2-1 所示。

- 单击【开始】按钮，从打开的【开始】菜单中的【高频】栏中选择 Microsoft Project 2013 命令，即可启动 Project 2016。
- 双击桌面上创建的 Project 2016 快捷图标，启动 Project 2016，如图 2-2 所示。
- 在桌面或者文件夹内的空白区域右击，从打开的快捷菜单中选择【新建】|【Microsoft Project 文档】命令，创建一个名为"新建 Microsoft Project 文档"的文件。双击该文件图标，即可启动 Project 2016 并打开创建的新文档。

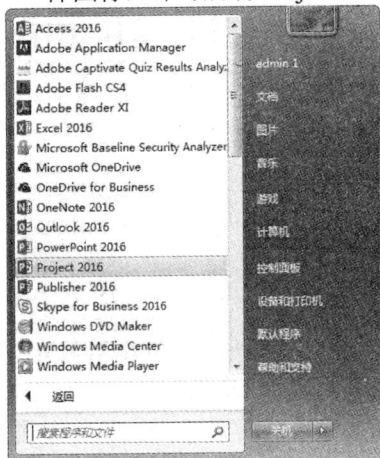

图 2-1　常规方式启动

图 2-2　桌面快捷图标

②.1.2　退出 Project 2016

当用户不需要使用 Project 2016 时，可以退出 Project 2016。退出 Project 2016 有很多方法，常用的主要有以下几种。

- 单击 Project 2016 窗口右上角的【关闭】按钮 ✕ 。
- 右击标题栏，在打开的快捷菜单中选择【关闭】命令，或者按 Alt+F4 组合键。
- 双击标题栏上的 Project 程序图标 📧 。
- 右击 Project 程序图标，从打开的快捷菜单中选择【关闭】命令。
- 单击【文件】按钮，从打开的【文件】菜单中选择【退出】命令。

②.2　认识 Project 2016 操作环境

Project 为用户提供一个新颖、独特且简单的操作环境，其工作界面与其他 Office 2016 组件的工作界面大致相同。本节将详细介绍 Project 2016 工作界面、常用视图和表。

②.2.1　Project 2016 工作界面

启动 Project 2016，其工作界面如图 2-3 所示，包括标题栏、快速访问工具栏、选项卡、选项组及状态栏等组成。

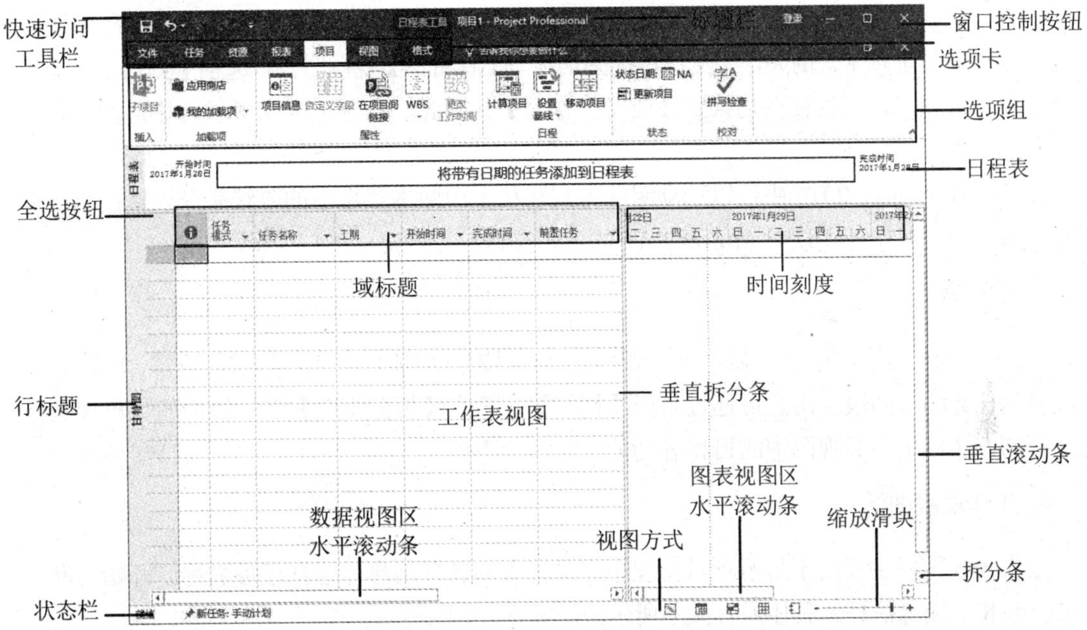

图 2-3　Project 2016 的工作界面

1. 标题栏、快速访问工具栏和窗口控制按钮

标题栏位于窗口的最上方，用于显示文件名称。左侧为快速访问工具栏，右侧为窗口控制按钮，中间显示程序与当前运行的文件名称。

快速访问工具栏位于标题栏的左侧，用于存放一些常用命令，例如保存、撤销、恢复等，如图 2-4 所示。单击右边的【自定义快速访问工具栏】按钮 ，从打开的如图 2-5 所示的菜单中可以选择快捷访问工具栏中显示的工具按钮。

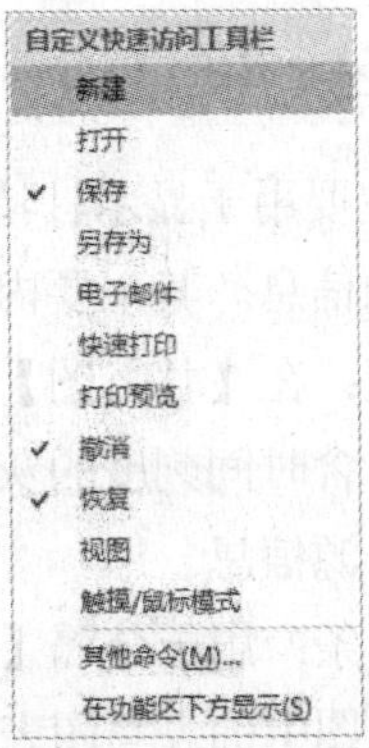

图 2-4　快速访问工具栏

图 2-5　快速菜单

右侧的窗口控制按钮，主要用于缩小、放大和关闭 Project 2016 窗口。Project 2016 相较之前版本，在窗口控制按钮处新增加了一个用户登录功能。

2．选项卡和选项组

在 Project 2016 中，选项卡代替了旧版本中的菜单，主要包括文件、任务、资源、项目、视图等选项卡。为了便于用户对每个视图格式的设置，Project 2016 特意在选项卡的末尾处添加了视图设置工具选项卡。例如，当用户将视图切换到【甘特图】视图时，该选项卡则显示为【甘特图工具】选项卡，而将视图切换到【资源工作表】视图时，该选项卡则显示为【资源工作表工具】选项卡。

另外，在 Project 2016 中，以选项组的方式替代了旧版本菜单中的各级命令，直接单击选项组中的命令，可快速实现对 Project 2016 的各种操作。

3．日程表

Project 2016 在视图中自动显示日程表，用户可以通过增加任务到日程表的方法，以图表的形式显示任务的时间段。用户可通过禁用【视图】选项卡【拆分视图】选项组中的【日程表】复选框的方法，来隐藏视图中的日程表功能。

4．工作表视图区

工作表视图区主要用于显示项目管理中有关任务的各项信息，包括任务名称、开始时间、完成时间和工期等信息。具体内容如下所示。

- ◉ 【全选】按钮：单击该按钮，可以选中 Project 2016 中的整个数据表区。
- ◉ 域标题：类似于 Excel 中的列标题，位于 Project 2016 数据表区每列顶部的灰色区域，单击域标题可以选择该列。
- ◉ 行标题：为每行左侧的灰色区域，任务工作表和资源工作表的行标题通常包括每项任务或资源的标识号。
- ◉ 水平拆分条：双击或拖动该按钮，可以将工作区水平拆分成两部分，当拆分任务视图时，将在底部显示【任务窗体】视图，而拆分资源视图时，将在底部显示【资源窗体】视图。

5．图表视图区

图表视图区主要用于显示甘特图、资源图表资源使用状况，任务分配状况视图中的以图形显示的任务或资源信息。其主要内容如下所述。

- ◉ 时间刻度：在【甘特图】、【资源图表】、【资源使用状况】、【任务分配状况】视图顶部包含时间刻度的灰色分隔宽线，时间刻度下方的区域显示了以图表方式表示的任务或资源信息。
- ◉ 垂直拆分条：用于分隔【甘特图】、【资源图表】、【资源使用状况】、【任务分配状况】视图中的表与图表部分或图例与图表部分。

◉ 滚动条：分为垂直滚动条、图表视图区水平滚动条与数据视图区水平滚动条，主要用来调节视图区域及整个文档的显示内容。

6. 状态栏

状态栏位于界面的底部，主要显示当前的操作或模式的状态。状态栏提供有当前编辑状态与新任务的当前模式、视图方式和缩放滑块等辅助功能。

◉ 任务模式：主要用来设置新任务的工作模式，包括手动计划和自动计划两种模式。

◉ 缩放滑块：位于状态栏的最右侧，可快速缩放视图的时间分段部分，可用于甘特图、网络图、日历视图以及所有的图形视图中。

◉ 视图方式：用来切换工作表的视图模式，包括甘特图、任务分配状况、工作组规划器与资源工作表 4 种模式。

②.2.2　Project 2016 中的视图

视图以特定的格式显示 Project 2016 中输入信息的子集，该信息子集存储在 Project 中，并且能够在任何调用该信息子集的视图中显示，通过视图可以展现项目信息的各个维度。

视图主要分为任务类视图和资源类视图两大类。常用的任务类视图有【甘特图】视图、【任务分配状况】视图、【日历】视图、【网络图】视图等；常用的资源类视图有【资源工作表】视图、【资源使用状况】视图、【资源图表】视图等。

1. 【甘特图】视图

【甘特图】视图是 Project 2016 的默认视图，用于显示项目的信息。视图的左侧用工作表显示任务的详细数据，例如任务的工期，任务的开始时间和结束时间，以及分配任务的资源等。视图的右侧用条形图显示任务的信息，每一个条形图代表一项任务，通过条形图可以清楚地表示出任务的开始和结束时间，各条形图之间的位置则表明任务是一个接一个进行的，还是相互重叠的。如图 2-6 所示为一个典型的【甘特图】视图。

使用【甘特图】视图可以完成以下工作。

◉ 通过输入任务和完成每项任务所用的时间来创建一个项目。

◉ 通过链接任务，在任务之间建立顺序的相关性。在链接任务时，可以看到任务工期的更改是如何影响其他任务的开始日期和完成日期，以及整个项目的完成周期的。

◉ 将人员和其他资源分配给任务。

◉ 查看任务的进度。可以对计划的和实际的开始日期、完成日期进行比较，以及检查每项任务完成的百分比，从而跟踪任务的进度。

◉ 在图形化任务的同时仍然可以访问任务的详细信息。

◉ 拆分任务以中断任务，以后再恢复该拆分任务。

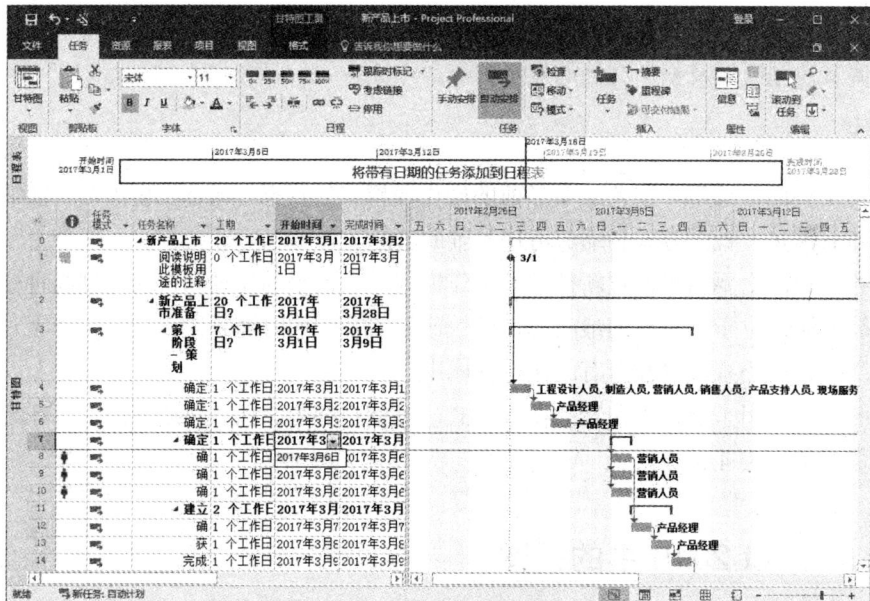

图 2-6 【甘特图】视图

2. 【跟踪甘特图】视图

对于每项任务，【跟踪甘特图】视图显示两种任务条形图，一个条形图形在另一个条形图形的上方。下方的条形图显示任务的比较基准，另一个条形图形显示任务的当前计划。当计划发生变化时，就可以通过比较基准任务与实际任务来分析项目偏移原始估计的程度，如图 2-7 所示。

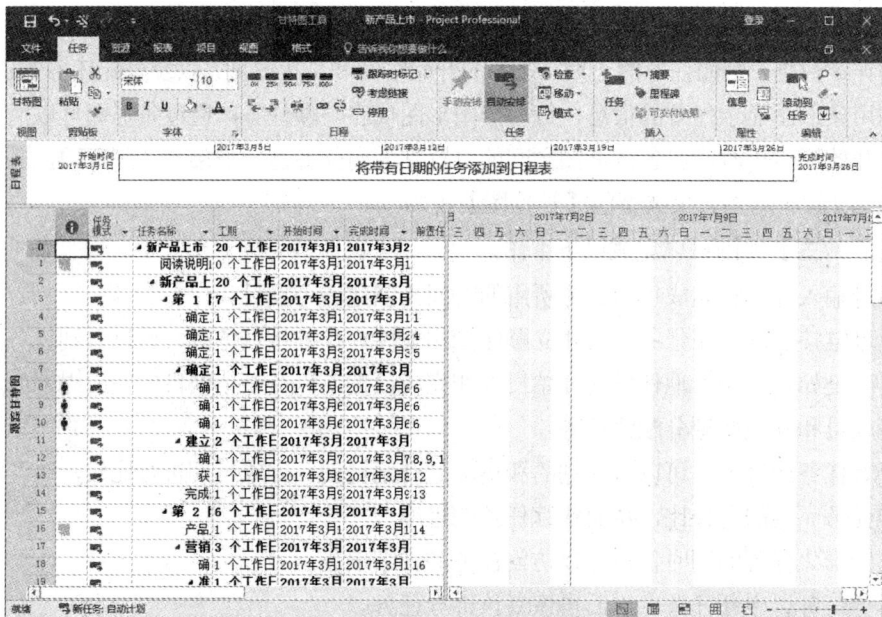

图 2-7 【跟踪甘特图】视图

3.【任务分配状况】视图

【任务分配状况】视图给出了每项任务所分配的资源以及每项资源在各个时间段内(每天、每周、每月或其他时间间隔)所需要的工时、成本等信息，从而可以更合理地调整资源在任务上的分配。如图 2-8 所示为一个典型的【任务分配状况】视图。

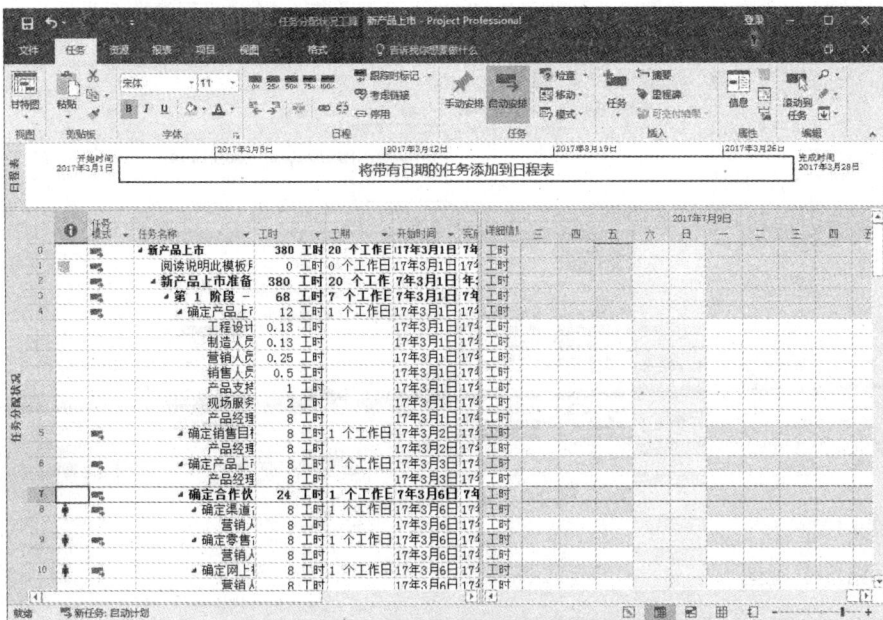

图 2-8　【任务分配状况】视图

使用【任务分配状况】视图可完成以下工作。

- 根据任务组织资源。
- 估算每项任务的工作量。
- 估算每项任务的成本。
- 对计划的时间和实际的工时进行比较。
- 对计划的成本和实际的成本进行比较。

4.【日历】视图

【日历】视图是以月为时间刻度单位来按日历格式显示项目信息。任务条形图将跨越任务日程排定的天或星期。其中，单个任务以细长蓝色轮廓的条形显示，里程碑任务以灰色条形显示。使用这种视图格式，可以快速地查看项目的日程安排。如图 2-9 所示为一个典型的【日历】视图。

使用【日历】视图可以完成以下工作。

- 显示其日程排定在某个或某几个星期中的任务。
- 检查其日程排定在特定的某天、某星期或某月的任务。
- 通过输入任务和完成每项任务所用的时间来创建一个项目。
- 通过链接任务，在任务之间建立顺序的相关性。

● 将人员和其他资源分配给任务。

图 2-9 【日历】视图

5. 【网络图】视图

　　【网络图】视图以流程图的方式来显示任务及其相关性。一个框代表一个任务，框与框之间的连线代表任务间的相关性。默认情况下，执行中的任务显示为一条斜线，已完成的任务框中显示为两条交叉斜线。如图 2-10 所示为一个典型的【网络图】视图。

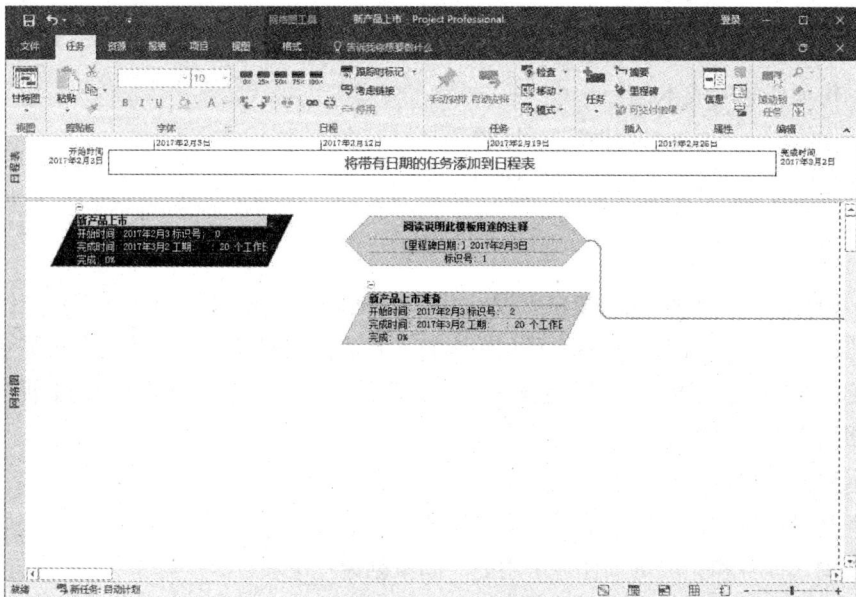

图 2-10 【网络图】视图

使用【网络图】视图可完成以下工作。

◉　创建及调整日程。

◉　链接任务以指定任务的执行顺序，并确定任务的开始日期和完成日期。

◉　以图形化的方式显示已完成的任务、进行中的任务以及未开始的任务。

◉　给指定任务分配人员或其他资源。

6. 【资源工作表】视图

【资源工作表】视图以电子表格的形式显示每种资源的相关信息，比如任务资源名称、资源成本、加班费率与最大单位等。如图 2-11 所示为一个典型的【资源工作表】视图。

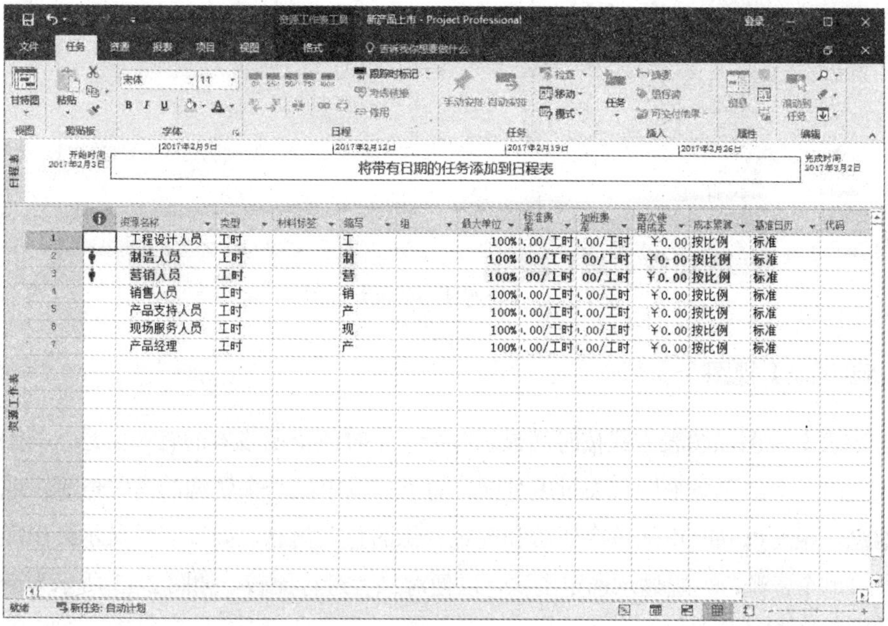

图 2-11　【资源工作表】视图

使用【资源工作表】视图可完成以下工作。

◉　输入和编辑资源信息。

◉　审查每种资源的分配工作小时数。

◉　审查资源成本。

7. 【资源使用状况】视图

【资源使用状况】视图用于显示项目资源的使用状况，分配给这些资源的任务组合在资源的下方。如图 2-12 所示为一个典型的【资源使用状况】视图。

使用【资源使用状况】视图可完成以下工作。

◉　输入和编辑资源的任务分配，如成本、工时分配和工时可用性。

◉　查看过度分配资源及过度分配量。

◉　在资源之间更均衡地进行工作分配。

- 计算出每种资源的预算工作小时数。
- 查看每种资源的预算工时容量百分比。
- 确定每种资源可用于附加工作分配的时间。
- 计算出每种资源在特定任务上的预算工作小时数。
- 审查特定任务的资源成本。
- 通过设置工作分布，改变资源投入到某项任务上的工时量。

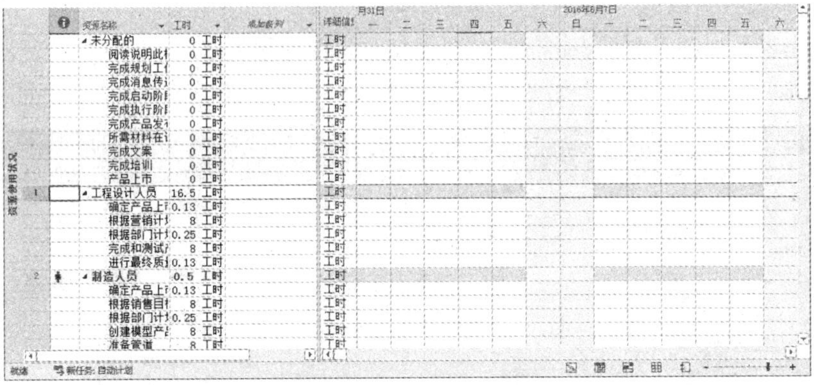

图 2-12　【资源使用状况】视图

8. 【资源图表】视图

　　【资源图表】视图以图表方式按时间显示分配、工时或资源成本的有关信息，其中，蓝色条形图代表工时，而红色条形图代表过度分配。每次可以审阅一个资源的有关信息，或选定资源的有关信息，也可以同时审阅单个资源和选定资源的有关信息。如果同时显示会出现两幅图表：一幅显示单个资源，一幅显示选定资源，以便对二者进行比较。如图 2-13 所示为一个典型的【资源图表】视图。

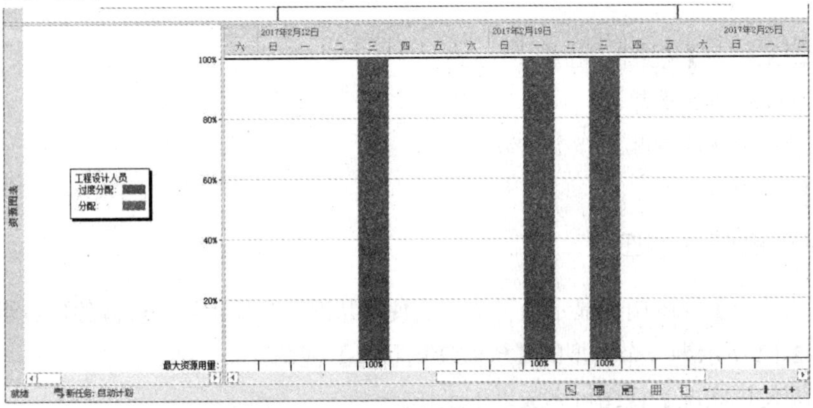

图 2-13　【资源图表】视图

　　使用【资源图表】视图可完成以下工作。

- 查看过度分配资源和过度分配量。

- 计算出每种资源的预算工作小时数。
- 查看每种资源预算工时量百分比。
- 确定每种资源可用于附加工作的时间。
- 审阅资源成本。

2.2.3　Project 2016 中的表

Project 2016 为用户提供了若干个表，通过表可帮助用户查看、比较及分析项目信息。表也可以分为任务和资源两大类。显示表的方法很简单，右击工作区左上角的全选按钮，从打开的快捷菜单中选择对应的表类型命令即可。下面将介绍最常用的几种表。

1．【差异】表

【差异】表是用于查看任务的开始、完成时间的差异情况的一种表格，属于任务类表格，主要显示任务的开始时间、完成时间、基线开始时间、基线完成时间、开始时间差异及完成时间差异数据，如图 2-14 所示。

2．【成本】表

【成本】表是用于查看任务的具体成本及成本的差异情况的一种表格，属于任务类表格，主要显示任务的固定成本、固定成本累算、总成本、基线、差异、实际与剩余数据，如图 2-15 所示。

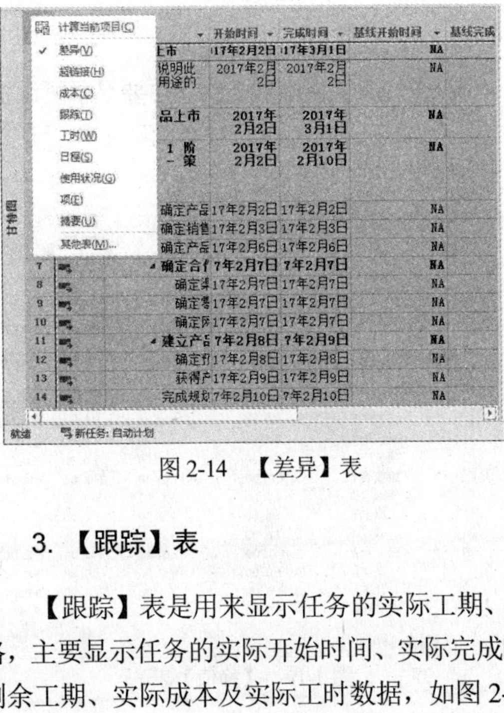

图 2-14　【差异】表

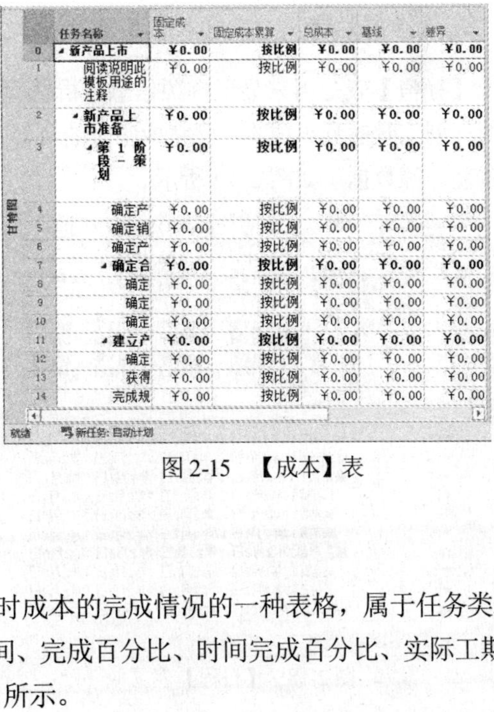

图 2-15　【成本】表

3．【跟踪】表

【跟踪】表是用来显示任务的实际工期、工时成本的完成情况的一种表格，属于任务类表格，主要显示任务的实际开始时间、实际完成时间、完成百分比、时间完成百分比、实际工期、剩余工期、实际成本及实际工时数据，如图 2-16 所示。

4. 【工时】表

【工时】表是用来查看任务的计划工时与实际工时之间差异情况的表格，属于资源类表格，主要显示任务的工时、比较基准、差异、实际、剩余及工时完成百分比数据，如图 2-17 所示。

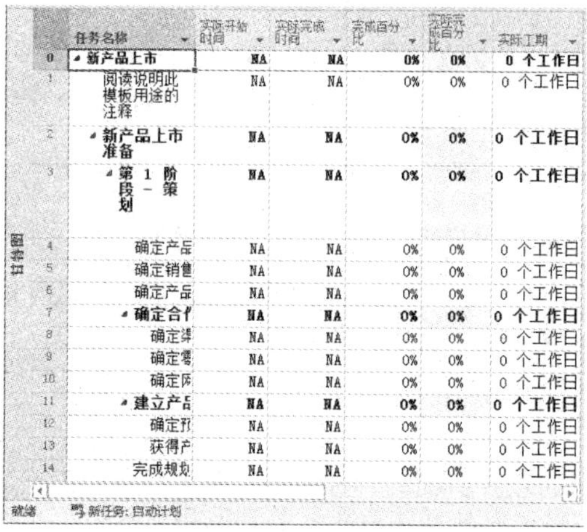

图 2-16　【跟踪】表

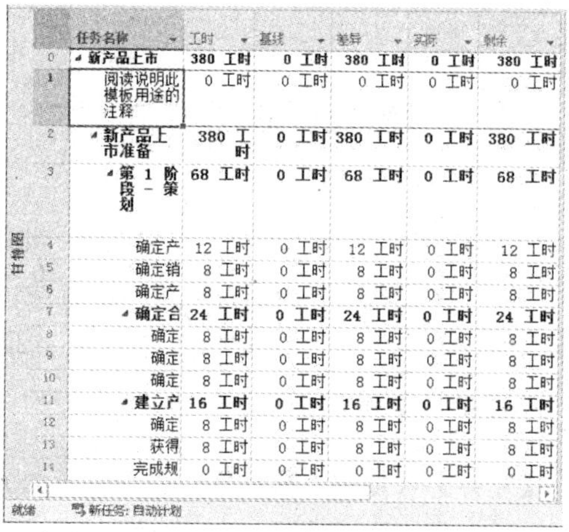

图 2-17　【工时】表

5. 【日程】表

【日程】表是用来查看任务的最晚开始、完成时间及任务的可拖延情况的一种表格，属于任务类表格，主要显示任务的开始时间、完成时间、最晚开始时间、最晚完成时间、可用可宽延时间及可宽延的总时间，如图 2-18 所示。【日程】表也是只能在任务类视图中才可以显示。

6. 【挣值】表

【挣值】表是用来显示资源信息分析情况的一种表格，属于资源类表格，主要显示资源信息的计划工时的预算成本，已完成工时的预算成本，已完成工时的实际成本等资源成本、日程、成本差异等数据，如图 2-19 所示。

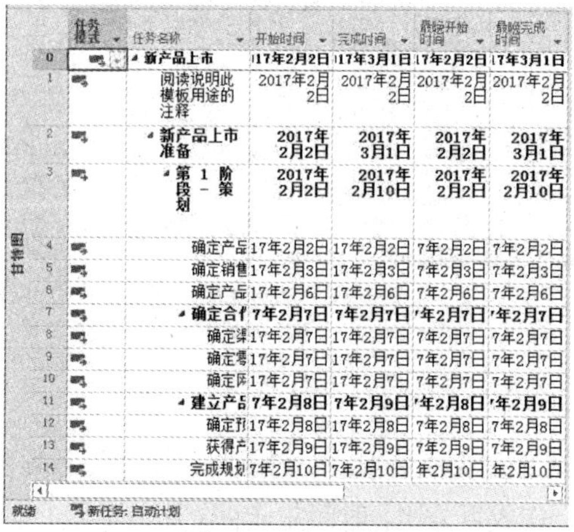

图 2-18　【日程】表

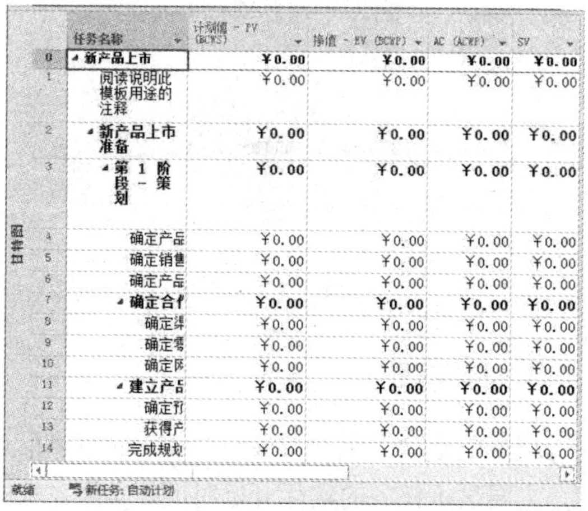

图 2-19　【挣值】表

7.【摘要】表

【摘要】表是用来显示任务的成本、工时、工期、完成时间、完成百分比等任务信息的一种表格，属于任务类表格。通过该表格，可以快速查看各项任务的完成情况，如图 2-20 所示。

8.【延迟】表

【延迟】表是用来显示资源调配延迟情况的一种表格，属于任务类表格，主要显示任务名称、资源调配延迟、工期、开始时间、完成时间、后续任务、资源名称等项目信息，如图 2-21 所示。

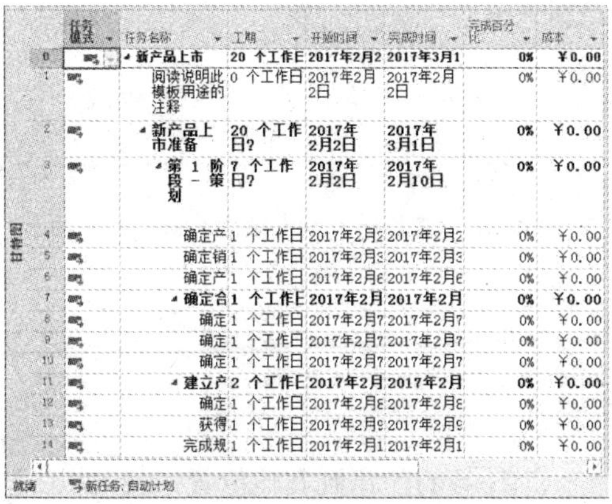

图 2-20　【摘要】表

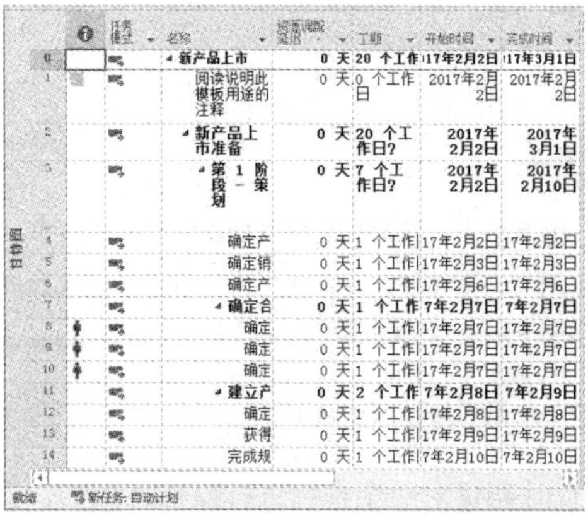

图 2-21　【延迟】表

②.3　在 Project 2016 中选择数据域

在 Project 2016 中进行操作首先要选择操作对象，通过不同的方法可以选择不同的位置。本节将介绍选择数据域的具体方法。

②.3.1　选择表中的数据

在对表格进行格式化设置之前，都必须选取编辑对象。

1. 选取单元格

选取单元格的方法可分为 3 种：选取一个单元格、选取多个连续的单元格和选取多个不连续的单元格。

● 选取一个单元格：单元格是表中的最小单位，要选中单元格，通常是把光标置于单元格内，单击鼠标，单元格被一个黑框所包围时即被选中。

● 选取多个连续的单元格：在需要选取的第 1 个单元格内按下鼠标左键不放，拖动鼠标到最后一个单元格，如图 2-22 所示。

● 选取多个不连续的单元格：选取第 1 个单元格后，按住 Ctrl 键不放，再分别选取其他单元格，如图 2-23 所示。

图 2-22　选取多个连续的单元格

图 2-23　选取多个不连续的单元格

提示

在表格中，将鼠标指针定位在任意单元格中，然后按下 Shift 键，在另一个单元格内单击，则以两个单元格为对角顶点的矩形区域内的所有单元格都被选中。

2. 选取整行

有时需要对一个整行进行操作，例如，需要复制一个任务的信息到其他位置，就可以先选中一个整行再进行复制操作。选中整行的方法是在标识号单元格中单击，如图 2-24 所示。

3. 选取整列

有时需要对一个整列进行操作，例如，需要改变某列的排序方式等，就需要选中一个整行再进行操作。选中整列的方法是单击域标题，如图 2-25 所示。

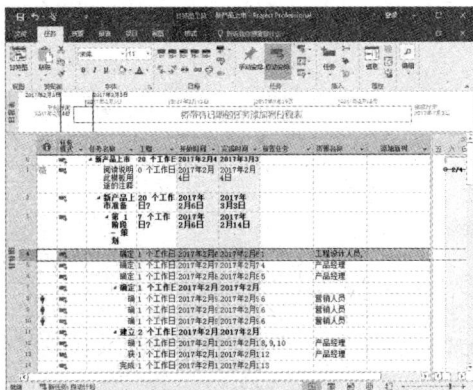

图 2-24　选取整行

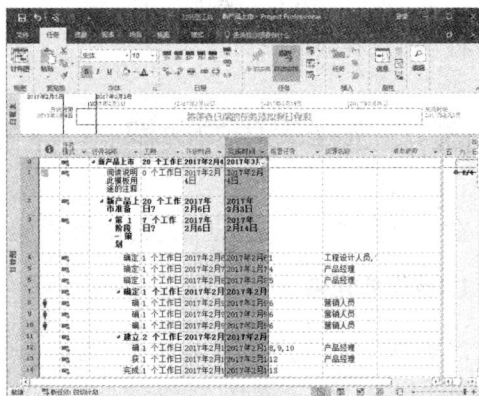

图 2-25　选取整列

4. 改变行高

当该行中某个单元格中的内容比较多，显示不全的时候，用户可以将鼠标放置在该行的行标题下方，当鼠标处于拉伸状态时，按住鼠标向下拖动，便可以改变行的高度。如图 2-26 所示。

5. 选取全部

有时需要对全部任务或资源进行操作，例如，需要计算所有任务的成本，只要选中全部任务，然后右击，从打开的快捷菜单中选择【成本】命令，就可以显示全部任务的成本。选中全部的方法是单击工作区左上角的全选按钮即可，如图 2-27 所示。

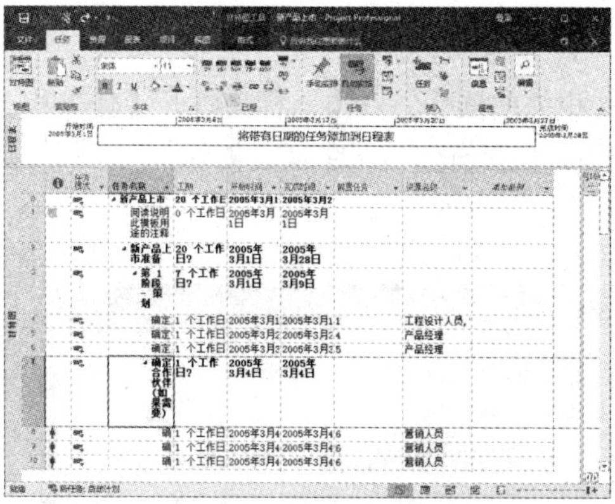

图 2-26　改变行高

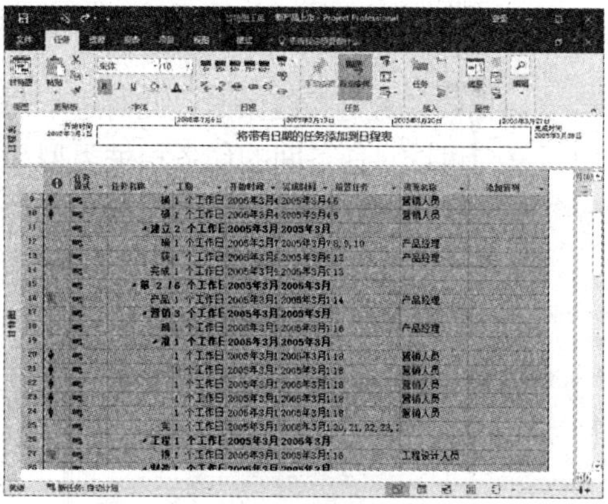

图 2-27　选取全部

6. 移动列

移动列的操作方法与移动行的操作方法基本相同，首先用户需要选择想要移动的列，然后在列标准左侧按住鼠标不放，进行拖动，至适合的位置后释放鼠标，即可为其改变位置，如图2-28 所示。

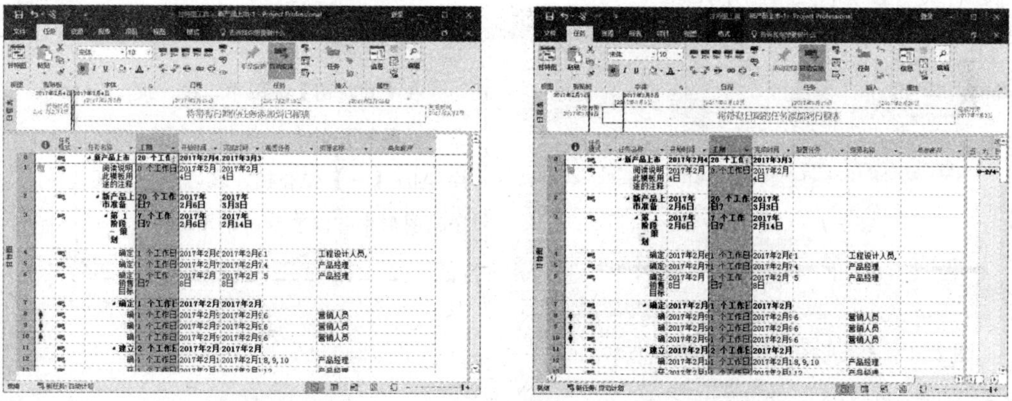

图 2-28　移动列

②.3.2　选择图中的数据

选择图中的元素不像在表中操作那么明显。在视图中操作时，鼠标指针的指向就是要进行操作的部分。例如，在【甘特图】视图的图表区，光标指在不同的位置显示不同的选项。

1. 光标指向任务信息

当光标指在任务信息的条形图上时，此时进行与该任务和当前类别有关的操作。双击鼠标，打开【设置条形图格式】对话框，可以修改任务条形图的形状、图案、颜色以及条形图文本的相关信息，如图 2-29 所示。

2. 光标指向任务链接

当光标指向任务链接线条时，此时进行与此链接相关的操作。双击鼠标，打开【任务相关性】对话框，可以对任务间的任务相关类型和延隔时间进行修改，如图 2-30 所示。

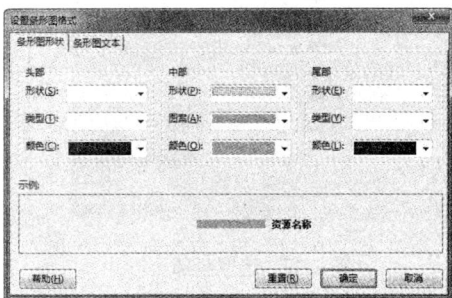

图 2-29 【设置条形图格式】对话框

图 2-30 【任务相关性】对话框

3. 光标指向空白区域

双击【甘特图】视图的空白区域，打开【条形图样式】对话框，可以修改各类任务的条形图外观、种类等，如图 2-31 所示。

图 2-31 【条形图样式】对话框

知识点

在【甘特图】视图中，按→键，在左侧的数据区的表格中可以左移一列，按 Alt+【→】组合键，在右侧的图表区的图形中可以左移一个单位。

②.3.3 任务操作

在甘特图中可以使用任务来完成相应的操作。

1. 新建任务

在打开的 Project 2016 界面中，在【任务名称】下方的单元格中输入任务名称，然后按 Enter 键确认该操作，即可创建任务，如图 2-32 所示。

2. 修改任务

如果对已经存在的任务感到不满意的话，可以根据需要对其进行修改。双击需要修改的任务的行打开【任务信息】对话框，用户可以在该对话框中对任务进行修改，如图 2-33 所示。

图 2-32 新建任务 图 2-33 【任务信息】对话框

3. 删除任务

选择一个任务后右击鼠标，在弹出的快捷菜单中选择【删除任务】命令即可删除任务，如图 2-34 所示。

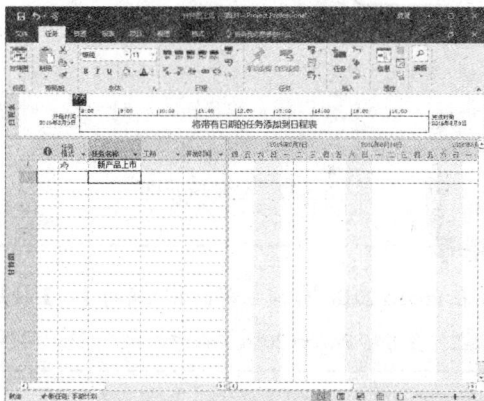

图 2-34 删除任务

4. 新建任务

如果想要在已经完成的任务列表中添加一个任务，可以在原有的任务列表中插入新任务，方法是：右击需要插入任务的行，在弹出的快捷菜单中选择【插入任务】命令，如图 2-35 所示。此时，两行之间便会添加一个新任务行，如图 2-36 所示。

5. 复制、剪切和粘贴任务

在进行项目任务管理时，经常需要对任务进行复制和移动等操作。右击想要复制的单元格，在弹出的快捷菜单中选择【复制单元格】或【剪切单元格】命令，如图 2-37 所示。复制完成后，将鼠标移动至想要粘贴的行中，再次右击鼠标，在打开的快捷菜单中选择【粘贴】命令，即可在该行中粘贴"复制"/"剪切"后的任务，如图 2-38 所示。

图 2-35　插入任务

图 2-36　添加新任务

图 2-37　复制单元格

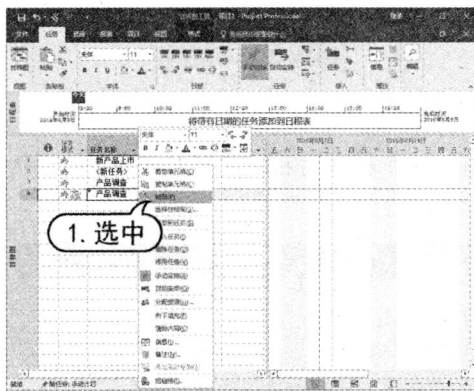

图 2-38　粘贴单元格

提示

在 Project 2016 中，单击界面右上角的【？】按钮，可以打开【Project 帮助】窗口，如图 2-39 所示。除此之外在当前 Project 2016 文件中，按 F1 键，同样可以打开【Project 帮助】窗口。

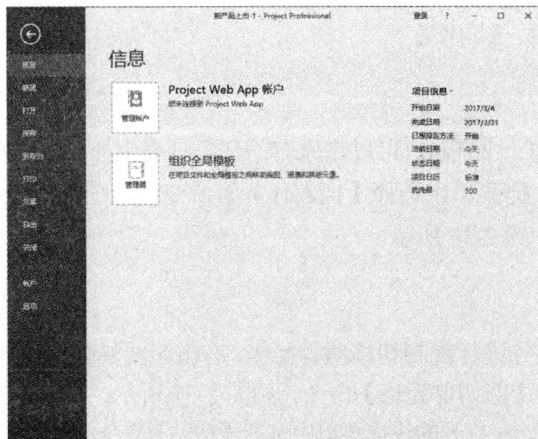

图 2-39　启动 Project 帮助系统

②.4　上机练习

本章的上机练习部分包括隐藏元素、自定义快速访问工具栏、自定义选项卡、自定义选项组等综合实例操作。用户可以通过练习来巩固本章所学的知识。

②.4.1　隐藏元素

在 Project 2016 中，用户可以通过隐藏界面窗口中的滚动条和状态栏以及日程表组件，来扩容用户界面。

【例 2-1】设置隐藏元素窗口中的组件。

(1) 启动 Project 2016 程序，选择【文件】|【选项】命令，如图 2-40 所示。

(2) 打开【Project 选项】对话框。选择【高级】选项卡，取消选中【显示】栏中的【显示状态栏】复选框，如图 2-41 所示，单击【确定】按钮。

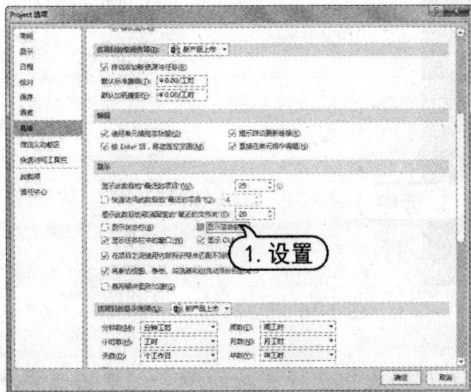

图 2-40　信息界面

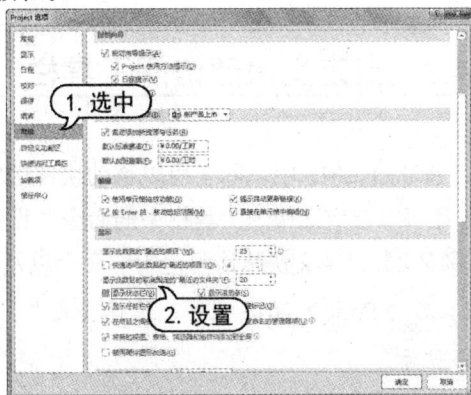

图 2-41　【Project 选项】对话框

(3) 此时，系统将自动隐藏界面窗口中的状态栏，如图 2-42 所示。

(4) 在【Project 选项】对话框中，选择【高级】选项卡，取消选中【显示】栏中的【显示滚动条】复选框，如图 2-43 所示，单击【确定】按钮。

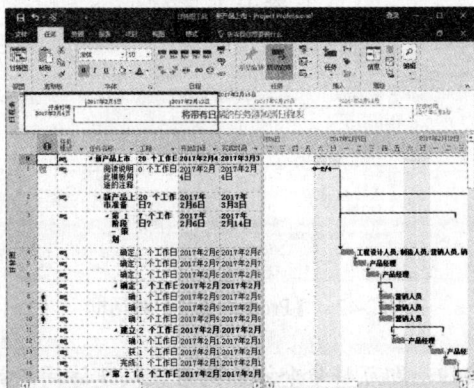

图 2-42　隐藏状态栏

图 2-43　【Project 选项】对话框

(5) 系统将自动隐藏界面窗口中的滚动条，如图 2-44 所示。

(6) 选择【视图】选择卡，在【拆分视图】选项组中禁用【日程表】复选框，隐藏日程表组件，效果如图 2-45 所示。

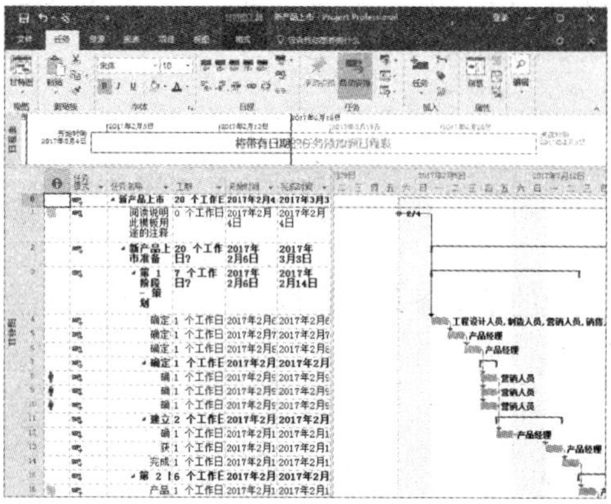

图 2-44　隐藏滚动条

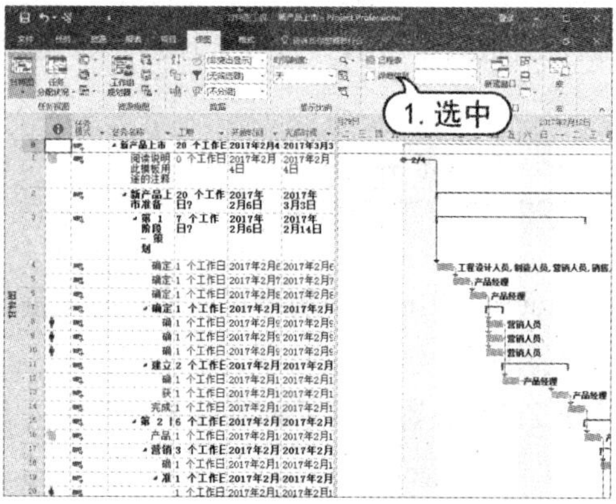

图 2-45　隐藏日程表

②.4.2　自定义快速访问工具栏

在 Project 2016 中，除了可以移动快速访问工具栏的位置以及为快速访问工具栏添加命令之外，还可以自定义快速工具栏中的命令并设置命令的显示顺序。

【例 2-2】自定义快速访问栏中的命令以及命令的显示顺序。

(1) 启动 Project 2016 程序，选择【文件】|【选项】命令，打开【Project 选项】对话框，如图 2-46 所示。

(2) 选择【快速访问工具栏】选项卡，在【从下列位置选择命令】下拉列表中选择【不在功能区中的命令】选项，如图 2-47 所示。

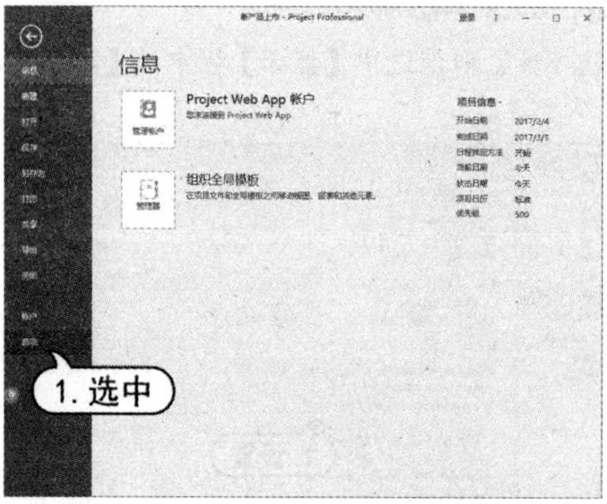

图 2-46　信息界面

图 2-47　【Project 选项】对话框

(3) 在列表中选择相应的命令，单击【添加】按钮，即可将命令添加到右侧快速访问工具栏列表中，如图 2-48 所示。

（4）在【自定义快速访问工具栏】列表中选择相应的命令，单击右侧的【上移】按钮，向上移动命令，如图 2-49 所示。

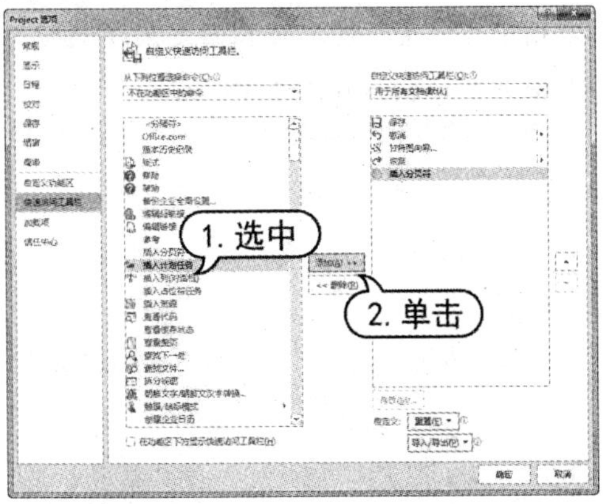

图 2-48　添加命令

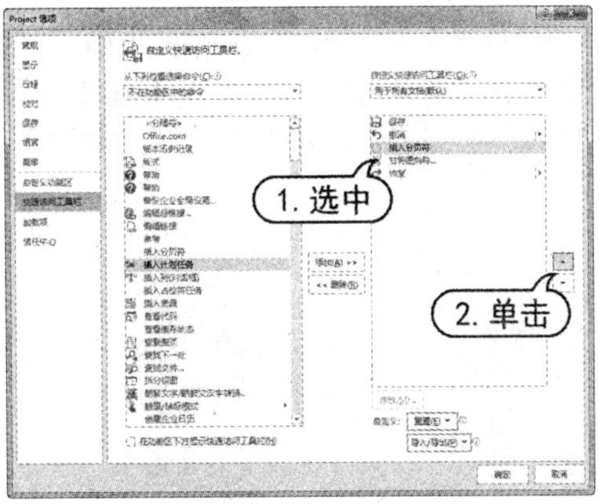

图 2-49　移动命令

（5）在图 2-50 左图所示列表中选择【甘特图向导】选项，单击【删除】按钮，即可删除快速访问工具栏中的命令，如图 2-50 所示。

（6）另外，选择【快速访问工具栏】选项卡，选择【自定义】右侧的【重置】|【仅重置快速访问工具栏】命令，如图 2-51 所示，即可取消自定义操作，恢复到自定义之前的状态。完成设置后，单击【确定】按钮即可。

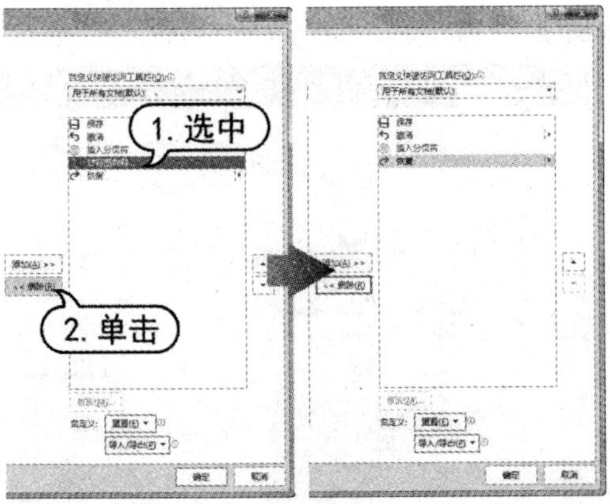

图 2-50　删除命令

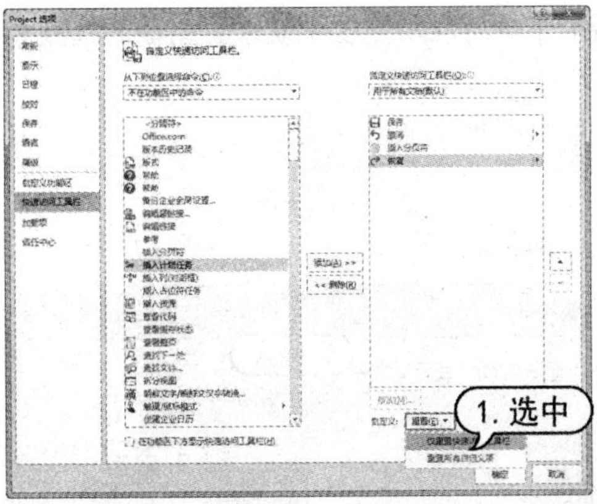

图 2-51　取消自定义操作

②.4.3　自定义选项卡

Project 2016 功能区是由选项卡与选项组组合而成的。一般情况下，系统为用户提供最常使用的文件、任务、资源、项目、视图等选项卡。除此之外，用户可以根据使用习惯，新建自定义选项卡。

【例2-3】在 Project 2016 界面中自定义选项卡。

(1) 启动 Project 2016 程序，选择【文件】|【选项】命令。

(2) 打开【Project 选项】对话框，选择【自定义功能区】选项。单击【自定义功能区】列表框下方的【新建选项卡】按钮，如图 2-52 所示，即可在列表框中显示【新建选项卡(自定义)】选项。

(3) 选择【新建选项卡(自定义)】选项，单击【重命名】按钮，如图 2-53 所示。

图 2-52　新建选项卡

图 2-53　重命名选项卡

(4) 打开【重命名】对话框，在【显示名称】文本框中输入选项卡的名称，单击【确定】按钮，如图 2-54 所示。

(5) 返回【Project 选项】对话框，单击【确定】按钮。

(6) 系统将在功能区中显示新创建的选项卡，如图 2-55 所示。

图 2-54　输入名称

图 2-55　显示新创建的选项卡

2.4.4　自定义选项组

在 Project 2016 中除了可以自定义选项卡，还可以自定义选项组，将经常使用的一些特殊的命令放置在新建选项组中。

由于选项组包含在选项卡中，而命令又包含在选项组中，所以还需要先为选项卡新建选项组才可以为选项组添加相应的命令。

【例 2-4】自定义选项组。

(1) 启动 Project 2016 程序，选择【文件】|【选项】命令，如图 2-56 所示。

(2) 打开【Project 选项】对话框，选择【自定义功能区】选项卡。单击【新建选项卡】按钮，如图 2-57 所示。

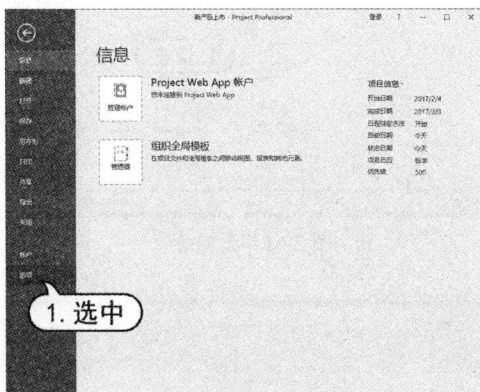

图 2-56　信息界面

图 2-57　新建选项卡

(3) 在列表框中显示【新建选项卡(自定义)】选项。选择【新建组(自定义)】选项，单击【重命名】按钮，如图 2-58 所示。

(4) 打开【重命名】对话框，输入名称并选择相应的符号，单击【确定】按钮，如图 2-59 所示。

图 2-58　重命名新建组

图 2-59　选择符号

(5) 返回【Project 选项】对话框，依次单击【新建组】按钮和【重命名】按钮，在打开的【重命名】对话框中，输入名称并选择相应的图标，单击【确定】按钮，如图 2-60 所示。

(6) 在【自定义功能区】列表框中选择【分析组(自定义)】选项，单击【从下列位置选择命令】下拉按钮，在弹出的下拉列表中选择【主选项卡】选项。在【从下列位置选择命令】列表框中，单击【比较项目】扩展按钮，然后单击【查看】扩展按钮，选择【任务比较】选项，单击【添加】按钮，即可将该命令添加到新组中，如图 2-61 所示。

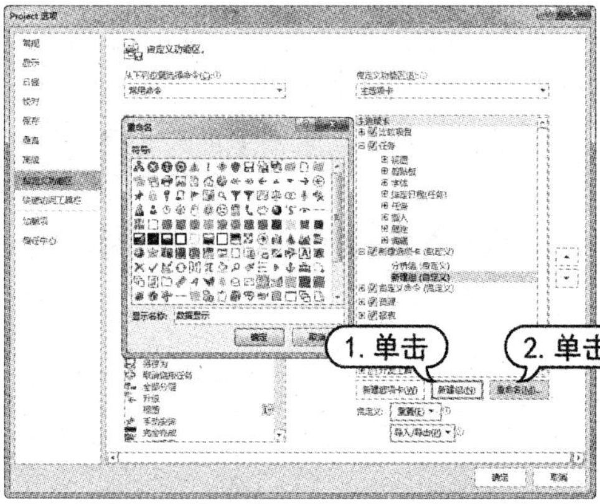

图 2-60　设置选项组名称的图标

图 2-61　添加命令

②.5　习题

1. Project 2016 中的视图有哪些？

2. 在 Project 2016 中，每个视图各有什么特点？

3. Project 2016 中的表有哪些？

第3章 创建与管理项目

学习目标

　　项目任务是为完成项目目标而进行的一系列活动，使用 Project 2016 管理项目的第一步就是要创建项目文档。用户可以通过多种方法来创建项目，并对其进行日常的管理操作，为迅速迈入项目管理的专业殿堂打下基础。

　　本章将详细介绍如何创建第一个 Project 日程表，如何设置 Project 日程表的项目信息与项目日历，同时还将详细介绍保存与保护项目文档的操作方法。

本章重点

- ◉ 创建项目文档
- ◉ 管理项目文档
- ◉ 制定项目计划
- ◉ 设置项目信息

3.1 创建项目文档

　　创建项目文档是制作项目规划的首要步骤，项目经理根据自身的特点与要求，创建项目文档并设置项目计划和创建项目任务。另外，为保护项目数据，还需要及时保存和保护所创建的项目文档。

3.1.1 收集数据

　　项目经理在使用 Project 2016 管理项目之前，还需要先收集一些与项目相关的资料，明确项目的总体目标、项目范围。设置时间限制与详细任务，以确保在规定的费用内，按时完成项目。

1. 确定项目步骤

确定项目的主要步骤是确保项目顺利完成的首要内容。在确定项目的主要步骤时，不需要考虑步骤的先后顺序，只需要列出项目的主要内容即可。例如，在软件开发中，首先需要列出软件开发的主要步骤。

- ◉ 项目范围规划。
- ◉ 分析软件需求。
- ◉ 设计。
- ◉ 开发。
- ◉ 测试。
- ◉ 培训。

2. 确定项目任务

为项目列出主要步骤之后，还需要将这些主要步骤分解成更详细的步骤，也就是通常所说的项目任务。例如，分解主要步骤中的"设计"任务如下。

- ◉ 项目范围规划。
- ◉ 分析软件需求。
- ◉ 设计。
- ◉ 审阅初步的软件规范。
- ◉ 制定功能范围。
- ◉ 根据功能范围开发原型。
- ◉ 审阅功能范围。

项目任务的细分状态，取决于项目经理对当前项目的熟悉程度。另外，在细分项目任务时，项目经理还需要注意下列几点问题。

- ◉ 任务的提醒作用：创建项目任务的主要用途是提醒项目中的主要活动，无须将任务进行更详细的划分，以便于跟踪。
- ◉ 里程碑任务：项目需要利用里程碑任务，标出项目中需要做出重要决定的点，以便保证项目的顺利进行。
- ◉ 部门任务：要在项目中显示每个任务所需要选择与了解的任务，使于准确地掌握与汇报项目进度。

3. 设置时间限制

确定项目步骤与项目任务之后，便可以运用 Project 2016 中的日程表，来规划项目任务的实施时间了。另外，当总体任务的实施时间超出整个项目的期限时，项目经理可以利用 Project 2016 重新调整每项任务的时间安排，直至总体任务的实施时间与计划时间完全吻合。

4. 准备资源

一个完整的项目，除了需要确定项目任务和时间限制之外，还需要为项目准备可用的资源。例如，在软件开发项目中，需要准备分析人员、开发人员、测试人员等资源。除此之外，还需要明确资源的使用成本。例如，分析人员的成本为每小时 200 元。这样，便可以在制定项目计划时，明确资源并将资源分配给任务，并根据分配情况预算资源的成本值。

③ 1.2　设置项目文档

当用户收集完项目资料时，便需要运用 Project 2016 根据预定的计划创建项目文档了。用户可以根据 Project 2016 提供的创建方法，来创造空白项目文档、模板项目文档，或根据现有文档创建新的项目文档，并设置项目文档的基础信息，以便确定项目的开始日期、结束日期及排定方式。

空白文档是用户最常使用的传统文档。启动 Project 2016 后，系统将自动创建一个名为"项目 1"的文档。如果用户需要创建另外的新文档，可以通过快速访问工具栏或【文件】菜单中的选项来创建。

1. 使用快速访问工具栏.

在快速访问工具栏中单击【自定义快速访问工具栏】按钮，从弹出的快捷菜单中选择【新建】命令，将该命令添加到快速访问工具栏中，如图 3-1 所示。单击快速访问工具栏中的【新建】按钮，即可快速创建一个空白项目文档。

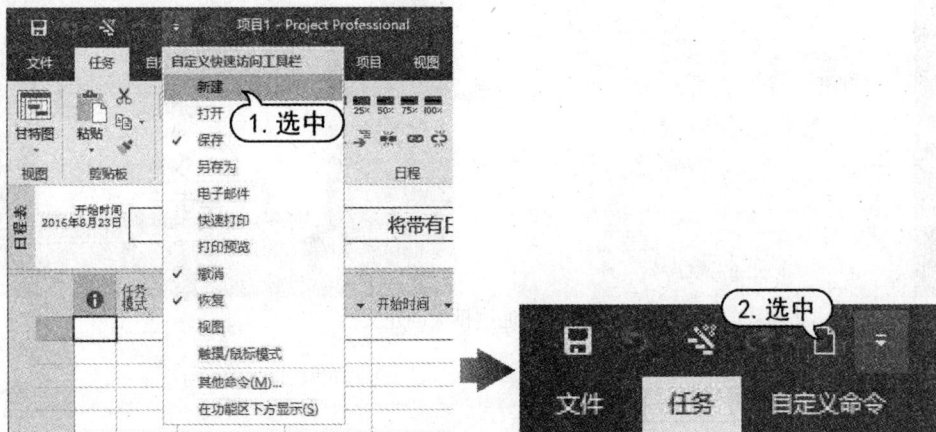

图 3-1　添加【新建】按钮至快速访问工具栏中

2. 使用【文件】菜单

启动 Project 2016 后，系统将自动打开 Project 登录页面，在该页面中包括"最近使用的文档"、"打开其他项目"以及创建项目文档列表等内容。此时，用户只需选择【空白文档】选项，即可创造一个空白项目文档，如图 3-2 所示。

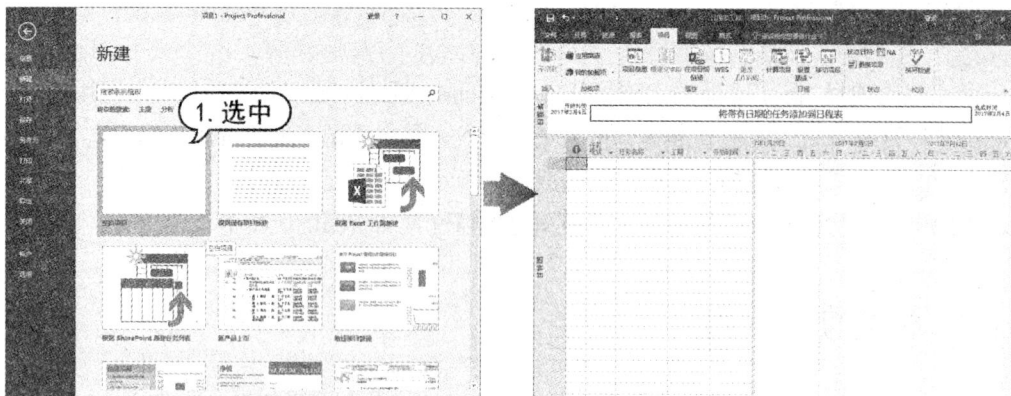

图 3-2 创建空白文档

③1.3 创建模板文档

模板是一种特殊的项目文档，是 Project 2016 预先设置好任务、资源及样式的特殊文档。使用模板可以创建具有统一规格和框架的项目文档。一般情况下，用户可通过下列方法来创建模板文档。

在 Project 2016 中，选择【文件】|【新建】选项，在展开的列表中选择相应的模板文件，例如选择【新产品上市】选项，打开【新产品上市】提示框，单击【创建】按钮，如图 3-3 所示。

图 3-3 通过模板创建文档

③1.4 根据现有内容创建

"根据现有内容创建"是指根据用户保存在本地计算机中的项目文档，或者保存在本地计算机中的 Excel 文件来创建新的项目文档。

1. 将现有项目创建为模板

要将自定义的项目文档创建为模板，可以选择【文件】|【另存为】选项，单击任意路径对应的按钮，如图 3-4 所示。

在打开的【另存为】对话框中设置路径及文件名，在【保存类型】下拉列表中选择【项目模板】选项，然后单击【保存】按钮，如图 3-5 所示。

图 3-4　将现有项目创建为模板

图 3-5　保存为模板

2. 根据现有项目创建

根据现有项目创建是根据用户本地计算机中保存的 Project 项目文档来创建。选择【文件】|【新建】选项，在展开的列表中选择【根据现有项目新建】选项，如图 3-6 所示。

打开【根据现有项目新建】对话框，在下拉列表中选择【项目模板】选项，选择项目文件，单击【打开】按钮即可，如图 3-7 所示。

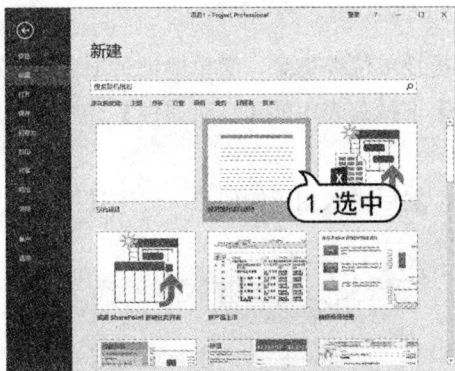

图 3-6　根据现有项目新建

图 3-7　选择模板文件

3. 根据 Excel 工作簿创建

在 Project 2016 中，用户还可以根据 Excel 工作簿内容来创建 Project 模板文档。启动 Project 2016 组件，或者在 Project 2016 中选择【文件】|【新建】选项，在展开的列表中选择【根据 Excel 工作簿新建】选项，如图 3-8 所示。

然后，在打开的【打开】对话框中将【文件类型】设置为【Excel 工作簿】，选择 Excel 文件，单击【打开】按钮，如图 3-9 所示。

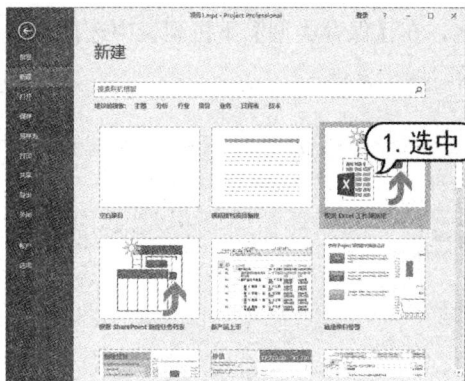

图 3-8　根据 Excel 工作簿新建

图 3-9　选择模板文件

3.2　设置项目计划

在制作项目规划时，系统会默认当前日期为项目的开始日期，为了确保项目目标的实现，需要根据项目的实际开始时间、日程工作时间要求，定义项目计划的开始时间、常规工作时间与项目属性等内容。

3.2.1　输入项目信息

输入项目信息，主要是输入项目标题、主题、人员及单位等信息，简单地记录项目的基础信息。选择【文件】|【信息】选项，选择【项目信息】下拉列表中的【高级属性】选项，如图 3-10 所示。

在打开的【属性】对话框中激活【摘要】选项卡，然后输入相应的信息，选中【保存预览图片】复选框，单击【确定】按钮，如图 3-11 所示。

图 3-10　【信息】界面

图 3-11　【属性】对话框

③.2.2　设置项目信息

创建完项目文档后，用户还需要设置项目的开始日期、完成日期、优先级等项目信息。此时，只需选择【项目】|【属性】|【项目信息】选项，如图 3-12 所示。在打开的【"项目名称"的项目信息】对话框中设置各项信息即可。如图 3-13 所示为【"新产品上市"的项目信息】对话框。

图 3-12　项目信息

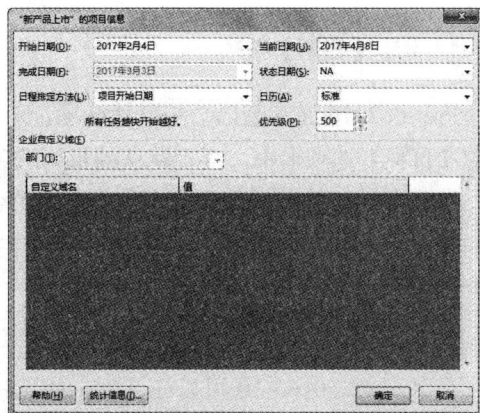

图 3-13　【"新产品上市"的项目信息】对话框

- ◉ 开始时间：单击其后面的下拉按钮，可以在打开的日期列表中设置项目的开始日期。所有任务在确定时间或设置相关性之前，都以该日期作为开始日期。

- ◉ 完成日期：用于设置项目的最后日期，用户可通过将【日程排定方法】选项设置为"项目完成日期"的方法，使"完成日期"变为可用状态。

- ◉ 当前日期：单击其后的下拉按钮，可以在打开的日期列表中设置项目的当前日期，该日期主要为设置生成项目报表与跟踪项目进度提供基准日。

- ◉ 状态日期：单击其后面的下拉按钮，可以在打开的日期列表中设置项目的状态日期。该日期主要用于盈余分析及标识"更新项目"中的"在此日期完成"日期。状态日期也会在 Project 中放置进度线提供日期基准，当该日期为"NA"时，Project 会将当前日期设置为状态日期。

- ◉ 日程排定方法：表示排定项目日程的开始方法，包含项目开始日期与项目完成日期两种方式，即表示从项目开始日期或从项目完成日期开始排定项目日程。

- ◉ 日历：用于设置项目日程的基准日历，主要包括标准、24 小时与夜班 3 个选项。

- ◉ 优先级：用于设置项目的优先级，其优先级的值介于 1~1000 之间。当多个项目使用共享资源时，项目的优先级会更好地控制调配资源。

- ◉ 企业自定义域：在用户使用 Project Server 时，用于向项目级的自定义域或 Project Server 数据库中定义的大纲代码赋值。

在创建新日程安排时，一般会接受【"项目名称"的项目信息】对话框中的默认设置。单击对话框中的【确定】按钮，即可开始创建项目日程了。

③2.3 设置日历选项

Project 2016 默认计算日程基础日历是以"标准日历"为基础的,也可以称作为"基准日历"。当资源或任务中的日历与项目的标准日历不一致时,可以在【项目信息】对话框中为项目中的具体任务或每组资源创建"标准日历"。在创建标准日历之前,用户还需要根据项目自身的要求,设置【日历】与【日程】选项。

1. 设置【日历】选项

Project 2016 通常会以一些默认选项,来显示项目的日历。用户可在【Project 选项】对话框中的【日程】选项卡中,查看默认的日历选项。

选择【文件】|【选项】选项,打开【Project 选项】对话框,选择【日程】选项卡,在展开的列表中,查看系统默认的日历信息如图 3-14 所示。

2. 设置【日程】选项

在 Project 2016 中还可以在【Project 选项】对话框中的【日程】选项卡中,设置输入任务信息的方式。

选择【文件】|【选项】选项,打开【Project 选项】对话框,选择【日程】选项卡,在展开的列表中,修改任务信息的显示方式,如图 3-14 所示。一般情况下,用户习惯使用系统默认的设置,只有在具体特殊要求的项目中,才会更改默认的【日程】选项。

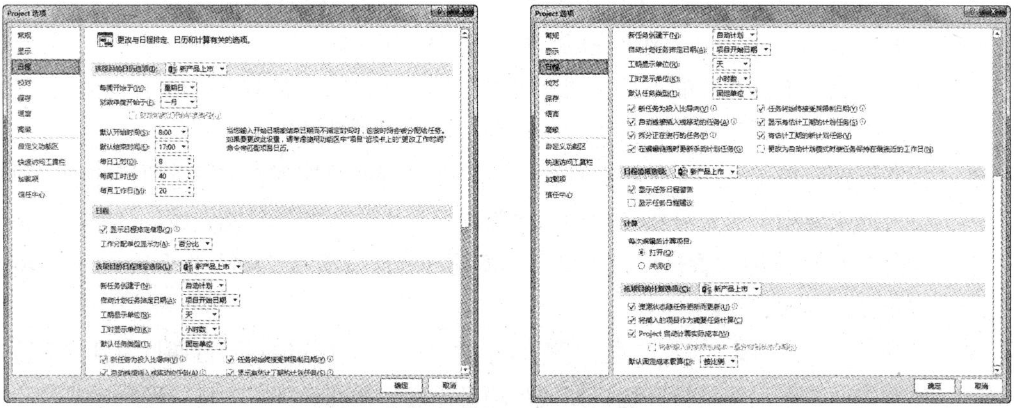

图 3-14 【Project 选项】对话框

在【日程】列表中,主要包括下列选项。

- ◉ 显示日程排定信息:启用该选项,可以显示有关日程不一致的消息。
- ◉ 工作分配单位显示为:用来设置任务分配的显示单位是百分比还是小数。
- ◉ 该项目的日程排定选项:用来设置应用日程选项的范围,是局限于当前项目文档,还是将选项应用于所有的项目文档中。
- ◉ 新任务创建于:用来设置新任务的创建方式,主要包括手动创建与自动创建两种方式。

- 自动计划任务排定日期：表示是否将任务的排定日期设置为项目开始日期或当前日期。

- 工期显示单位：用来设置工期的单位，包括天、分钟数、小时数、周或月数。一般情况下，工期的显示单位为"天"。

- 工时显示单位：用来设置工时的单位，包括小时数、分钟数、天、周或月数。一般情况下，工时的显示单位为"小时"。

- 默认任务类型：用于设置任务的默认类型、包括固定单位、固定工期与固定工时。设置该选项之后的所有新建项目文档，都将以新设置的任务类型为默认类型。

- 新任务为投入比导向：启用该选项，可以指定排定新任务日程，可使该任务工时在添加或删除工作分配时保持不变。

- 自动链接插入或移动的任务：启用该选项，可以在剪切、移动或插入任务时再次链接任务。否则，不会创建任务的相关性。另外，该选项只适用于链接开始任务关系。

- 拆分正在进行的任务：启用该选项，在任务进度落后或报告进度提前时，允许重新排定剩余工期和工时。

- 在编辑链接时更新手动计划任务：启动该选项，可以在编辑任务链接时，自动更新手动计划任务。

- 任务将始终接受其受其限制日期：启动该选项，可以指定 Project 根据任务的限制日期排定任务日程。禁用该选项时，可宽限时间为负的任务限制日期根据其与其他任务的链接移动，而不是根据其限制日期排定日程。

- 显示有估计工期的计划任务：启用该选项，可以在具有估计工期的任何任务的工期单位后显示问号(？)。

- 有估计工期的新计划任务：启用该选项，可以显示有估计工期的新的计划任务。

- 更改为"自动计划"模式时使任务保持在最接近的工作日：启用该选项，将任务更改为"自动计划"模式时，其任务将保持在最接近的工作日。

③2.4 设置项目日历

由于不是所有的项目都适用于系统默认的标准日历，所以在创建项目的计划时用户还需要根据自身项目的特点，设置符合当前项目要求的日历。设置项目日历一般包括新建日历、调整工作周与设置工作日等内容。

1. 新建日历

选择【项目】|【属性】|【更改工作时间】选项，如图 3-15 所示，在打开的【更改工作时间】对话框中，单击【新建日历】按钮。在打开的【新建基准日历】对话框中，输入日历名称，并设置相应的选项，如图 3-16 所示。

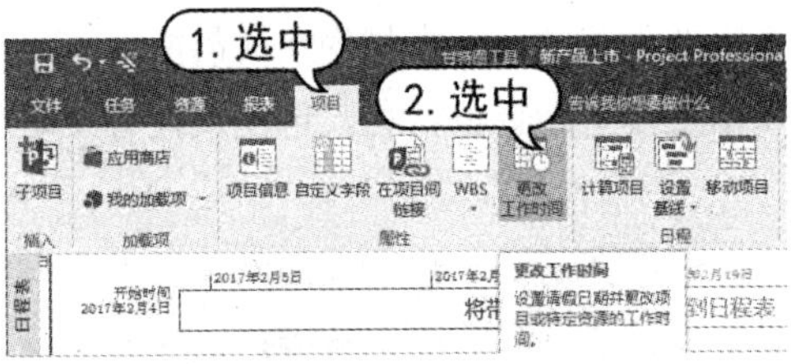

图 3-15　更改工作时间

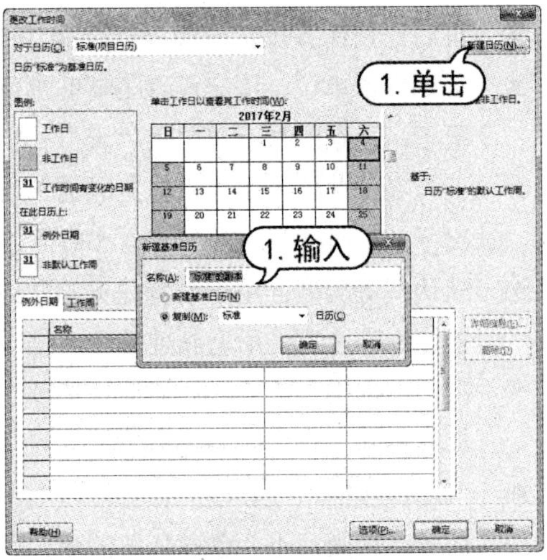

图 3-16　【更改工作时间】对话框

在【新建基准日历】对话框中，主要包括下列 3 种选项。

◉　名称：用于设置新建日历的名称，以区分系统自带的内置日历。

◉　新建基准日历：选中该单选按钮，可新建一个完全独立的日历。

◉　复制：选中该单选按钮，可依据当前的基准日历新建一个日历副本(可根据其后下拉列
表中的标准、夜班、24 小时 3 种基准日历创建日历副本)。

📖 **知识点**

在创建新日历时，最好是复制，而不是更改当前的基准日历。这样，可以方便用户随时使用默认的基
准日历。

2. 调整工作周

由于每个项目每周所需要的工作时间不一样，所以在创建新项目之后，用户还需要调整日
历中的工作周。

例如，已知新项目每周需要利用 2 个小时的时间来维护机器，所以创建新日历之后还需要
将每周中规定的 2 个小时设置为特殊的工作时间。

【例3-1】调整工作周。

(1) 启动 Project 2016 应用程序，选择【项目】|【属性】|【更改工作时间】选项，在【更
改工作时间】对话框中，选择【工作周】选项卡并单击【详细信息】按钮，如图 3-17 所示。

(2) 在打开的【"[默认]"的详细信息】对话框中，选择【星期三】选项。然后，选中【对
所列日期设置以下特定工作时间】选项，并在时间列表框中设置开始时间与结束时间，如图 3-18
所示。

(3) 单击【确定】按钮后，新项目中每周三下午的工作时间将自动更改为 14:00~15:00 之间，
而其他时间将按照"标准(项目日历)"中的时间选择。此时，单击日历中表示星期四的日期，
在右侧会显示所设置的工作时间。

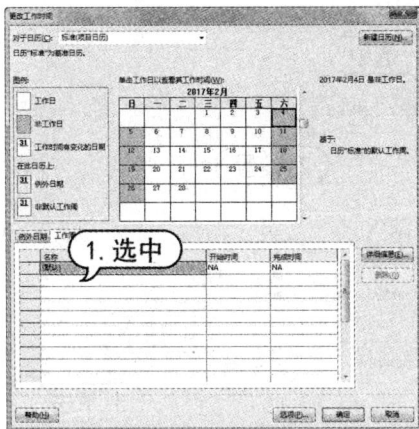

图 3-17 【工作周】选项卡

图 3-18 设置时间

> **提示**
>
> 在【更改工作时间】对话框的【例外日期】选项卡中,选择某行的例外日期,单击【删除】按钮,就可以删除所选行的例外日期。

在【"[默认]"的详细信息】对话框中,主要包括下列选项。

- 将 Project 默认时间用于下列日期:选择用于默认工作时间(表示为周一至周五,每天早晨 8:00~12:00,下午 13:00~17:00 之间,周末为非工作时间)的日期。其日期需要在【选择日期】列表框中选择。

- 将所列日期设置为非工作时间:用于选择不能排定工时的日期,其日期需要在【选择日期】列表框中选择。该选项将显示在日历的所有月份中。

- 对所列日期设置以下特定工作时间:用于设置整个日程中选定日期中的工作时间,其日期需要在【选择日期】列表框中选择。

- 帮助:单击该按钮可打开【Project 帮助】窗口。

3. 设置工作日

在项目选择过程中,经常会因为某种原因,需要让部分员工进行适当的加班或休息。

【例 3-2】在【更改工作时间】对话框中设置工作日、工作时间。

(1) 启动 Project 2016 应用程序,选择【项目】|【更改工作时间】选项,在打开的【更改工作时间】对话框中,选择【例外日期】选项卡,输入例外日期的名称、开始与完成时间,并单击【详细信息】按钮,如图 3-19 所示。

(2) 在打开的【"事假"的详细信息】对话框中,选中【工作时间】选项,设置工作时间值,并设置重复发生方式与重复范围,如图 3-20 所示。

(3) 单击【确定】按钮之后,所选时间内的每周周三的工作时间将自动更改为 8:00~11:00 之间。

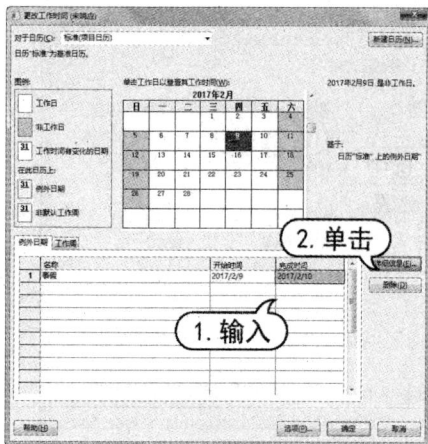

图 3-19 【更改工作时间】对话框

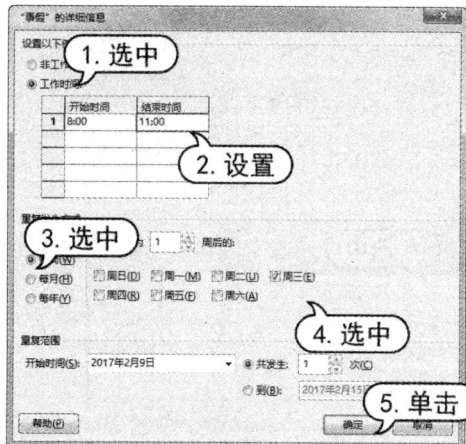

图 3-20 【"事假"的详细信息】对话框

提示

虽然 Project 2016 为用户提供了标准日历，但并不是所有的项目都适用于标准日历，这时在【更改工作时间】对话框中单击【新建日历】按钮，即可创建一个新的日历。创建新日历时，最好是以【复制】方式创建，这样方便用户随时设定默认的基准日历。

在【"事假"的详细信息】对话框中，主要包括重复发生方式、重复范围等选项组。其中，各选项组中的选项功能如表 3-1 所示。

表 3-1 设置工作日的选项功能

组	选 项	功 能
设置以下例外日期的工作时间	非工作日	表示所设定的例外日期为休息日
	工作时间	选择该选项，可在列表框中设置例外日期的工作时间
重复发生方式	每天	表示所设定日期的发生频率为每天，并设置频率发生相隔的天数
	每周	表示所设定日期的发生频率为每周，并设置频率发生在每周中的具体日，以及相隔的周次
	每月	表示所设定日期的发生频率为每月，并设置频率发生在相隔的日期与具体日
	每年	表示所设定日期的发生频率为每年，并设置频率发生的具体年份，以及频率发生的具体月份与具体日
重复范围	开始时间	用于设置例外日期的开始时间
	共发生	可输入或选择人物的重复次数
	到	可输入或选择例外日期的结束日期

③.3　管理项目文档

创建项目文档后，还可以对其进行日常的管理操作，主要包括保存、打开和关闭项目文档。

③.3.1　保存项目文档

对于新建的 Project 文档或正在编辑的某个文档，如果出现了计算机突然死机、停电等非正常关闭的情况，文档中的信息就会丢失，因此为了保护劳动成果，保存文档是十分重要的。

1. 保存新创建的文档

如果要对新创建的文档进行保存，可以直接单击快速访问工具栏上的【保存】按钮🖫，或者单击【文件】按钮，从打开的【文件】菜单中选择【保存】选项，打开【另存为】对话框，在其中设置保存路径、名称及保存格式，单击【保存】按钮即可。

2. 保存已保存过的文档

要对已保存过的文档进行保存时，可以直接单击快速访问工具栏上的【保存】按钮🖫，或者单击【文件】按钮，从打开的【文件】菜单中选择【保存】选项，就可以按照原有的路径、名称以及格式进行保存。

3. 另存为其他文档

如果文档已保存过，但在进行了一些编辑操作后，需要将其保存下来，并且希望仍能保存以前的文档，这时就需要对文档进行另存为操作。单击【文件】按钮，从打开的【文件】菜单中选择【另存为】选项，单击路径按钮，如图 3-21 所示。在打开的【另存为】对话框中，设置保存路径、名称及保存类型，如图 3-22 所示，单击【保存】按钮即可。

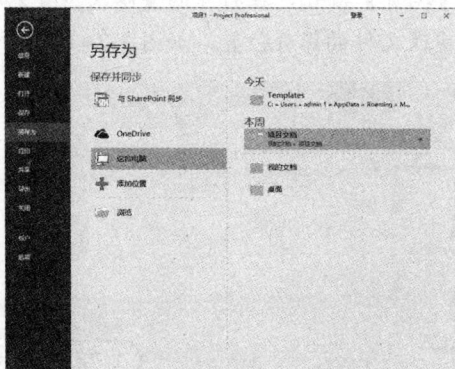

图 3-21　文件另存为　　　　图 3-22　设置保存类型

Project 2016 为用户提供了 12 种保存类型，其具体内容功能如表 3-2 所示。

表 3-2　保存类型

类　型	功　能
项目	以默认的格式保存项目文档
Microsoft Project 2007	保存一个与 Project 2007 完全兼容的项目文档
项目模板	将项目文档保存为 Project 模板类型
Microsoft Project 2007 模板	将项目文档保存为 Project 2007 模板类型
PDF 文件	将项目文档保存为 PDF 文件
XPS 文件	将项目文档保存为 XPS 文件
Excel 工作簿	将项目文档保存为 Excel 工作簿类型
Excel 二进制工作簿	将项目文档保存为优化的二进制文件格式的工作簿文件，以提高加载和保存速度
Excel 97~2003 工作簿	将项目文档保存为 Excel 97~2003 工作簿类型
文本(以 Tab 分隔)	将项目文档保存为文本文件
CSV(逗号分隔)	将工作簿保存为以逗号分隔的文件
XML 格式	将项目文档保存为可扩展标记语言文件类型

③.3.2　设置自动保存功能

用户在运用 Project 2016 创建项目计划时，为防止突然断电或电脑故障等意外情况发生所造成的资料丢失现象，还需要设置系统的自动保存功能。

【例 3-3】设置自动保存功能。

(1) 启动 Project 2016 应用程序，选择【文件】|【选项】选项，在打开的【Project 选项】对话框中选择【保存】选项卡。启用【自动保存间隔】复选框，并设置保存间隔时间，如图 3-23 所示。

(2) 用户还可以单击【默认文件位置】选项中的【浏览】按钮，在打开的【修改位置】对话框中，选择保存文件夹，单击【确定】按钮后即可更改文件的保存位置，如图 3-24 所示。

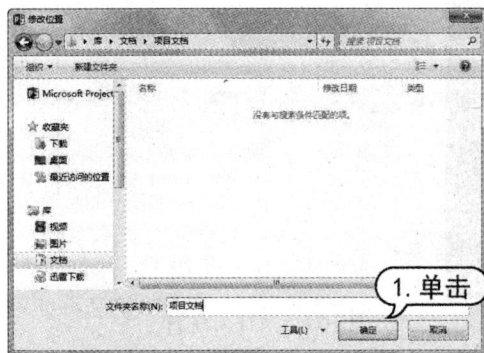

图 3-23　【保存】选项卡　　　　图 3-24　【修改位置】对话框

3.3.3　保护项目文档

保护项目文档是通过为项目文档添加打开与修改密码的方法，来限制其他人的访问。

【例3-4】为文档添加保护密码，保护项目文档。

(1) 启动Project 2016应用程序，选择【文件】|【另存为】选项，在展开的列表中选择【这台电脑】选项，单击对应的路径按钮，如图3-25所示，在打开的【另存为】对话框中，单击【工具】下拉按钮，在其列表中选择【常规选项】选项，如图3-26所示。

图 3-25　文件另存为　　　　　图 3-26　【另存为】对话框

(2) 在打开的【保存选项】对话框中，输入保护密码与修改权密码，并单击【确定】按钮，打开【确认密码】对话框，在【请再次输入密码】文本框中输入密码，单击【确定】按钮。再次打开【确认密码】对话框，在【请再次输入修改权密码】文本框中输入密码，单击【确定】按钮。如图3-27所示。

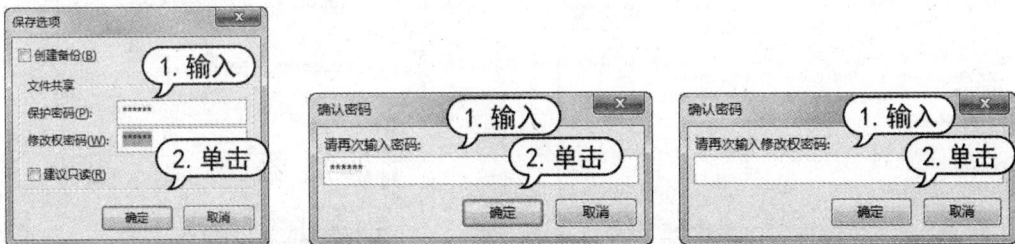

图 3-27　输入密码

(3) 返回【另存为】对话框，单击【保存】按钮，当用户再次打开该项目文档时，系统将自动打开【密码】对话框，提示用户输入打开与修改权密码，如图3-28所示。

图 3-28　输入打开与修改权密码

③.3.4 打开项目文档

打开文档是 Project 的一项最基本的操作，对于任何文档来说都需要先将其打开，然后才能对其进行编辑。

【例 3-5】以"只读"的方式打开"新产品上市"项目文档。

(1) 启动 Project 2016 应用程序，选择【空白选项】选项，如图 3-29 所示，创建一个空白项目文档。选择【文件】|【打开】选项，在打开的界面中单击【浏览】按钮，如图 3-30 所示。

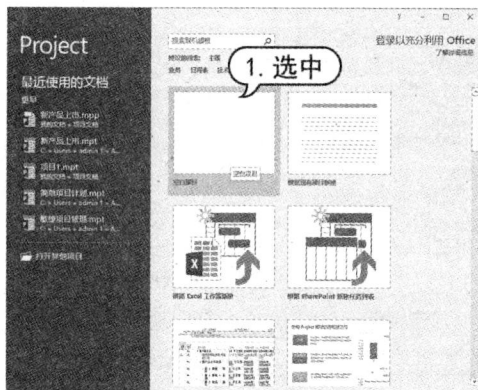

图 3-29　创建空白项目文档

图 3-30　打开文件

(2) 打开【打开】对话框，选中"新产品上市"项目文档，在【打开】下拉列表中，选择【以只读方式打开】选项，如图 3-31 所示。

(3) 此时即可以只读方式打开项目文档，并在标题栏中显示"只读"文本，如图 3-32 所示。

图 3-31　【打开】对话框

图 3-32　以只读方式打开文档

知识点

以只读方式打开的文档，对文档的编辑修改将无法直接保存到原文档上，而需要将编辑修改后的文档另存为一个新的文档；以副本方式打开的文档，将打开一个文档的副本，而不打开原文档，对该副本文档所作的编辑修改将直接保存到副本文档中，而对原文档没有影响。

③.3.5 关闭项目文档

对项目文档完成所有的操作后，要关闭时，可以单击【文件】按钮，从打开的【文件】菜单中选择【关闭】选项，或者单击窗口右上角的【关闭】按钮 ×。在关闭项目文档时，如果没有对文档进行编辑、修改，可直接关闭；如果对文档做了修改，但还没有保存，系统将会打开一个如图 3-33 所示的提示框，询问是否保存对文档所做的修改。单击【是】按钮，即可保存并关闭该文档。

图 3-33　提示对话框

提示

Project 2016 允许同时打开多个 Project 文档进行编辑操作，因此关闭文档并不等于退出 Project 2016，这里只是关闭当前文档。

③.4 上机练习

某公司需要开发一款新软件，需要根据客户的需求设计软件整体功能，并在客户规定的时间前交付软件并进行相应培训。为保证软件开发项目的顺利完成，需要运用 Project 2016 软件创建项目文档、项目任务、项目日历等。本章的上机练习主要介绍通过创建"软件开发"项目文档来启动项目。

【例 3-6】创建"软件开发"项目文档。

(1) 收集数据，为了便于后期创建项目任务，还需要确定软件开发项目的主要步骤。

(2) 启动 Project 2016 应用程序，选择【空白选项】选项，如图 3-34 所示，创建一个空白项目文档。

(3) 设置项目信息。选择【项目】|【属性】|【项目信息】选项，如图 3-35 所示。

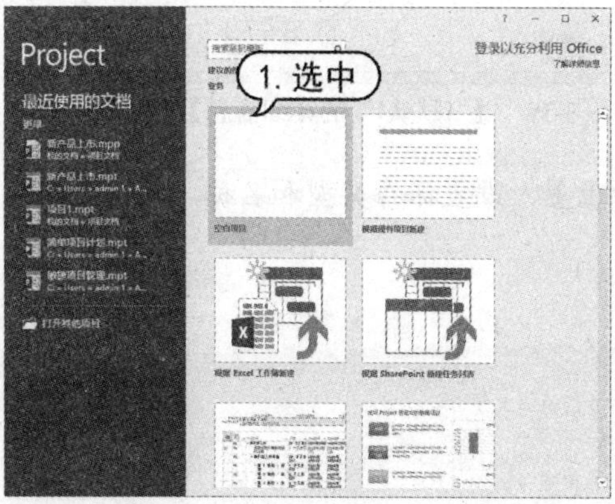

图 3-34　【空白选项】选项

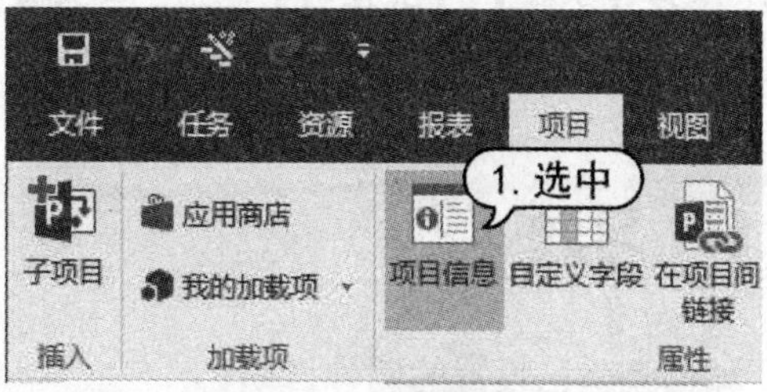

图 3-35　项目信息

(4) 在打开的【项目信息】对话框中，分别设置项目的开始日期、日历、优先级等选项，如图 3-36 所示。

(5) 设置工作周，选择【项目】|【属性】|【更改工作时间】选项，如图 3-37 所示。

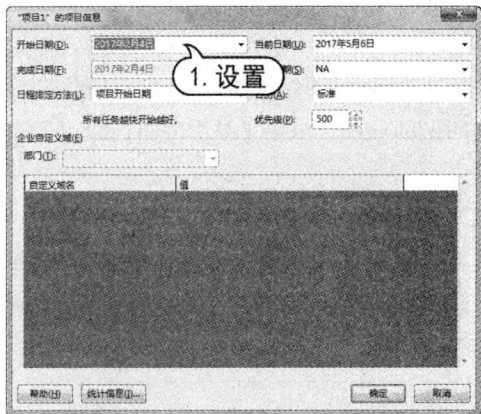

图 3-36 【项目信息】对话框

图 3-37 更改工作时间

(6) 打开【更改工作时间】对话框，选择【工作周】选项卡，单击【详细信息】按钮，如图 3-38 所示。打开【"[默认]"的详细信息】对话框，在【选择日期】列表中，选择【星期日】选项。选择【对所列日期设置以下特定工作时间】选项并设置工作时间，单击【确定】按钮，如图 3-39 所示。

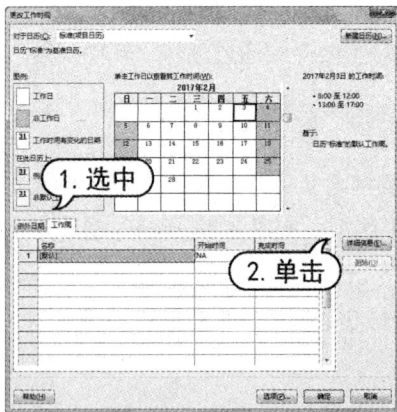

图 3-38 【更改工作时间】对话框

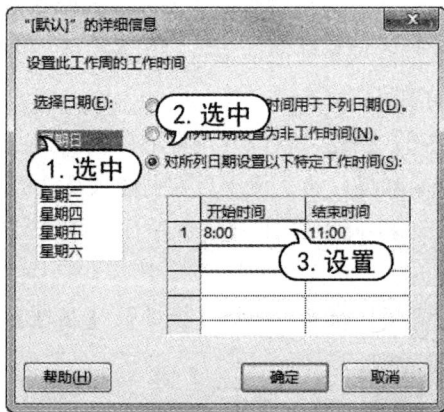

图 3-39 【"[默认]"的详细信息】对话框

(7) 选择【文件】|【另存为】选项，选择保存位置，设置保存类型和名称，单击【保存】按钮。

3.5 习题

1. 如何删除已设置的例外日期？
2. 如何保存项目文档？

第4章

管理项目任务

项目计划是为完成项目目标而进行的系统任务安排。在创建项目的具体任务时，如何合理安排项目中的每一项子任务是非常重要的。

除了为每项任务安排所需要的时间之外，还需要为每项任务设置关键里程碑并建立任务之间的关系，从而可以达到直观地查看每个任务的前置任务、开始与结束时间，以及衡量完成一个项目真实工期的关键因素的目的。本章主要介绍创建任务，以及管理项目任务等知识。

本章重点

- ◉ 创建任务
- ◉ 编辑任务
- ◉ 组织任务
- ◉ 设置任务工期
- ◉ 设置任务链接和任务信息

4.1 创建项目任务

每个项目都是由众多任务组成的，而任务由任务名称、开始日期、结束日期、优先级以及选择任务的资源等组成。创建一个新项目计划后，就需要为项目创建任务。任务是项目中最基础的元素。任何项目的实施都是通过完成一系列的任务来实现的。

4.1.1 输入任务

在 Project 2016 的多种视图中都可以输入任务，其操作方式大致相同。

如果要在【甘特图】视图中输入任务，只需要选中工作区的【任务名称】栏下的单元格，然后输入任务名称，按 Enter 键或单击其他单元格输入即可。

【例 4-1】为项目文档"客户服务"输入任务。

(1) 启动 Project 2016 应用程序，打开项目文档"客户服务"，选择【任务名称】栏下的第一个单元格，输入文本"客户服务改进"，如图 4-1 所示。

(2) 按 Enter 键，系统自动选中下一行的【任务名称】栏下的单元格，并自动在行标题处显示行号，此时系统自动将【任务模式】设置为【手动计划】，如图 4-2 所示。

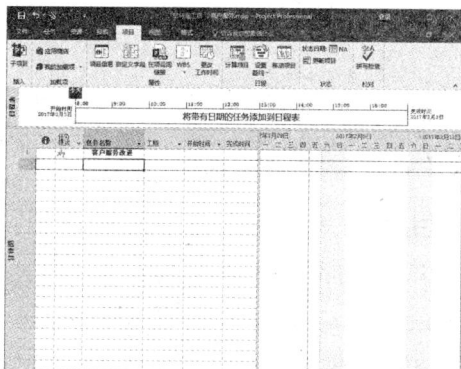

图 4-1　输入文本　　　　　　　　　　图 4-2　完成第一个任务的输入

(3) 选中【任务模式】栏的第一个单元格，单击其左侧的下拉按钮，从弹出的下拉列表中选择【自动计划】选项，此时将自动显示任务的开始时间和结束时间，如图 4-3 所示。

(4) 使用同样的方法，完成所有其他任务的输入，效果如图 4-4 所示。

提示

当任务的任务模式变为【自动计划】模式后，只需设置该任务的工期，完成日期便会自动进行调整。

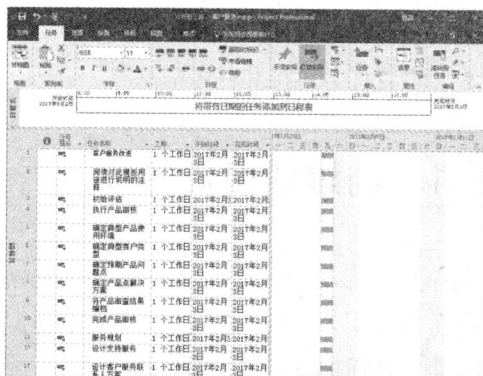

图 4-3　设置任务模式　　　　　　　　图 4-4　输入其他任务

知识点

虽然手动输入任务是比较快捷的方法，但是却无法设置更多的任务信息。打开【任务】选项卡，在【属性】组中单击【信息】按钮，打开【任务信息】对话框，如图 4-5 所示，在其中可以设置相应的任务信息，如设置任务的名称、工期值、计划模式、开始时间和完成时间等。

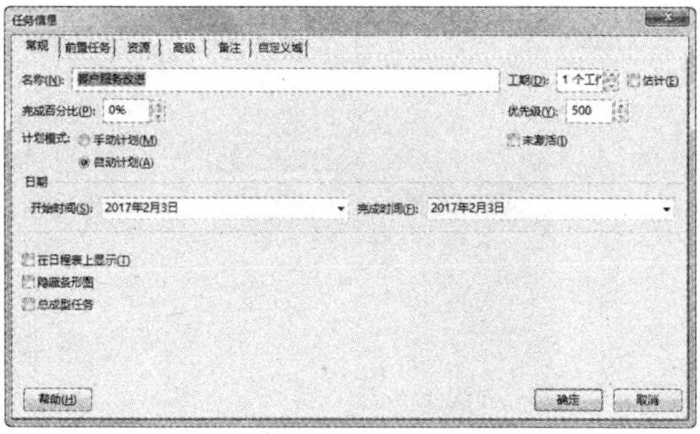

图 4-5　【任务信息】对话框

> **提示**
>
> 要设置任务模式，可以在【任务】选项卡的【任务】组中单击【手动安排】或【自动安排】按钮，或者单击【模式】按钮，从打开的菜单中选择一种模式即可。

在目前状态下，可设置【任务信息】对话框中的下列选项，其余选项将在后面章节中进行介绍。

- 名称：可在文本框中输入任务的名称。
- 工期：用来输入或设置任务的工期值，即完成该任务所需要的时间。
- 估计：启用该选项，表示设置的工期值为估计工期值，并不是准确的工期值，在工期值的后面将添加一个问号(？)。
- 完成百分比：用户设置该任务的完成百分比情况，在本章节实例中，由于是刚创建的项目任务，所以该任务的完成百分比情况为空值，表示该任务还未开始实施。
- 优先级：用于设置该任务的优先情况，其值介于 1~1000 之间。
- 计划模式：用于设置任务的状态模式，包括手动计划与自动计划两种模式。
- 未激活：启用该选项，表示该任务处于未激活状态，在【甘特图】视图中将以灰色颜色显示该任务，并且该任务的名称、工期、开始与结束时间上方将显示灰色横线。

4.1.2　从其他程序获取任务

手动输入任务的过程比较繁琐，若已有使用 Excel 制作的任务表格，可将其直接转换到 Project 2016 中。

【例 4-2】以复制方式将 Excel 2016 中制作好的任务表格粘贴到项目文档“客户服务”中。

(1) 启动 Project 2016 应用程序，打开项目空白文档，如图 4-6 所示。然后启动 Excel 2016 应用程序，打开“客户服务”工作簿的 Sheet1 工作表。

(2) 在 Sheet1 工作表中选取并右击 B2:B12 单元格区域，从打开的快捷菜单中选择【复制】命令，如图 4-7 所示。

(3) 切换至 Project 文档，将插入点定位到【任务名称】栏的第一个单元格中，在【任务】选项卡的【剪贴板】组中单击【粘贴】下拉按钮，从弹出的下拉菜单中选择【选择性粘贴】选项，如图 4-8 所示。

(4) 打开【选择性粘贴】对话框，选中【粘贴】单选按钮。在【作为】列表框中选择【文本数据】选项，单击【确定】按钮，如图 4-9 所示。

图 4-6　空白文档

图 4-7　复制 Excel 中的数据

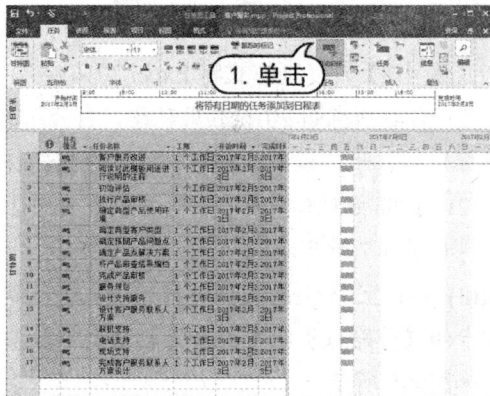

图 4-8　选择性粘贴

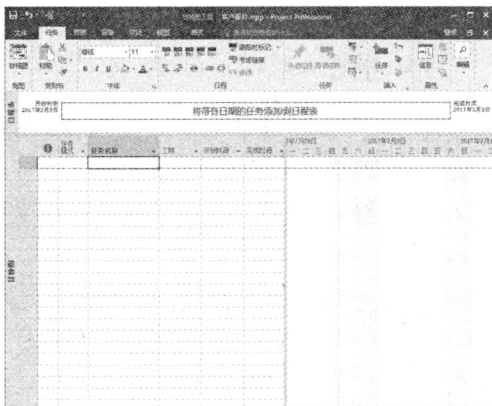

图 4-9　【选择性粘贴】对话框

(5) 此时 Excel 2016 中选中的单元格即以文本数据方式原封不动地复制到了 Project 中，并自动为其编号，效果如图 4-10 所示。

(6) 选中 1~10 个任务名称所在的数据表区域，在【任务】选项卡的【任务】组中单击【自动安排】按钮，即可为所有任务自动填充工期、开始时间和完成时间，如图 4-11 所示。

图 4-10　以文本方式粘贴 Excel 中的数据

图 4-11　自动安排任务的开始时间和完成时间

(7) 在快速访问工具栏中单击【保存】按钮，将创建的项目文档"客户服务"保存。

4.2　编辑任务

在实际工作中，创建任务后，还需要对其进行编辑操作，如插入新的任务，删除多余的任务，复制项目任务，调整次序混乱的任务等。

4.2.1　复制任务

复制任务是在保持原任务不被更改的状态下，将任务从一个位置复制到另外一个位置，从而使两个任务具有相同的内容，一般情况下，用户可通过下列方法来复制任务。

- 选项法：选择需要复制的任务的行，选择【任务】|【剪贴板】|【复制】选项。然后选择需要放置复制任务的位置，选择【剪贴板】|【粘贴】选项即可。
- 快捷键法：选取需要复制的任务，按 Ctrl+C 快捷键，将鼠标定位到目标位置，按 Ctrl+V 快捷键粘贴任务。
- 右击鼠标法：右击需要复制的任务，在弹出的快捷菜单中选择【复制】命令，将鼠标定位到目标位置，右击，在弹出的快捷菜单中选择【粘贴】命令。

4.2.2　插入任务

在编辑任务的过程中，通常需要在已设置的任务项目中添加新的任务。这时，用户使用【插入】组中的选项按钮和右键菜单，可以很方便地插入任务。

【例 4-3】在项目文档"客户服务"的任务上插入一个名为"资源需求"的新任务。

(1) 启动 Project 2016 用程序，打开项目文档"客户服务"，选中标识号为 11 的任务，如图 4-12 所示。

(2) 打开【任务】选项卡，在【插入】组中单击【任务】按钮，从弹出的菜单中选择【任务】选项，即可在选择的任务上插入一个新任务，如图 4-13 所示。

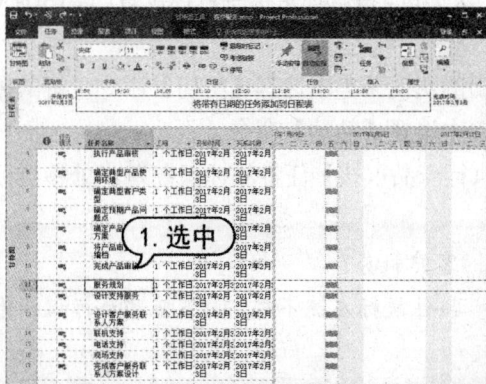

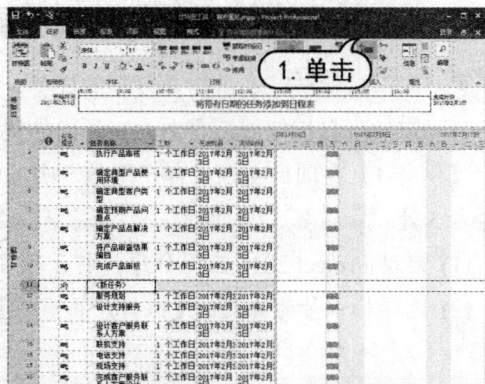

图 4-12　选中任务　　　　　　　图 4-13　插入一个新任务

(3) 在插入的 "<新任务>" 单元格中输入文本 "资源需求"，并按 Enter 键完成任务的名称输入，如图 4-14 所示。

(4) 选中插入的新任务，在【任务】选项卡的【任务】组中单击【自动安排】按钮，此时将自动显示任务的开始时间和结束时间，如图 4-15 所示。

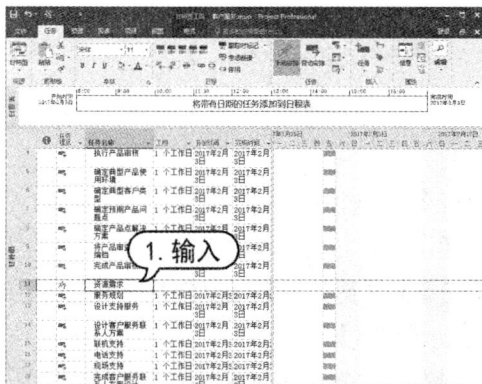

图 4-14　输入新任务的名称　　　　　　图 4-15　自动显示任务信息

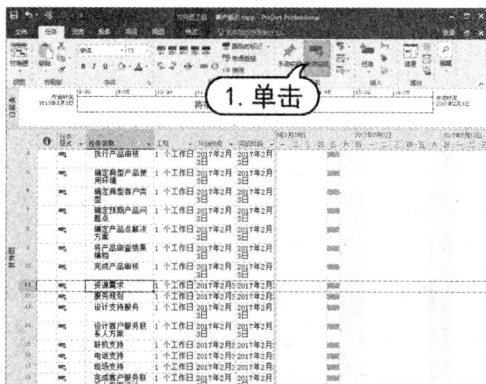

知识点

选中要插入任务位置下方的任务，右击，在打开的右键菜单中选择【插入新任务】选项，同样也可以在选中的任务上添加一个新任务。

4.2.3　移动任务

移动任务的操作与复制任务类似，唯一的区别在于，移动任务后，原位置的任务消失，而复制任务后，原位置的任务仍在。

- 选项法：选择需要移动的任务，选择【任务】|【剪贴板】|【剪切】选项。然后，选择需要放置剪切任务的位置，选择【任务】|【剪贴板】|【粘贴】选项即可。

- 快捷键法：选取需要复制的任务，按 Ctrl+X 快捷键，将鼠标定位到目标位置，按 Ctrl+V 快捷键粘贴任务。

- 右键鼠标法：右击需要复制的任务，在弹出的快捷菜单中选择【剪切】命令，将鼠标定位到目标位置，右击，在弹出的快捷菜单中选择【粘贴】命令。

【例 4-4】在项目文档 "客户服务" 中，将【执行产品审核】任务从标识号为 4 处移至标识号为 5 处。

(1) 启动 Project 2016 应用程序，打开项目文档 "客户服务"。

(2) 选择标识号为 4 处的【执行产品审核】任务，按住鼠标左键不放，向下拖动至标识号为 5 处。

(3) 释放鼠标，即可将任务移至标识号为 5 处，如图 4-16 所示。

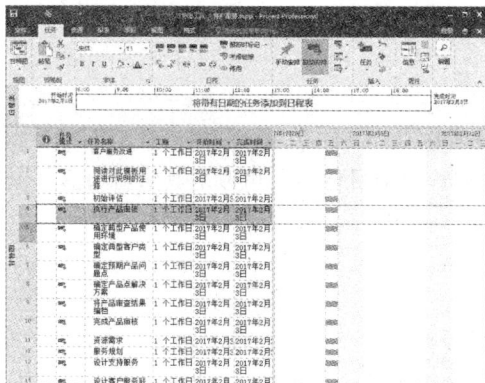

图 4-16　移动任务

(4) 在快速访问工具栏中单击【保存】按钮，将编辑好的项目文档"客户服务"保存。

4 2.4　删除任务

在 Project 2016 的项目文档中，还可以很方便地删除多余或重复的任务。

【例 4-5】在项目文档"客户服务"中，删除【完成产品审核】任务。

(1) 启动 Project 2016 应用程序，打开项目文档"客户服务"，选中标识号为 10 的【完成产品审核】任务，如图 4-17 所示。

(2) 右击，在弹出的右键菜单中选择【删除任务】命令，即可将选中的任务删除，并选中下一个任务，如图 4-18 所示。

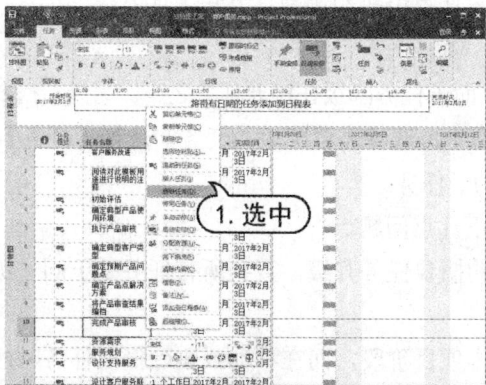

图 4-17　选择任务

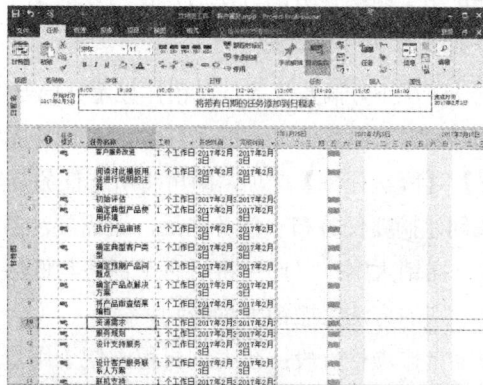

图 4-18　删除任务

知识点

如果只需删除任务名称，可选择该任务名称所在的单元格，在【任务】的【编辑】组中单击【清除】按钮，从弹出的菜单中选择【全部清除】命令即可。若选择【整行】命令，可清除该行的所有内容，包括任务模式、时间和工期等。

④.3 组织任务

创建任务后，默认状态下所有的任务都处于同一级别，没有差异。当项目任务的数量较多时，项目计划的结构越来越不明显。为了方便查询和管理项目任务，可以对其进行分级。其作用是可以精确反映任务的层次结构，即大纲结构。

④.3.1 大纲结构的建立

大纲结构指项目的分层结构。大纲结构的建立，可以有效组织项目任务结构，并易于阅读分析。

在 Project 2016 中，可以通过降级和升级项目任务的方法，来创建摘要任务(由多个子任务组成，并对这些子任务进行汇总的任务)和子任务的大纲，从而细分任务列表，使其更具有组织性与可读性。

1. 选择组织任务的方法

在组织项目任务时，可对摘要任务下具有相同特性的任务，或在相同时间范围内完成的任务进行分组，摘要任务又称为"集合任务"，用于汇总其子任务的数据。用户可通过下列两种方法来组织任务列表。

- ⦿ 自上而下：首先确定主要阶段，再将主要阶段分解为各个任务。
- ⦿ 自下而上：首先列出所有的任务，再将其组合为多个阶段。

确定用于组织任务的方法后，便可以大纲形式将任务组织为摘要任务和子任务。

2. 摘要任务和子任务

默认情况下，摘要任务是以粗体显示并已升级，而子任务降级在摘要任务之下。另外，摘要任务也可为它上面其他任务的子任务。在甘特图视图中，选择需要降级的任务，选择【任务】|【日程】|【降级任务】选项，即可将所选任务降级为子任务。

在创建摘要任务和子任务之后，还需要注意以下几点问题。

- ⦿ 撤销大纲：可通过将所有子任务与低级别的摘要任务升级，直到所有任务处于同一级别的方法来撤销大纲级别。
- ⦿ 重排项目阶段：在大纲日程中便于用户重排项目阶段，而在移动或删除摘要任务时，系统将自动移动或删除与其相关的所有子任务。
- ⦿ 删除摘要任务：当删除摘要任务而只保留其子任务时，需要先将子任务升级到与摘要任务相同的级别。
- ⦿ 大纲数字：在重排任务列表时，所有项的大纲数字将会改变。移动、添加或删除任务时，大纲数字将自动更新。当使用手动输入的自定义编号系统时，则不会自动更新大纲数字。

在 Project 2016 中，并非所有摘要任务的值都表示为子任务值的组合总计。一般情况下，摘要任务汇总了所有包含子任务的最早开始日期到最晚完成日期之间时间段的信息。并且，摘要任务的值处于不可编辑状态，用户可通过修改各个子任务值的方法来更改摘要任务的值。

【例4-6】在项目文档"客户服务"中，为各个项目阶段建立大纲结构。

(1) 启动 Project 2016 应用程序，打开项目文档"客户服务"。

(2) 选择标识号为1~18的任务，打开【任务】选项卡，在【日程】组中单击【降级任务】按钮，将其设置为【客户服务改进】的子任务，如图 4-19 所示。其中，【客户服务改进】任务为摘要任务，以粗体显示并已升级。

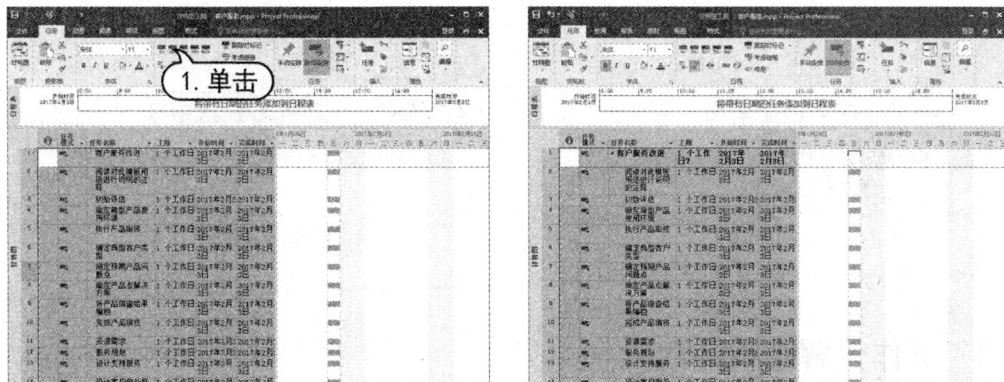

图4-19 设置子任务1

> **知识点**
>
> 使用鼠标也可以快速地升级或降级任务。将鼠标指针定位在任务名称的第一个字符上，待鼠标指针变为双向箭头时，向左拖动鼠标以升级任务，向右拖动鼠标以降级任务。另外，也可使用 Alt+Shift+← 和 Alt+Shift+→ 组合键对任务进行升级和降级操作。

(3) 选择标识号为4~9的任务，在【任务】选项卡的【日程】组中单击【降级任务】按钮，将其设置为【初始评估】的子任务，如图 4-20 所示。

(4) 选择标识号为11~12的任务，在【任务】选项卡的【日程】组中单击【降级任务】按钮，将其设置为【完成产品审核】的子任务，如图 4-21 所示。

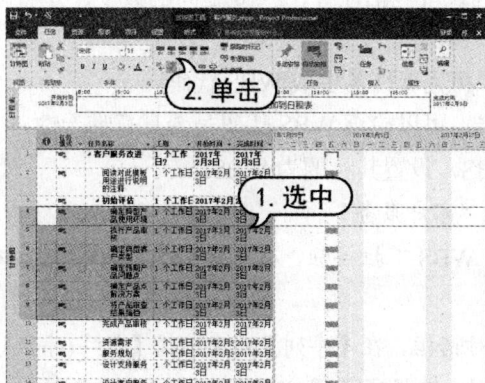

图4-20 设置子任务2

图4-21 设置子任务3

(5) 选择标识号为 14 的任务，在【任务】选项卡的【日程】组中单击【降级任务】按钮，将其设置为【设计支持服务】的子任务，如图 4-22 所示。

(6) 使用相同的方法，设置其他任务的子任务，效果如图 4-23 所示。

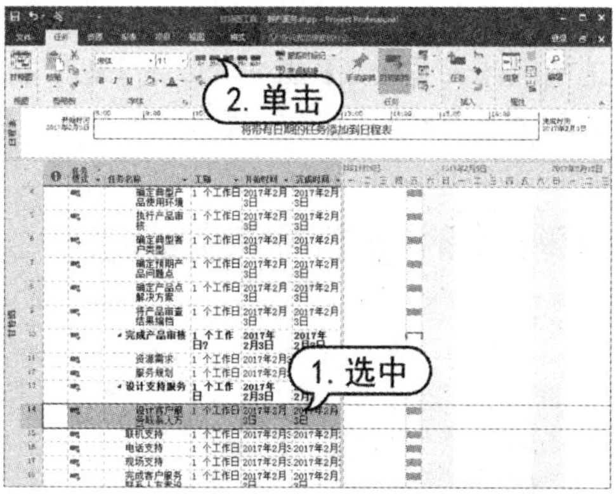

图 4-22　设置子任务 4

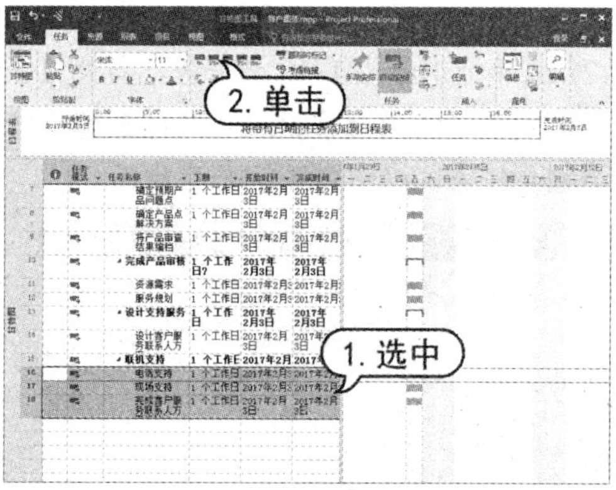

图 4-23　设置其他子任务

4.3.2　工作分解结构的建立

工作分解结构(WBS)是一种用于组织任务以便报告日程和跟踪成本的分层结构。在 Project 中，可以根据任务在项目大纲中的层次将相应的 WBS 代码分配给任务。另外，WBS 代码类似于大纲数字，每个任务只有一个 WBS 代码，该代码是唯一值。

首先，选择【项目】|【属性】|WBS|【定义代码】选项，在打开的对话框中设置代码类型即可。

WBS 代码定义主要包括以下选项。

- 代码预览：用于预览所设置代码的样式。
- 项目代码前缀：用于设置项目代码的前缀字母、汉字或数字。
- 代码掩码：用于设置 WBS 代码的序列方式、序列长度与分隔符。其中，序列方式主要包括数字、大小写字母与字符序列。序列长度包括任务、1~10 之间的数字、分隔符包括点(.)、横杠(-)、加号(+)与反斜杠(/)。
- 为新任务生成 WBS 代码：启用该复选框，可为新任务生成 WBS 代码。
- 检查新 WBS 代码的唯一性：启用该复选框，可以检查 WBS 代码是否具有唯一性。

【例 4-7】在项目文档"客户服务"中创建 WBS，设置其标题为 WBS。

(1) 启动 Project 2016 应用程序，打开项目文档"客户服务"。

(2) 打开【项目】选项卡，在【属性】组中单击 WBS 下拉按钮，从打开的下拉菜单中选择【定义代码】选项，如图 4-24 所示。

(3) 打开【"客户服务"中的 WBS 代码定义】对话框，在【序列】列中选择【数字(序数)】选项，在【长度】列中选择 1 选项，在【分隔符】列中选择【.】号，然后单击【确定】按钮，如图 4-25 所示。

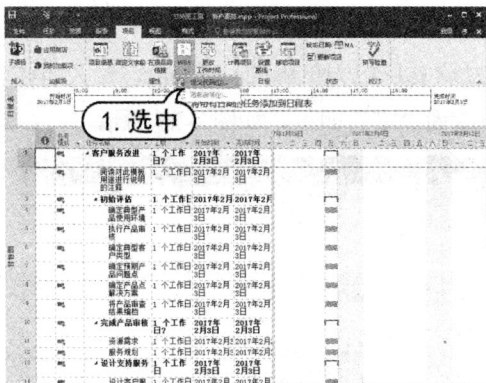

图 4-24　定义代码

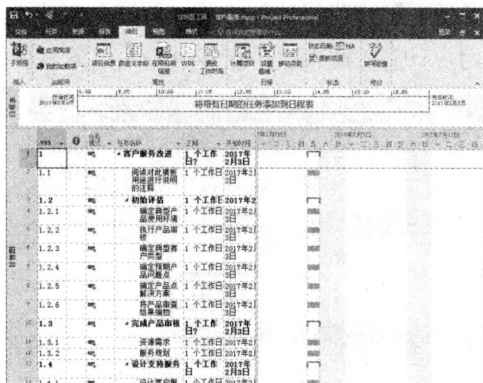

图 4-25　【"客户服务"中的 WBS 代码定义】对话框

(4) 完成 WBS 代码定义，选择数据表区第一列并右击，在打开的快捷菜单中选择【插入列】选项，自动打开定义新列的列表框，如图 4-26 所示。

(5) 选择 WBS 选项，此时系统将为项目文档建立工作分解结构(WBS)，效果如图 4-27 所示。

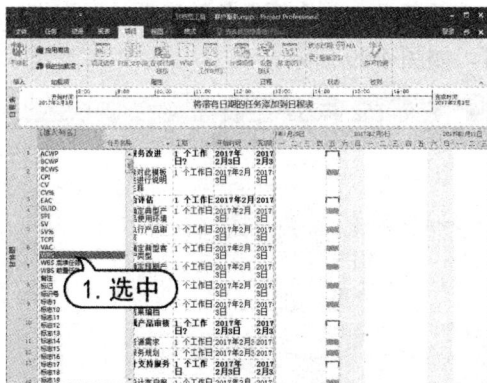

图 4-26　插入列

图 4-27　创建 WBS

4.4　设置任务工期

在 Project 2016 中，除了可以创建普通的任务之外，还可以创建里程碑和周期性任务。其中，里程碑是标记项目中主要事件的参考点，主要用于监视项目的进度；而周期性任务是指在一定周期内重复发生的任务。

4.4.1　建立里程碑

任务工期为零的任务都可以显示为里程碑任务，同样用户还可以将任何工期的其他任务标记为里程碑。

1. 任务工期为零的里程碑

默认情况下，凡是工期为零的任务，系统都自动将其标记为里程碑。对于已经输入的任务，只需在任务对应的【工期】单元格中，将工期值更改为"零"即可，如图 4-28 所示。

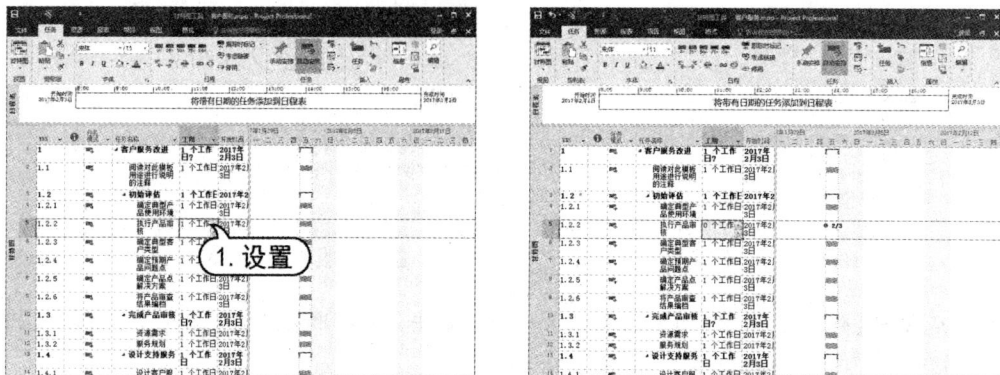

图 4-28　将工期值改为"零"

另外，当在已输入任务之间设置里程碑任务时，需要选择插入里程碑任务之下的任务名称，选择【插入】|【里程碑】选项，系统会自动插入一个新任务，并将新任务的工期显示为零。此时，用户只需在插入的新任务中输入任务名称即可，如图 4-29 所示。

图 4-29　插入里程碑

知识点

里程碑任务在【甘特图】视图中不像其他任务那样以"条形图"图形来显示，而是以"菱形"图形进行显示。

2. 任务工期大于零的里程碑

里程碑工期通常为零，但也不排除工期不为零的里程碑。选择需要设置为里程碑的任务，选择【任务】|【属性】|【信息】选项，打开如图 4-30 所示的【任务信息】对话框，激活【高级】选项卡，启用【标记为里程碑】复选框，便可以将具有工期值的任务转化为里程碑任务，如图 4-31 所示。

知识点

对于任务工期大于零的里程碑，将有菱形出现在任务完成时间处。

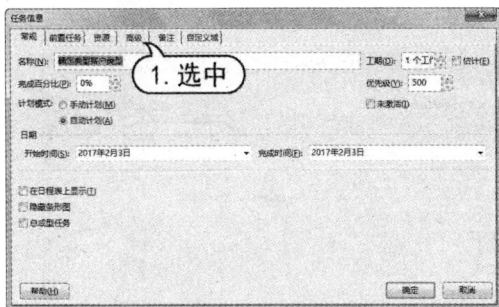

图 4-30　【任务信息】对话框　　　　　　　图 4-31　标记为里程碑

【任务信息】对话框的【常规】选项卡主要包括下列选项。

⊙ 名称：可在文本框中输入任务的名称。

⊙ 工期：用来输入或设置任务的工期值，即完成该任务所需要的时间。

⊙ 估计：启用该选项，表示设置的工期值为估计工期值，并不是准确的工期值，在工期值的后面将添加一个问号(？)。

⊙ 完成百分比：用于设置该任务的完成百分比情况。在本章中，由于刚创建项目任务，所以该任务的完成百分比情况为空值，表示该任务还未开始实施。

⊙ 优先级：用于设置该任务的优先情况，其值介于 1~1000 之间。

⊙ 计划模式：用于设置任务的状态模式，包括手动计划与自动计划两种模式。

⊙ 未激活：启用该选项，表示该任务处于未激活状态，在【甘特图】视图中将以灰色颜色显示该任务，并且该任务的名称、工期、开始与结束时间上方将显示灰色横线。

④4.2　输入任务的工期

在输入任务名称后，Project 会对该任务自动设置一个默认的工期：1 个工作日。用户可根据实际情况估计并具体设定任务的工期，在估计工期时，无须为摘要任务估计工期。在输入任务工期时，只能为子任务设置任务时间，每个子任务的累计时间便是摘要任务的工时；若不能准确确定该任务的工期，可在工期后加一个【？】号。

【例 4-8】在项目文档"客户服务"中，为任务设置任务时间。

(1) 启动 Project 2016 应用程序，打开【例 4-7】创建的项目文档"客户服务"。

(2) 选择标识号为 2 的任务的【工期】单元格，如图 4-32 所示。单击【信息】按钮，打开【任务信息】对话框，在【工期】文本框中输入 3 个工作日，如图 4-33 所示，按 Enter 键。

🌸 提示

选中任务的【工期】单元格，双击，打开【任务信息】对话框，在【工期】微调框中可以输入任务的工期。另外，通过拖动条形图的方法也可以设置任务的工期，将鼠标指针移动到条形图右侧，当鼠标变为【↔】形状时，左右拖动即可。需要特别注意的是，Project 中允许输入的工期单位为月、星期、工作日、小时或分钟，不包括非工作时间。

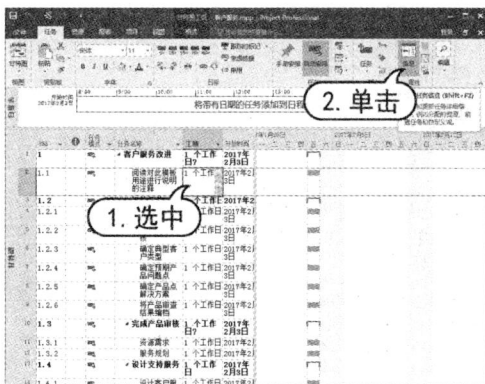

图 4-32　选择工期

图 4-33　通过对话框输入工期

（3）使用同样的方法，依次为其他任务安排时间，效果如图 4-34 所示。

图 4-34　输入其他任务的工期

④.4.3　插入周期性任务

周期性任务是在项目进行过程中重复发生的任务，如每月的例会就可以定义为一个周期性任务。

【例 4-9】在项目文档"客户服务"中，创建一个【开发培训计划】任务，工期为半天，每周举行一次，共发生 4 次。

（1）启动 Project 2016 应用程序，打开项目文档"客户服务"，将鼠标定位至标识号为 18 的任务下一行的任意单元格。

（2）打开【任务】选项卡，在【插入】组中单击【任务】下拉按钮，从打开的下拉菜单中选择【任务周期】选项，打开【周期性任务信息】对话框。

（3）在【任务名称】文本框中输入"开发培训计划"，在【工期】微调框中输入"0.5 个工作日"，选择【每周】单选按钮和【周四】复选框，在【重复范围】选项区域中选中【共发生】单选按钮，在其后的微调框中输入 4，然后单击【确定】按钮，如图 4-35 所示。

(4) 此时系统将自动添加周期性的每月"开发培训计划",如图 4-36 所示。

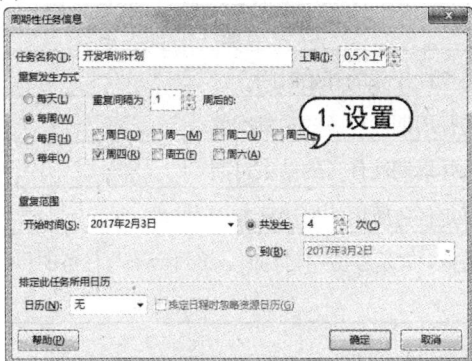

图 4-35 【周期性任务信息】对话框

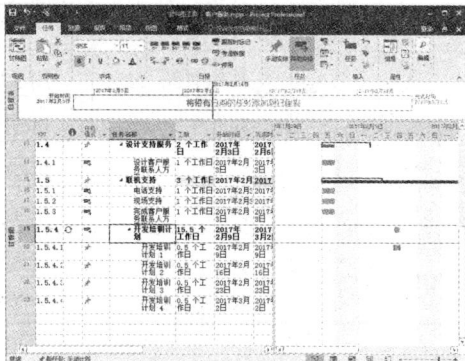

图 4-36 创建周期性任务

(5) 选中标识号为 20~23 的任务,【任务模式】设置为【自动计划】,效果如图 4-37 所示。

图 4-37 设置 20~23 的任务的【任务模式】

提示

周期性任务的工期是以第一任务发生到最后一次任务结束的时间段来计算。

(6) 在快速访问工具栏中单击【保存】按钮,保存项目文档"客户服务"。

在【周期性任务信息】对话框中,主要包括下列选项。

表 4-1 周期性任务信息

选 项		功 能
任务名称		用来输入任务的名称
工期		用来输入任务的工期值
重复发生方式	每天	选中该选项,表示周期性任务的发生频率是按指定的天数或工作日数进行显示
	每周	选中该选项,表示周期性任务的发生频率是按指定周数进行显示,并可以设置具体显示的每周日期
	每月	选中该选项,表示周期性任务的发生频率是指定的月数进行显示,并可以设置频率发生相隔的日期与具体日期
	每年	选中该选项,表示周期性任务的发生频率是按年进行显示,并可以设置频率发生的具体日期,以及每年发生的具体月份与具体日期

（续表）

选 项		功 能
重复范围	开始时间	用于输入周期性任务的开始时间
	共发生	可输入或选择周期性任务的重复次数
	到	可输入或选择周期性任务的结束日期
排定此任务所用日历	日历	用于选择排定任务所用的日历标准
	排定日程时忽略资源日历	启用该复选框，表示在应用日历时，该日历不与任务的日程排定相关联

④.5 设置任务链接和任务信息

在默认情况下，任务工期的开始时间是同一天。但事实上，有些任务需要在某些任务完成之后进行。为了表示任务之间这种时间先后的关系，需要用任务链接将任务串起来。当然为了能更好地说明任务的状况，还可以为任务添加备注信息或超链接等其他信息。

④5.1 建立任务的链接

链接任务可以节省管理项目的时间。在定义了项目的任务，并估计了各任务所需的时间之后，即可开始建立任务的链接。

1. 任务间相关性

在项目管理实践中，任务必须以特定的顺序完成。这两个任务的关系就是"完成-开始"的关系。任务相关性就是指两个任务之间的关系，也称为任务间的链接或依赖性，即一个任务的开始或完成时间依赖于另一个任务的开始或完成时间。如果任务 B 的日程安排要依赖任务 A，则任务 A 称之为任务 B 的前置任务，而任务 B 称之为任务 A 的后续任务。在 Project 2016 中，对于两个任务间的相关性提供了 4 种不同的链接类型，如表 4-2 所示。

表 4-2　链接类型的说明

链接类型	说明	示例
完成-开始(FS)	是默认的相关性类型，任务 B 必须在任务 A 完成后才能开始	
开始-开始(SS)	任务 B 必须在任务 A 开始后才能开始	
开始-完成(SF)	任务 B 必须在任务 A 开始后才能完成	
完成-完成(FF)	任务 B 必须在任务 A 完成后才能完成	

2. 链接任务

确定了任务的选择顺序后，就可以为任务建立相关性链接。在 Project 中可以很灵活地表示任务间的链接。

【例 4-10】在项目文档"客户服务"中建立相关性链接。

(1) 启动 Project 2016 应用程序，打开项目文档"客户服务"。选择标识号为 2 和 5 的任务，打开【任务】选项卡，单击【日程】|【链接任务】按钮，建立 FS 关系，如图 4-38 所示。

(2) 选择标识号为 4~7 的任务，选择【任务】|【日程】组，单击【链接任务】按钮，建立多个任务之间的 FS 关系，如图 4-39 所示。

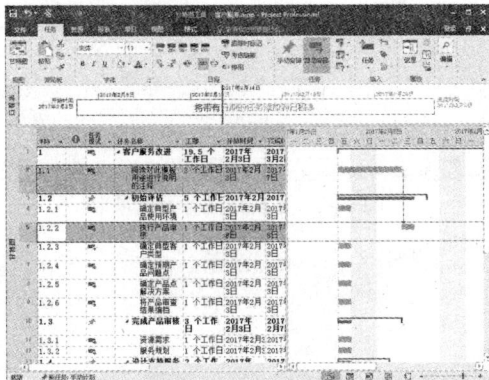

图 4-38　建立两个任务之间的 FS 关系　　　　图 4-39　建立多个任务之间的 FS 关系

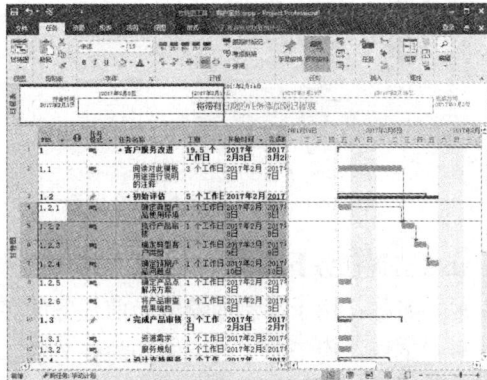

(3) 将鼠标移至标识号为 8 的任务的条形图附近，当鼠标指针变为【✥】形状时，按住鼠标左键不放，向后续标识号为 10 的任务拖动，此时光标变为【🔗】形状，且出现一条连接线，当移到标识号为 10 的任务的条形图上后释放鼠标，建立 FS 关系，如图 4-40 所示。

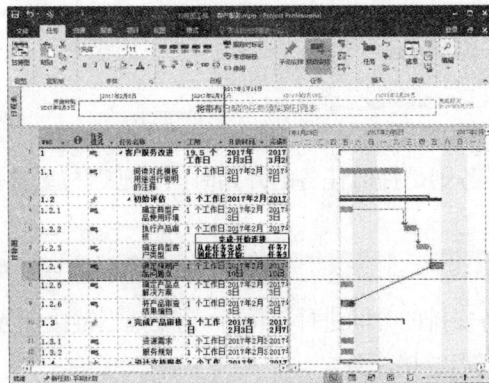

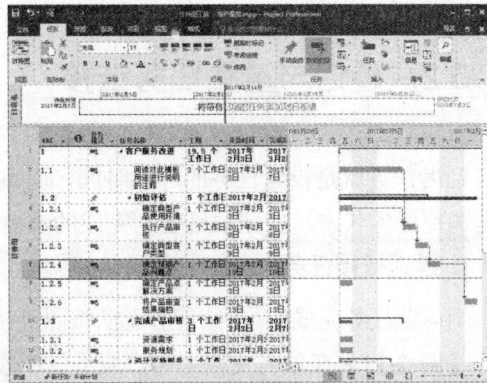

图 4-40　使用鼠标建立 FS 关系

(4) 使用同样的方法，建立其他任务之间的链接关系，最终效果如图 4-41 所示。

知识点

使用【任务信息】对话框可以为特定的任务设置其他链接类型的相关性。选中特定的任务，打开【任务】选项卡，在【属性】组中单击【信息】按钮，打开【任务信息】对话框的【前置任务】选项卡，在【前置任务】列表框中输入链接任务的相关信息，只需要在【标识号】单元格中输入链接任务的标识号，系统自动显示任务的名称和默认类型等信息，单击类型右侧的按钮，从打开的下拉菜单中可以选择一种类型，如图 4-42 所示，单击【确定】按钮，同样可以建立任务链接。

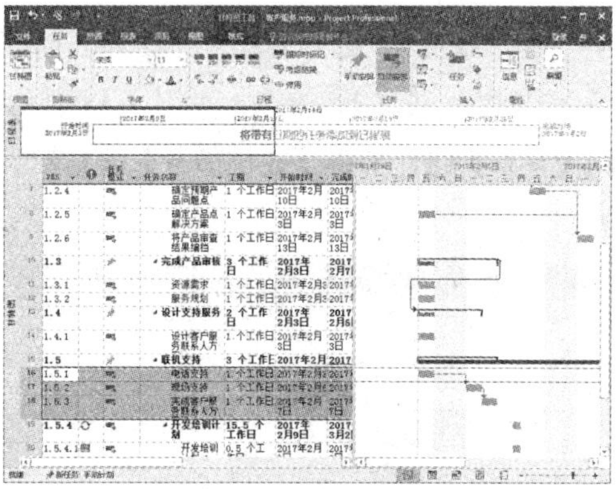

图 4-41 使用鼠标建立 FS 关系

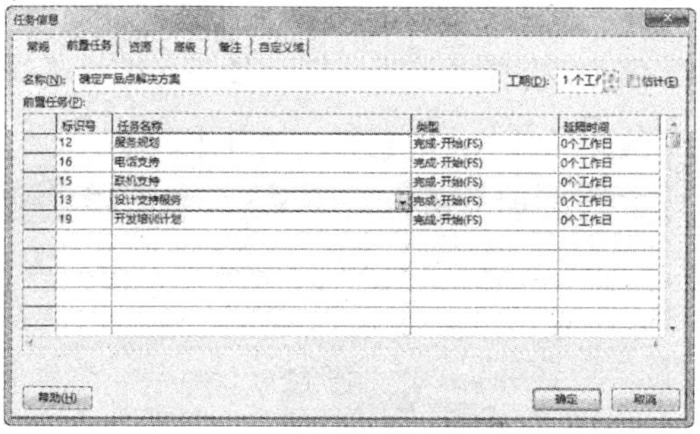

图 4-42 【前置任务】选项卡

在【前置任务】选项卡中主要包括下列选项。

- 名称：用于显示或编辑当前任务的名称。
- 工期：用于显示或编辑当前任务的工期值。
- 估计：启用该复选框，该任务的工期值将由计划工期变成估计工期。
- 标识号：用于输入显示该前置任务的标识号(ID)，即任务名称对应的行号。
- 任务名称：可在打开的下拉列表中选择任务的名称，当用户在【标识号】单元格中输入任务的标识号后，在该单元格中将自动显示标识号对应的任务名称。
- 类型：单击该下拉按钮，可在弹出的下拉列表中选择相应的链接类型。

④5.2 延迟与重叠任务链接

延迟任务就是推延任务的开始时间，而重叠任务则是提前任务的开始时间。延迟与重叠任务是调整任务状态、保证项目顺利完成的重要措施之一。

1. 延迟链接任务

当前置任务完成后，后续任务无法按照链接任务安排的时间进行工作时，需要延迟链接任务。

【例 4-11】在项目文档"客户服务"中设置延迟链接任务。

(1) 启动 Project 2016 应用程序，打开项目文档"客户服务"。选择标识号为 7 的任务，如

图 4-43 所示。打开【任务】选项卡，单击【属性】|【信息】选项，打开【任务信息】对话框，如图 4-44 所示。

图 4-43　选择任务

图 4-44　【任务信息】对话框

(2) 选择【前置任务】选项卡，在【延隔时间】微调框中输入需要延迟的时间 "2"，如图 4-45 所示。

(3) 单击【确定】按钮，在所选任务与该任务的下一个任务的任务条之间，显示延迟时间的连接线，如图 4-46 所示。

图 4-45　【前置任务】选项卡

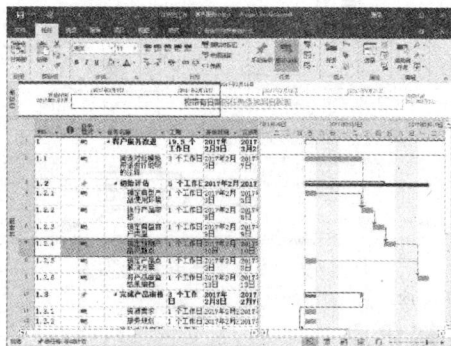

图 4-46　显示延迟连接线

知识点

其中，任务之间的连线表示任务之间的延迟时间关系。条形图之间的距离表示前置任务与后续任务之间的延迟时间。

2. 重叠链接任务

在前置任务完成时，便开始后续任务的工作，称作为重叠链接任务。

【例 4-12】在项目文档"车辆保险理赔处理"中重叠链接任务。

(1) 启动 Project 2016 应用程序，打开项目文档"车辆保险理赔处理"。选择标识号为 8 的任务，如图 4-47 所示。打开【任务】选项卡，选择【属性】|【信息】选项，打开【任务信息】对话框，如图 4-48 所示。

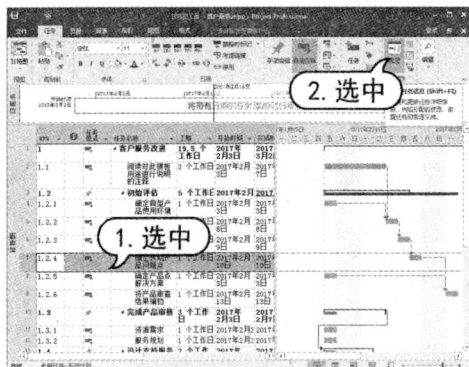

图 4-47　选择任务

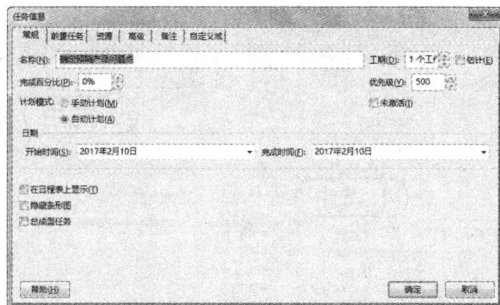

图 4-48　【任务信息】对话框

(2) 选择【前置任务】对话框，在【延隔时间】微调框中进行设置，如图 4-49 所示。

(3) 单击【确定】按钮，所选任务的任务条将自动前移，并位于上一任务的任务条的下方，如图 4-50 所示。

图 4-49　【前置任务】选项卡

图 4-50　显示重叠状态

知识点

　　用户可以将鼠标移至需要设置重叠链接的任务条形图上，当鼠标变成【✥】时，向前拖动鼠标即可重叠链接任务。反之，即可延迟链接任务。

4)5.3　设置任务信息

　　在项目管理过程中，经常根据项目自身的特点设置相匹配的任务类型，以保证整个项目的顺利完成。

1. 任务类型

　　在 Project 2016 中，任务类型主要用于控制工时、工期或工作分配单位 3 种类型中的一种类型的更改对另外两种类型的影响。一般情况下，单击【任务信息】按钮，打开【任务信息】对话框，如图 4-51 所示。选择【高级】选项卡，单击【任务类型】下拉按钮，设置任务的类型，如图 4-52 所示。

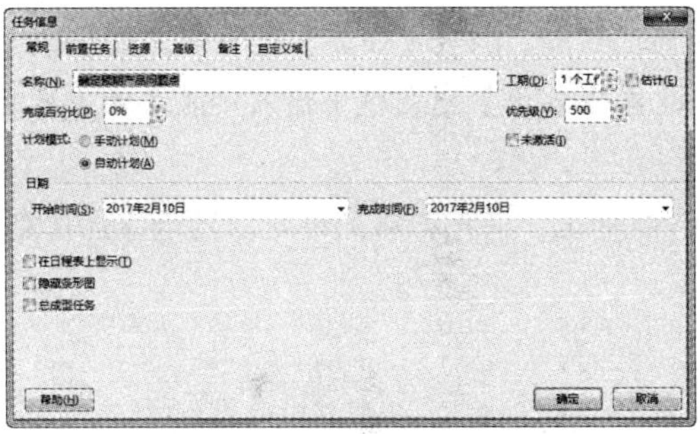

图 4-51　【任务信息】对话框 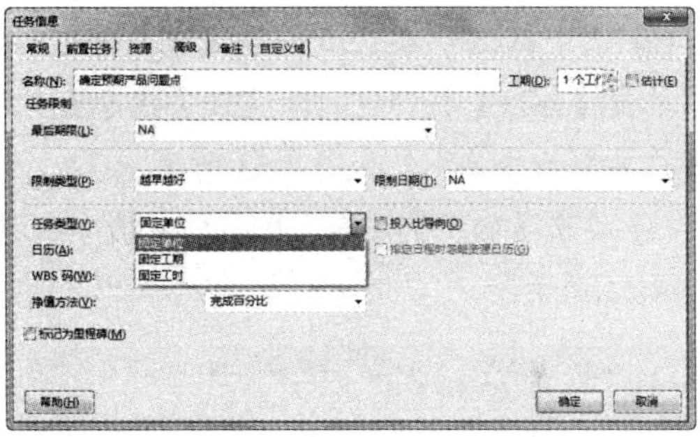　　　　　　　图 4-52　【高级】选项卡

在【任务类型】选项中主要包括固定单位、固定工期、固定工时 3 种类型，另外还可以设置【投入比导向】等。

- 固定单位：Project 2016 在默认情况下，会自动创建一个被称为固定单位任务的资源任务。在资源任务的日程安排中，添加资源会缩短任务工期，而减少资源则会延长任务工期。另外，任务中的资源不会随着工时的增加而改变。综上所述，固定单位任务类型是不管任务工时量或工期如何更改，工作分配单位都保持不变。

- 固定工期：固定工期的任务类型，是一种不受资源数量影响工时的一种任务时间安排类型。在该任务类型中，资源的数量并不能影响该类任务的完成时间；也就是在给任务添加资源时，不但不能缩短任务的工期，反而会在一定程度上延长任务的工期。综上所述，固定工期任务类型是不管工时量或分配的资源数量如何更改，任务工期都将保持恒定。

- 固定工时：固定工时的任务类型，是一种保持任务工时数不变的任务时间安排类型。在该任务类型下，Project 2016 会为任务中的资源分配一个可以在限定时间内完成任务的工作量百分比，并且任务工期会随着资源数量的变化而变化。综上所述，固定工时任务类型是不管任务工期或分配给任务的资源数量如何更改，工时量都将保持不变。

- 投入比导向：投入比导向任务，是在固定工期和固定单位任务中，根据资源数量的变化来修改分配给任务资源的总工时百分比。当创建投入比导向任务时，Project 2016 会重新为任务中的资源分配相同的工时。另外，当用户将【任务类型】选项设置为【固定工时】时，【投入比导向】复选框将变成不可用状态。

④ 5.4　添加任务的其他信息

在创建任务时，为了能更详细地将该任务的信息表达出来，可以为任务添加备注、超链接等信息。

1. 添加备注

任务备注信息用来说明任务情况。添加备注信息后，在该任务栏的标记栏 ⑥ 中出现一个 📄 标记，当光标移到该处时，将显示备注信息。

【例 4-13】在项目文档"客户服务"中为【服务规划】任务添加备注信息。

(1) 启动 Project 2016 应用程序，打开项目文档"客户服务"。

(2) 选中标记号为 12 的任务【服务规划】所在标记栏 ❶，打开【任务】选项卡，在【属性】组中单击【备注】按钮，打开【任务信息】对话框，在【备注】列表框中输入"服务方式因各个客户类型而各异"，如图 4-53 所示。

(3) 单击【确定】按钮，在项目文档中出现一个 🗐 标记，将光标移到该处，显示备注信息，如图 4-54 所示。

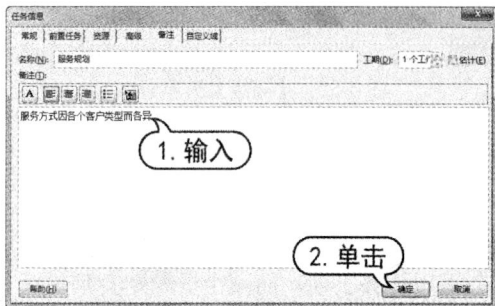

图 4-53　【备注】选项卡

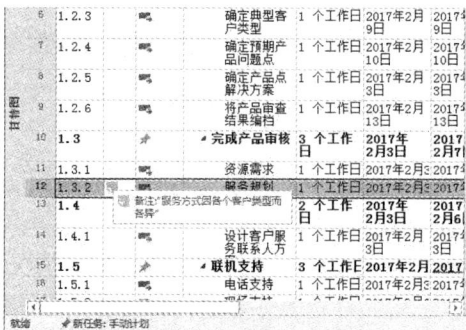

图 4-54　添加备注信息

2. 添加超链接

在项目文档中可以添加超链接，以便与外部文件联系起来，使其他工作成员更加清楚明了任务的实施方法。

【例 4-14】在项目文档"客户服务"中为标识号为 1 的任务添加 Word 文档"如何分类客户"链接。

(1) 启动 Project 2016 应用程序，打开项目文档"如何分类客户"。

(2) 右击标识号为 1 任务所在的标记栏 ❶，从打开的快捷菜单中选择【超链接】命令，如图 4-55 所示。

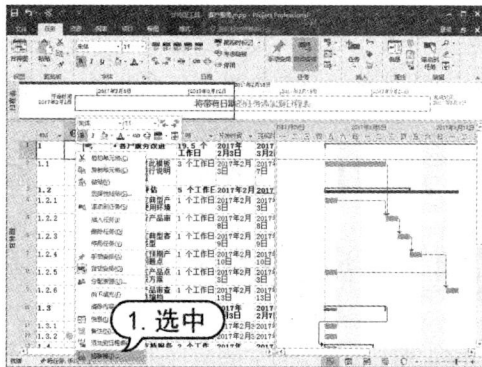

图 4-55　选择任务

(3) 打开【插入超链接】对话框，在【查找范围】下拉列表框中选择目标文件所在的位置，如图 4-56 所示。单击【确定】按钮，此时在单元格中出现 🌐 标志，如图 4-57 所示。

图 4-56　【插入超链接】对话框

图 4-57　插入超链接

(4) 选中超链接所在的单元格并右击，从打开的菜单中选择【超链接】|【打开超链接】命令，如图 4-58 所示，打开【Microsoft Project 安全声明】提示框，如图 4-59 所示。

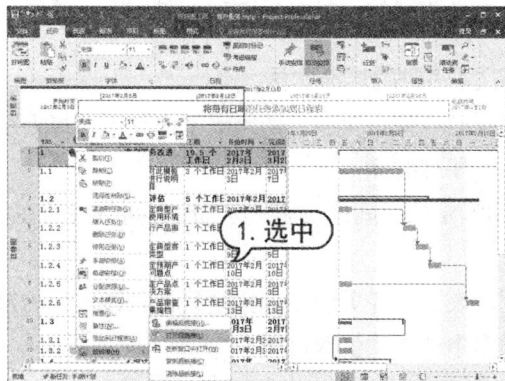

图 4-58　打开超链接

图 4-59　信息提示框

(5) 单击【是】按钮，稍后就可以打开如图 4-60 所示的文件。

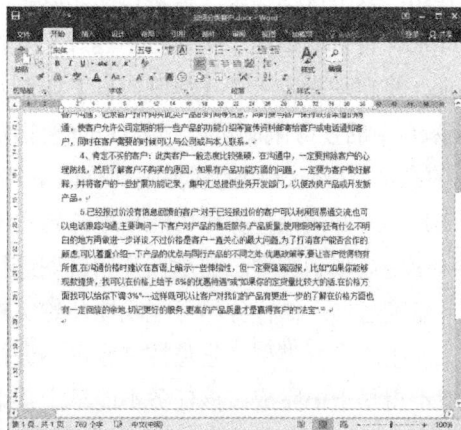

图 4-60　打开超链接文件

3. 任务日历

任务日历是项目任务实施时所使用的日历，不同的项目需要设置不同的日历，以适应项目计划的需求，方法是：在【任务信息】对话框中的【高级】选项卡中，单击【日历】下拉按钮，在其下拉列表中选择相应的选项即可，如图 4-61 所示。

图 4-61   设置任务日历

在【日历】选项中，主要涉及下列选项及复选框。

◉ 无：该选项为默认选项，表示用户为项目任务应用任何日历。选择该选项后，【排定日程时忽略资源日历】复选框将不可用。

◉ 24 小时：选择该选项，表示项目任务将按 24 小时的标准实施。

◉ 标准：选择该选项，表示项目任务将按照正常工作日实施。即每周工作 5 天，每天从早晨 8 点工作到下午 5 点，中午 12~13 点为午休时间。

◉ 夜班：选择该选项，表示项目任务将在夜间指定的时间内实施。其工作时间分别为 0~3 点、4~8 点与 23~0 点。

◉ 排定日程时忽略资源日历：启用该复选框，表示该任务的日程排定只计入该任务的日历。禁用该复选框，表示该任务的日常排定中计入了资源日历。

4. 添加任务限制

任务限制是指在任务的开始日期或完成日期上设置的限制。例如，指定任务必须在某一特定日期开始，或不得晚于某一特定日期完成。默认情况下，在以开始日期排定的项目中添加任务时，Project 将自动指定一个【越早越好】限制。相反，在以完成日期排定的项目中添加任务时，Project 将自动指定一个【越晚越好】限制。

Project 中的任务限制可以是弹性的(未指定特定日期)，也可以是非弹性的(指定了特定日期)。总的来说，Project 中的任务限制有以下几种。

◉ 越早越好：该任务尽可能早地开始实施。从项目开始日期建立日程时，大多数任务都使用该限制类型。它是按开始日期进行日程排定的默认限制类型。

◉ 越晚越好：该任务尽可能晚地开始实施。按项目完成日期建立日程时，大多数任务都使用该限制类型。它是按完成日期进行日程排定的默认限制类型。

◉ 不得早于…完成：该任务不能早于某个固定时间完成。

◉ 不得晚于…完成：该任务不能晚于某个固定时间完成。

◉ 不得早于…开始：该任务不能早于某个固定时间开始实施。

◉ 不得晚于…开始：该任务不能晚于某个固定时间开始实施。

◉ 必须完成于：任务必须在特定日期完成。

⊙　必须开始于：任务必须在特定日期开始。

用户会发现"必须完成于"与"必须开始于"限制类型表示限制任务在指定日期开始或结束，而其他限制类型则限制任务在特定的时间范围内完成。

【例 4-15】在项目文档"客户服务"中，将标识号为 5 的任务限制为不得晚于 2017 年 3 月 1 日开始。

(1) 启动 Project 2016 应用程序，打开项目文档"客户服务"。

(2) 双击标识号为 4 任务中的【任务名称】所在的单元格，如图 4-62 所示。

(3) 打开【任务信息】对话框，选择【高级】选项卡，在【限制类型】下拉列表框中选择【不得晚于…开始】选项，设置【限制日期】为【2017 年 3 月 1 日】，单击【确定】按钮，如图 4-63 所示。

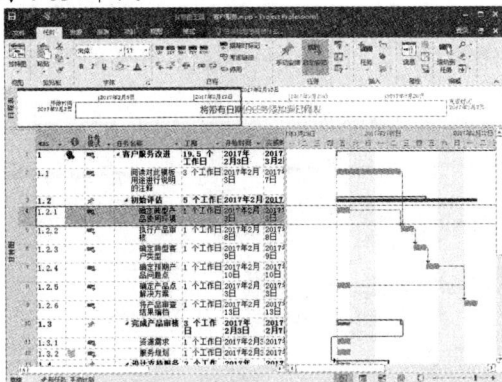

图 4-62　双击标识号为 4 的任务

图 4-63　【任务信息】对话框

(4) 此时在该任务的标记栏 ❶ 处将出现一个任务限制标记，将鼠标光标移动到该处可以查看任务限制的内容。如图 4-64 所示。

(5) 在快速访问工具栏中单击【保存】按钮，保存项目文档"客户服务"，如图 4-65 所示。

图 4-64　任务限制内容

图 4-65　保存项目文档

④ 5.5 查看任务状态

创建并链接任务之后，还需要根据任务的实施状态调整任务关系、拆分任务，以及查找与替换任务。

1. 调整任务关系

在项目任务之间创建相关性后，为适应项目调整的需求，用户可以通过以下方法调整任务之间的链接类型。

- ⊙ 通过链接线：双击条形图之间的链接线，打开【任务相关性】对话框，在其中设置链接任务的类型，如图 4-66 所示。
- ⊙ 通过任务详细信息窗体：打开【任务】选项卡，在【属性】组中单击【详细信息】按钮，打开【任务详细信息窗体】窗格，在【任务类型】列表框中设置链接任务的类型，如图 4-67 所示。

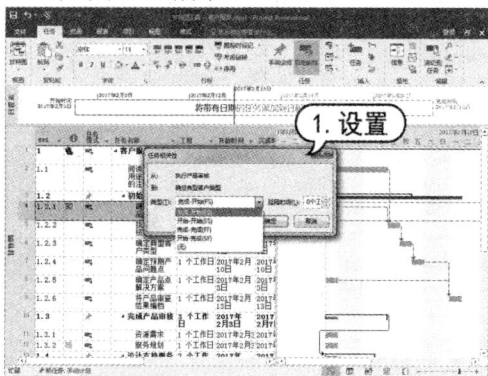

图 4-66　【任务相关性】对话框　　　　图 4-67　设置链接任务的类型

2. 拆分任务

拆分任务是将一个任务拆分为两个单独的任务，主要用于中断任务上的工作。在【甘特图】视图中，打开【任务】选项卡，在【日程】组中单击【拆分任务】按钮 ，然后将鼠标指针移动到条形图中开始工作的任务中，当鼠标变成【⊪】形状时，单击条形图即可，如图 4-68 所示。

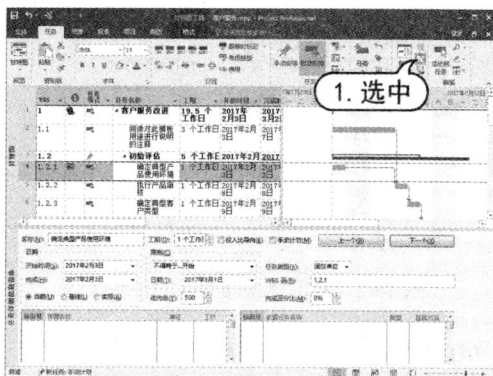

图 4-68　拆分任务

用户在拆分任务时还需要注意以下几点。

◉ 可以对一项任务进行多次拆分。

◉ 拖动条形图的一部分，直到与另一部分合并，即可删除任务中的某个拆分。

◉ 当在标识非工作时间的日历上拆分任务时，在【甘特图】视图中非工作时间内将不会显示为拆分任务。

◉ 当拖动拆分任务的第一部分时，将移动整个任务。

◉ 当拖动拆分任务中除第一部分之外的任意一部分任务时，只能移动该部分任务。

◉ 可以通过修改开始与完成日期的方法，来移动整个任务及其相关部分。

3. 停用任务

选择需要停用的任务，选择【任务】选项卡，在【日程】组中单击【停用】按钮，即可停用该任务。被停用的任务将以灰色的颜色进行显示，并在任务信息上方显示一条横线，如图 4-69 所示。

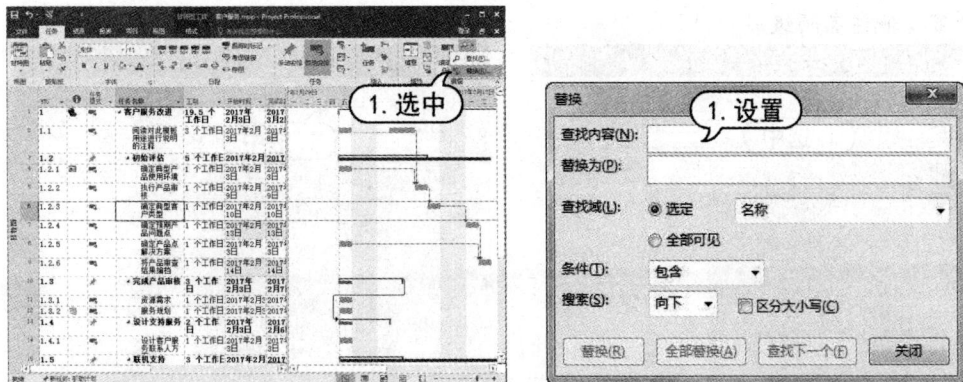

图 4-69　停用任务

4. 替换任务

替换任务是根据查找结果，以新的任务信息替换现有的任务信息。选择【任务】选项卡，在【编辑】组中单击【查找】下拉按钮，从打开的快捷菜单中选择【替换】选项，打开【替换】对话框，如图 4-70 所示，设置各项选项，单击【全部替换】按钮即可。

图 4-70　【替换】对话框

在替换对话框中，需要注意以下 3 个选项。

◉ 替换为：用于输入需要替换的任务信息。

◉ 全部替换：单击该选项，可替换指定区域内所有相匹配的内容。

◉ 替换：单击该选项，可替换当前相匹配的单个内容。

5. 查找任务

查找任务是在指定的区域内查找指定条件与内容的任务信息。选择【任务】选项卡，在【编辑】组中单击【查找】按钮，打开【查找】对话框，如图 4-71 所示，设置各选项，单击【查找下一个】按钮即可。

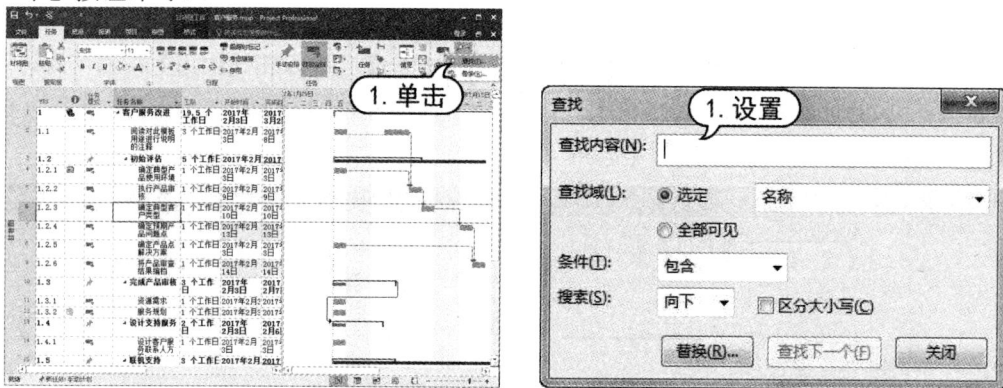

图 4-71　【查找】对话框

4.6　上机练习

本章的上机练习主要通过创建"年度报表"文档，来介绍任务分解、为任务分配日历、设置任务的工时等操作。

(1) 启动 Project 2016 应用程序，打开"年度报表"文档，选择标识号为 2~34 的任务，选择【任务】|【日程】|【降级任务】选项，如图 4-72 所示。

(2) 选择任务 2~9，选择【任务】|【日程】|【降级任务】选项，如图 4-73 所示。使用同一方式，设置其他任务的级别。

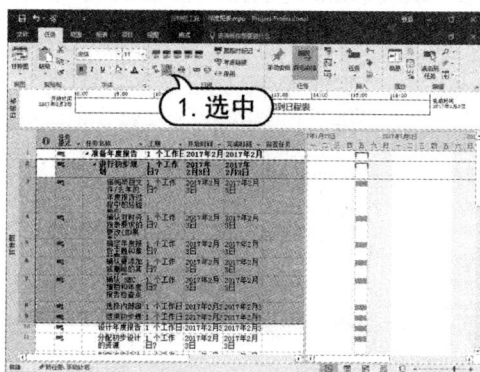

图 4-72　降级全部任务

图 4-73　降级任务

(3) 设置任务的工期。选择第 2 个任务相对应的【工期】单元格，输入数字 26 并按下 Enter 键，如图 4-74 所示。使用同样的方法，分别设置其他任务的工期。

(4) 分配任务日历。选择第 2 个任务，选择【任务】|【属性】|【信息】选项。选择【高级】选项卡，选择【日历】下拉列表中的【标准】选项，如图 4-75 所示。

图 4-74　设置工期

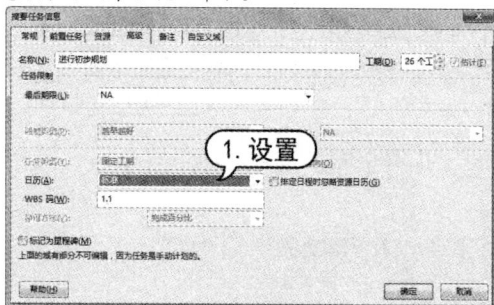

图 4-75　设置日历

(5) 使用同样的方法为其他任务分配日历。分配日历后，在【标记】域中将显示日历标记，如图 4-76 所示。

(6) 链接任务。选择所有的子任务，选择【任务】|【日程】|【链接任务】选项，链接所有的任务，如图 4-77 所示。

图 4-76　显示日历标记

图 4-77　链接任务

(7) 调整链接类型，选择任务 4，选择【任务】|【属性】|【信息】选项，如图 4-78 所示。

(8) 在【任务信息】对话框中，选择【前置任务】选项卡，将【类型】设置为【开始-开始 (SS)】选项，单击【确定】按钮，如图 4-79 所示。

图 4-78　选择任务

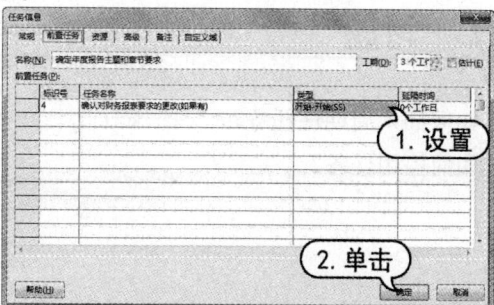

图 4-79　更改任务类型

计算机 基础与实训教材系列

(9) 选择【任务】|【编辑】|【滚动到任务】选项，查看调整链接类型后的条形图连接线的样式，如图 4-80 所示。

(10) 重叠链接任务。选择任务 7，选择【任务】|【编辑】|【滚动到任务】选项，然后双击条形图之间的连接线，如图 4-81 所示。

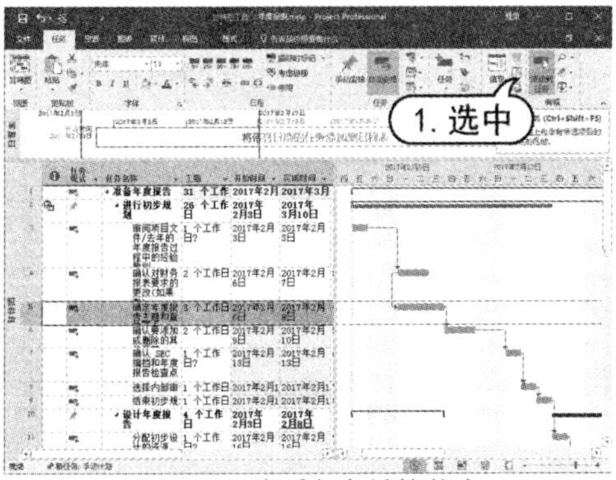

图 4-80　查看任务链接状态

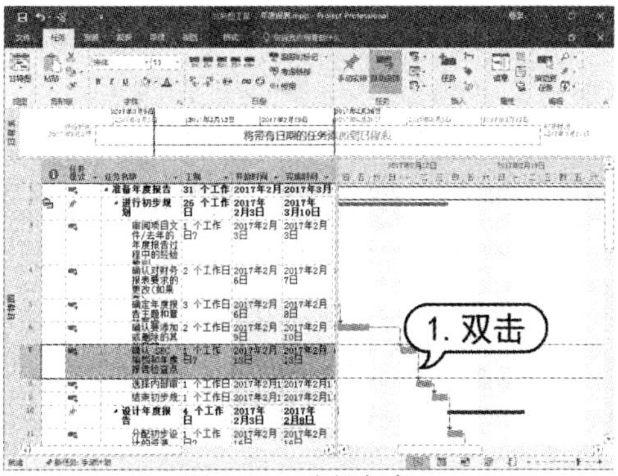

图 4-81　选择任务

(11) 在打开的【任务相关性】对话框中，将【延隔时间】设置为 "-3 个工作日"，并单击【确定】按钮，如图 4-82 所示。

(12) 在【甘特图】视图中的第 1 行中，查看该项目的总工期、开始日期与完成日期，如图 4-83 所示。

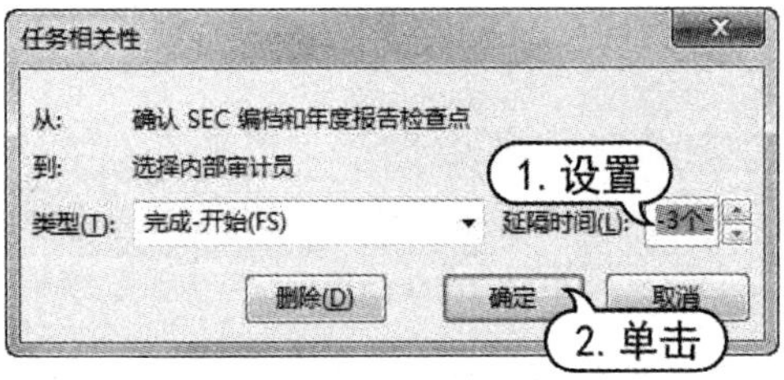

图 4-82　设置重叠时间

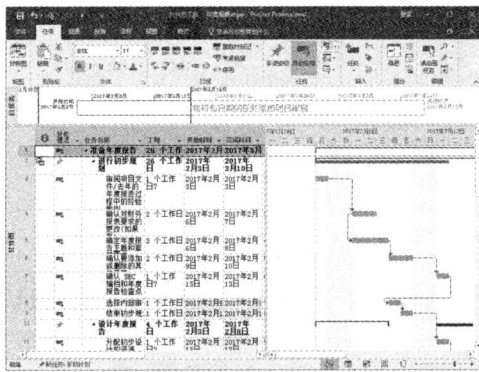

图 4-83　核对完成时间

④.7　习题

1. 如何插入周期性任务?
2. 如何停用任务?

第5章

管理项目资源

学习目标

项目资源是项目的重要组成部分之一，用于完成项目任务的设备、材料、人员都属于项目资源。资源分配是为项目中的任务分配资源的过程。通过合理分配资源，可以有效执行任务并掌握任务的进度。根据项目需要，可以删除或替换分配给项目中任务的资源。本章将详细介绍项目资源的创建、记录、分配资源与管理的基础知识与操作方法。

本章重点

- ◉ 项目资源的概述
- ◉ 设置资源的可用性
- ◉ 设置资源信息
- ◉ 为任务分配资源

5.1 项目资源的概述

项目管理者可以通过项目资源来监督与控制项目中的使用费用。项目中的资源是用来完成项目任务的人员、材料、设备与成本，是项目实施中的重要组成部分。通过对项目资源的费率，可用性、成本等方面的调配与管理，并在确保项目顺利完成的情况下，可以有效、合理地安排资源的使用、分配、计算及管理方案。在使用项目资源监督与控制项目之前，需要先了解资源的基础知识。

5.1.1 资源的工作方式

资源只要分配给任务后才能发挥作用，当资源分配给任务后，任务的工期会根据资源信息自动做出相应的调整。例如，当为任务分配一个人员资源时，该任务的工期为两天；而当为任务分配两个人员资源时，该任务的工期便会缩短到 1 天。

另外，当资源分配给任务后，系统会自动增加项目的成本。但是，当为任务使用更多的资源，而促使项目可以在短期内完成时，项目的成本会因为工期的缩短而相应地减少。也就是说，通过缩短项目的工期，来接受更多的项目，或由于缩短工期而获得的奖金，可以弥补项目中使用更多资源而带来的成本。

一般情况下，用户可通过资源分配任务来实现下列目的。

◉ 便于跟踪任务：由于 Project 2016 会标识任务中的资源信息，所以将资源分配给任务后，便于时时跟踪项目任务。

◉ 确定资源的可用性：可以通过将资源分配给任务，来确定资源不足或剩余资源等资源信息问题，便于项目经理随时调整资源的使用状态。

◉ 确定任务成本：通过分配资源，可以确定任务的成本，以及项目的总成本。

⑤.1.2 资源与日程安排

当为任务设置"固定工期"类型时，Project 2016 在计算项目工期时会忽略任务中的资源，即项目根据每项任务的工期计算项目日程。但是当为任务分配资源后，资源的可用性会直接影响项目的工期。另外，由于一项资源可分配给多个任务，所以资源的可用性还依赖于分配该资源的其他任务。

另外，当将一项资源分配给多个任务时，该资源的工时会超出使用时间，那么系统会显示分配给该任务的资源被过度分配。此时，用户还需要调整资源，解决过度分配的问题。

⑤.1.3 资源的规划

资源就是完成项目所需要的人力、物资、设备、资金等，它是推动项目的原动力。没有资源，一切有关项目活动都无法进行。因此在规划项目之前，首先要考虑如何获得资源，并且要善于规划，有效运用，充分发挥资源的效能。在进行资源规划时，应该考虑如下一些因素。

◉ 项目所需的资源种类：为了执行项目中的各项任务，实现既定目标，需要的资源种类包括人员、技术支持、设备以及原材料和经费等。

◉ 资源来源：项目所需的资源可以从机构内部或外部采购，也可以从其他单位借调，也可以从其他机构中获得。

◉ 资源测量单位：格式是"资源-时间"。资源是指人、机器或设备等，时间是指小时、天、周、月或年等。例如，"人-天"是一个人做一天的工，或做这些工作所需要的成本。

◉ 资源效率和影响因素：资源效率是用来估量每项资源在单位时间内所完成工作的质和量的。例如，影响人工作效率的主要因素有教育程度、个人特性、工作经验和年龄等。

⊙　分析项目工作内容：分析项目的工作组、工作小组和各项工作等各级所需的资源种类，并估计各类资源使用时间，作为估算项目总资源需求的依据。

⑤.1.4　资源分配的步骤和意义

项目中的任务都必须在一定的条件下人为地操纵并完成，因此给任务分配资源是项目成功的一个重要部分。

1. 资源分配的步骤

规划好资源后，接下来就需要进行资源的分配工作，具体步骤如下。

⊙　估计资源需求：现在已经确定了项目范围，包括设置任务列表与评估项目工期，接下来就可以使用此信息来执行初步的估计，识别需求并开始部署人员，以及取得所需资源的程序。

⊙　成立项目组：所有资源均已被识别、核准并取得。这时，就可以添加资源信息到项目规划中，建立项目的团队。

⊙　在项目间共享资源：利用 Project 在多个项目之间共享同一组人员、材料或设备的资源变得更为容易。

⊙　给任务分配资源：资源信息已经输入到项目中，此时可以将资源分配给设置为工作项目的特定任务。

2. 资源分配的意义

资源分配的合理与否是项目成功的一个重要因素。因此，资源分配会给项目带来如下影响。

⊙　任务工期的长短：如果一个任务在一个资源的条件下需要 5 天，如果增加资源分配，任务工期就会缩短。

⊙　项目的成本：资源的分配可能会对项目的成本产生影响。因为使用了更多的资源，用户可以发现因为完成项目所需的时间减少，腾出了时间完成更多其他的工作，同时也能节省资金。

通过定义资源及分配资源，可以实现以下几个目标。

⊙　跟踪资源的去向，即查看资源究竟分配给了哪些任务。

⊙　识别出潜在的资源短缺，防止因为资源短缺而延长项目周期。

⊙　找出未充分利用的资源，避免资源浪费。

⊙　明确责任划分，减少因为失误造成的风险。

⑤.1.5　资源的种类

在 Project 中资源分为两类：一类是工时资源，指的是执行工时以完成任务的人员和设备资源，工时资源要消耗时间(工时或工作日)来完成任务，通常需要按照工作时间来支付报酬；一类是材料资源，指可消耗的材料或供应品等物质，例如水泥、钢管、沙子或木材等。

在使用时，材料资源与工时资源有很多不同之处。

- ● 材料资源不能使用资源日历和加班费率。
- ● 材料资源不具有电子邮件、工作组等属性。
- ● 材料资源要给出度量单位。
- ● 材料资源无法指定最大可用数量和调配资源。
- ● 材料资源每次使用成本的计入方式与工时资源不同。

⑤.2 创建项目资源

任何一个项目都会使用到资源。项目中有些资源是现成的，有些需要临时调用，有些资源是全职或专用的，有些资源是兼职或与别的项目共用的。资源的可用性和规划将会影响整个项目的工期，因此，在进行资源管理之前，首先应创建一个可供使用的资源库，把需要基本的资源信息输入进去，然后再分配给每个任务。

⑤.2.1 输入资源

在 Project 2016 中，通常在【资源工作表】视图中输入资源。输入的方法与输入任务的方法相似，只需要在【资源名称】栏对应的单元格输入资源的名称，按 Tab 键，在【类型】栏对应的下拉列表框中选择资源的类型，然后按照字段域依次输入其他信息即可。

提示 ---

启动 Project 2016 后，系统默认为【甘特图】视图中的【项】表，打开【视图】选项卡，在【资源视图】组中单击【资源工作表】按钮，切换到【资源工作表】视图中的【项】表中。

【资源工作表】视图中各字段域的说明如表 5-1 所示。

表 5-1 字段域说明

字　段	用　途
资源编号	用于表示某个资源相对于其他资源的位置。Project 自动对输入的资源进行编号，用户不能对该编号进行设置
标记	通过图形符号来表示资源的备注信息或存在过度分配问题
资源名称	用于输入资源的名称。资源名称可以是一个个体，也可以是一个资源组。资源名称不能包含括号 ([ ])、逗号 (,) 或分号 (;)

(续表)

字　段	用　途
类型	用于指定资源类型，包括工时、材料和成本 3 种类型
材料标签	材料类资源的度量单位，例如将吨用于水泥，将米用于电线等
缩写	资源名称的第一个汉字或英文字母。在甘特图和网络图中，用于设置资源名称的缩写，或显示 Project 2016 默认的缩写
组	用于设置资源所隶属的群体名称，可用来筛选或排序资源
最大单位	用百分数或十进制数表示的资源可用总量，例如 40%或 0.4
标准费率	用于显示或设置资源完成的正常非加倍工时的付费费率，Project 2016 是以小时为单位计算默认费率
加班费率	用于设置或显示资源完成的正常非加班工时的付费费率，Project 2016 是以小时为单位计算默认的加班费率
每次使用成本	在工时资源类型中，将显示每次使用资源时所进行累算的成本。每次将工时资源单位分配给任务时，该成本都会增加，并且不会根据资源的延续而变化。在材料资源类型中，将显示累算一次的成本，而不考虑单位数量
成本累算	用于确定资源标准工资率和加班工资率计入或累算到任务成本的方式和时间。不同的成本累算方式决定实际成本何时累算到项目中去。用户可以在任务开始时累算成本，也可以在任务结束时累算成本，还可以在任务工作中按任务完成的比例来累算成本
基准日历	为资源指定基准日历，该资源按照日历中的作息安排进行工作
代码	由用户定义，给资源指定代码，以便显示、筛选或排序这些带有特殊代码的资源
添加新列	单击该字段域可以快速添加一个指定类型的新列

【例 5-1】在"客户服务"项目文档中输入资源信息。

(1) 启动 Project 2016 应用程序，打开项目文档"客户服务"，其【甘特图】视图如图 5-1 所示。

(2) 打开【视图】选项卡，在【资源视图】组中单击【资源工作表】按钮，切换到【资源工作表】视图，如图 5-2 所示。

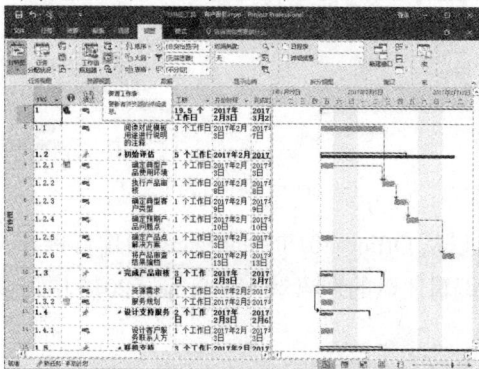

图 5-1　"客户服务"项目文档

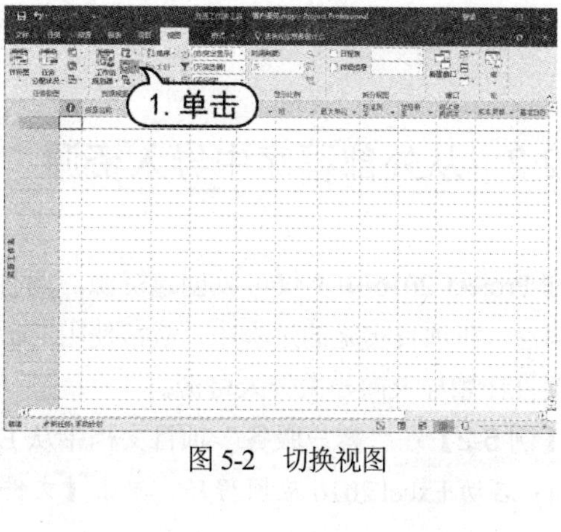

图 5-2　切换视图

(3) 选择【资源名称】列所在的第一个单元格，输入"客户服务工作组"，然后按方向键→，在【类型】栏下的单元格默认显示【工时】选项，如图 5-3 所示。单击【工时】下拉按钮，可以选择其他类型选项。

(4) 使用同样的方法，输入其他资源，如图 5-4 所示。

图 5-3　输入工时资源

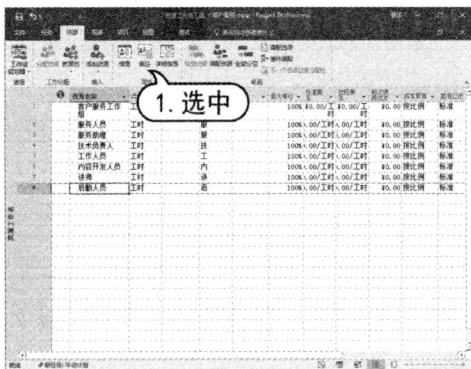

图 5-4　输入其他资源

知识点

在 Project 2016 中，除了可以使用【资源工作表】视图创建项目资源外，还可以利用【资源信息】对话框来创建资源。其方法为：切换至【资源工作表】视图，打开【资源】选项卡，在【属性】组中单击【信息】按钮，打开【资源信息】对话框，在其中输入资源名称以及相应的资源信息即可，如图 5-5 所示。

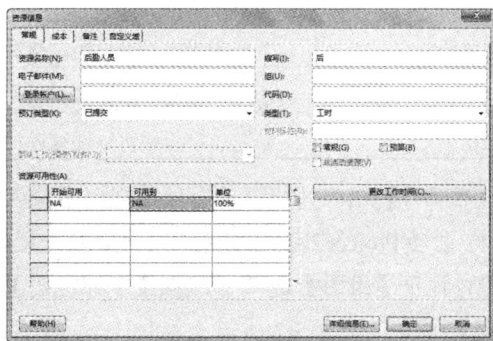

图 5-5　创建资源

⑤.2.2　从外部程序中导入资源

在 Project 2016 中不仅可以创建资源，而且还可以从 Office 2016 中的 Excel 组件直接导入资源信息。在项目实施的过程中，常常使用 Excel 来编辑团队的通讯录。在 Project 2016 中可以使用项目计划导入向导来导入资源。

【例 5-2】在"客户服务"项目文档中从 Excel 中导入资源。

(1) 启动 Excel 2016 应用程序，单击【文件】按钮，从打开的【文件】菜单中选择【新建】

选项，在【新建】列表框中选择【空白工作簿】选项，如图 5-6 所示。

(2) 将自动创建一个工作簿，用户可以根据需要的名称填充资源列表，效果如图 5-7 所示。

图 5-6 选择 Excel 模板

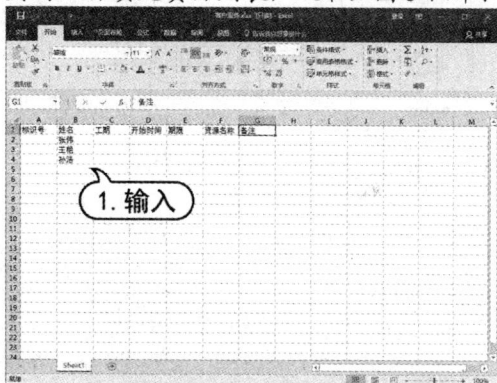

图 5-7 填充表格内容

(3) 单击【文件】按钮，从打开的【文件】菜单中选择【保存】选项，打开【另存为】对话框，设置文件名称和类型，单击【保存】按钮，保存 Excel 文件，如图 5-8 所示。

(4) 启动 Project 2016 应用程序，打开项目文档"客户服务"，在【视图】选项卡中选择【资源工作表】视图。

(5) 单击【文件】按钮，从打开的【文件】菜单中，选择【打开】|【计算机】|【浏览】选项，如图 5-9 所示。

图 5-8 保存工作表

图 5-9 选择【浏览】选项

(6) 打开【打开】对话框，在【查找范围】下拉列表框中选择目标文件位置，在【文件类型】下拉列表框中选择【Excel 工作簿】选项，选择 Excel 文件，单击【打开】按钮，如图 5-10 所示。

(7) 打开如图 5-11 所示的【导入向导】对话框，单击【下一步】按钮。

(8) 打开【导入向导-映射】对话框，选中【新建映射】单选按钮，单击【下一步】按钮，如图 5-12 所示。

(9) 打开【导入向导-导入模式】对话框，选中【将数据并入活动项目】单选按钮，单击【下一步】按钮，如图 5-13 所示。

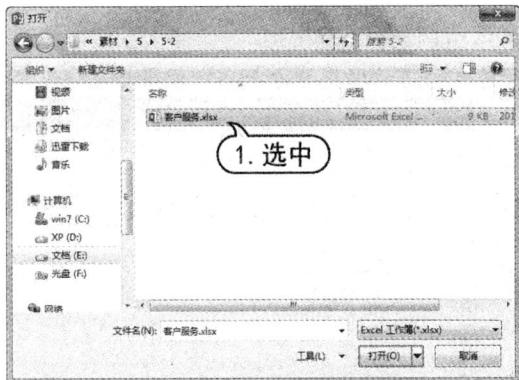

图 5-10　【打开】对话框

图 5-11　【导入向导】对话框

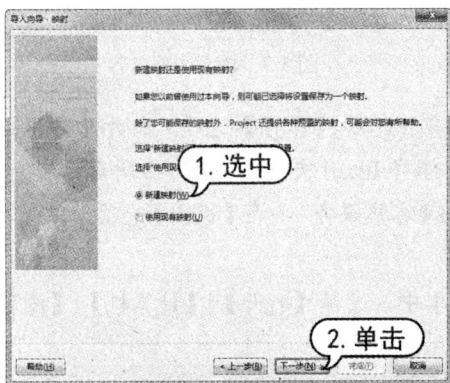

图 5-12　【导入向导-映射】对话框

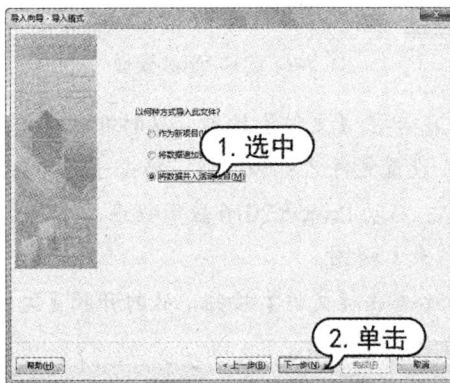

图 5-13　【导入向导-导入模式】对话框

(10) 打开【导入向导-映射选项】对话框，选中【资源】复选框，单击【下一步】按钮，如图 5-14 所示。

(11) 打开【导入向导-资源映射】对话框，在对话框中的列表框中选择【名称】单元格，单击【设定合并关键字】按钮，单击【完成】按钮，如图 5-15 所示。

图 5-14　【导入向导-映射选项】对话框

图 5-15　【导入向导-资源选项】对话框

(12) 打开【导入向导-结束映射定义】对话框，提示"导入向导已拥有了完成数据导入所需的所有信息"，单击【完成】按钮，如图 5-16 所示。

(13) 即可将 Excel 工作表中的数据导入到 Project 项目文档中，如图 5-17 所示。按 Ctrl+S

快捷键，保存创建的项目文档。

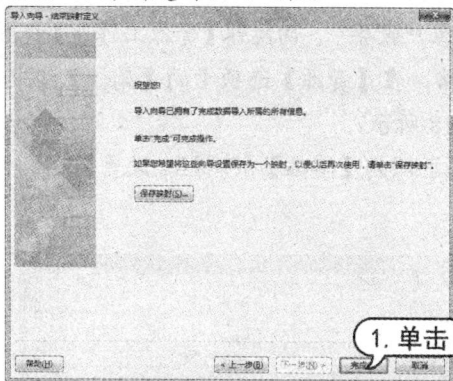

图 5-16　【导入向导-结束映射定义】对话框

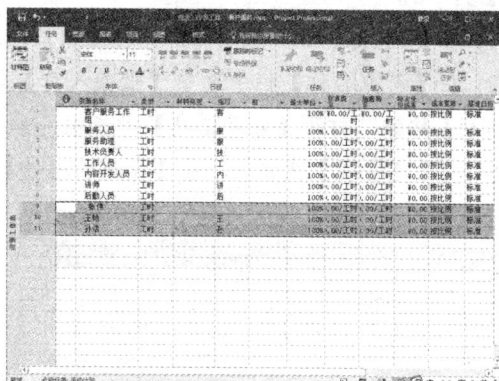

图 5-17　从 Excel 中导入数据

> **提示**
>
> 打开 Excel 工作表，使用【复制】和【粘贴】操作，同样可以将资源信息导入到 Project 项目文档中。

⑤.3　设置资源信息

创建资源列表之后，为充分发挥资源的作用，还需要设置资源的可用性、资源的日历，以及添加备注信息和超链接等，从而更详细地将该资源的信息表达出来。

⑤.3.1　设置资源的可用性

在 Project 中资源可用性表示资源何时以及有多少时间可安排给所分配的工作。可用性由下列因素决定：项目日历和资源日历、资源的开始日期和完成日期、资源可用于工作的程度。在 Project 2016 中使用资源的【最大单位】来标识资源的可用性。最大单位是指一个资源可用于任何任务的最大百分比或单位数量。它表示资源可用于工作的最大能力，默认值是100%。根据资源的投入情况，可将资源的最大值设置为 100%、75%、50%等。在给任务分配资源时，Project 将根据资源的可用性自动计算任务的进度。

例如，项目中有 4 名程序员，在命名资源时可用【程序员】，而无须使用每个人的姓名，并且可以将最大值设置为 400%。如果项目中有两个全职的程序员，两个最大单位为 50%的程序员，就可以将最大值设置为 300%。

在 Project 2016 中，要设置资源的最大单位，只需要在【资源工作表】视图的【最大单位】栏直接输入即可。

在 Project 2016 中，除了可以在【资源工作表】中创建项目资源之外，还可以利用【资源信息】对话框创建项目资源。

【例 5-3】在"客户服务"项目文档中输入资源信息。

(1) 启动 Project 2016 应用程序，打开项目文档"客户服务"，切换到【资源工作表】视图。

(2) 在【资源名称】栏中选中【服务人员】单元格，在【资源】选项卡的【属性】组中单击【信息】按钮，打开【资源信息】对话框。如图 5-18 所示。

(3) 打开【常规】选项卡，在【资源可用性】选项区域的【单位】微调框中设置 300%，单击【确定】按钮，完成设置，如图 5-19 所示。

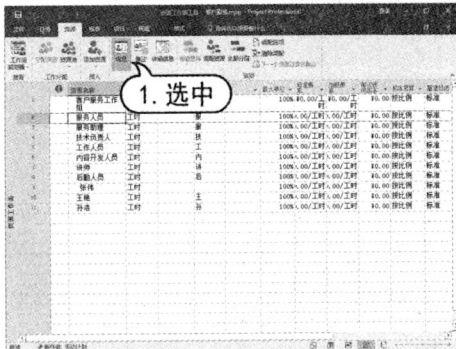

图 5-18　打开文档

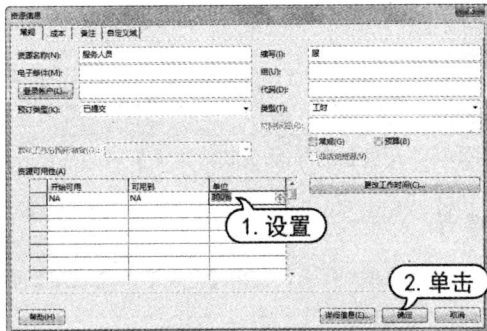

图 5-19　【资源信息】对话框

可以在【常规】选项卡中，选中【预算】复选框。预算资源主要用于对照计划和实际的资源工时、材料或成本跟踪预算的资源工时、材料或成本。例如，当为项目中的一个任务成本做预算时，可为该任务创建一个资源，并将其类型设置为"预算"。

在使用预算资源时，用户还需要注意以下问题。

⦿ 不能将预算资源分配给项目中的单个任务，只能分配给项目中的摘要任务。

⦿ 将某项资源分配给任务后，无法将该资源更改为预算资源。

⦿ 对于已作为预算资源的成本资源，只可以在"预算成本"域中输入信息，不可以在"预算工时"域中输入信息。

⦿ 对于已作为预算资源的工时和材料资源，只可以在"预算工时"域中输入信息，不可以在"预算成本"域中输入信息。

⦿ Project 2016 不允许在【资源工作表】视图中输入预算资源的任何成本信息。

⦿ 可以在【任务分配情况】与【资源使用情况】视图中，通过添加"预算成本"域的方法为预算资源设置参数。

📖 **知识点**

　　当启用【预算】复选框时，对话框中的【电子邮件】、【登录账户】选项，以及【资源可用性】列表将变为不可用状态。

另外，在【常规】选项卡中创建资源时，除了【预算】选项之外，还包括下列两种选项。

⦿ 常规：启用该复选框，表示资源为常规资源。常规资源是可以用技能来标识，而非使用名称的一种资源，主要用于查找实际资源以代替常规资源。

◉ 非活动资源：启用该复选框，可指示企业资源为活动或非活动资源。非活动资源标记显示在工作表视图的非活动资源名称旁边，非活动资源不能作为新成员添加到项目工作组。

5.3.2　设置资源的预订类型

预订类型用于指定资源是提交的资源还是建议的资源。其中，提交的资源表示已将资源分配给项目，建议的资源表示资源还未分配给项目。打开项目文档，在【资源】选项卡的【属性】组中单击【信息】按钮，打开【资源信息】对话框，在【预订类型】下拉列表中选择相应选项，如图 5-20 和图 5-21 所示。

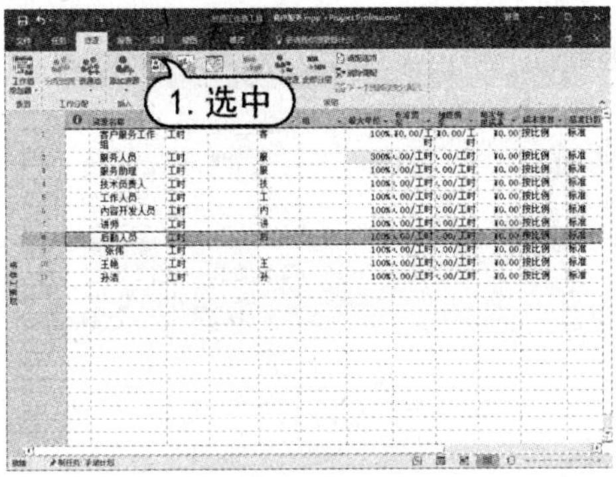

图 5-20　打开文档 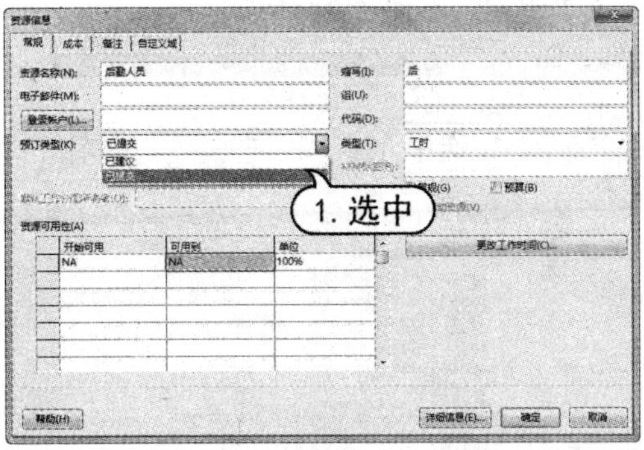　　　　　　　　　图 5-21　【预订类型】选项

一般情况下，在评估建议的新项目或现有项目的新阶段时应将资源指定为建议资源。其中，建议资源有助于预测新项目或阶段的成本、可用性和日程安排，而不受建议资源的可用性限制。用户希望使用特定资源，并希望了解该资源是否可以进行项目工作时，可使用建议的预订类型。

5.3.3　资源的可用性

资源的可用性是某个资源在选定时间段上用于完成任何任务的最大工时量，主要用于显示不同时间段上工时可用性的变化。在【资源信息】对话框中的【常规】选项卡中，设置资源使用的开始可用与可用到时间，以及单位值即可，如图 5-22 所示。

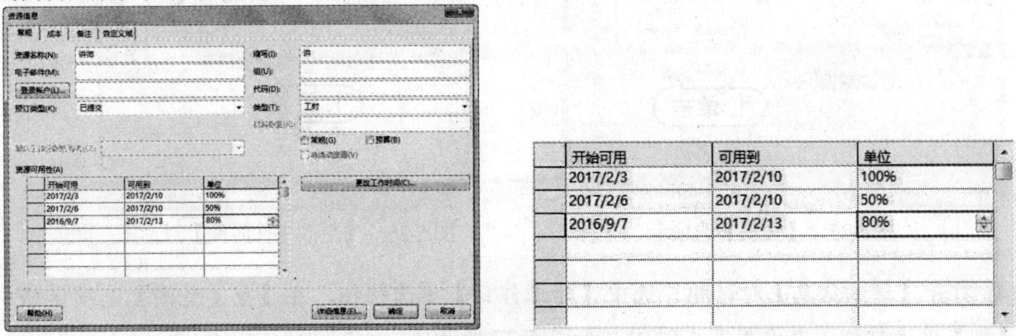

开始可用	可用到	单位
2017/2/3	2017/2/10	100%
2017/2/6	2017/2/10	50%
2016/9/7	2017/2/13	80%

图 5-22　资源可用性

⑤.3.4 设置资源日历

为项目设置资源后，在项目日历中定义的工作时间和休息日是每个资源的默认工作时间和休息日。当个别的资源需要按完全不同的日程工作时，或者需要说明假期或设备停工期时，可以修改个别的资源日历。此外，如果几个资源具有相同的工作时间和非工作时间，可为它们创建一个共同的日历以提高工作效率。

【例5-4】在"客户服务"项目文档中设置工作人员2017年2月20日—2月23日请假，安排孙浩在这段时间工作时间从9：00—18：00，13：00—14：00休息一个小时。

(1) 启动 Project 2016 应用程序，打开项目文档"客户服务"，如图 5-23 所示。切换到【资源工作表】视图，如图 5-24 所示。

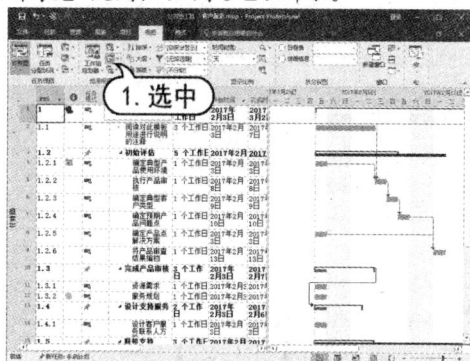

图 5-23　甘特图　　　　图 5-24　【资源工作表】视图

(2) 在【资源名称】栏中选中【工作人员】单元格，在【资源】选项卡的【属性】组中单击【信息】按钮，打开【资源信息】对话框的【常规】选项卡，单击【更改工作时间】按钮，如图 5-25 所示。

(3) 打开【更改工作时间】对话框，在【例外日期】选项区域的【开始时间】和【完成时间】列中分别选择 2017 年 2 月 20 日和 2017 年 2 月 23 日，然后单击【详细信息】按钮，如图 5-26 所示。

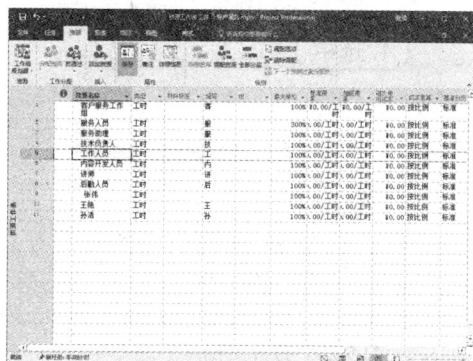

图 5-25　【常规】选项卡　　　　图 5-26　【更改工作时间】对话框

(4) 打开【详细信息】对话框，选中【非工作日】单选按钮，在【重复范围】选项区域中选中【到】单选按钮，并设置完成时间，如图 5-27 所示。

（5）单击【确定】按钮，返回至【更改工作时间】对话框，单击【确定】按钮，完成设置。

（6）在【资源工作表】视图的【资源名称】栏中，双击【孙浩】资源，打开【资源信息】对话框。在【常规】选项卡中单击【更改工作时间】按钮，如图 5-28 所示。

图 5-27　设置请假日期

图 5-28　资源信息

（7）打开【更改工作时间】对话框。在【例外日期】选项区域的【开始时间】和【完成时间】列中分别选择 2017 年 2 月 20 日和 2017 年 2 月 23 日，然后单击【详细信息】按钮，如图 5-29 所示。

（8）打开【详细信息】对话框，选中【工作时间】单选按钮，在【开始时间】和【结束时间】列中输入时间，然后在【重复范围】选项区域中选中【到】单选按钮，输入完成时间，如图 5-30 所示。单击【确定】按钮，完成所有设置。单击【保存】按钮，保存设置后的项目文档。

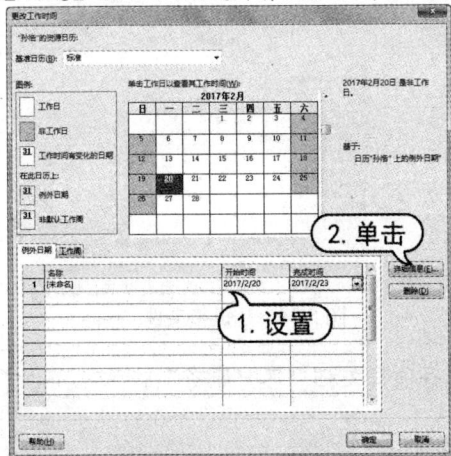

图 5-29　设置工作日期

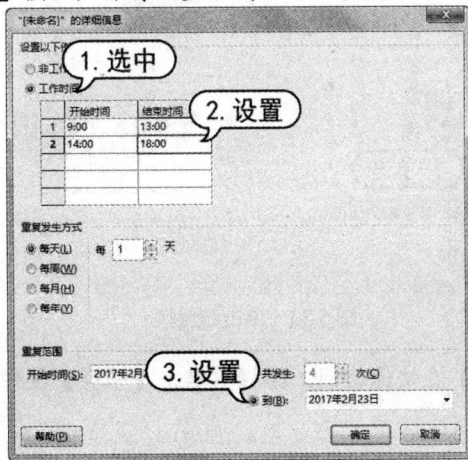

图 5-30　设置工作时间

5.3.5　添加超链接

在创建项目资源时，也可以添加超链接，例如将个人信息与资源建立链接，使其他工作成员更加清楚明了资源的相关信息。

【例 5-5】在"客户服务"项目文档中为【王艳】资源添加超链接。

(1) 启动 Project 2016 应用程序，打开项目文档"客户服务"，切换到【资源工作表】视图。

(2) 选择【王艳】资源，右击该资源栏的标记栏 ⓘ，从打开的快捷菜单中选择【超链接】命令，如图 5-31 所示。打开【插入超链接】对话框，在【查找范围】下拉列表框中选择目标文件所在的位置，并选中链接文件。

(3) 单击【确定】按钮，如图 5-32 所示，此时在单元格中出现【 🔗 】标志。

图 5-31　添加超链接

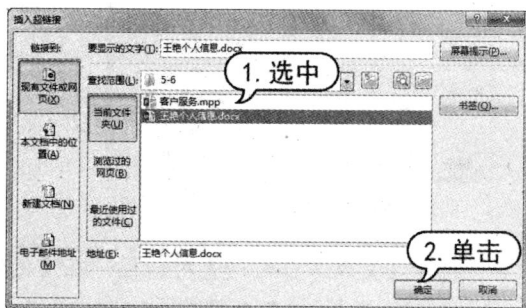

图 5-32　选择目标文件

(4) 单击【王艳】资源的标记栏 🔗，如图 5-33 所示，即可打开超链接文件，如图 5-34 所示。

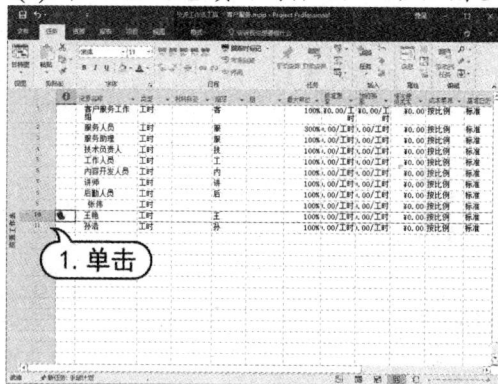

图 5-33　单击超链接

图 5-34　超链接文件

(5) 在快速访问工具栏中单击【保存】按钮，保存项目文档"客户服务"。

⑤.3.6　添加备注信息

资源备注信息用来说明资源情况。添加备注信息后，在该资源栏的标记栏 ⓘ 中出现一个 📝 标记，当鼠标指针移到该处时，将显示备注信息。

【例 5-6】在"客户服务"项目文档中为【张伟】资源添加备注消息。

(1) 启动 Project 2016 应用程序，打开项目文档"客户服务"，切换到【资源工作表】视图。

(2) 选中【张伟】资源，打开【资源】选项卡，在【属性】组中单击【备注】按钮，打开【资源信息】对话框的【备注】选项卡，在【备注】文本框中输入备注信息，如图 5-35 所示。

📖 **知识点**

在【备注】选项卡中，使用文本框上方的工具按钮可以快速为备注信息设置文本的格式，如字体格式、对齐方式、项目符号等。

(3) 单击【确定】按钮，在项目文档中出现一个 📝 标记，将鼠标指针移到该处，显示备注信息，效果如图 5-36 所示。

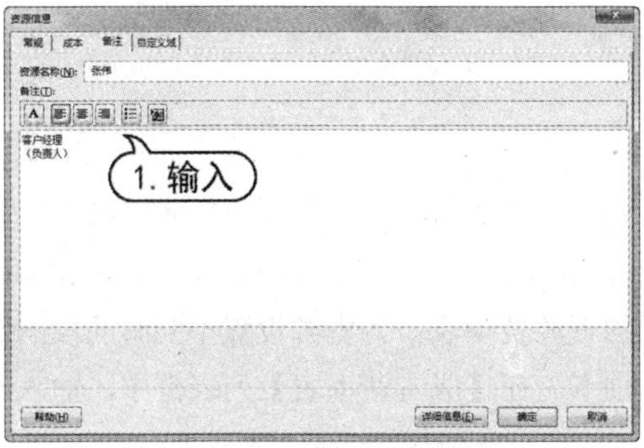

图 5-35　输入备注信息 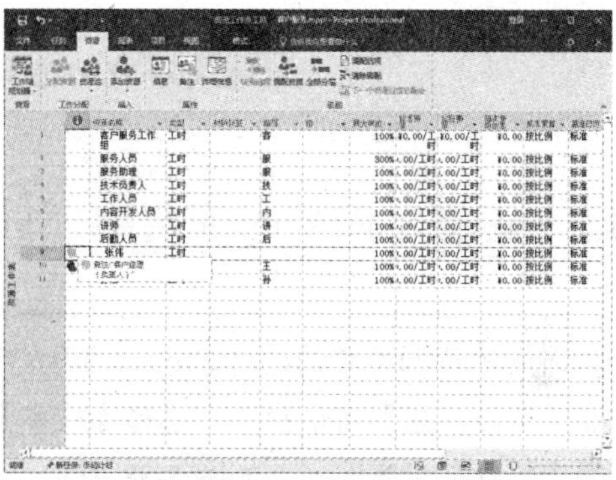　　　　　　　图 5-36　显示添加的备注信息

💡 **提示**

如果要修改备注信息，可双击 📝 标记，打开【资源信息】对话框的【备注】选项卡，在【备注】文本框中修改内容即可。

⑤.4　设置资源费率

在创建项目资源之后，还需要通过设置资源费率的方法来显示项目成本。一般情况下，可为项目资源设置单个或多个资源费率。另外，还可以为同一个资源设置不同时间段的资源费率。

⑤.4.1　设置单个费率

单个资源费率是为资源设置一个资源费率。例如，为资源设置加班费。在【资源工作表】视图中，直接输入工时资源与材料资源的标准费率或加班费率，如图 5-37 所示。

💡 **提示**

对于项目中的成本资源，需要在分配资源时设置成本值。

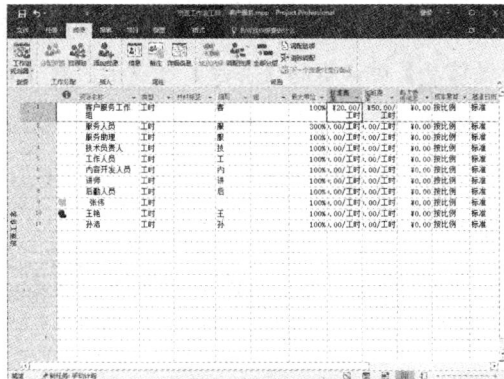

图 5-37 直接输入费率

⑤.4.2 设置不同的时间费率

不同时间的资源费率是通过 Project 2016 内置的资源费率表，为资源设置不同时间段的费率值。在【资源信息】对话框中，选择【成本】选项卡。在【成本费率表】列表框中，输入不同时间段内的标准费率即可，如图 5-38 所示。

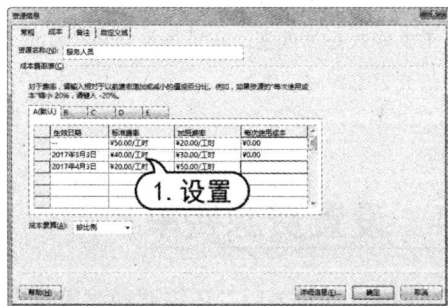

图 5-38 设置不同的时间费率

知识点

用户可使用百分比的方法，在现有的资源费率上增减费率。即用百分比值计算新费率，增减费率输入正百分比值，减少费率输入负百分比值。

⑤.4.3 设置多个费率

设置多个资源费率是在成本费率表中设置不同的资源费率。一般情况下，每种资源费率表中都显示费率的生效日期、标准费率、加班费率与每次使用成本。可在【成本】选项卡中的【成本费率表】列表框中先选择【A(默认)】选项卡，在列表中输入资源费率。然后，再选择 B 选项卡，并在列表中输入资源费用。使用同样的方法，可以分别设置 C、D、E 等其他资源费率，如图 5-39 所示。

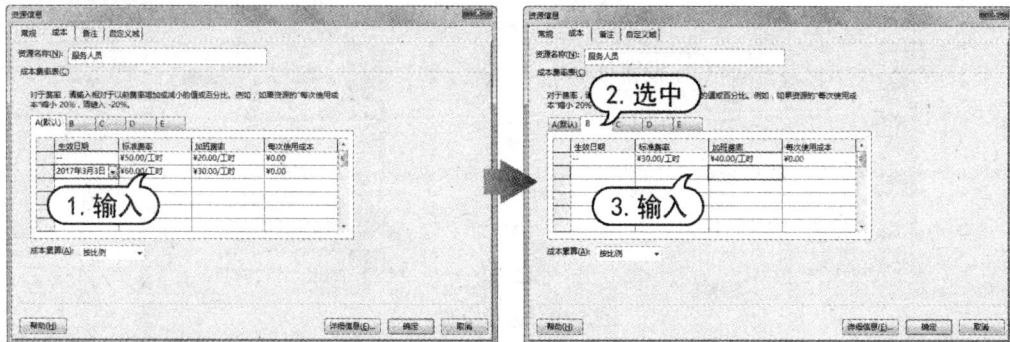

图 5-39　设置多个费率

提示

在每个成本费率表中，可以为资源输入 25 个费率，并能为每个费率指定生效日期。

在【成本】选项卡中，还包括用于设置成本类型的【成本累算】选项。该选项与【资源工作表】视图中的【成本累算】标题域一样，也包括按比例、开始时间与结束 3 种选项。

5.5　分配与调整资源

定义资源信息后，就可以为项目中的任务分配资源了。合理地分配资源是顺利完成任务的重要因素之一。一种资源可以同时在多个任务上工作，而一个任务也可以由多种资源共同完成。

5.5.1　使用【甘特图】视图分配资源

如果项目中使用到的资源较少，可使用【甘特图】视图来分配资源。打开项目文档，在【甘特图】视图的【资源名称】栏中选中对应的单元格，使其变为下拉列表框，在该下拉列表框中选择相应的选项即可。若需要对该任务分配多个资源，可选择一个资源后，再选择下一个资源。

【例 5-7】在"客户服务"项目文档中将标识号为 2 的任务分配给代理和客户。

(1) 启动 Project 2016 应用程序，打开项目文档"客户服务"，切换至【甘特图】视图，将【手动计划】模式转变为【自动计划】。

(2) 单击标识号为 4 的任务对应的【资源名称】单元格，使其变为下拉列表框，在其中选中【讲师】和【张伟】复选项，然后单击任意单元格即可快速分配资源，如图 5-40 所示。

知识点

在【甘特图】视图中分配资源时，选择包含资源的单元格，按 Delete 键即可删除已分配该单元格的资源。

-107-

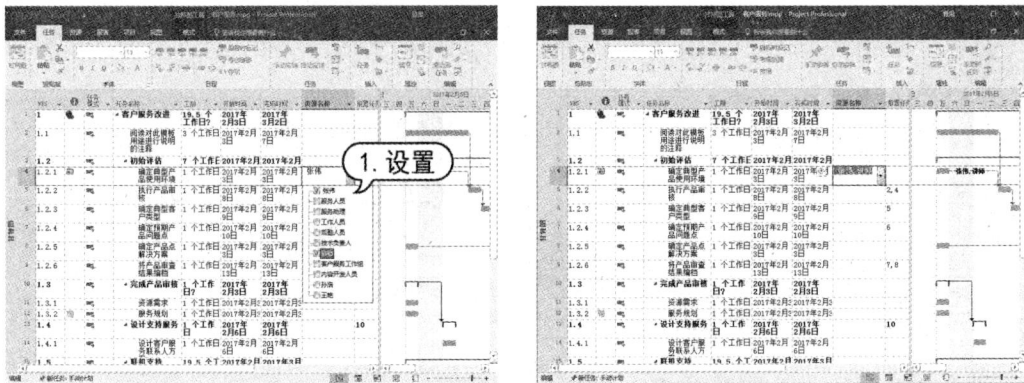

图 5-40　选择资源

⑤.5.2　使用【任务信息】对话框分配资源

如果项目中的使用资源较多，可以使用【任务信息】对话框来分配资源。

【例 5-8】在"客户服务"项目文档中将标识号为 6 的【确定预期产品问题点】任务分配给【服务人员】。

(1) 启动 Project 2016 应用程序，打开项目文档"客户服务"。双击标识号为 6 的【确定预期产品问题点】任务所在行的任意单元格，打开【任务信息】对话框。

(2) 打开【资源】选项卡，选择【资源名称】列表框中的第一行空白单元格，使其变为下拉列表框，从中选择【服务人员】选项；继续选择下一行空白单元格，选择其他的选项，单击【确定】按钮，如图 5-41 所示。

知识点

在【资源】选项卡的【资源名称】列表框中选择空白单元格，在其文本框中输入资源名称，可将【资源工作表】视图中没有的资源添加到资源库中。

(3) 系统将把分配的资源显示在【资源名称】对应的单元格中，效果如图 5-42 所示。

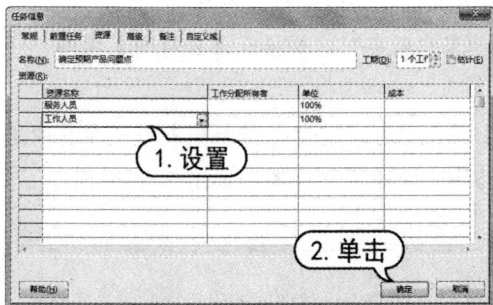

图 5-41　选择多个资源

图 5-42　分配资源

⑤.5.3　使用【分配资源】对话框分配资源

　　如果在资源库中列出了所有的资源，可以使用【分配资源】对话框同时对若干任务进行多个资源的分配。

　　【例 5-9】在"客户服务"项目文档中将标识号为 5 的【执行产品审核】任务分配给工作人员和张伟，然后为其他任务分配资源。

　　(1) 启动 Project 2016 应用程序，打开项目文档"客户服务"。

　　(2) 选中标识号为 5 的【执行产品审核】任务，打开【资源】选项卡，在【工作分配】组中单击【分配资源】按钮，如图 5-43 所示。打开【分配资源】对话框，如图 5-44 所示。

图 5-43　打开文档

图 5-44　【分配资源】对话框

　　(3) 按住 Ctrl 键，同时选择【张伟】和【工作人员】两个资源，单击【分配】按钮，如图 5-45 所示。

　　(4) 将所选择的资源分配给标识号为 6 的任务。然后单击【关闭】按钮，系统将把分配的资源显示在【资源名称】对应的单元格中，如图 5-46 所示。

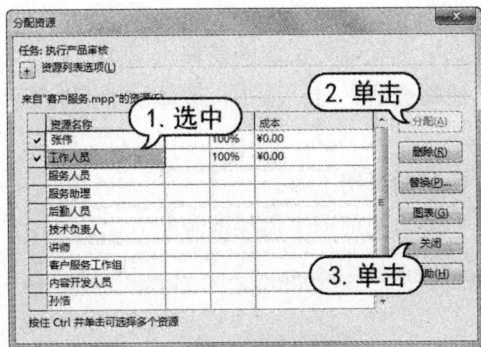

图 5-45　选择资源

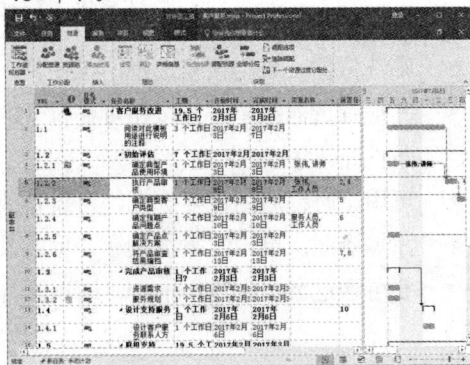

图 5-46　分配资源

📖 知识点

　　在【分配资源】对话框的【资源名称】列表框中选择已分配的资源，单击【删除】按钮，可以取消对任务分配该资源；单击【替换】按钮，可以进行置换资源操作，打开【置换资源】对话框，在其中选择新的资源名称(成本数值为 0 的资源表示未分配的资源)，单击【确定】按钮即可。

(5) 使用同样的方法，为其他任务分配资源，最终效果如图 5-47 所示。

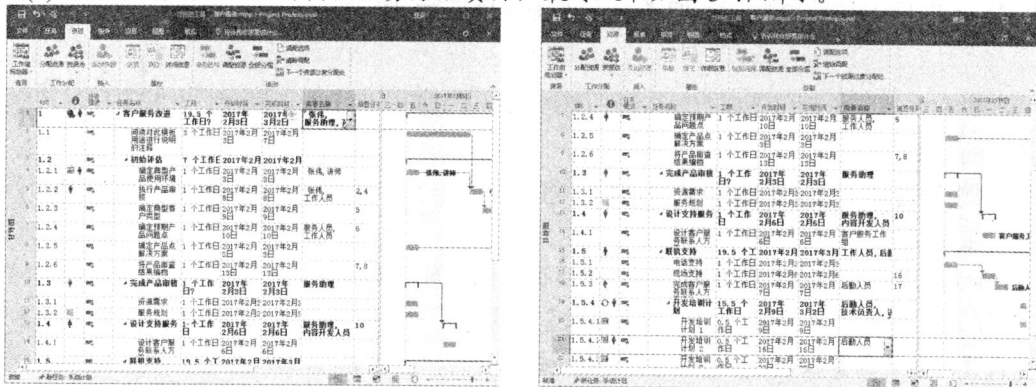

图 5-47　为其他任务分配资源

(6) 在快速访问工具栏中单击【保存】按钮，将分配资源后的项目文档"客户服务"保存。

在【分配资源】对话框中，单击【资源列表选项】折叠按钮，如图 5-48 所示，可展开下列
选项。

图 5-48　【分配资源】对话框

- ◉ 筛选依据：启用该复选框，可在其下拉列表中选择筛选资源的条件(依据)。
- ◉ 其他筛选器：单击该按钮可在打开的【其他筛选器】对话框中，选择用于筛选资源的
  条件(依据)。
- ◉ 可用工时：启用该复选框，可设置或输入资源的可用工时。
- ◉ 添加资源：单击其下拉按钮，可在其下拉列表中选项用于添加资源的方式。其中，主
  要可通过 Active Directory、通讯簿与 Project Server 中添加。

⑤.5.4　调整资源

为任务分配资源之后，还需要调整资源。调整资源是根据资源的具体情况设置资源成本费
率、推迟资源的工作时间，以及设置分布曲线等操作。

1．调整工作时间

当项目受到某些因素的影响需要延迟或提前时，可通过延迟或提前工作分配的开始时间，来保证项目的顺利完成。

【例 5-10】在"客户服务"项目文档中调整任务工作时间。

(1) 启动 Project 2016 应用程序，打开项目文档"客户服务"。

(2) 选择【任务】|【视图】|【甘特图】|【任务分配情况】选项，切换到【任务分配状况】视图，如图 5-49 所示。

(3) 选中标识号为 7 的【服务人员】任务，选择【格式】|【分配】|【信息】选项，如图 5-50 所示。

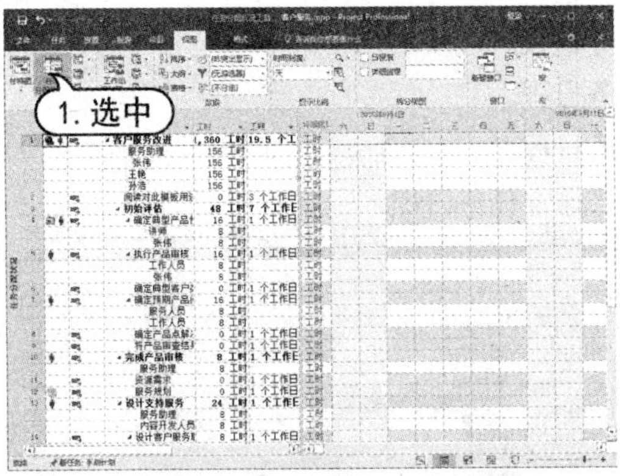

图 5-49　【任务分配状况】视图

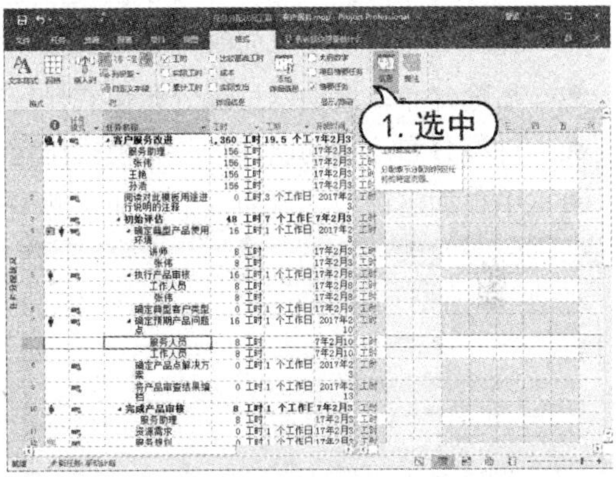

图 5-50　选择【信息】选项

(4) 在打开的【工作分配信息】对话框中，单击【开始时间】下拉按钮，在打开的时间列表中选择具体时间，然后单击【确定】按钮完成设置。如图 5-51 所示。

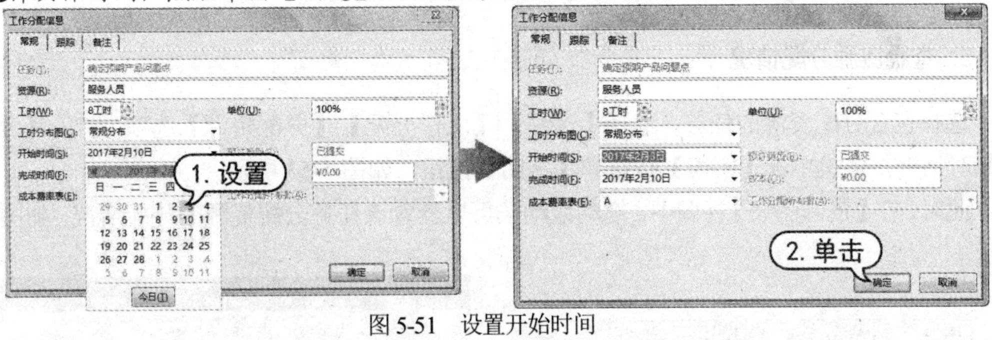

图 5-51　设置开始时间

(5) 在快速访问工具栏中单击【保存】按钮，将调整工作时间后的项目文档"客户服务"进行保存。

知识点

使用同样的方法，还可以推迟资源的完成时间，以及提前资源的工作时间与完成时间。

2．设置工时分布

工时分布是用来选择工时分布形状以供分配给任务的资源使用，它决定了工作分配的工时如何在工作分配的工期中分布。其中，工作分配的工期分为 10 段，每一段是在一个工作日中已分配资源的任务工时所占的百分比，工时分布根据工作分配的工期延伸或收缩。用户只需在【工作分配信息】对话框中，单击【工时分布图】下拉按钮，在其下拉列表中选择一种分布状态即可，如图 5-52 所示。

Project 2016 为用户提供了 8 种工时分布类型，其具体情况如下所示。

- 常规分布：为默认选项，不使用任何模式。
- 前轻后重：自动以前轻后重模式排定任务日程。
- 前重后轻：自动以前重后轻模式排定任务日程。
- 双峰分布：自动以双峰分布模式排定任务日程。
- 先峰分布：自动以先峰分布模式排定任务日程。
- 后峰分布：自动以后峰分布模式排定任务日程。
- 钟型分布：自动以钟型分布模式排定任务日程。
- 中央加重钟型：自动以中央加重钟型模式排定任务日程。

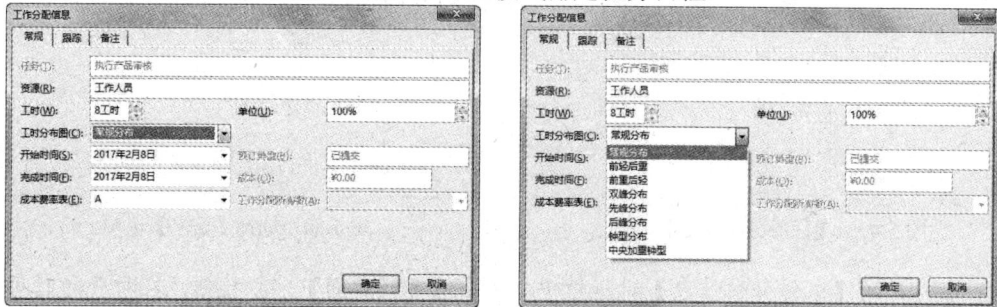

图 5-52　设置工时分布

3. 查看资源分配情况

选择包含分配资源的任务，选择【资源】|【工作分配】|【分配资源】选项，打开【分配资源】对话框，依次单击【图表】按钮和【关闭】按钮，如图 5-53 所示。

此时，在【资源图表】视图中，拖动滚动条可以查看该任务分配资源的分配情况，如图 5-54 所示。

图 5-53　【分配资源】对话框

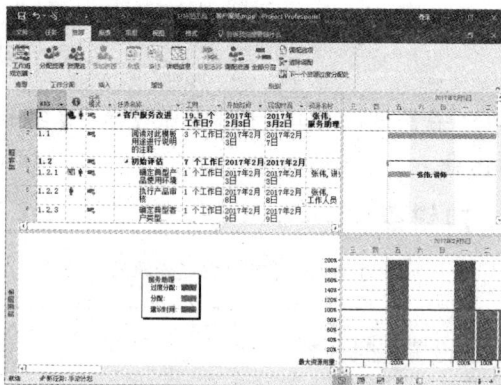

图 5-54　分配资源的分配情况

4. 应用不同的成本费率

在前面章节中，已经介绍如何为资源设置多个成本费率。在此，将介绍如何将设置的多个成本费率应用到资源中。Project 2016 为用户提供了 5 种成本费率，在项目执行中，项目经理需要根据实际情况在【工作分配信息】对话框中进行设置。

【例 5-11】在"客户服务"项目文档中应用不同的成本费率。

(1) 启动 Project 2016 应用程序，打开项目文档"客户服务"。

(2) 在【工作分配信息】对话框中的【成本费率表】选项中设置成本费率，与【资源信息】对话框【成本】选项卡中所设置的成本值相关联。

(3) 选择【视图】|【资源视图】|【资源工作表】选项，打开【资源工作表】视图，如图 5-55 所示，选中标识号为 4 的【技术负责人】任务，选择【资源】|【属性】|【信息】选项。打开【资源信息】对话框，选择【成本】选项卡，将【技术负责人】资源的 B 费率中的成本设置为"100"，单击【确定】按钮，如图 5-56 所示。

(4) 在【工作分配信息】对话框中，将【成本费率】选项设置为 B 时，单击【确定】按钮，如图 5-57 所示。再次打开该对话框，其该资源的【成本】值将自动更改，如图 5-58 所示。

图 5-55 【资源工作表】视图

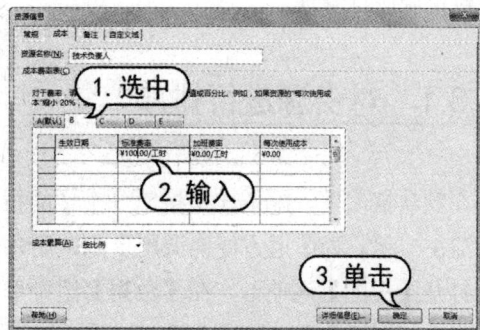

图 5-56 【成本】选项卡

图 5-57 【工作分配信息】对话框

图 5-58 完成设置

5. 查看资源的详细信息

在【资源工作表】视图中，选择【资源】|【属性】|【详细信息】选项。此时，系统将自动在【资源工作表】视图的下方显示【资源窗体】视图。在该视图中，不仅可以查看资源的基础信息，而且还可以查看资源的分配、工时、资源调配延迟等信息，如图 5-59 所示。

计算机 基础与实训教材系列

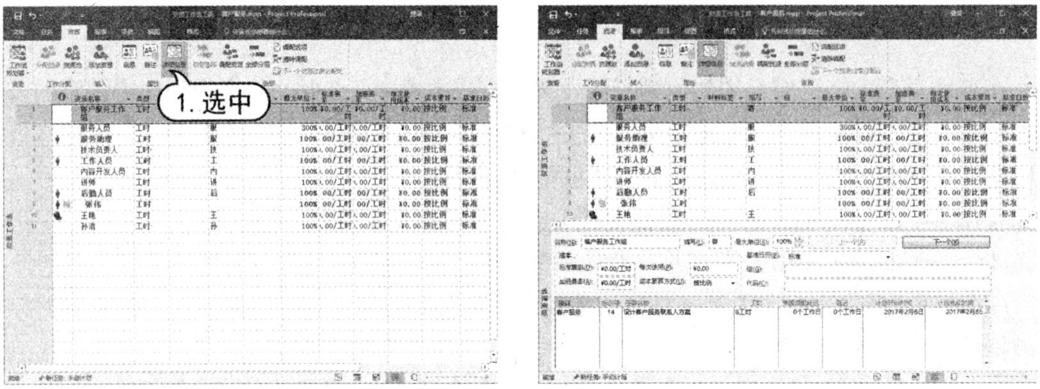

图 5-59　【资源窗体】视图

⑤.6　管理资源

项目的规模越大，任务越多，资源也就会越多。为了能方便有效地对资源信息进行查询，需要对资源进行管理。

⑤.6.1　对资源进行排序

在默认情况下，Project 是按第一个字的拼音字母顺序对资源进行排序的，工时资源与材料资源混在一起。为了更方便地调用资源，用户可对其进行排序。

打开【视图】选项卡，在【数据】组中单击【排序】按钮，从打开的菜单中选择【排序依据】选项，打开【排序】对话框，如图 5-60 所示。在【主要关键字】、【次要关键字】和【第三关键字】下拉列表框中选择关键字，并在其右侧选择【升序】或【降序】排列方式，即可对资源重新排序。

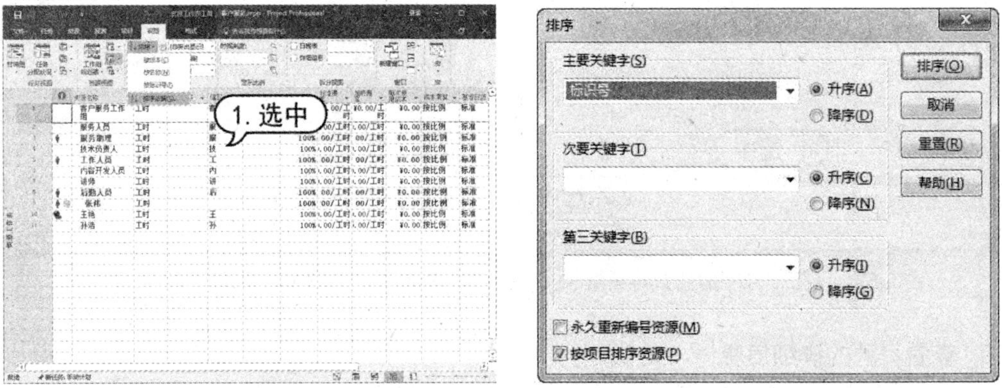

图 5-60　【排序】对话框

📖 **知识点**

排序操作不会改变资源信息，仅仅改变了其在项目文档中的显示方式。

【例5-12】在"客户服务"项目文档中，设置资源按降序排序方式进行排序。

(1) 启动 Project 2016 应用程序，打开项目文档"客户服务"，切换到【资源工作表】视图。

(2) 打开【视图】选项卡，在【数据】组中单击【排序】按钮，从打开的菜单中选择【排序依据】选项，打开【排序】对话框。

(3) 在【主要关键字】下拉列表框中选择【名称】选项，选中其后的【降序】单选按钮，在【次要关键字】下拉列表框中选择【拼音】选项，选中其后的【降序】单选按钮，如图5-61所示。

(4) 单击【排序】按钮，对资源进行重新排序，如图5-62所示。

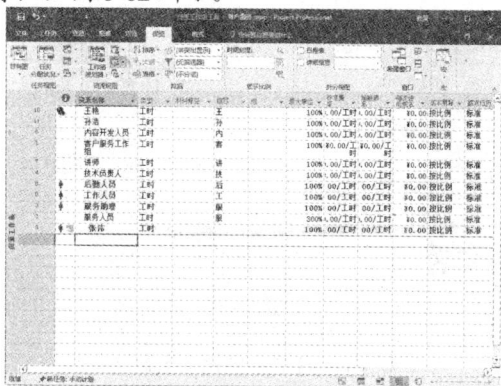

图 5-61　排序设置　　　　图 5-62　对资源进行排序

知识点

在【甘特图】视图中打开【视图】选项卡，在【数据】组中单击【排序】按钮，从打开的菜单中选择【排序依据】选项，打开【排序】对话框。在其中进行排序操作，是对当前项目文件中的任务进行排序的。

5.6.2　对资源进行筛选

如果显示的资源过多，在操作时不方便，用户可以使用筛选操作只显示一部分资源。

【例5-13】在"客户服务"项目文档中设置只显示工时资源。

(1) 启动 Project 2016 应用程序，打开项目文档"客户服务"，将视图切换到【资源工作表】视图。

(2) 打开【视图】选项卡，在【数据】组中单击【无筛选器】下拉按钮，从打开的菜单中选择【资源-工时】选项，系统自动对已有的资源进行筛选，只显示工时资源，如图5-63所示。

知识点

在【无筛选器】下拉菜单中选择【其他筛选器】选项，打开【其他筛选器】对话框，如图5-64所示，选择其他筛选方式；单击【新建】按钮，打开自定义对话框，如图5-65所示，可以自定义筛选条件。

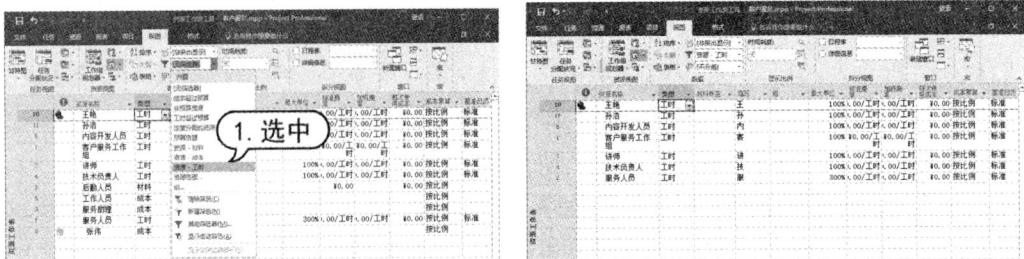

图 5-63　对资源进行筛选操作

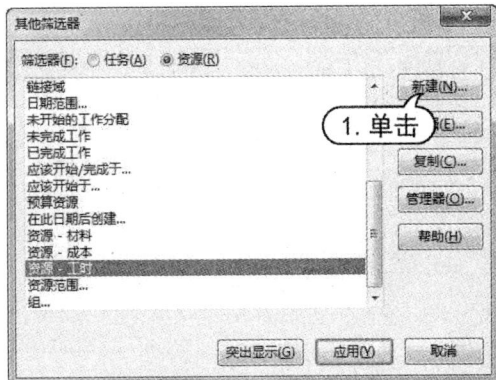

图 5-64　【其他筛选器】对话框

图 5-65　自定义筛选条件

5.7　资源过度分配

项目管理是一项系统性很强的工作，管理者需具有较强的协调能力，应把握好项目不同阶段的要点。其中将资源分配简单理解为就是分配工作这么简单，那种认识是片面的。除应当关注资源效率等客观因素外，还应关注资源是否胜任任务，避免资源闲置，任务的责任是否明确，以及解决资源的过度分配。

5.7.1　了解资源过度分配

资源过度分配是项目管理中易发生的问题，尤其在大型的项目中，任务、资源都很多，发生的概率更高。虽然在 Project 2016 中可以很方便地发现资源过度分配，并有相对完善的解决机制，搞明白造成资源过度分配的原因，可以在分配过程中避免发生此种情况。

分配比可用资源更多的资源会导致资源被过度分配，Project 2016 会在【资源工作表】视图中以红色显示该资源。

在【甘特图】中，任务中有过度分配的资源，则会在该任务的【标记】域出现红色小人图标。如图 5-66 所示。

资源过度分配是怎么产生的？例如，一个程序员，在公司里是 8 小时工作制，在一天中为其分配两份工作，并且两份工作均为 8 小时制，这样显然是不合适的，就造成了资源过度分配。

再一个例子，司机是一个常规资源，可以支配的最大单位为 3 人，向任务中分配的司机超过 3 人时，同样会产生资源过度分配。

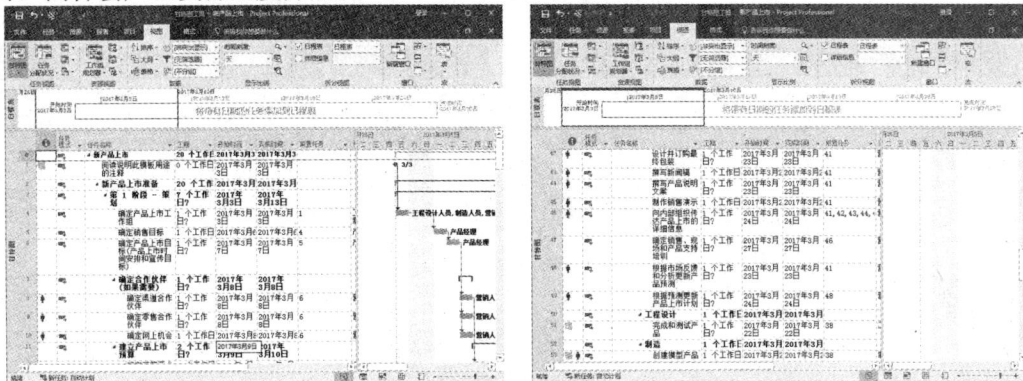

图 5-66　过度分配的资源

当为任务分配资源时，Project 2016 会坚持资源的日历以确保资源可以工作，但是当将资源分配给一个新任务时，Project 并不会检查资源是否已经分配给了其他任务，并且总会完成分配。但是应当注意到，额外的分配可能会导致资源的过度分配。当为资源分配了过多的任务，以至于资源无法在可用工作时间内完成这些任务时，就会发生过度分配。

为并行的任务分配相同资源，超出资源所能承受的最大工时或最大单位，那么资源的过度分配就不可避免，并且过度分配可能会引起项目日程的延迟。

5.7.2　解决资源过度分配

发现资源过度分配后，应着手进行解决。Project 2016 提供了较完善的解决机制，管理人员应结合本项目的特点进行解决。

1．添加资源

在解决资源过度分配的方法中，有一个看似最简单，就是为项目追加资源，将新的资源分配到任务中，消除原资源的过度分配。

例如，公司的设计部门在预定的工期内需同时完成多项目，有限的员工，多个并行的任务，必然会产生资源过度分配。这时，可以招聘新的员工加入进来，解决资源紧张，完成预期任务。

添加资源有一定的局限性，要考虑项目的成本、新资源是否胜任任务等。

2．替换资源

可以通过替换资源来解决资源的过度分配。当一个资源被过度分配但有另一个可以完成这项任务的资源可用时，可以用该资源替换原资源。

【例 5-14】在"客户服务"项目文档中替换资源。

(1) 启动 Project 2016 应用程序，打开项目文档"客户服务"，在【甘特图】视图中，选择【视图】|【拆分视图】|【详细信息】复选框，在【详细信息视图】下拉列表框中选择【资源使用状况】选项，如图 5-67 所示。

(2) 【资源使用状况】视图出现在【甘特图】视图的下方。在【甘特图】的窗格中，查找并选择资源过度分配的任务。在【资源使用状况】视图中，Project 2016 会显示每个分配给所选任务的资源的所有任务分配，如图 5-68 所示。

图 5-67　详细信息视图

图 5-68　资源过度分配任务

(3) 右击任务，在打开的快捷菜单中选择【分配资源】命令，如图 5-69 所示。

(4) 打开【分配资源】对话框，选择要替换的资源，单击【替换】按钮，如图 5-70 所示。

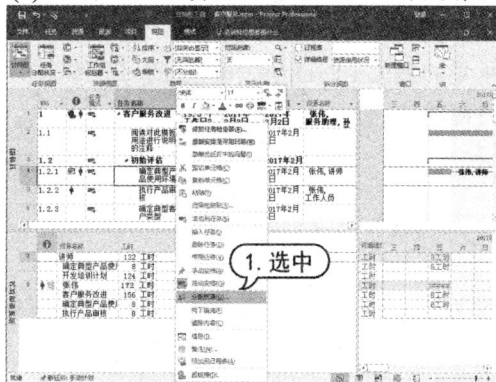

图 5-69　选择命令

图 5-70　分配资源

(5) 打开【替换资源】对话框，选择要替换为的资源，单击【确定】按钮，如图 5-71 所示。

(6) 返回【分配资源】对话框，单击【关闭】按钮完成资源的替换，如图 5-72 所示。

图 5-71　替换资源

图 5-72　完成替换资源

3. 设定加班工时

可以为资源安排加班时间来解决资源过度分配。在 Project 2016 中，加班指在已分配资源的标准工作时间之外安排的工时数。加班工时表示任务上的额外工时，它表示在非标准工作时间内花费在任务上的时间。通过设定加班工时，资源可以更快地完成任务。

【例 5-15】在"客户服务"项目文档中设定加班工时。

(1) 启动 Project 2016 应用程序，打开项目文档"客户服务"，在【甘特图】视图中选择【视图】|【拆分视图】|【详细信息】复选框，在【详细信息】下拉列表框中选择【任务窗体】选项，如图 5-73 所示。

(2) 【任务窗体】将出现在视图的底部，在【任务窗体】内右击，打开快捷菜单，选择【工时】命令，如图 5-74 所示。

图 5-73　选择【任务窗体】选项　　　　图 5-74　快捷菜单

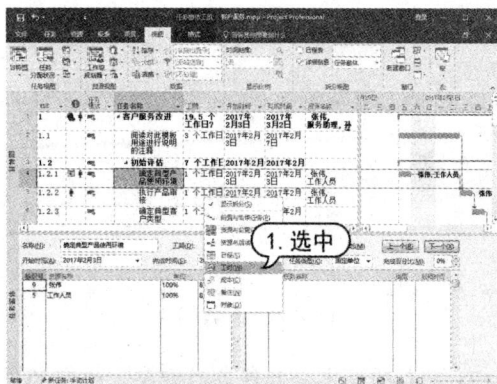

(3) 在【甘特图】视图中选择有资源过度分配的任务，在下方【任务窗体】中为资源设定加班工时，如图 5-75 所示。

(4) 在【任务窗体】中单击【确定】按钮完成设置，如图 5-76 所示。

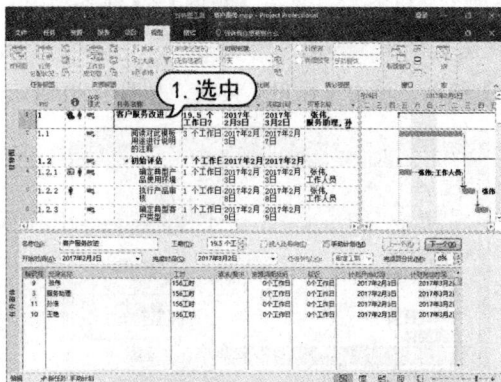

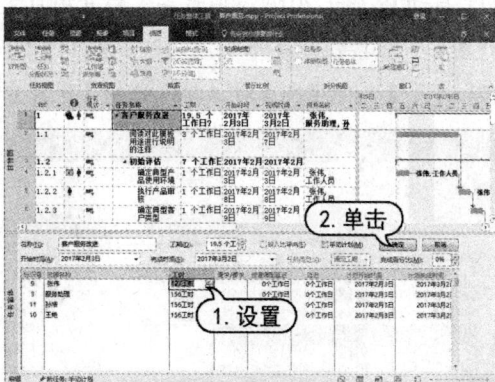

图 5-75　设定工时　　　　图 5-76　完成设定工时

4. 调配资源

调配资源是通过延迟或拆分任务来解决资源的过度分配。资源被分配到多个并发运行的任务中，造成该资源的过度分配，可以延迟或拆分这些任务中的部分任务，以避免多个任务在相同时间对同一个资源的需求。

【例5-16】在"客户服务"项目文档中调配资源。

(1) 启动 Project 2016 应用程序，打开项目文档"客户服务"，在【甘特图】视图中单击【资源】|【级别】|【调配选项】按钮，如图5-77所示。

(2) 打开【资源调配】对话框，单击【全部调配】按钮，如图5-78所示。

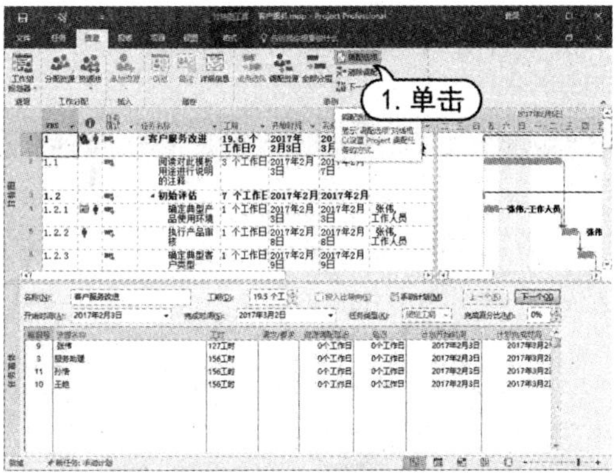

图 5-77　甘特图

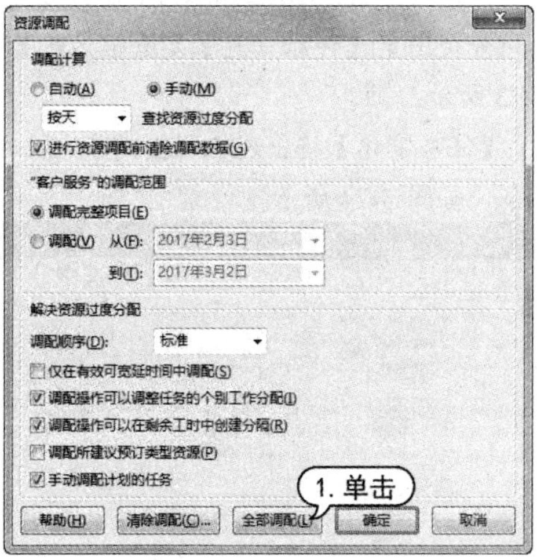

图 5-78　资源调配

(3) 完成项目中全部任务的调整，所有的资源过度分配都解决了。

5. 手动调配

手动调配可以按照自己的意愿进行更精确的调配，并对调配哪些任务拥有选择权。

【例5-17】在"客户服务"项目文档中手动调配任务。

(1) 启动 Project 2016 应用程序，打开项目文档"客户服务"，单击【视图】|【任务视图】|【甘特图】下拉按钮，展开下拉菜单，选择【其他视图】命令，如图5-79所示。

(2) 打开【其他视图】对话框，选择【资源分配】视图，单击【应用】按钮，如图5-80所示。

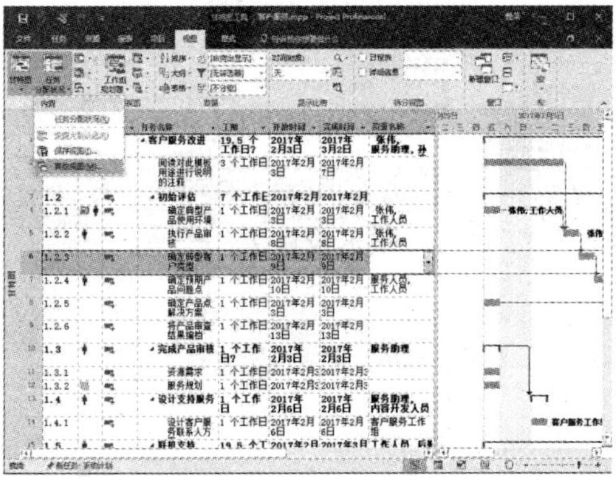

图 5-79　甘特图

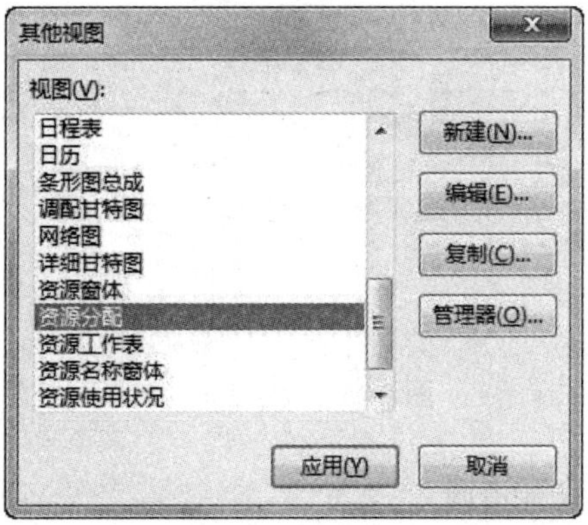

图 5-80　【其他视图】对话框

（3）在上方的【资源使用状况】视图中，选择要延迟的任务，在下方【调配甘特图】视图中，在【资源调配延迟】域中输入需要延迟的时间，如图 5-81 所示。

（4）按下 Enter 键，完成设置，该任务按照设置的时间进行延迟，解决资源的过度分配，如图 5-82 所示。

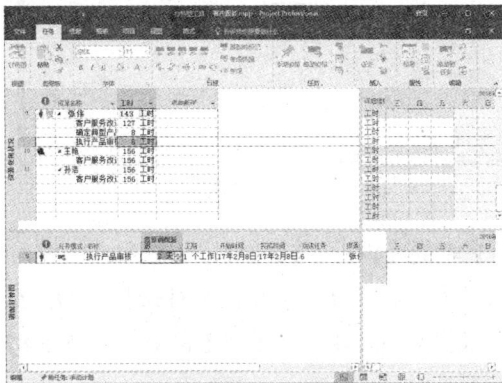

图 5-81　输入延迟时间

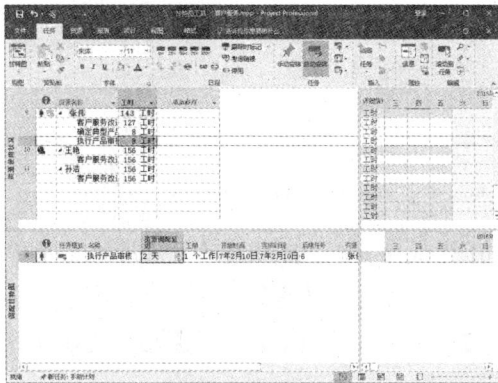

图 5-82　按照设置时间进行延迟

5.8　上机练习

本章的上机练习主要通过在"商业建筑"项目文档中进行资源管理，设置好任务后，还需要为任务分配资源，练习怎样将资源合理地分配给任务的操作方法与技巧。

（1）启动 Project 2016 应用程序，打开项目文档"商业建筑"项目文档，切换到【资源工作表】视图。

（2）选择【资源名称】域，在其中输入资源名称，如图 5-83 所示。

（3）在其他域中设置资源的其他属性，完善资源信息，如图 5-84 所示。

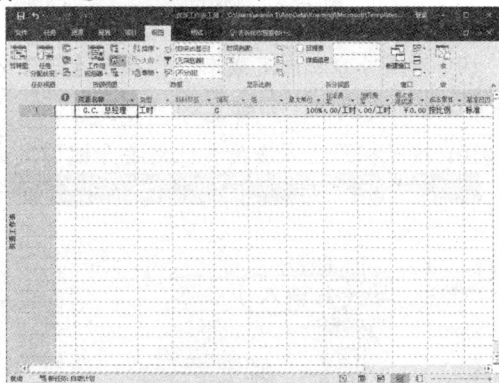

图 5-83　输入资源名称

图 5-84　完善资源信息

（4）按照相同的方法，添加其他资源，如图 5-85 所示。

（5）为有不同费率的资源设置费率。双击要设置不同费率的资源，打开【资源信息】对话框，切换至【成本】选项卡，激活除【A(默认)】表以外的表，然后设置费率。单击【确定】按钮，如图 5-86 所示。

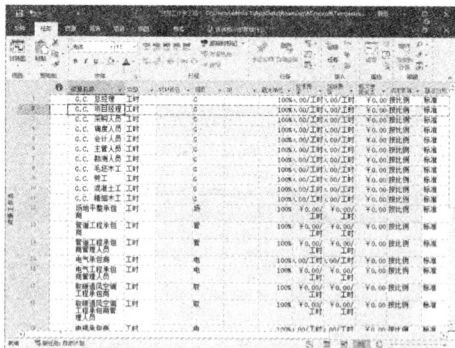

图 5-85　添加其他资源

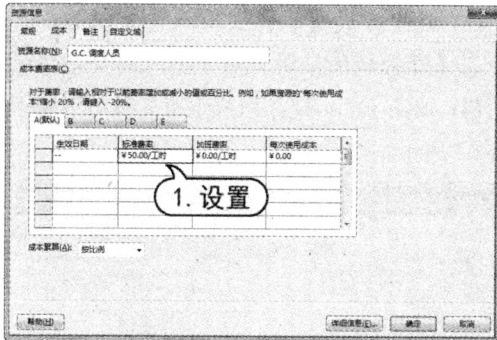

图 5-86　设置费率

(6) 完成设置，按照相同的方法设置其他有不同费率的资源。

(7) 切换至【甘特图】视图，双击要分配资源的任务，打开【任务信息】对话框，切换至【资源】选项卡，在【资源名称】域中选择资源，并设置单位，单击【确定】按钮，如图 5-87 所示。

(8) 完成资源的分配，按照相同的方法为其他任务分配资源，如图 5-88 所示。

图 5-87　选择资源

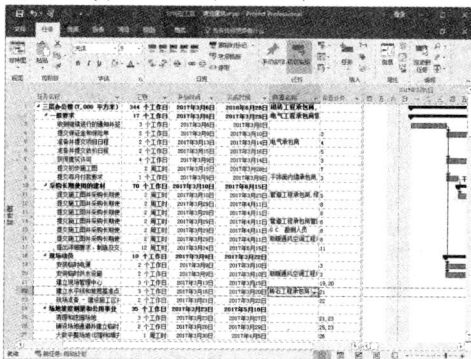

图 5-88　分配资源

(9) 为任务分配固定成本，切换至【任务分配状况】视图的成本表，在【固定成本】域中为任务分配固定成本，如图 5-89 所示。

(10) 按照相同的方法为其他需要分配固定成本的任务进行设置，如图 5-90 所示。

图 5-89　分配固定成本

图 5-90　分配其他固定成本

(11) 切换至【视图】选项卡。在【任务视图】组中单击【甘特图】下拉按钮，在打开的下拉菜单中，选择【其他视图】命令，如图 5-91 所示。

(12) 打开【其他视图】对话框，在【视图】列表框中选择【资源分配】选项，单击【应用】按钮，如图 5-92 所示。

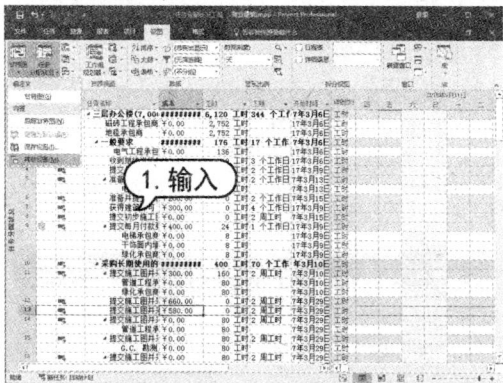

图 5-91　甘特图

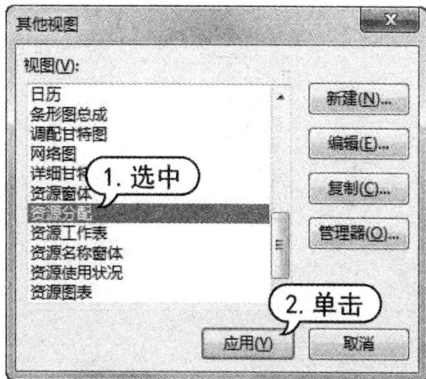

图 5-92　【其他视图】对话框

(13) 切换至【资源分配】视图，在【视图】|【数据】组中将【筛选】设置为【过度分配的资源】，完成设置，如图 5-93 所示。

(14) 在视图中即可筛选出过度分配的资源。过度分配的资源以红色显示，如图 5-94 所示。

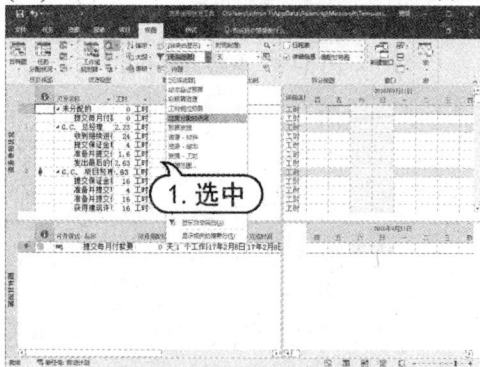

图 5-93　显示过度分配资源

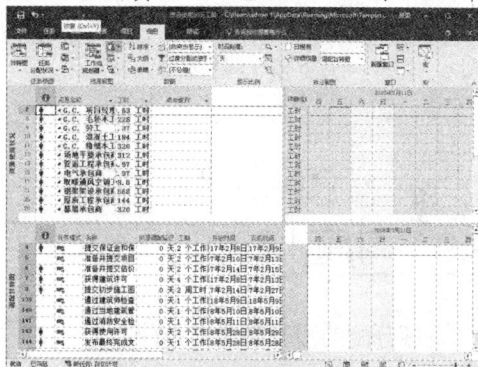

图 5-94　查看过度分配资源

(15) 在上方的【资源使用状况】视图中，选择资源，在下方的【调配甘特图】中即可显示所选资源被分配到的所有任务，选择有过度分配资源的任务，然后在【任务】选项卡的【编辑】组中，单击【滚动到任务】按钮，如图 5-95 所示。

(16) 在视图中可以看到资源被同时分配给了两个任务，如图 5-96 所示。

(17) 双击有过度分配资源的任务，打开【任务信息】对话框，切换至【资源】选项卡，将过度分配资源的单位改为 "50%"，单击【确定】按钮完成调整，如图 5-97 所示。

(18) 在视图中出现警告标记，单击该标记，在打开的菜单中选择【更改工时量但保持工期不变】选项，如图 5-98 所示。

(19) 按照相同的方法修改另一个任务中该资源的单位。在【调配甘特图】视图中，向下一次查找有资源过度分配的任务并进行解决。

图 5-95　滚动到任务

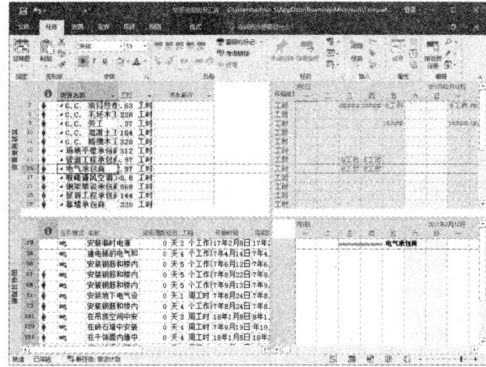

图 5-96　分配给任务

图 5-97　调整资源

图 5-98　保持工时不变

⑤.9　习题

1. 资源分配的步骤和意义是什么？

2. 如何切换到其他视图中？

第6章

项目成本管理

学习目标

成本管理是项目实施过程中一个极其重要的环节。它不仅在排定项目日程上决定着完成任务所需要的时间，而且在控制方式上掌握着资源使用的方法。对于许多项目管理者来说，一个项目的成功与否就在于完成项目的最终成本是否和预算或相比较的基准计划成本相符。项目在具体的实施过程中，会产生各种各样的费用，这些费用统称为项目成本。在 Project 2016 中的项目计划中，项目成本是由每个任务的成本汇集而成的，而每个任务的成本又是由资源成本和固定成本组合而成。由此可以推断，合理的资源和固定成本是控制整个项目成本的必备条件。

综上所述，项目成本管理的真正意义在于在控制任务资源的使用情况下，合理地设置项目的固定成本、实际成本，以及检测资源成本，从而可以更好地预测和控制项目成本，以确保项目在预算的约束条件下顺利完成。

本章重点

- ◉ 项目成本管理过程
- ◉ 创建项目成本
- ◉ 查看项目成本
- ◉ 分析与调整项目成本
- ◉ 查看分析表

6.1 项目成本管理概述

项目成本管理是在整个项目的实施过程中，为确保项目在批准的预算内尽可能地完成而对所需的各个进程进行管理。在使用 Project 2016 进行项目成本管理之前，还需要事先了解一下项目成本的构成、成本管理的过程与技术。

6.1.1 项目成本的构成

一个项目的成本包括了资源、任务或任务分配输入的所有基于资源费率的资源成本、每次使用的资源成本和固定成本。它分为两大类：各摘要任务成本和固定成本，二者相加为总成本，项目成本体系结构如图 6-1 所示。

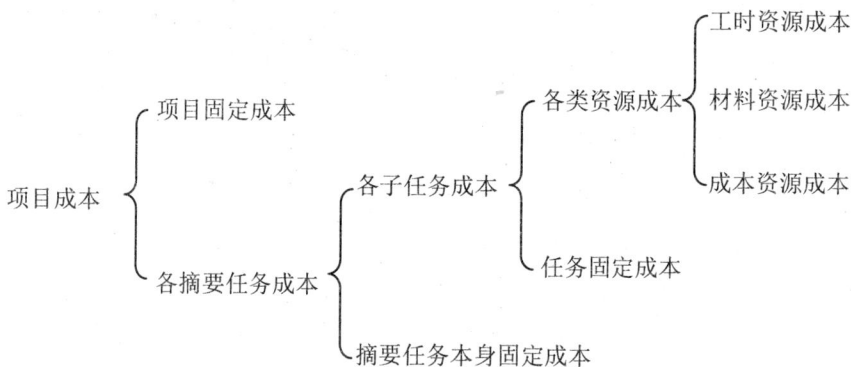

图 6-1　项目成本结构

各摘要任务成本由摘要任务本身固定成本和各子任务成本构成。各子任务成本由子任务的固定成本和各类资源成本构成。各类资源成本又由工时资源成本、材料资源成本和成本资源成本构成。而项目固定成本、摘要任务成本和子任务成本都可以归结为任务的固定成本。项目成本的公式如下所示：

项目总成本=项目固定成本+摘要任务本身固定成本+任务固定成本+资源成本

=实际成本+剩余成本

在上述公式中各项含义如下所示。

- 固定成本：是一种不因任务工期或资源完成工时的变化而变化的成本。它始终保持为常量的一组任务成本。例如，公司职员的每月固定工资、必须一次付清的设备购进及安装费等，这些都与各活动的工期或完成情况无关，是已经固定的成本。
- 资源成本：不是资源类型的成本资源，这里是指使用资源所要的总花费。
- 实际成本：是项目资源关于任务的已完成工时的成本，以及任何其他与任务相关的已记录成本。实际成本有多种，包括资源实际成本、任务实际成本和工作分配实际成本。
- 剩余成本：是任务、资源或工作分配将要发生的估计成本。

知识点

估计成本是估计完成项目所需的资源和任务成本。例如估算项目的一次性投资额，人工费用中包括直接人员和管理人员的费用，管理费中包括办公设施的折旧和消耗，财务费中包括贷款的利息等。

6.1.2 成本管理技术

如今，最常用的成本管理技术包括净值分析法、类比估算法、参数模型法、自下而上估算法与软件估算法等。

- 净值分析法：又称赢得值法或偏差分析法，是对项目进度和费用进行综合控制的一种有效方法，也是在项目实施中较多使用的一种方法。净值分析法可以作为预测，衡量与控制成本的依据。

- 类比估算法：又称自上而下估算法，是一种专家评定法，是利用已完成的类似项目的实际成本来估算当前项目成本的一种估算方法。该方法的估算精度相对较低，只有依靠具有专门知识的团队或个人，依据以前相似的项目进行估算，才能提高估算的精确度。

- 参数模型法：是将项目的特征参数用于预测项目费用的数字模型中，以用于预测项目成本。当模型是依赖于历史信息，且模型参数被数量化时，模型可根据项目范围的大小进行比例调整，其预测结果通常是可靠与精确的。

- 自下而上估算法：是先估计各个任务的成本，然后按工作分解结构的层次从下往上估计出整个项目的总费用。在使用该估算方法时，只有在比较准确地估算各个任务的成本，并合理制作出工作分解结果的情况下，才能更精确地编制出成本计划。但该方法的估算工作量比较大，适用于小项目的成本估算。

- 软件估算法：随着计算机技术的不断发展，项目管理软件及办公自动化软件辅助项目费用的估计方法已被广大管理者所接受。使用项目软件或办公自动化辅助软件不仅可以加速成本估算与成本的编制速度，而且还可以提供多种方案的成本比较和选择。

6.1.3 成本管理过程

项目成本管理主要包括资源规划、成本估算、成本预算与成本控制 4 个过程，每个过程的作用如下所述。

1. 资源规划

资源规划是根据项目范围规划与工作分解结构来确定项目所需资源的种类、数量、规格及时间的过程，其内容主要包括招聘实施组织人员、项目实施所需要的材料与设备，以及采购方法与计划等。

2. 成本估算

成本估算用来估算完成项目所需要的经费，所需输入的数据包括工作分解结构、资源要求、资源耗用率、商业数据、历史数据等，其评估计算主要包括类比估算、参数模型、自上而下估算法。在进行成本估算时，需要考虑经济环境的影响，以及项目所需要的资源与成本支出情况。

计算机 基础与实训教材系列

3. 成本预算

成本预算又称成本规划，是将估算的成本分配到各个任务中的一种过程。在进行成本预算时，应该根据各任务的成本估算与进度计划为依据，并采用便于控制项目成本的方法。另外，基准成本计划(批准的成本计划)是测定与衡量成本执行情况的依据。

4. 成本控制

成本控制是在保证各项工作在各自的预算范围内进行的一种方法。成本控制的方法是在项目实施的过程中，首先规定各部门定期上报各自的费用情况，然后由控制部门对各部门的费用进行审核，用以保证各种支出的合法性，最后将已经发生的费用与预算进行比较，分析费用的超支情况，并根据超支情况采取相应的措施加以弥补。在项目结束时，还需要经过财务决算、审核与分析来确定项目成本目标的达标程度及成本管理系统的成效。

成本控制的内容表现有如下几个方面：
- 监控成本情况与计划的偏差，做好成本分析与评估，并对偏差做出响应；
- 确保所有费用发生都被记录到成本线上；
- 防止不正确的、不合适的或无效的变更反映到成本线上；
- 需要将审核的变更通知项目管理人；
- 需要监控影响成本的内外部因素。

6.2 设置项目成本

项目成本按照项目元素可划分为资源成本与固定成本两大类。其中，资源成本又分为工时资源成本与材料成本，主要包括标准费率、加班费率、每次使用成本与成本累算。而固定成本，是一种与任务工时、工期变化无关的项目费用。

6.2.1 设置资源费率

项目成本决定了项目范围，用户可以通过设置资源的标准费率和加班费率，从而更加准确地管理项目成本。

1. 在资源中设置费率

在【资源工作表】视图中，直接输入资源的标准费率或加班费率。或者在【资源】选项卡的【属性】组中单击【信息】按钮，打开【资源信息】对话框的【成本】选项卡，在其【标准费率】和【加班费率】栏中输入所需的费率，如图6-2所示。【成本】选项卡各选项含义如下。
- 成本费率表：有关资源费率的信息集合，包括标准费率、加班费率、任何每次使用成本和支付费率生效的日期。可最多为每个资源建立5个(A、B、C、D、E)不同的成本费用率表。每个表可以创建25行费率。

> ➤ 生效日期：表示该行中指定的标准费率、加班费率和每次使用成本要生效的日期，第一行为默认费率行，日期为【--】不可以设置，表示设置该资源时，默认使用该行费率。

> ➤ 标准费率：即资源的每小时费用。工时资源和材料资源都可以设置标准费率。

> ➤ 加班费率：用于累计该资源的加班工时费用的每小时费率。

> ➤ 每次使用成本：每次使用成本是使用资源的一次性费用，与资源的工时无关。

◉ 成本累算：指定资源的标准成本和加班成本何时发生，以及何时才累算成本总数。其中，【开始】选项表示成本在分配的任务开始时累算；【按比例】选项表示成本按时间比例累算；【结束】选项表示在分配的任务结束时累算。

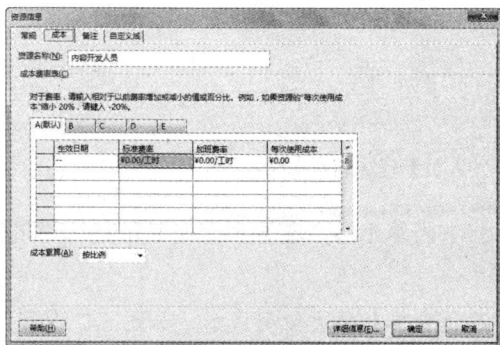

图6-2 【成本】选项卡

> **提示**
>
> 只要将基于费率的资源和具有每次使用成本的资源分配给任务，Project 就可以立即计算出总成本。

2. 在资源中设置多种费率

在实际工作中，根据任务的不同，还需要给资源分配多个费率。一般情况下，每种资源费率表中都显示费率的生效日期、标准费率、加班费率与每次使用成本，可在【成本】选项卡的【成本费率表】选项区域中设置 A、B、C、D、E 等其他资源费率。

【例6-1】在"客户服务"项目文档中输入资源费率，并设置理赔人从 2017 年 3 月 1 日开始加班费率为￥70.00。

(1) 启动 Project 2016 应用程序，打开项目文档"客户服务"，切换到【资源工作表】视图。如图 6-3 所示。双击【内容开发人员】资源对应的【标准费率】栏下的单元格，打开【资源信息】对话框，如图 6-4 所示。

图6-3 资源工作表

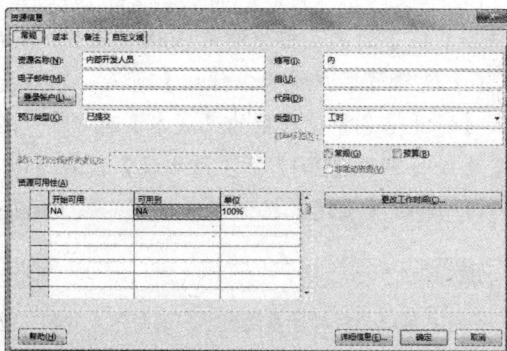

图6-4 资源信息

(2) 打开【成本】选项卡，在【成本费率表】选项区域的【标准费率】栏下的单元格中输入"￥30.00/工时"，在【加班费率】栏下的单元格中输入"￥70.00/小时"，单击【确定】按钮，返回到项目文档中，如图 6-5 所示。

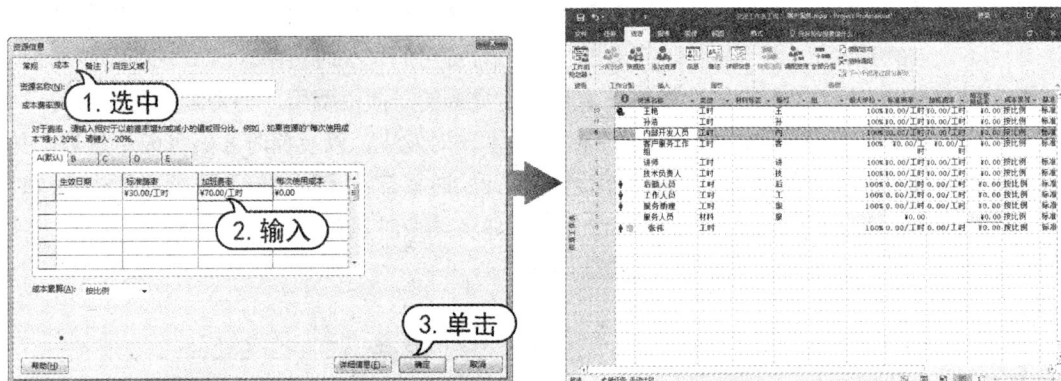

图 6-5　输入【内容开发人员】资源的费率

(3) 选中【讲师】资源的【每次使用成本】栏下的单元格，在其中输入￥400.00，如图 6-6 所示。

(4) 使用上述相同的方法，设置其他工时资源的费率和每次使用成本，如图 6-7 所示。

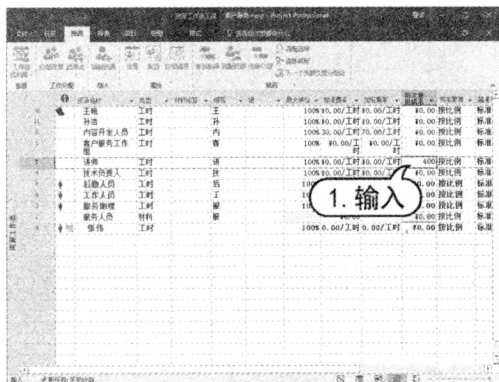

图 6-6　输入每次使用成本　　　　　图 6-7　设置其他工时资源的费率和每次使用成本

(5) 在【服务人员】资源对应的【材料标签】栏下的单元格中输入"30 人"，在其对应的【标准费率】栏下的单元格中输入 3000，如图 6-8 所示。

(6) 选择【客户服务工作组】资源，在【资源】选项卡的【属性】组中单击【信息】按钮，打开【资源信息】对话框的【成本】选项卡，在【成本费率表】的第二行中的【生效日期】栏中设置生效日期为【2017 年 3 月 1 日】，在【加班费率】栏中设置为￥70.00，如图 6-9 所示。

(7) 单击【确定】按钮完成设置，按 Ctrl+S 快捷键，保存"客户服务"项目文档。

🔔 提示------

　用户可以为材料资源设置单一的费率或费用，也可以设置成多种的费率或费用。

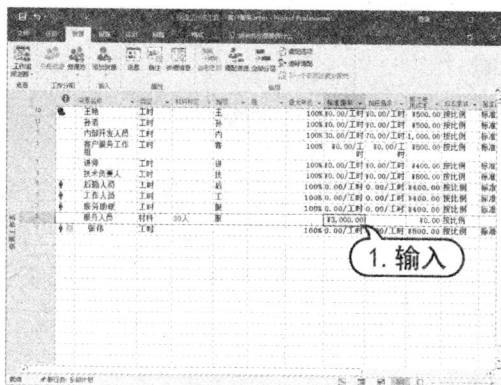

图 6-8　设置材料资源的费率

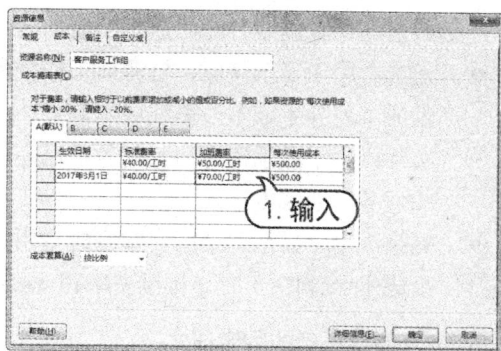

图 6-9　设置多个费率

⑥.2.2　设置固定成本

任务成本是由与任务相关的资源成本与固定成本组成。其中，固定成本是与任务工期和资源分配数量无关的项目费用。另外，项目中的某种管理费也可以作为固定成本。

1. 输入子任务的固定成本

在【甘特图】视图中，选择【视图】|【数据】|【表格】|【成本】选项。在任务对应的【固定成本】域中输入固定成本值即可，如图 6-10 所示。

为任务输入完固定成本后，Project 2016 会自动显示任务的总成本与剩余成本，如图 6-11 所示。

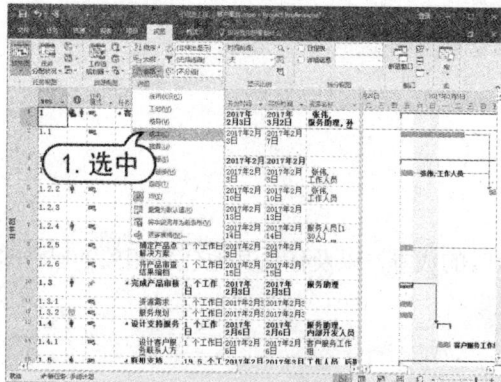

图 6-10　甘特图

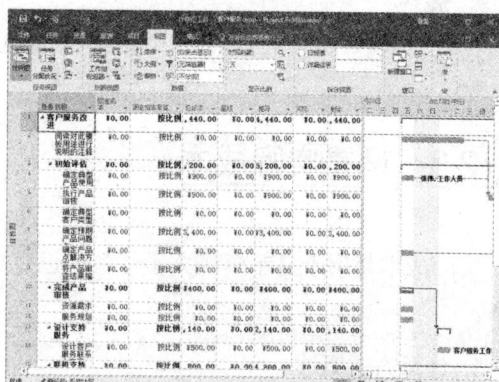

图 6-11　显示总成本

在【成本】表中主要包括下列 7 种域。

◉ 固定成本：用于显示或输入所有非资源任务费用。

◉ 固定成本累算：用于确定固定成本计入任务成本的方式和时间。

◉ 总成本：用于显示任务、资源或工作分配总的排定成本或计划成本。该值基于分配给该任务的资源已完成工时所发生的成本，加上剩余工时的计划成本。

- 基线：用于显示某一任务、所有已分配的任务的某一资源已完成的工时的总计划成本，该值与保存基线时的"成本"域的内容相同。
- 差异：用于显示任务、资源或工作分配的基线成本和总成本直接的差异值。其表达式是成本差异＝成本－基线成本。
- 实际：用于显示资源在其任务上已完成的工时相应的成本，以及记录的与该任务有关的任务其他成本。
- 剩余：用于显示剩余的日常安排费用，此费用将在完成剩余工时发生。其表达式是剩余成本＝(剩余工时×标准费率)＋剩余加班成本。

2. 输入摘要任务的固定成本

在 Project 2016 中，还可以为摘要任务输入固定成本值，而摘要任务的固定成本值并非是所有子任务固定成本的汇总值。摘要任务的总成本值是摘要任务的固定成本值与子任务固定成本值的总和。例如，子任务的固定成本值总和为"400"元，当为摘要任务输入固定成本值"200"元后，摘要任务的总成本值将自动变为"600"元，如图 6-12 所示。

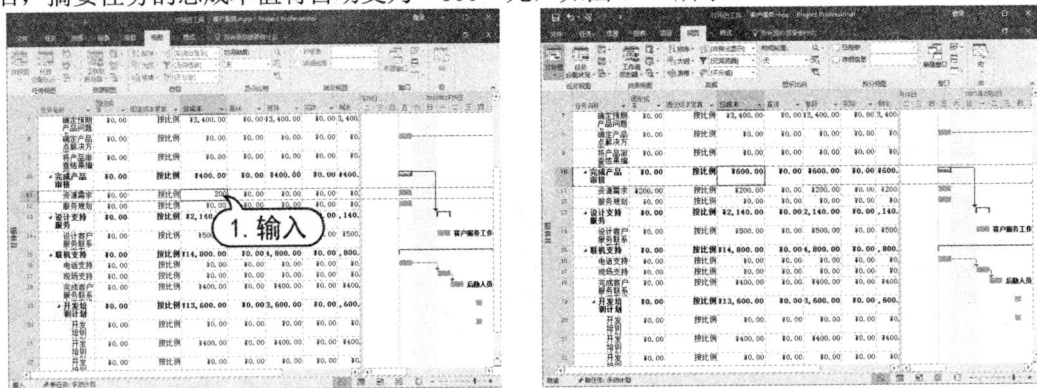

图 6-12 为摘要任务输入成本值

⑥.2.3 设置实际成本

实际成本是用于显示资源关于任务的已完成工时的成本，以及任何其他任务相关的已记录成本。

1. 计算方式概述

实际成本可分为任务类与资源类两种成本。每种实际成本的计算方式也不尽相同，具体计算方式如下所述。

- 任务类：实际成本＝(实际工时×标准费率)＋(实际加班工时×加班费率)＋资源每次使用成本＋任务固定成本。
- 资源类：实际成本＝(实际工时×标准费率)＋(实际加班工时×加班费率)＋每次使用成本。

2. 更改实际成本值

Project 2016 可以根据任务的完成百分比与实际完成百分比值,自动显示任务与资源的实际成本。在【甘特图】视图中,选择【视图】|【数据】|【表格】|【跟踪】选项。然后,输入任务的完成百分比值,并更改任务的实际成本值,如图 6-13 所示。

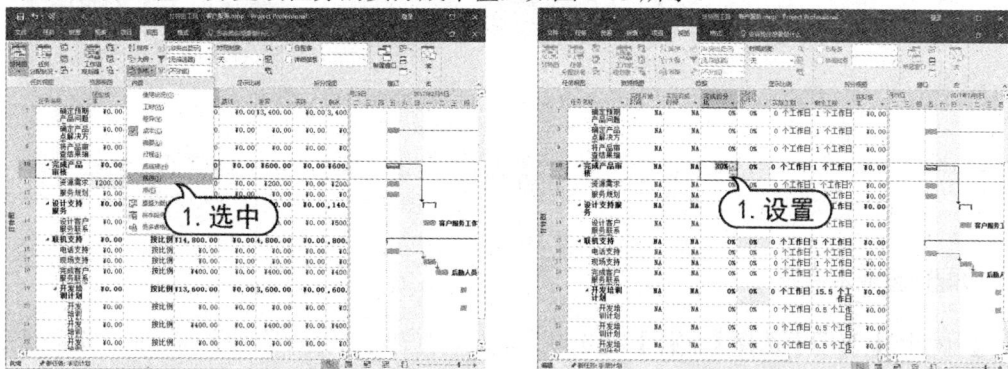

图 6-13 更改实际成本值

在【跟踪】表中,主要包括下列实际开始时间、实际完成时间等域。

- ⊙ 实际开始时间:根据制定的进度信息、任务或工作分配实际开始的日期和时间。
- ⊙ 实际完成时间:表示任务或工作分配实际完成的日期和时间。
- ⊙ 完成百分比:任务的当前状态,表示已经完成的任务工期的百分比,其表达式为完成百分比=(实际工时/工时)×100%。
- ⊙ 实际完成百分比:表示输入的完成百分比值,可作为计算已完成工时的预算成本(BCWP)的替代值。
- ⊙ 实际工期:根据计划工期和当前剩余工时或完成百分比,任务到目前为止的实际工作时间。其表达式为实际工期+工期×完成百分比。
- ⊙ 剩余工期:表示完成一项任务尚未完成的部分所需的时间量,其表达式为剩余工期=工期-实际工期。
- ⊙ 实际成本:表示资源在其任务上已完成的工时相对应的成本,以及记录的与该任务有关的任何其他成本。
- ⊙ 实际工时:分配给任务的资源已完成的工时量。

⑥.2.4 设置预算成本

项目的预算成本与预算资源一样,只能分配给项目的摘要任务。另外,预算成本只能在【任务分配状况】与【资源使用状况】视图中输入。

1. 创建预算成本资源

在【资源工作表】视图中创建一个新资源。执行【资源】|【属性】|【信息】选项,如图 6-14 所示,打开【资源信息】对话框,将【类型】设置为【成本】,同时启用【预算】复选框,如图 6-15 所示。

图 6-14　资源工作表视图

图 6-15　创建预算成本资源

2. 分配预算成本资源

在【甘特图】视图中选择【文件】|【选项】选项，打开【Project 选项】对话框，选择【高级】选项卡，并启用【显示项目摘要任务】复选框，如图 6-16 所示。

在视图中选择摘要任务，选择【资源】|【工作分配】|【分配资源】选项，在打开的【分配资源】对话框中选择资源，并单击【分配】按钮，将预算成本资源分配给项目的摘要任务，如图 6-17 所示。

图 6-16　显示项目摘要任务

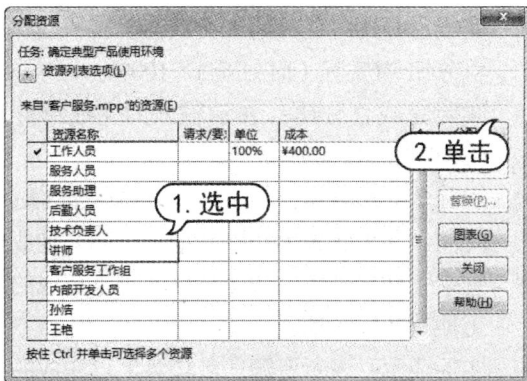

图 6-17　分配预算成本资源

6.3　查看项目成本

项目建立的过程中，为了及时准确地了解每项任务的成本，估计单个以及多个资源的成本，以便用更加接近实际情况的方式来管理项目，对项目成本信息的查看是必不可少的。

6.3.1　查看任务成本信息

为了能清楚地了解完成每一项任务消耗的成本，可以按任务来查看成本。要查看任务成本信息，首先需要切换到任务类视图。

【例6-2】在"客户服务"项目文档中，查看任务成本信息。

(1) 启动 Project 2016 应用程序，打开"客户服务"项目文档。

(2) 打开【视图】选项卡，在【任务视图】组中单击【甘特图】下拉按钮，从弹出的列表中选择【其他视图】选项，如图 6-18 所示。打开【其他视图】对话框，在【视图】列表框中选择【任务工作表】选项，如图 6-19 所示。

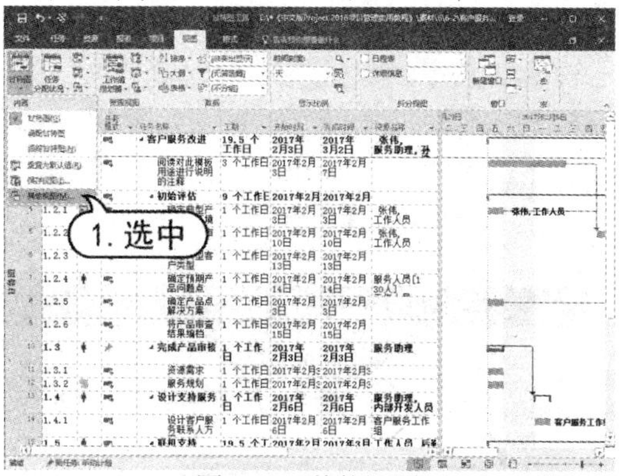

图 6-18　其他视图

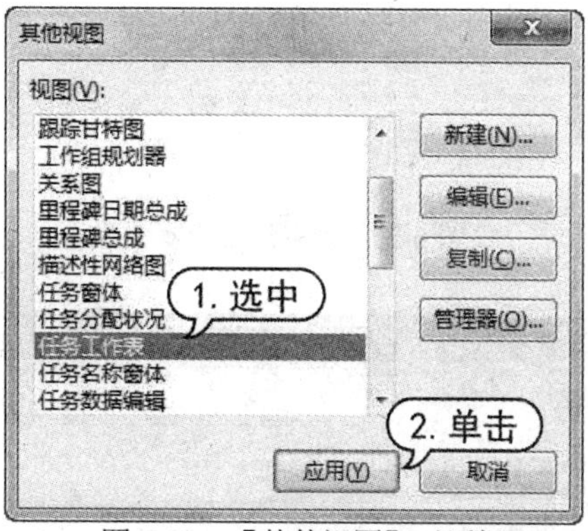

图 6-19　【其他视图】对话框

(3) 单击【应用】按钮，切换到【任务工作表】视图，如图 6-20 所示。在【视图】选项卡中，选择【数据】|【表格】选项，在打开的菜单中选择【成本】选项，如图 6-21 所示。

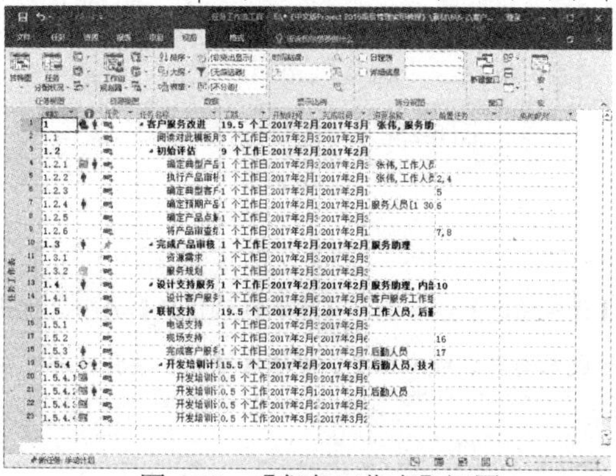

图 6-20　【任务工作表】视图

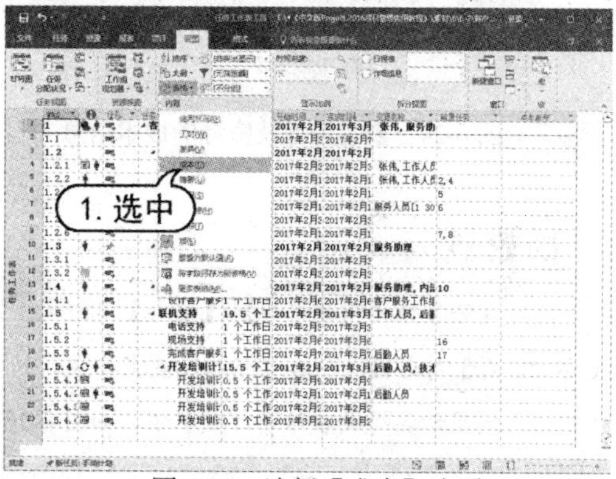

图 6-21　选择【成本】选项

(4) 此时将显示出每一项任务的成本信息，以及每一级摘要任务的成本信息，如图 6-22 所示。

(5) 若想在查看成本信息的同时，能进一步了解成本在任务工期的分布状况，还可以在【视图】选项卡中，选择【任务视图】|【任务分配状况】选项，切换到【任务分配状况】视图，如图 6-23 所示。

(6) 选择【任务视图】|【数据】|【表格】选项，从打开的菜单中选择【成本】选项，在视图的左侧将显示出每一项任务及每一项任务中各资源的成本信息，如图 6-24 所示。

(7) 打开【任务分配状况工具】|【格式】选项卡，在【详细信息】组中选中【工时】和【成本】复选框，在视图的右侧，可以按时间段查看成本数据，如图 6-25 所示。

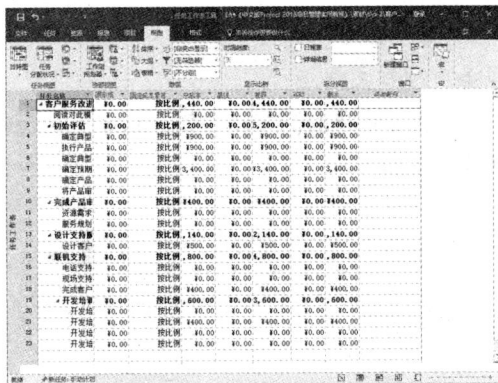

图 6-22　查看任务成本信息

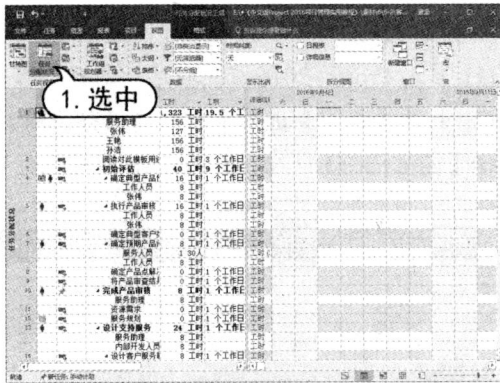

图 6-23　【任务分配状况】视图

图 6-24　查看任务及资源的成本信息

图 6-25　按时间段查看成本信息

知识点

选择【任务分配状况工具】|【格式】选项卡，在【详细信息】组中选择【添加详细信息】选项，打开【详细样式】对话框，在其中可以设置需要显示的实际成本与累计成本信息，单击【确定】按钮，即可在视图的右侧显示实际成本与累计成本值，如图 6-26 所示。

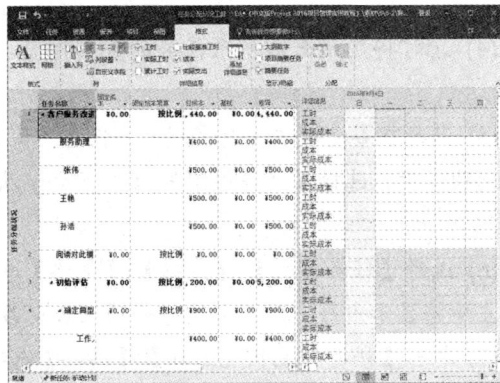

图 6-26　显示实际成本和累计成本信息

6 3.2 查看资源成本信息

在 Project 2016 中，为了能够了解成本是否超出预算，可以按照资源来查看人员工资、材料消耗量。

1. 使用【资源工作表】视图查看

用户可以通过【资源工作表】视图来查看资源总成本。在【资源工作表】视图中，选择【视图】|【数据】|【表格】|【成本】选项，如图 6-27 所示，可在【成本】表中查看资源的成本信息，如图 6-28 所示。

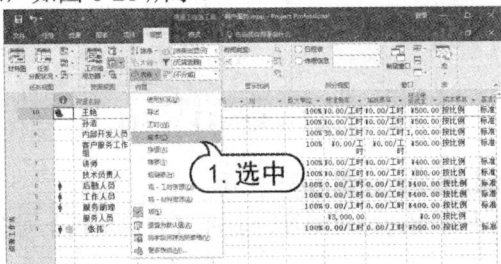

图 6-27　【资源工作表】视图

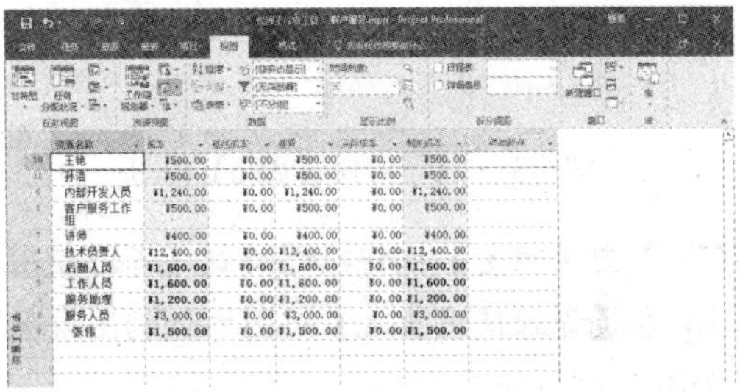

图 6-28　【成本】表

2. 使用【资源使用情况】视图查看

要查看资源成本信息，首先需要切换到资源类视图，例如【资源使用状况】视图，然后再打开【成本】表，即可查看每种资源的详细成本信息。

【例6-3】在"客户服务"项目文档中，查看资源成本信息。

(1) 启动 Project 2016 应用程序，打开项目文档"客户服务"，如图 6-29 所示。

(2) 如果要查看项目中各项资源在每一特定周期所产生的成本，以及每种资源在各项任务上的详细成本数据，可以在【视图】|【资源视图】组中，选择【资源使用状况】选项，切换到【资源使用状况】视图，如图 6-30 所示。

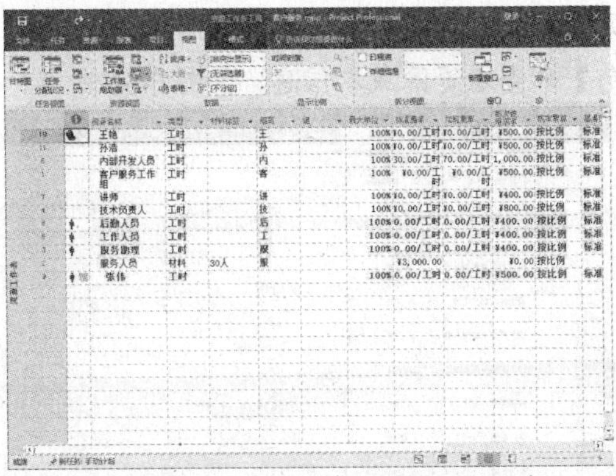

图 6-29　【资源工作表】视图

图 6-30　资源使用状况

(3) 选择【任务分配状况工具】|【格式】选项卡，选择【详细信息】|【添加详细信息】选项，

打开【详细样式】对话框，如图 6-31 所示。

(4) 打开【使用状况细节】选项卡，在【可用域】列表框中选择【成本】和【实际成本】选项，单击【显示】按钮，在【显示这些域】列表框中显示这两个选项，如图 6-32 所示。

图 6-31　【资源使用状况】视图

图 6-32　【详细样式】对话框

(5) 单击【确定】按钮，返回到【资源使用状况】视图，如图 6-33 所示。

(6) 在【资源使用状况】视图右侧的图表区中双击右侧的时间刻度，打开【时间刻度】对话框，如图 6-34 所示。

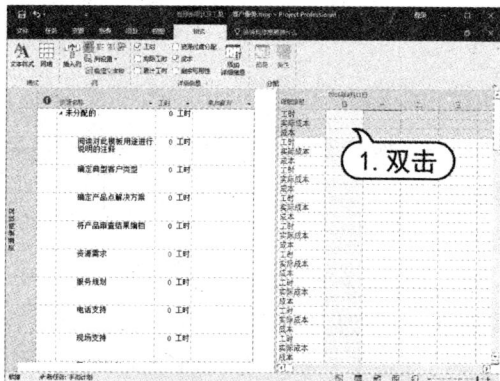

图 6-33　显示详细信息

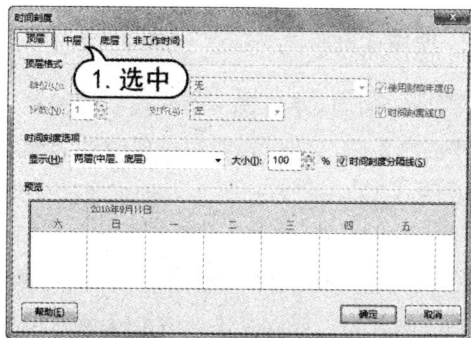

图 6-34　选择【中层】选项卡

(7) 选择【中层】选项卡，在【单位】下拉列表框中选择【旬】选项，如图 6-35 示。

(8) 单击【确定】按钮，就可以按照周期【旬】来查看资源成本信息，如图 6-36 所示。

图 6-35　【时间刻度】对话框

图 6-36　按周期查看资源成本信息

在【详细样式】对话框中，主要包括下列选项。

- 可用域：用来显示 Project 2016 中的一些可用域，用于选择需要添加的域。
- 显示这些域：表示当前【资源使用状况】视图中正在使用的域。
- 显示：单击该按钮，可将【可用域】列表框中所选择的域添加到【显示这些域】列表框中，也就是为视图添加域。
- 隐藏：单击该按钮，可删除【显示这些域】列表框中所选择的域。
- 移动：单击【上移】或【下移】按钮，可上下移动【显示这些域】列表框中所选择的域，调整其显示的上下位置。
- 字体：单击其后的【更改字体】按钮，可设置所选域的字体显示格式。
- 单元格背景：单击其后的下拉按钮，可在打开的下拉列表中选择所选域的单元格的背景颜色。
- 图案：单击其后的下拉按钮，可在打开的下拉列表中选择所选域的单元格的背景图案。
- 显示在菜单中：启用该复选框，可将域设置显示在菜单中。

3. 使用【资源图表】视图查看

对于习惯使用图形方式的用户来讲，可通过选择【任务】|【视图】|【甘特图】|【资源图表】选项，切换到【资源图表】视图中，选择【格式】|【数据】|【图表】选项，在弹出的列表中选择【成本】选项，即可在图表中显示资源的成本数据与图形，如图 6-37 所示，选择【累计成本】选项，即可在图表中显示资源的累计成本数据与图形，如图 6-38 所示。

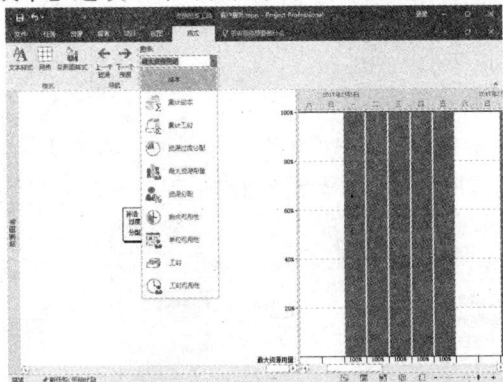

图 6-37　【成本】选项

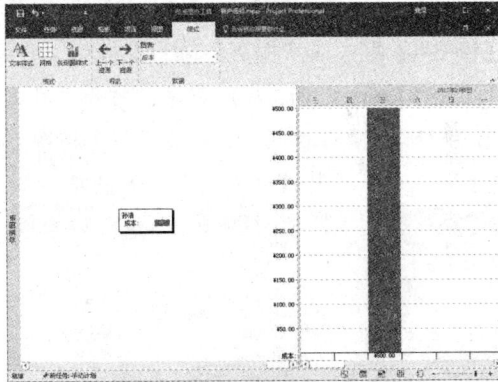

图 6-38　【累计成本】选项

6.3.3　查看项目成本信息

在项目实施的过程中，要随时查看项目的成本，以防止成本超出预算。要查看项目成本信息可以使用两种快捷的方法：一种是使用【项目统计】对话框，另一种是使用【成本】表。

1. 使用【项目统计】对话框查看成本信息

打开【项目】选项卡，选择【属性】|【项目信息】选项，打开【项目信息】对话框，单击

【统计信息】按钮，打开【项目统计】对话框，如图6-39所示。使用该对话框不仅可以查看项目当前成本，还可以查看项目的【基线】和【实际】等信息，以便了解成本是否超出预算。

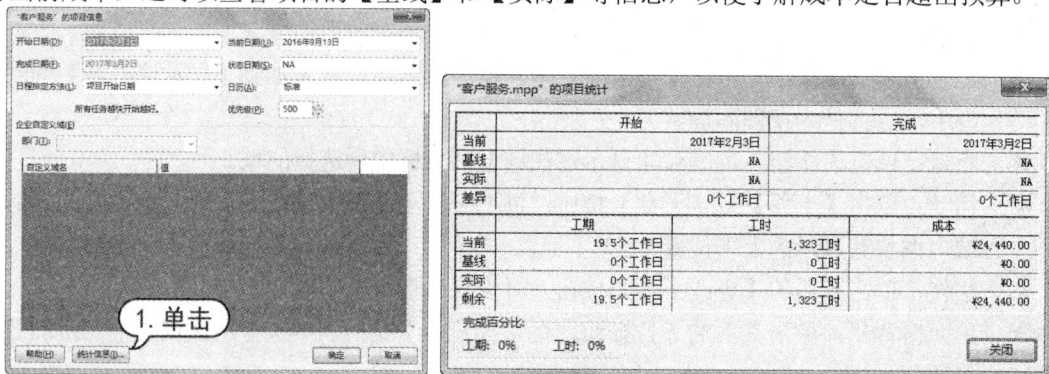

图6-39　【项目统计】对话框

提示

成本=实际成本+剩余成本+固定成本

实际成本=(实际工时×标准工资率)+(实际加班工时×加班工资率)+资源每次使用成本+任务固定成本

剩余成本=(剩余工时×标准工资率)+剩余加班成本

2. 使用【成本】表查看成本信息

使用【成本】表查看成本信息，与按任务查看成本类似。

【例6-4】在"客户服务"项目文档中，查看项目成本信息。

(1) 启动 Project 2016 应用程序，打开项目文档"客户服务"。

(2) 选择【视图】选项卡，选择【任务视图】|【其他视图】选项，如图6-40所示，打开【其他视图】对话框，选择【任务工作表】选项，单击【应用】按钮，如图6-41所示。

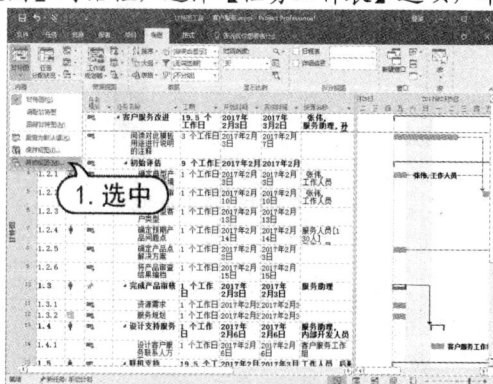

图6-40　其他视图

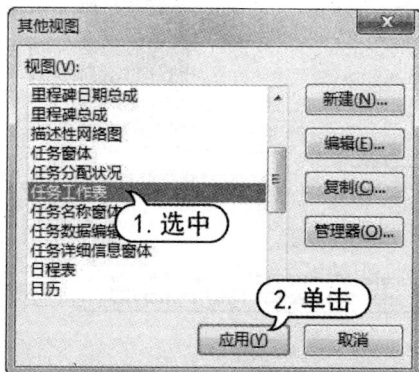

图6-41　【其他视图】对话框

(3) 切换到【任务工作表】视图，打开【任务工作表工具】|【格式】选项卡，选择【显示/隐藏】|【项目摘要任务】复选框。如图6-42所示

(4) 打开【视图】选项卡，选择【数据】|【表格】选项，在弹出的列表中选择【成本】选项，系统将以项目对应成本的方法显示，如图6-43所示。

图 6-42　选中【项目摘要任务】复选框

图 6-43　通过【成本】表查看成本

6.4　分析与调整项目成本

在 Project 2016 的资源分配过程中，用户可以通过查看与调整项目中各项成本的方法，达到有效地控制项目成本，防止实际成本超出预算成本，以及避免出现资源分配过度的情况出现的目的。

6.4.1　查找超出预算的成本

Project 2016 提供了【成本超过预算】筛选器，使用该工具可以快速查找出超出成本的任务或工作分配。

在项目实施过程中，为防止过度消耗成本，需要随时查看超出预算成本。在【任务分配状况】视图中的【成本】表中，打开【视图】选项卡，在【数组】组中单击筛选器右侧的下拉按钮，从打开的菜单中选择【其他筛选器】选项，如图 6-44 所示，打开【其他筛选器】对话框，选择【成本超出预算】选项，单击【应用】按钮，如图 6-45 所示。此时在视图中将显示成本超过预算的任务。

图 6-44　其他筛选器

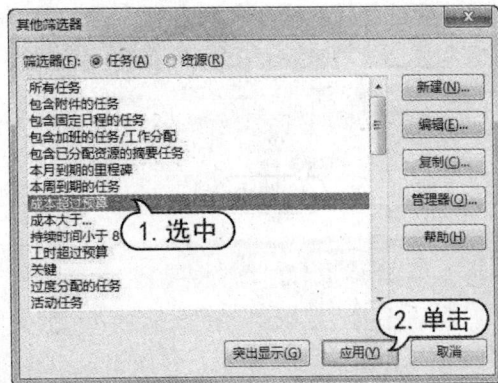

图 6-45　【其他筛选器】对话框

⑥4.2 调整工时资源的工时

工时分布表明了项目计划的工时如何按时间分布。在 Project 中，由于工时资源的成本直接受资源费率、工时与资源数量的影响，所以管理者在保持资源费率不变的情况下，通过调整资源的工时值来调整工时资源的成本值。

打开项目文档，切换到【任务分配状况】视图，双击要调整的资源，打开【工作分配信息】对话框的【常规】选项卡，在【工时】微调框中调整工时，在【单位】数值框中确定资源投入的百分比，在【工时分布图】下拉列表框中选择一种分布模式，如图 6-46 所示。

图 6-46　【工作分配信息】对话框

> **提示**
>
> 在【任务分配状况】视图中，选择要调整的资源，打开【任务分配状况工具】|【格式】选项卡，在【分配】组中单击【信息】按钮，也可以打开【工作分配信息】对话框。

【例 6-5】在"客户服务"项目文档中，将【执行产品审核】任务下的【工作人员】工时调整为 6h，工时分布为双峰分布。

(1) 启动 Project 2016 应用程序，打开项目文档"客户服务"。

(2) 打开【视图】选项卡，选择【任务视图】|【任务分配状况】视图，切换到【任务分配状况】视图。

(3) 选择【数据】|【表格】选项，从打开的菜单中选择【成本】选项，打开【成本】表，如图 6-47 所示，选择标识号为 5 的【执行产品审核】任务下的【工作人员】资源。

(4) 双击【工作人员】资源，打开【工作分配信息】对话框。

(5) 打开【常规】选项卡，如图 6-48 所示，在【工时】微调框中输入 6h，在【工时分布图】下拉表框中选择【双峰分布】选项。

图 6-47　【成本】表

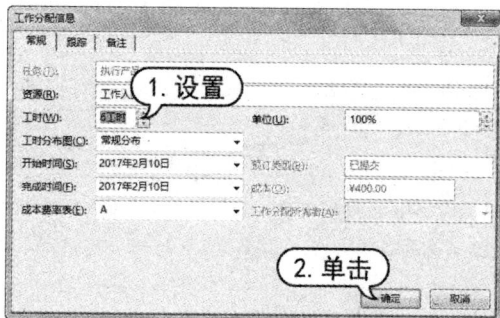

图 6-48　【常规】选项卡

(6) 单击【确定】按钮，可以看到项目管理人员花费的成本从 800 元降为 700 元，如图 6-49
所示。

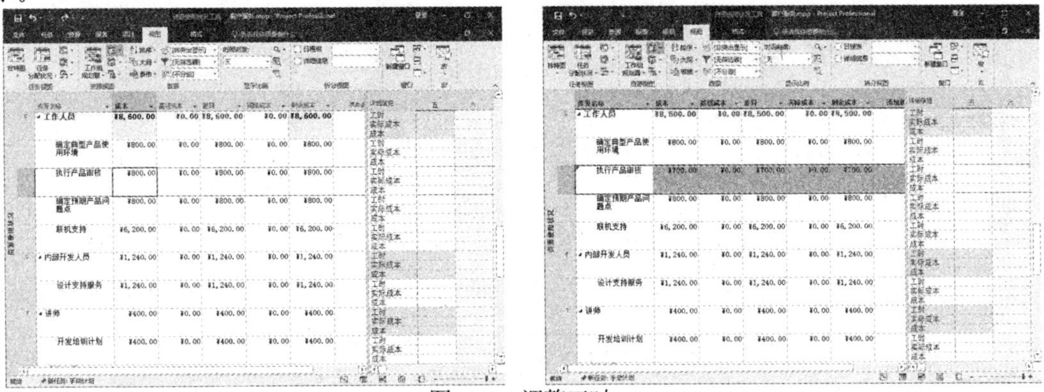

图 6-49　调整工时

6.4.3　调整材料资源成本

材料资源的可变成本是由材料的价格与用量组成的，由于在项目实施之前就已经固定了材
料的价格，所以只能通过调整材料的用量，来调整材料资源成本。

【例 6-6】在"客户服务"项目文档中，将【内部开发人员】任务下的【设计支持服务】
调整为 20。

(1) 启动 Project 2016 应用程序，打开项目文档"客户服务"，打开【视图】选项卡，选择
【资源视图】|【资源使用状况】，切换到【资源使用状况】视图。

(2) 选择【内部开发人员】任务下的【设计支持服务】任务后的【工时】单元格，该单元格
变为微调框，将其数量增加到 15，如图 6-50 所示。

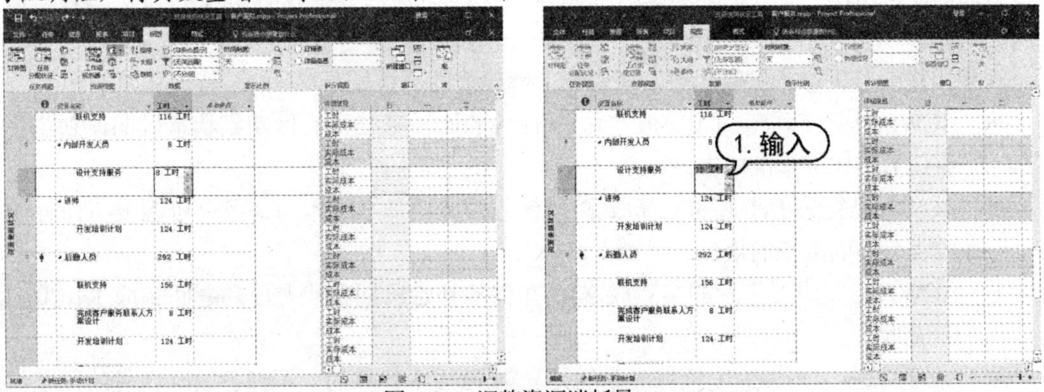

图 6-50　调整资源消耗量

(3) 选择【任务视图】|【任务分配状况】选项，切换到【任务分配状况】视图，可以看到
【设计支持服务】从 2140 元变为 2350 元，如图 6-51 所示。

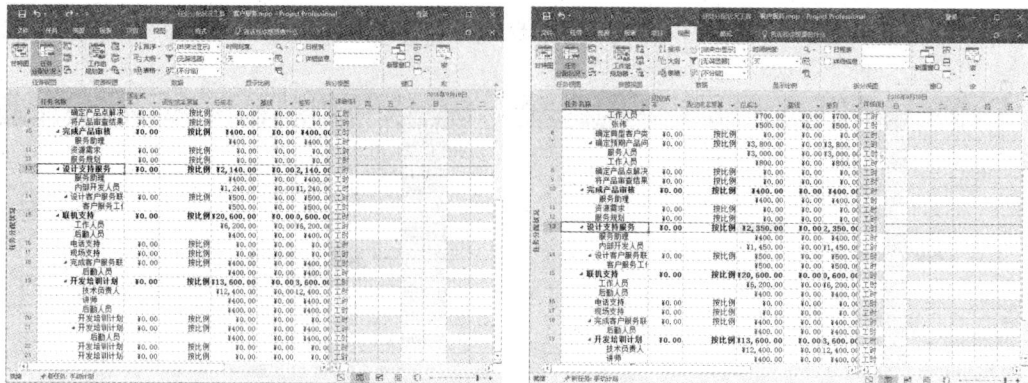

图 6-51　查看调整后的成本

提示

在【甘特图】视图中，打开【资源】选项卡，在【工作分配】组中单击【分配资源】按钮，打开【分配资源】对话框，在其中更改材料资源的数量，同样可以调整材料资源的成本。

6.5　查看分析表

Project 2016 为用户提供了挣值功能，主要根据项目状态日期，通过执行工时成本来评估项目进度，并自动评估项目是否超过预算，从而达到分析项目财务进度的目的。

在 Project 2016 中，可以通过挣值功能全面了解项目的整体绩效。其中，挣值又称为盈余分析与盈余值管理，可以帮助项目管理人员对项目的原始成本预算与当前日期的实际工时进行比较。项目管理人员可以设定项目状态日期，以当前日期为基准计算盈余分析的各项参数。通过查看盈余分析数据可以分析从启动日期到状态日期这一时间段内项目的实际情况与计划情况之间的差异。

在使用挣值分析财务进度之前，还需要了解挣值的分析域(即参数)，其含义如下。

- BCWS(计划工作量的预算成本)：从任务的比较基准开始日期到状态日期计划花费在该任务的比较基准成本。
- BCWP(已完成工作量的预算成本)：任务的比较基准成本与任务、资源或工作分配完成百分比的乘积的值。
- ACWP(已完成工作量的实际成本)：在任务开始日期和状态日期之间完成工作量的实际成本。
- SV(预算成本与按进度预算成本的差异)：以成本计算的一项任务实际完成的进度与日程排定的进度之间的差异。
- CV(预算与实际成本的差异)：一项任务实际完成的预算与实际发生的成本之间的差异。
- BAC(比较基准成本)：所有已分配资源的计划成本与所有与任务关联的固定成本之和。
- EAC(估计完成成本)：根据已完成的工作效率估算到最终完成时的预测成本。

● VAC(完成差异)：某项任务、资源或工作分配的 BAC 或比较基准成本与 EAC 之间的差异。

项目经理可以通过不同的计算方法以及挣值表来查看与分析项目的进度与成本。

【例6-7】在"客户服务"项目文档中，进行挣值分析与管理。

(1) 启动 Project 2016 应用程序，打开项目文档"客户服务"。

(2) 首先需要设置整个项目或单个任务的挣值计算方法，单击【文件】按钮，从弹出的菜单中选择【选项】选项，打开【Project 选项】对话框。

(3) 打开【高级】选项卡，在【该项目挣值选项】选项区域中，单击【默认的任务挣值方法】下拉按钮，从弹出的下拉菜单中选择挣值计算方法，包括【完成百分比】与【实际完成百分比】两种计算方法；单击【挣值计算的比较基线】下拉按钮，从弹出的下拉菜单中选择挣值计算方法所使用的比较基准，包括比较基准、比较基准1、比较基准10等11种选项，如图6-52所示。

图 6-52　设置比较基准和计算选项

(4) 这里保持默认设置，单击【确定】按钮，关闭对话框，返回至项目文档中。

(5) 打开【视图】选项卡，选择【数据】|【表格】选项，从弹出的列表中选择【更多表格】选项，打开【其他表】对话框，在【表】列表框中选择【挣值】选项，如图6-53所示。

(6) 单击【应用】按钮，打开挣值表，查看与分析项目的进度与成本，如图6-54所示。

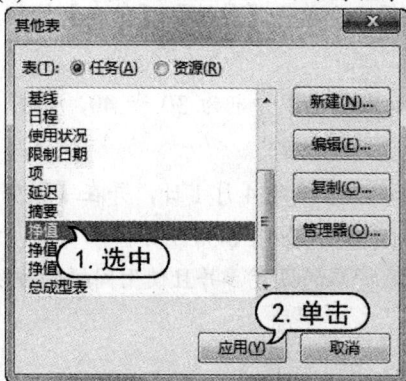

图 6-53　【其他表】对话框

图 6-54　挣值表

📖 **知识点** ························

　　在【其他表】对话框中，选择【挣值日程标记】选项，单击【应用】按钮即可查看进度指数，如 SV%(日程差异百分比)和 SPI(日程业绩指数)；选择【挣值成本标记】选项，单击【应用】按钮，即可查看成本指数，如 CPI(成本业绩指数)和 TCP(待完成业绩指数)。

---

⑥.6　上机练习

　　本章的上机练习通过修改模板"商业建筑"，来练习设置资源费率、设置固定成本、查看项目成本信息等操作。

　　(1) 启动 Project 2016 应用程序，打开项目文档"商业建筑"。

　　(2) 打开【项目】选项卡，单击【属性】|【信息】按钮，打开【摘要任务信息】对话框，在其中可以重新定义项目的信息，如项目的开始时间等，将开始日期改为 2017 年 3 月 1 日，单击【确定】按钮，如图 6-55 所示。

　　(3) 打开【视图】选项卡，在【资源视图】组中单击【资源工作表】按钮，切换至【资源工作表】视图，如图 6-56 所示。

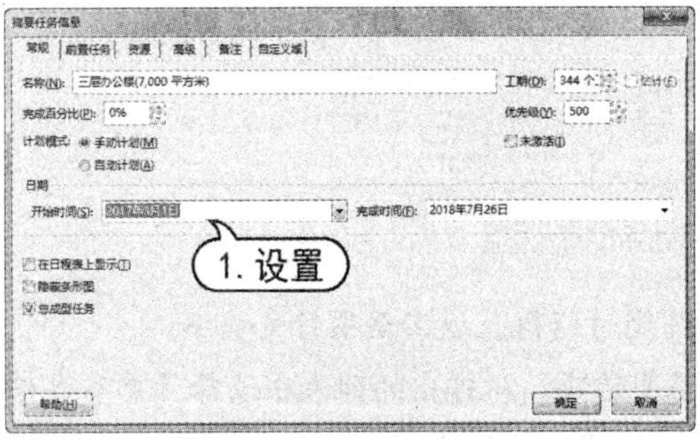

図 6-55　项目信息

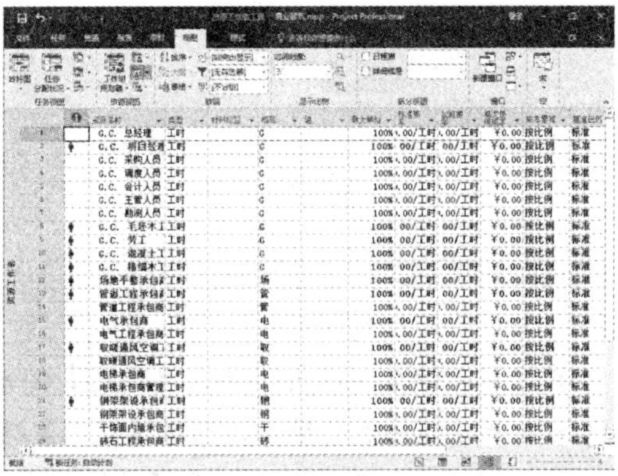

図 6-56　【资源工作表】视图

　　(4) 选择【G.C. 会计人员】资源，打开【资源】选项卡，单击【属性】|【信息】按钮，打开【资源信息】对话框。

　　(5) 打开【成本】选项卡，设置【标准费率】和【加班费率】分别为 30 和 40，如图 6-57 所示。

　　(6) 选择【生效日期】栏下的第二个单元格，设置日期 2017 年 4 月 1 日，并在【加班费率】单元格中输入 10%，然后按 Enter 键，系统将自动计算出结果，如图 6-58 所示。

　　(7) 单击【确定】按钮，完成【G.C. 会计人员】资源费率的设置，并且使用同样的方法，设置其他资源的费率，如图 6-59 所示。

　　(8) 打开【视图】选项卡，切换至【甘特图】视图。

(9) 单击【数据】|【表格】按钮，从打开的菜单中选择【成本】命令，在打开窗口的【固定成本】域中输入各项任务的固定成本，如图 6-60 所示。

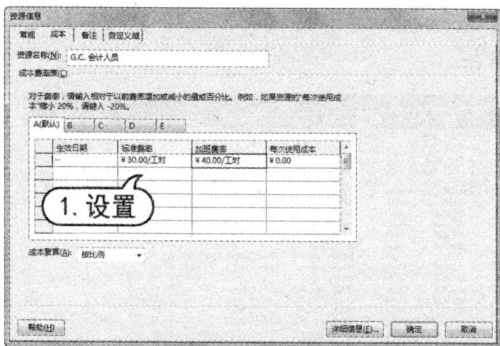

图 6-57 设置资源的一个费率

图 6-58 设置资源的其他费率

图 6-59 输入其他资源的费率

图 6-60 输入固定成本

(10) 在【视图】|【数据】组中，单击【表格】按钮，从打开的列表中选择【跟踪】选项，在打开的窗口中把标识号为 3 的任务的【完成百分比】和【实际完成百分比】设置为 100%，然后在【实际成本】栏中输入实际成本，如图 6-61 所示。

(11) 使用同样的方法，输入其他任务的实际成本，如图 6-62 所示。

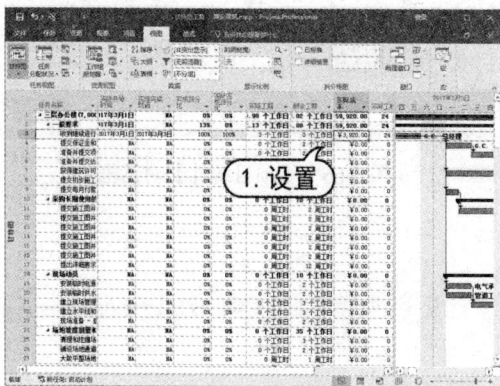

图 6-61 输入实际成本

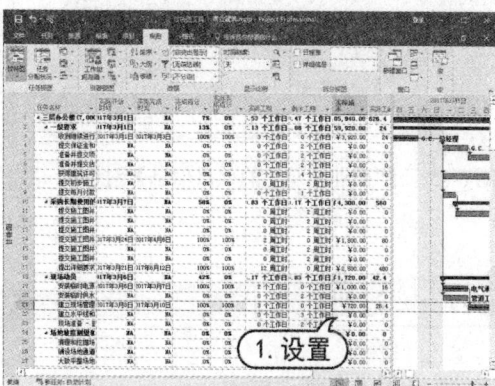

图 6-62 输入其他任务的实际成本

(12) 打开【视图】选项卡，选择【任务视图】|【甘特图】|【其他视图】选项，从弹出的列表中选择【任务工作表】选项，打开【任务工作表】视图，如图 6-63 所示。

(13) 在【视图】|【数据】组中，单击【表格】按钮，从弹出的列表中选择【成本】选项，此时就可以查看每项任务的成本信息，如图 6-64 所示。

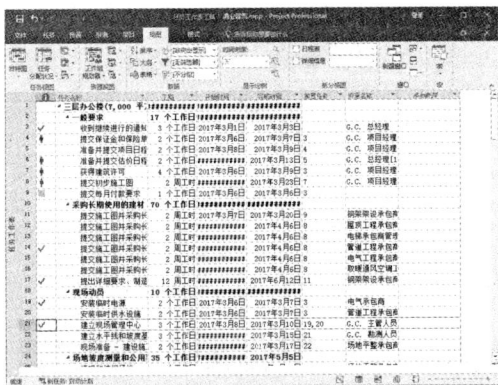

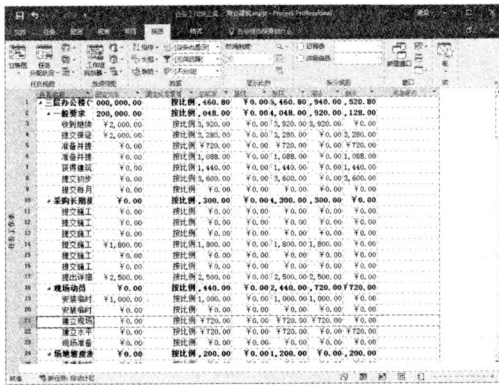

图 6-63　【任务工作表】视图

图 6-64　查看任务的成本信息

(14) 打开【项目】选项卡，单击【属性】|【项目信息】按钮，打开【"商业建筑"的项目信息】对话框，单击【统计信息】按钮，如图 6-65 所示。

(15) 打开【"商业建筑.mpp"的项目统计】对话框，不仅可以查看项目当前成本，还可以查看项目的【基线】、【实际】、【差异】等信息，如图 6-66 所示。

(16) 在快速访问工具栏中单击【保存】按钮，保存修改后的"商业建筑"项目文档。

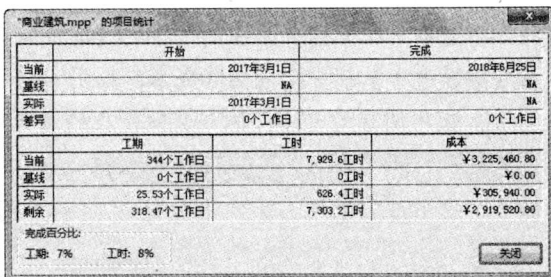

图 6-65　【"商业建筑"的项目信息】对话框

图 6-66　【项目统计】对话框

6.7　习题

1. 请概述成本管理技术。

2. 如何查找超出预算的成本？

第7章

管理项目进度

学习目标

为了确保在规定时间和预算允许的范围内按时交付项目，用户需要利用 Project 2016 中的设置基线、更新项目进度、监视项目进度等高级功能来跟踪与监控项目，从而帮助项目经理随时掌握项目计划任务的完成情况、资源完成任务的情况及监视项目的实际值与评估项目的执行情况。项目进度管理是整个项目管理中最重要的一个组成部分。

本章重点

- 项目进度管理概述
- 设置基线
- 设置跟踪
- 设置中期计划
- 跟踪项目进度
- 查看项目进度

7.1 项目进度管理概述

项目进度管理是项目管理中的重要组成部分，是保证项目如期完成与合理安排资源、节约项目成本的重要措施之一。下面将介绍项目进度管理的一些常用的知识，如项目进度计划、基线与中期计划等。

7.1.1 项目进度管理

项目进度管理是指在项目实施过程中，对各阶段的项目进程与期限进行的一系列的管理，即在规定的时间内，拟定出合理且经济的进度计划，并在执行该计划的过程中，检查实际进度是否与进度计划相一致。若出现偏差，立即找出原因，并采取必要的补救措施。

项目进度管理的目的是保证项目在满足其时间约束条件的前提下，实现项目的总体目标。项目管理的要点主要包括以下内容。

- 建立组织架构：在项目实施之前，需要建立项目管理团队、管理模式、操作程序等管理目标。
- 建立网络体系：由于项目中涉及许多部门，所以在项目实施之前还需建立一个严密的合同网络体系，避免部门之间的摩擦与扯皮的发生。
- 制订项目计划：制订一个包括施工单位、业主、设计单位等可行的三级工程计划。
- 检查/评审设计：确定设计单位并签订设计合同，以及检查与评审设计质量与设计速度，以确保项目的顺利实施。
- 项目招标：施工单位需要进行招标、评标及签订总包、分包、材料、供货等施工合同。

⑦.1.2　项目进度计划

项目进度计划是项目各项工作的开展顺序、开始及完成时间及相互衔接关系的计划，包括所有的工作任务、相关成本与任务估计时间等。进度计划是进度控制和管理的依据，其目的是控制项目时间。

1. 项目进度计划的类型

按照不同阶段的先后顺序，项目进度计划包括如下 3 种类型。

- 实施计划：项目实施计划是根据重大里程碑时间、相应的资源、社会与经济情况制订的总体实施计划。在该计划中，明确了项目中的人员、设备、材料、主体施工等方面的计划安排。
- 目标计划：在建立项目实施计划基础上制订出详细的工作分解，并根据网络技术原理，按照紧前、紧后的工序制定的施工计划。
- 更新计划：更新计划是根据实施过程的跟踪检查，找出实际进度与计划进度之间的偏差，并依据实际情况对目标计划进行偏差调整。

2. 项目计划的编制过程

在项目实施之前，需要先制订一个科学合理的进度计划，然后按照计划逐步实施。其计划编制过程主要包括如下几个步骤。

- 收集信息资料：在编制计划之前需要收集项目背景、实施条件、人员需求、技术水平等有关项目真实、可靠的项目信息和资料，用来作为编制计划的依据。
- 项目结构分解：主要是依据工作分解结构 WBS 详细列举项目中的必要工作。
- 工作描述：用来说明工作分解结构中所有工作包的重要情况。
- 确定工作责任：又称分配工作责任，用于项目组织中分配任务和落实责任。
- 确定工作顺序：是项目活动排序的依据和方法，主要包括确定强制性逻辑关系、确定组织关系及确定外部制约关系等内容。

- 估算项目活动时间：在工作详细列表、资源需求、资源能力等数据基础上，利用专家判断、类别估计等方法估算项目的活动时间。
- 绘制网络图：利用单代号法和双代号法绘制项目任务的网络图。
- 项目进度安排：主要包括项目进度安排的意义和方法。

(7).1.3　比较基线与中期计划

在开始实施项目之前，还需要设置基线，以便能够将它与项目中后面的最新日程进行比较。虽然比较基线与中期计划具有相似之处，即均是将当前日期与先前日期进行比较，但二者之间还存在巨大的差异。下面将分别介绍基线与中期计划的相关知识。

1. 理解基线

基线是一组基本参照点，这些参照点大约具有 20 个，并分为开始日期、完成日期、工期、工时和成本估计 5 种类型。通过设置基线，可以在完成和优化原始项目计划时记录计划。在项目不断推进时，可以通过设置附加基线(每个项目最多可以设置 11 个)的办法，来改进测量计划。

由于基线提供用户在比较项目进度时所依据的参照点，所以基线应包含任务工期、开始日期、完成日期、成本以及其他需要进行监控的项目变量的最佳估计值。另外，基线还代表了项目的合作义务。

当出现与当前数据不同的基线信息时，则表明项目的原始计划不再准确。此时，用户需要修改或重新设置基线。另外，对于长期项目或对因计划的任务或成本发生重大变化而导致基线不相关的项目而言，需要设置多个基线。

通过设置基线，可以在项目进行过程中随时与实际中输入的任务、资源、工作分配和成本的更新信息进行详细的比较，从而掌握实际值与原始计划值之间的差异，其中，基线主要包括任务、资源与工作分配域信息，如表 7-1 所示。

表 7-1　项目管理的发展阶段

任务域	资源域	工作分配域
开始时间	工时	开始时间
完成时间	成本	完成时间
工期		工时
工时		成本
成本		

2. 中期计划

中期计划是在项目开始后保存的当前项目的一组数据，可以用来与基线进行比较，从而评估项目的进度。在中期计划中，只保存当前开始日期与当前完成日期两种信息。

在 Project 2016 中，可以为项目设置 10 个中期计划，当管理者需要在计划阶段保留详尽的项目数据记录时，则需要设置多个基线，而不需要设置中期计划。另外，在项目开始后，当管理者只需要保存任务的开始日期和完成日期时，便可以设置多个中期计划。

7.2 设置跟踪方式

在开始跟踪进度之前，需要根据项目计划设置项目的基线与中期计划，以便与最新的实际信息进行比较，并根据比较结构调整计划与实际信息直接的差异。

7.2.1 设置基线

制定项目计划之后，为显示当前计划与原始计划的吻合程度，还需要为项目设置基线。同时，为了促使已保存的基线与当前计划值相吻合，还需要根据项目的实际情况更新基线值。

1. 保存基线

在 Project 2016 中，可以为项目保存 11 种基线。打开【项目】|【日程】|【设置基线】|【设置基线】选项，打开【设置基线】对话框，如图 7-1 所示，在其中可以设置基线选项即可。

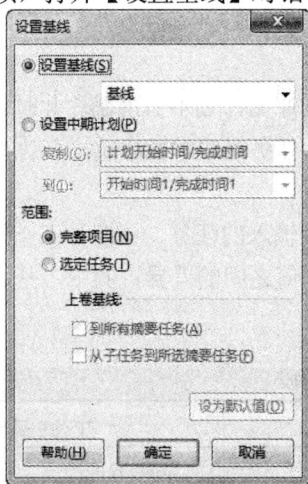

图 7-1 【设置基线】对话框

> **提示**
>
> 当选中【选定任务】单选按钮，【设为默认值】按钮才能显示为可选择状态。单击该按钮，可以将所设置的选项设置为默认值。

在【设置基线】对话框中，主要包括下列选项。

- 设置基线：选中该选项，可以为项目设置基线。在下拉列表中包括基线 0~10 基线等 11 种选项。
- 完整项目：选中该选项，表示为项目中所有的数据设置基线。
- 选定任务：选中该选项，表示仅为在【甘特图】视图中选中的任务设置基线。
- 到所有摘要任务：启用该复选框，表示将所选任务的已更新基线数据上卷到相应的摘要任务。否则，摘要任务的基线数据可能不会精确地反映子任务的基准数据，该选项须在选中【选定任务】选项时才可用。

- 从子任务到所选摘要任务：选中该复选框，表示将对所选摘要任务的基线数据进行更新，从而反映先前保存了基线值的子任务和已添加的任务被删除的情况。该选项须在选中【选定任务】选项时才可用。
- 设为默认值：单击该按钮，可将所设置的选项设置为默认值。

【例 7-1】在"客户服务"项目文档中设置基线，并将基线域信息显示出来。

(1) 启动 Project 2016 应用程序，打开项目文档"客户服务"。

(2) 切换至【甘特图】视图，打开【项目】选项卡，选择【日程】|【设置基线】选项，从打开的菜单中选择【设置基线】选项，打开【设备基线】对话框。

(3) 保持默认设置，单击【确定】按钮，完成设置。

(4) 右击【任务名称】栏，在打开的快捷菜单中选择【插入列】选项，插入新列，如图 7-2 所示。打开【域名称】下拉列表框，在其中选择【基线成本】选项，如图 7-3 所示。

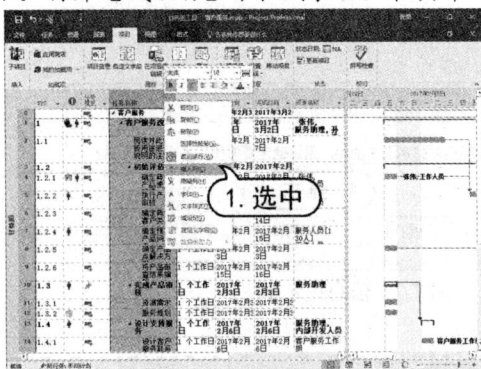

图 7-2　插入列

图 7-3　选择基线成本

(5) 此时即可在【甘特图】视图中显示【基线成本】域，并显示基线成本值，效果如图 7-4 所示。

(6) 使用同样的方法，显示【基线工期】、【基线估计开始时间】和【基线估计完成时间】域，如图 7-5 所示。

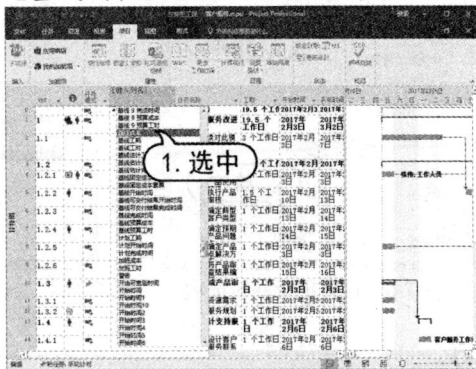

图 7-4　显示基线成本

图 7-5　显示基线的数据

知识点

在保存比较基准时，如果用户想保存某些任务的比较基准，则需要在【设置比较基准】对话框的【范围】选项区域中选中【选定任务】单选按钮。

2. 更新基线

项目管理者在完成项目规划并保存基线后，随着项目的运作，需要对任务工期、工作分配等一些项目计划进行调整。这时，为了促使已保存的基线与当前计划值相吻合，就需要更新基线值。

在项目文档中，打开【项目】选项卡，选择【日程】|【设置基线】选项，在打开的菜单中选择【设置基线】选项，打开如图 7-6 所示的【设置基线】对话框，保存默认设置，单击【确定】按钮，系统会自动打开如图 7-7 所示的信息提示框，单击【是】按钮即可更新基线。

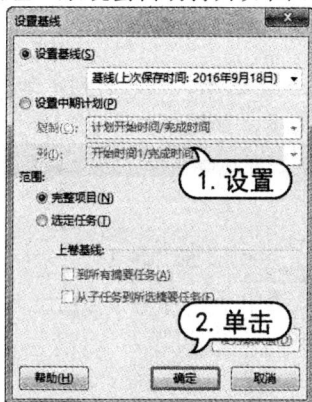

图 7-6　设置更新基线选项　　　　　　　图 7-7　信息提示框

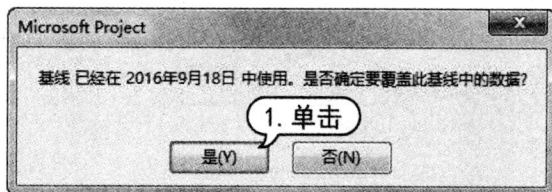

> **提示**
>
> 在项目开始工作后更新比较基准，将不能恢复原始基准值，所以在更新比较基准前，为了保险还需要保存额外的比较基准值。

⑦2.2　设置中期计划

对部分项目设置基线计划后，在开始更新日程时，可能需要定期地设置中期计划，用来保存项目中的开始时间与完成时间，从而方便跟踪项目的进度。

要设置中期计划，需要在【设置基线】对话框中选中【设置中期计划】单选按钮。中期计划只保存项目文档中的开始时间或完成时间，而不保存工时或成本，通过中期计划与实际值比较，可跟踪项目的进度。

在设置中期计划时，还需要注意下列两种选项。

- ◉ 复制：用来设置开始时间、完成时间与基线值，而当前的开始时间、完成时间与基线值不计在内。
- ◉ 到：用来设置复制到其中的中期计划的名称。其中，中期计划存储在开始时间与完成时间的字段中。

如果将【复制】与【到】选项都设置为基线，那么将保存基线而不是中期计划。如果将【复制】选项设置为基线，将【到】设置为开始和完成中期计划，那么只会将该基线的开始日期和完成日期复制到该中期计划中。

【例 7-2】在"客户服务"项目文档中保存中期计划，并将保存的中期数据显示出来。

(1) 启动 Project 2016 应用程序，打开项目文档"客户服务"，切换至【甘特图】视图。

(2) 选择标识号为 4、5 和 6 的任务，选择【日程】|【设置基线】选项，从打开的菜单中选择【设置基线】选项，打开【设置基线】对话框，如图 7-8 所示。

(3) 选中【设置中期计划】和【选定任务】单选按钮，单击【确定】按钮，完成设置，如图 7-9 所示。

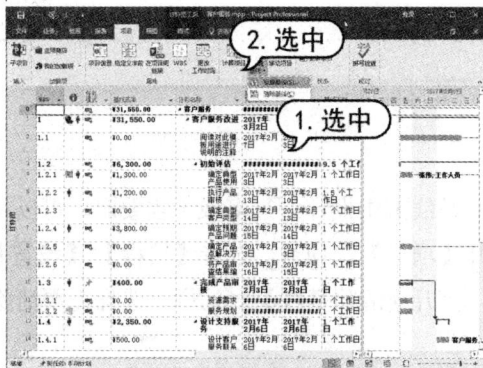

图 7-8　选择中期计划

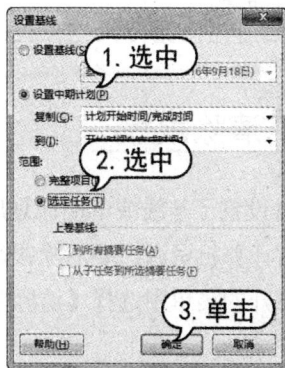

图 7-9　设置中期计划

(4) 右击【开始时间】栏，在打开的快捷菜单中选择【插入列】命令，插入列，如图 7-10 所示。在【域名称】下拉列表框中选择【开始时间 1】选项，如图 7-11 所示。

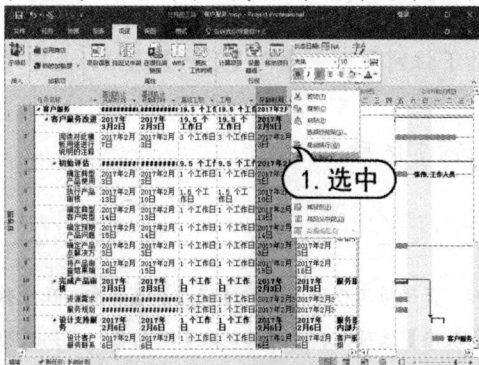

图 7-10　插入列

图 7-11　添加【开始时间 1】域

(5) 此时将显示【开始时间 1】域，并显示选定任务的中期计划的开始时间，如图 7-12 所示。

(6) 使用相同的方法，添加【完成时间 1】域，并显示选定任务的中期计划的完成时间，如图 7-13 所示。

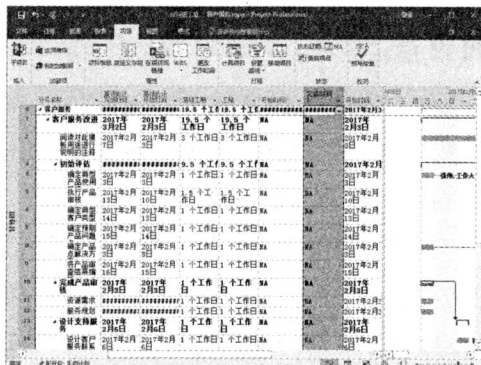

图 7-12　显示开始时间　　　　　　　　　图 7-13　显示完成时间

> **提示**
>
> 在 Project 2016 中最多可以设置 10 个中期计划，在插入的【开始时间 1】列表中，显示 NA 的单元格表示未设置中期计划。

⑦.2.3　清除跟踪

为项目设置了基线或中期计划后，当保存的基线或中期计划过多或不需要时，可以将它们清除，节省计算机资源。要清除跟踪，可以打开【项目】选项卡，选择【日程】|【设置基线】选项，从打开的菜单中选择【清除基线】选项，打开【清除基线】对话框，选择需要清除的计划即可。

【例 7-3】在"客户服务"项目文档中清除基线。

(1) 启动 Project 2016 应用程序，打开项目文档"客户服务"。

(2) 打开【项目】选项卡，在【日程】组中单击【设置基线】按钮，从打开的菜单中选择【清除基线】命令，打开【清除基线】对话框，如图 7-14 所示。

(3) 选中【清除基线计划】单选按钮，在其后的下拉列表框中选择【基线】选项，选中【完整项目】单选按钮，如图 7-15 所示。

(4) 单击【确定】按钮，此时基线值均为 0，如图 7-16 所示。

> **知识点**
>
> 如果只查看保存项目计划中的信息，可使用如下操作。在项目文档中，打开【视图】选项卡，在【数据】组中单击【表格】按钮，从弹出的列表中选择【更多表格】选项，打开【其他表】对话框，在列表框中选择【比较基准】选项，然后单击【应用】按钮，在打开的视图中，可以查看对应任务的比较基准工期、比较基准开始时间、比较基准完成时间、比较基准工时和比较基准成本等信息。

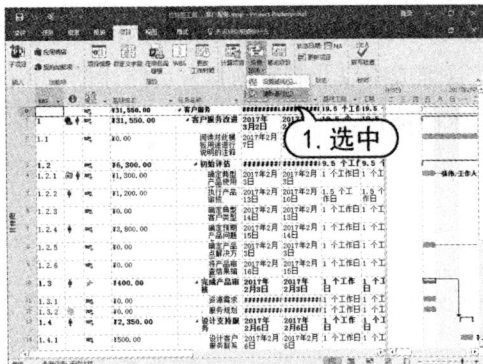

图 7-14　甘特图

图 7-15　【清除基线】对话框

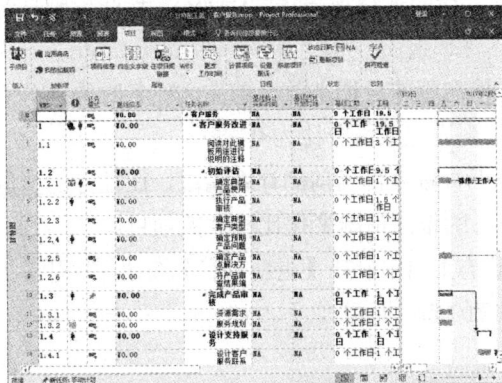

图 7-16　清除基线

提示

在【清除基线】对话框中选中【清除中期计划】单选按钮，然后在其后的下拉列表框中选择已设置的中期计划，单击【确定】按钮，即可清除设置好的中期计划。

在【清除基线】对话框中，主要包括下列选项。

◉　清除基线计划：选择该选项，可以清除已设置的基线计划。

◉　清除中期计划：选中该选项，可以清除已设置的中期计划。

◉　范围：用来设置清除基线与中期计划的应用范围，【完整项目】选项表示清除项目中的所有基线计划或中期计划，而【选定任务】选项表示只清除选中任务的基线计划或中期计划。

知识点

如果只查看保存项目计划中的信息，可使用如下操作。在项目文档中，打开【视图】选项卡，选择【数据】|【表格】选项，从打开的菜单中选择【更多表格】选项，打开【其他表】对话框，在列表框中选择【基线】选项，然后单击【应用】按钮，在打开的视图中，可以查看对应任务的比较基准工期、比较基准开始时间、比较基准完成时间、比较基准工时和比较基准成本等信息。

7.3　更新项目

为项目建立了基线后，为了进一步跟踪项目进度情况，需要不断地更新项目的日程。例如，任务的实际开始日期和完成日期，任务完成百分比或实际工时。跟踪这些实际值可以让用户了解所做的更改如何影响其他任务并最终影响项目的完成日期。Project 能够根据输入的实际值重排项目的其他部分，也可使用该信息监视任务进度，管理成本以及制定项目人员的计划，并搜集项目的历史数据以进行总结，便于更有效地计划将来的项目。

⑦3.1 更新整个项目

项目更新是以项目当前的实际数据为依据的，Project 提供了以下两种方式来确定每个任务完成的百分比。

- 按日程比例设定任务的完成百分比更新进度：任务在更新日期之前已经完成的部分视为已完成的部分，而在更新日期之后需要完成的部分视为待完成部分，按此原则计算任务完成的百分比。

- 未全部完成进度的任务完成百分比为 0：指在更新日期之前全部完成任务时为百分百完成，而更新日起还在进行的任务则全部视为完成百分比为 0。

这两种方式考虑的问题各有侧重点，前者适合于查看项目当前的详细情况，在任务的资源及项目进度比较清晰时采用；而后者比较适用于任务的未知情况变化比较大的项目。

要更新项目，可以打开【项目】选项卡，在【状态】组中单击【更新项目】按钮，打开【更新项目】对话框，如图 7-17 所示，在其中设置相应的选项即可。

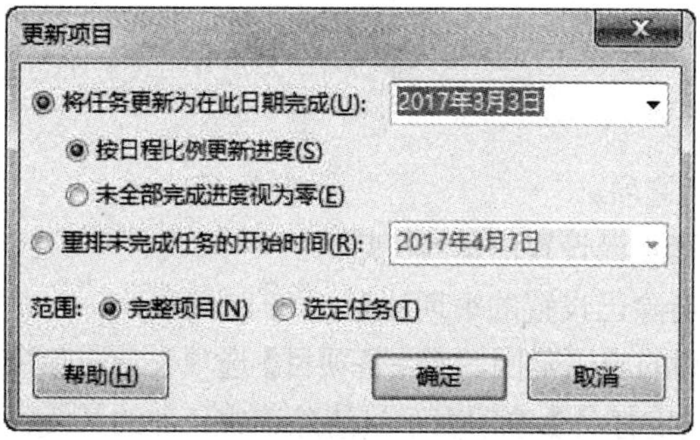

> **提示**
> 如果日程开始日期在该对话框中输入的日期之后，Project 会认为任务还没有开始而将完成百分比设置为 0。

图 7-17 【更新项目】对话框

在【更新项目】对话框中，主要包括下列内容。

- 将任务更新为在此日期完成：选中该选项，表示将任务更新在当前日期内完成。

- 按日程比例更新进度：选中该选项，表示 Project 2016 将计算每个任务的完成百分比。该选项需要在选中【将任务更新为在此日期完成】选项时才可以。

- 未全部完成进度视为零：选中该选项，表示 Project 2016 将已完成的任务标准注为 100%，将未完成的任务标记为 0%。该选项需要在选中【将任务更新为在此日期完成】选项时才可以。

- 重排未完成任务的开始时间：选中该选项，Project 2016 将重新排定未完成任务的开始时间。

- 范围：用于设置更新项目选项的应用范围，选中【完整项目】表示应用于整个项目中的所有数据中；选中【选定任务】表示应用于所选任务中。

【例 7-4】在"客户服务"项目文档中，将项目进度更新为 2017 年 4 月 28 日。

(1) 启动 Project 2016 应用程序，打开项目文档"客户服务"，如图 7-18 所示。

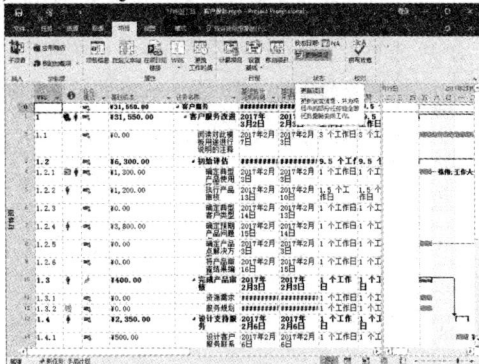

图 7-18　打开项目文档"客户服务"

(2) 打开【项目】选项卡，在【状态】组中单击【更新项目】按钮，打开【更新项目】对话框。

(3) 在【将任务更新为在此日期完成】下拉列表框中选择【2017 年 4 月 28 日】，如图 7-19 所示。

(4) 单击【确定】按钮，此时在图表区看到进度线显示为 2017 年 4 月 28 日的项目进度，如图 7-20 所示。

图 7-19　设置完成日期

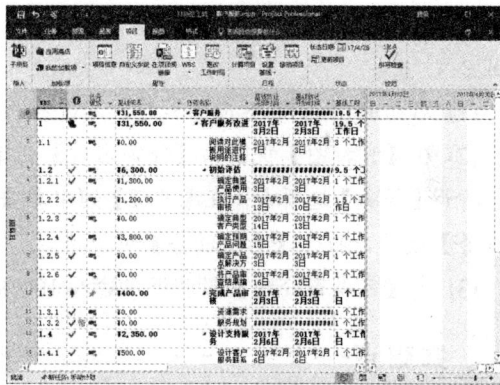

图 7-20　更新项目

⑦ 3.2　更新任务

　　更新任务包括更新任务实际开始时间和完成时间、已完成任务的百分比、实际工期和剩余工期等。

　　要更新任务，需要在【甘特图】视图的【任务名称】栏中选择要更新的任务，然后打开【任务】选项卡，在【日程】组中单击【跟踪时标记】按钮，从弹出的列表中选择【更新任务】命令，打开【更新任务】对话框，在其中进行设置即可，如图 7-21 所示。

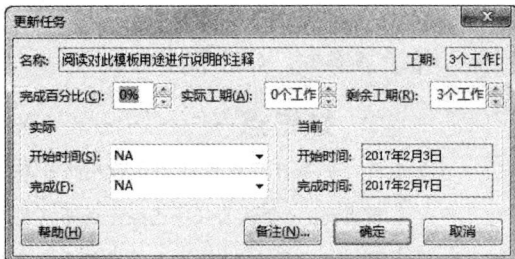

图 7-21 【更新任务】对话框

计算机 基础与实训教材系列

提示

在【更新任务】对话框中，Project 提供了 3 种不同的方法来进行任务更新：输入任务的实际工期、输入任务的完成百分比、输入任务的实际开始日期和完成日期。

在【更新任务】对话框中，主要包括下列选项。

◉ 名称：用来显示所选任务的名称。

◉ 工期：用来显示所选任务的工期值。

◉ 完成百分比：用于设置任务实际完成百分比值。

◉ 实际工期：根据百分比值与任务的计划工期，计算并显示实际工期值。

◉ 剩余工期：根据计划工期与实际工时，计算并显示剩余工期。

◉ 实际：根据所设置的百分比值，显示任务的实际开始时间与实际完成时间。另外，实际完成时间必须在百分比值为 100% 时，才能显示。

◉ 当前：用来显示任务当前的开始时间与完成时间。

◉ 备注：单击该按钮，可以在打开的【备注】对话框中，为任务添加说明性文字或对象。

【**例 7-5**】在"客户服务"项目文档中，将【将产品审查结果编档】任务更新为已全部完成。

(1) 启动 Project 2016 应用程序，打开项目文档"客户服务"。

(2) 在【甘特图】视图的【任务名称】栏中选择标识号为 9 的【将产品审查结果编档】任务，打开【任务】选项卡，在【日程】组中单击【跟踪时标记】按钮，从打开的菜单中选择【更新任务】选项，打开【更新任务】对话框。

(3) 在【完成百分比】微调框中输入 100%，单击【确定】按钮，如图 7-22 所示。

知识点

另外，用户可以在【任务】选项卡的【日程】组中直接单击【25%已经完成】按钮 、【50%已经完成】按钮 、【75%已经完成】按钮 、【完全完成】按钮 来更新任务。

(4) 完成任务的更新，此时在【甘特图】视图中【将产品审查结果编档】任务对应的蓝色条形图上出现一条黑色线条表示进度，如图 7-23 所示。

提示

设置了任务的完成百分比后，重新打开【更新任务】对话框，会发现任务的开始或完成日期、实际工期、剩余工期等信息都得到了更新。当任务 100%完成后，系统将在备注栏中用✓标记表示出来。

图 7-22　设置完成百分比

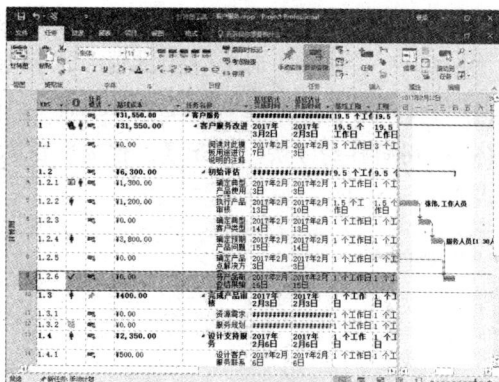

图 7-23　更新任务

⑦3.3　更新资源信息

在保存项目计划工作时，通常已对资源进行了设置，例如，安排人员完成某个任务、工作时间等。但在实际工作中，如果项目计划发生了改变，还需要对资源信息进行更新，如资源的实际工时、剩余工时等。

要更新资源信息，首先需要切换到【资源使用状况】视图，然后选中要更新的资源对应的任务名称，打开【资源使用状况工具】的【格式】选项，在【分配】组中单击【信息】按钮，打开【工作分配信息】对话框的【跟踪】选项卡，在其中输入实际工时、剩余工时等信息。

【例 7-6】在"客户服务"项目文档中完成【设计支持服务】任务时，只能安排 24 个工时，查看完成的百分比。

(1) 启动 Project 2016 应用程序，打开项目文档"客户服务"，打开【视图】选择卡，在【资源视图】组中单击【资源使用状况】按钮，如图 7-24 所示。切换到【资源使用状况】视图，选中【服务助理】对应的【设计支持服务】任务所在的单元格，如图 7-25 所示。

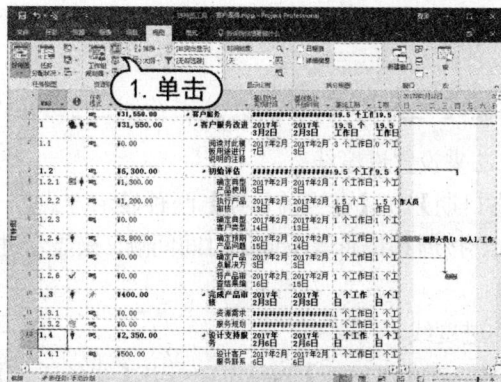

图 7-24　【视图】选项卡

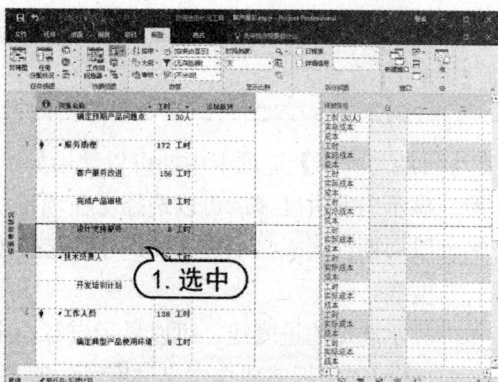

图 7-25　【资源使用状况】视图

(2) 打开【资源使用状况工具】|【格式】选项，在【分配】组中单击【信息】按钮，打开【工作分配信息】对话框。

(3) 打开【跟踪】选项卡，此时计划工时为"30 工时"，工时完成百分比为 3%，实际工时为"1 工时"，剩余工时为"29 工时"，如图 7-26 所示。

(4) 在【工时】微调框中输入"24 工时"，然后单击【确定】按钮，完成资源的更新操作。

(5) 使用同样的方法，打开【工作分配信息】对话框的【跟踪】选项卡，此时可以看到工时完成百分比为 4%，如图 7-27 所示。

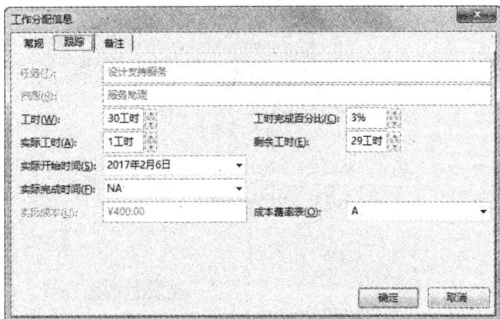

图 7-26　原始的资源信息　　　　　　　　　　图 7-27　查看工时完成百分比

7.3.4　使用项目进度线

项目进度线是反映进度状况的一条状态线，它是根据设定的日期构造的一条直线。此线与每个任务的进度相连，主要用来跟踪项目的进度情况。当任务进度落后时，任务完成的进展线的重点将显示在进度线的左边；当任务进度超前时，任务完成的进展线的重点将显示在进度线的右边。

要设置项目进度线，可在【甘特图】视图中，打开【甘特图工具】的【格式】选项卡，在【格式】组中单击【网格线】按钮，从打开的菜单中选择【进度线】命令，打开【进度线】对话框的【日期与间隔】选项卡，设置有关进度线的选项即可，如图 7-28 所示。

提示

右击【甘特图】视图右侧的图表区的空白部分，从弹出的快捷菜单中选择【进度线】命令，同样可以打开【进度线】对话框。

在【日期与间隔】选项卡中，可以使用如下方法来设置进度线。

- 显示当前进度线：可以选择【在项目状态日期】和【在当前日期】两种显示方式。
- 以周期性间隔显示进度线：可以选择按天、按周和按月等不同的时间间隔，来显示进度线。
- 显示选定的进度线：可以显示自行设定的进度线。

另外，还可以根据需要自定义进度线的线条样式，在【进度线】对话框中打开【线条样式】选项卡，设置进度线的类型、线条的类型和颜色、进度点的形状和颜色，以及是否在进度线的顶点显示日期等信息，如图 7-29 所示。

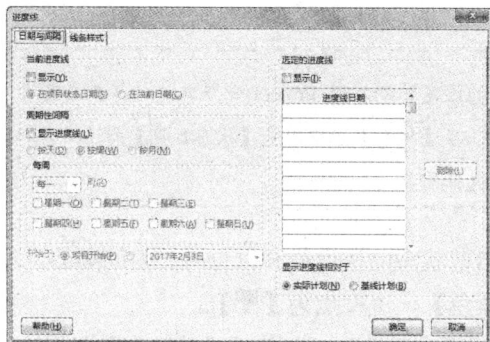
图 7-28 【日期与间隔】选项卡

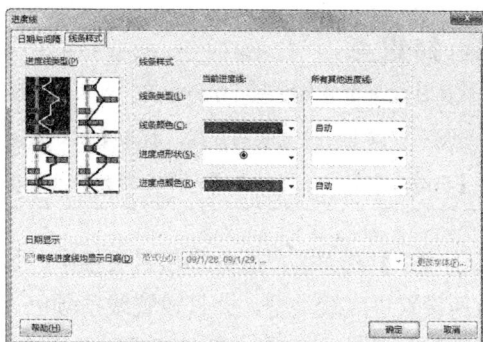
图 7-29 【线条样式】选项卡

在【日期与间隔】选项卡中，主要包括表 7-2 中的选项。

表 7-2 【日期与间隔】选项卡中的选项

选 项		说 明
当前进度线	显示	启用该复选框，可以在项目中显示当前进度线
	在项目状态日期	选中该选项，表示将在项目的状态日期处显示进度线
	在当前日期	选中该选项，表示将在项目中的当前日期处显示进度线
周期性间隔	显示进度线	选中该复选框可以在项目中显示当前进度线
	按天	选中该选项，可以按照每一天，或每一工作日显示进度线
	按周	选中该选项，可以按照每一天，或每一工作日显示进度线。并需要指定显示进度的具体日，例如星期一、星期二等
	按月	选中该选项，可以按照指定的月数显示进度线。主要包括在哪月中的哪一天显示，以及在指定月数的哪个工作日显示
开始于		用于设置进度线开始显示的形式，包括项目开始时与用户指定的显示日期
选定的进度线	显示	启用该复选框，可以在设置的日期内显示进度线
	进度线日期	单击该单元格可以在其列表中选择需要显示进度线的日期
	删除	选择列表框中的进度线日期，单击该按钮可以删除所选日期
显示进度线相对于	实际计划	选中该选项，进度线相对于实际计划进行显示
	基线计划	选中该选项，进度线相对于基线计划进行显示

在【线条样式】选项卡中，主要包括下列选项。

◉ 进度线类型：用于设置进度线的显示类型，一共包括 4 种类型。

◉ 线条样式：用于设置当前进度线与所有其他进度线的线条类型、线条颜色，进度点形状与进度点颜色。

◉ 日期显示：启用该选项，可以在每条进度线上显示日期值，并可以通过日期后面的下拉按钮，设置日期的显示格式。另外，单击【更改字体】按钮，可在打开的【字体】对话框中设置显示的字体格式。

📖 **知识点**

状态日期是指用来报告项目的时间、成本或业绩条件的设定日期，在 Project 中默认为计算机当前日期。当然也可以自行设置状态日期，打开【项目】选项卡，在【状态】组中单击【状态日期】标准日期，打开【状态日期】对话框，在【选择日期】下拉列表框中选择需要的日期即可。

【例 7-7】在"客户服务"项目文档中，显示当前状态的进度线和以每周二为间隔的进度线，重新设置进度线类型，并且设置线条颜色为【蓝色】，进度点为【♥】。

(1) 启动 Project 2016 应用程序，打开项目文档"客户服务"，切换至【甘特图】视图。

(2) 打开【甘特图工具】|【格式】选项卡，在【格式】组中单击【网格线】按钮，从弹出的列表中选择【进度线】选项，打开【进度线】对话框。

(3) 打开【日期与间隔】选项卡，在【当前进度线】选项区域中选中【显示】复选框；在【周期性间隔】选项区域中选中【显示进度线】复选框；在【每周】选项区域中选中【星期三】复选框，如图 7-30 所示。

(4) 打开【线条样式】选项卡，在【进度线类型】选项区域中选择第二种类型，在【线条颜色】下拉列表框中选择【蓝色】选项，在【进度点形状】下拉列表框中选择一种样式，如图 7-31 所示。

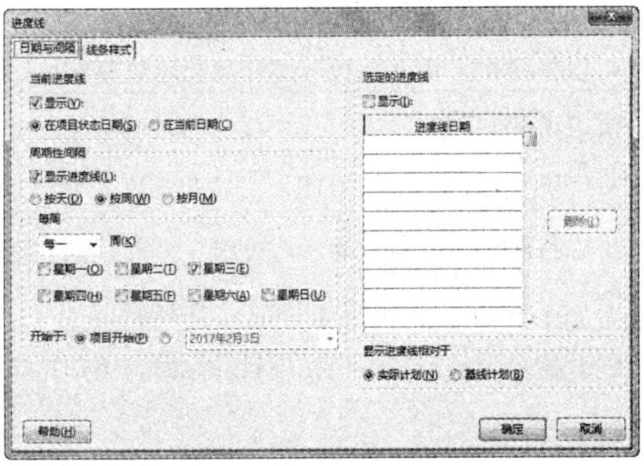

图 7-30 设置日期与间隔

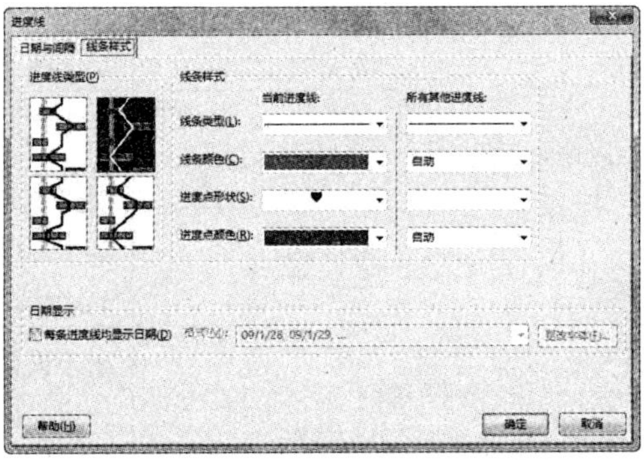

图 7-31 设置线条样式

(5) 单击【确定】按钮，完成设置，得到如图 7-32 所示的几条进度线。

📖 **知识点**

在【线条样式】选项卡【日期显示】选项区域中，选中【每条进度线均显示日期】复选框，可以在每条进度线上显示日期值，并可以通过日期后面的【格式】下拉按钮，设置日期的显示格式。另外，单击【更改字体】按钮，可以打开【字体】对话框，在其中设置详细的字体格式，如字体、字形、字号和下划线等。设置详情可如图 7-33 所示。

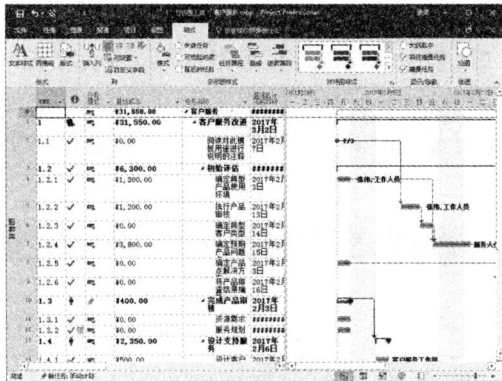

图 7-32　显示进度线

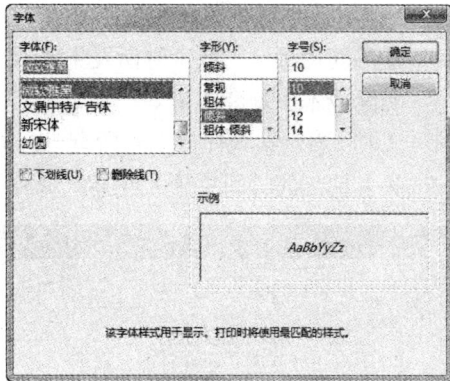

图 7-33　设置字体

7.4　跟踪项目

在 Project 2016 中，由于日程中的任何一项任务的延迟都会造成项目成本的增加及项目资源的不可用，所以为了确保项目能按照规划顺利完工，用户需要时刻关注项目的日程。关注项目日程最好的办法，便是利用 Project 2016 中的视图、表及项目统计对话框等方法，来查看、监视项目日程中的具体情况。

7.4.1　跟踪日程

由于日程中的任何一项任务的延迟都会造成项目成本的增加及项目资源的不可用，所以为了确保项目能按照规划顺利完工，项目经理需要时刻关注项目的日程。

1. 使用【跟踪甘特图】视图

选择【视图】|【任务视图】|【甘特图】选项，选择【跟踪甘特图】选项，单击【应用】按钮。在【跟踪甘特图】视图中，发现系统将在日程条形图上显示任务的进度与状态，而项目基线条形图则显示在日程条形图的下方。即可准确、清晰地查看项目跟踪状态，如图 7-34 所示。

2. 使用【摘要】表

在【甘特图】视图中，选择【视图】|【数据】|【表格】|【摘要】选项，在【摘要】表中，除了【甘特图】视图中的基本域之外，还新增加【完成百分比】、【成本】与【工时】域。通过新增域中的数据，不仅可以查看项目日程的完成百分比情况，而且还可以查看每项任务在完成情况下的成本值与工时值，如图 7-35 所示。

其中，【摘要】表中新增域的具体含义如下所述。

- 完成百分比：任务的当前状态，表示为已经完成的任务工期的百分比，其表达式为完成百分比＝(实际工时/工时)×100%。

- 成本：表示某项任务、资源或工作分配总的排定成本或计划成本。该值基于分配给该任务的资源已完成工时所发生的成本，加上剩余工时的计划成本。其表达式为成本＝实际成本＋剩余成本。
- 工时：表示某项任务上为所有已分配资源计划的时间总量，某一资源在所有已分配任务上计划的时间总量，或某一资源在某项任务上计划的时间总量。

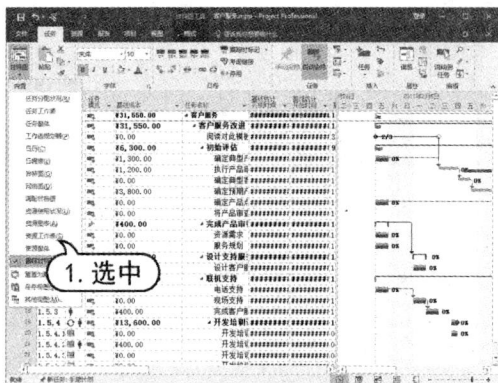

图 7-34　【跟踪甘特图】视图

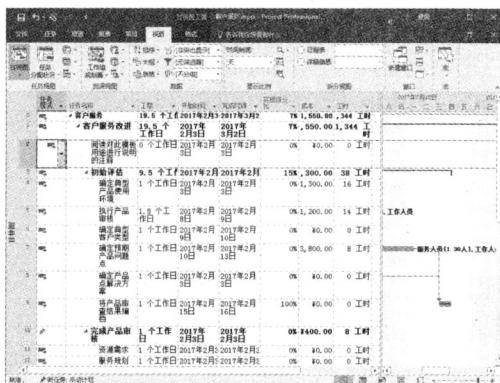

图 7-35　【摘要】表

3. 使用【日程】表

在【甘特图】视图中，选择【视图】|【数据】|【表格】|【日程】选项。在【日程】表中，除了【甘特图】视图中的【开始时间】与【完成时间】域之外，新增了【最晚开始时间】、【最晚完成时间】、【可用可宽延时间】与【可宽延的总时间】域。通过新增域中的数据，不仅可以查看日程中的具体时间，而且还可以根据列表中的数据，以重新分配项目资源的方法来缩短项目工期，如图 7-36 所示。

其中，【日程】表中新增域的具体含义如下所述。

- 最晚开始时间：表示在不延迟项目完成时间的情况下，任务可以开始的最晚时间。
- 最晚完成时间：表示在不延迟项目完成时间的情况下，任务可以完成的最后日期。
- 可用可宽延时间：表示在不使任何后续任务延迟的情况下，任务可以延迟的时间量。如果任务没有后续任务，则可用可宽延时间为在不使整个项目的完成日期延迟的情况下，该任务可以延迟的时间量。
- 可宽延的总时间：表示在不延迟项目完成日期的情况下，任务的完成日期可以延迟的时间量。

4. 使用【差异】表

在【甘特图】视图中，选择【视图】|【数据】|【表格】|【差异】选项。在【差异】表中，除了【甘特图】视图中的【开始时间】与【完成时间】域之外，新增加了【基线开始时间】、【基线完成时间】、【开始时间差异】与【完成时间差异】域。通过新增域中的数据，可以查看项目的基线日程与日程差异值，如图 7-37 所示。

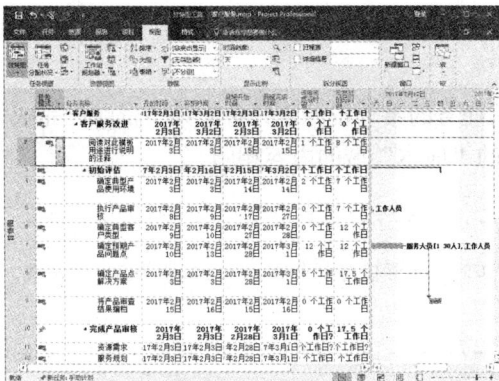

图 7-36 【日程】表　　　　　　　　　图 7-37 【差异】表

其中【差异】表新增域的具体含义如下所述。

- 基线开始时间：表示任务或工作分配在保存基线时的计划开始日期。
- 基线完成时间：表示任务或工作分配在保存基线时的计划完成日期。
- 开始时间差异：表示任务或工作分配的基线开始日期与其当前计划的开始日期之间相差的时间量，其表达式为开始时间差异＝开始时间－基线开始时间。
- 完成时间差异：表示任务或工作分配的基线完成日期与其当前计划的完成日期之间相差的时间量，其表达式为完成时间差异＝完成时间－基线完成时间。

5. 使用【基线】表

在【甘特图】视图中，选择【视图】|【数据】|【表格】|【更多表格】选项。选择【基线】选项，单击【应用】按钮。在该表中，可以查看项目的基线工期、成本、工时、开始时间与完成时间，如图 7-38 所示。

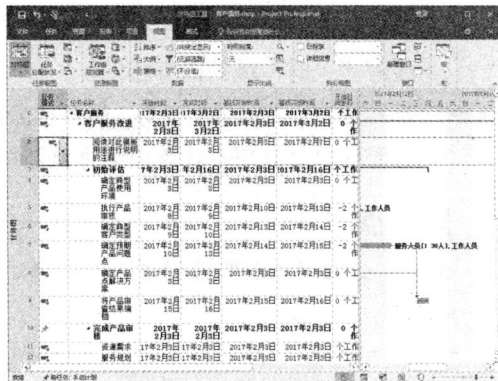

图 7-38 【基线】表

在【基线】表中，主要包括下列域。

- 基线工期：表示计划完成任务的大概时间范围。当在没有已识别"工期"值的手动计划任务上保存基线时，Project 2016 将估计一天时间的工期。对于其他所有任务，该值将与"基线工期"同值。
- 基线开始时间：表示任务或工作分配在保存基线时的计划开始时间。
- 基线完成时间：表示任务或工作分配在保存基线时的计划完成时间。

- 基线工时：表示为某任务、资源或工作分配排定的总计划(人/小时数)、该值与保存基线时"工时"域的内容相同。
- 基线成本：表示某一任务，所有已分配的任务的某一资源或任务上某一资源已完成的工时的总计划成本。该值与保存基线时的"成本"域的内容相同。

知识点

用户还可以在【统计信息】对话框中，查看工期、工时的实际值与剩余值，以及工期与工时的完成百分比情况。

7.4.2 跟踪项目成本

为确保项目可以在预算内顺利完成，用户需要通过 Project 2016 中的视图、表等功能，来跟踪项目的固定成本、总成本及差异成本等成本信息。

1. 使用【成本】表

在【甘特图】视图中，选择【视图】|【数据】|【表格】|【成本】选项，在【成本】表中，可以查看项目的固定成本、总成本、基线值、差异值、实际与剩余值，如图 7-39 所示。

知识点

在使用【成本】表跟踪成本时，一般情况下是按照任务名称来显示【成本】表数据的。另外，用户也可以在【资源工作表】视图中查看以资源名称来显示的【成本】表数据。

2. 使用【任务信息】对话框

在【甘特图】视图中选择某项任务，选择【任务】|【属性】|【信息】选项，选择【资源】选项卡，查看当前任务的总成本，如图 7-40 所示。

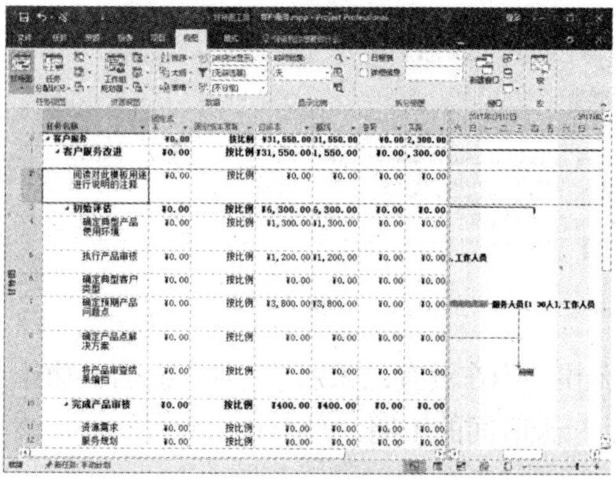

图 7-39 【成本】表 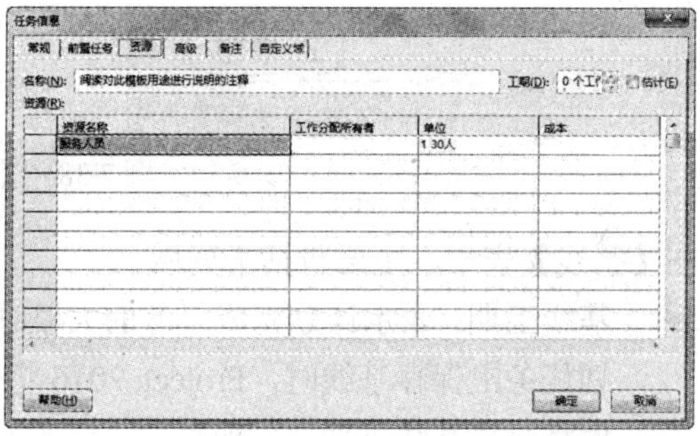　　　　图 7-40 【任务信息】对话框

3. 使用【任务分配状况】视图

选择【视图】|【任务视图】|【任务分配状况】选项，选择【格式】|【详细信息】组中的【成本】与【实际支出】复选框，在视图中查看项目工时、成本与实际成本值，如图 7-41 所示。

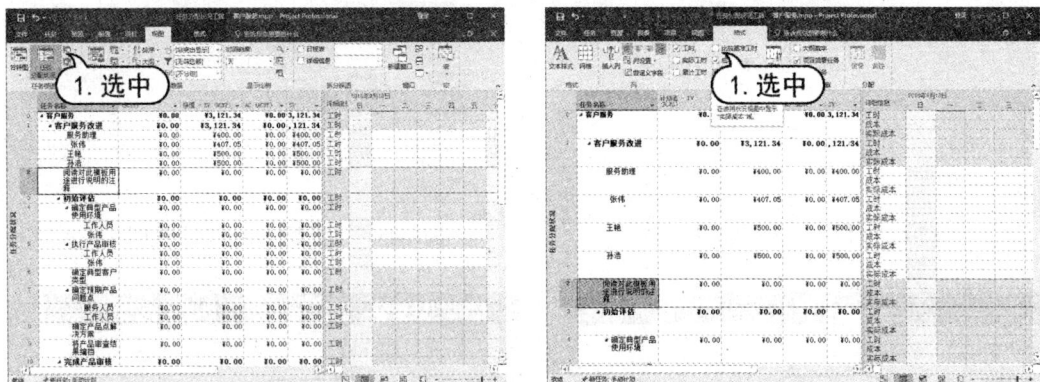

图 7-41　【任务分配状况】视图

> **知识点**
>
> 用户还可以通过自定义条形图样式的方法，在条形图上显示任务成本值，来达到跟踪项目成本的目的。

7.4.3　跟踪工时

由于工时直接决定项目的预算成本，所以为了更好地控制项目的预算成本，还需要利用 Project 2016 中的视图和表功能跟踪任务或资源的工时、实际工时与基线工时等工时信息。

1. 使用【任务分配状况】视图

选择【视图】|【任务视图】|【任务分配状况】选项，同时选择【格式】|【详细信息】组中的【基线工时】、【实际工时】与【累计工时】复选框，在视图中查看项目的工时信息，如图 7-42 所示。

2. 使用【资源使用状况】视图

选择【视图】|【资源视图】|【资源使用情况】选项，如图 7-43 所示，同时选择【格式】|【详细信息】组中的【成本】、【实际工时】与【剩余可用性】复选框，在视图的右侧查看资源的成本与工时信息，如图 7-44 所示。

3. 使用【工时】表

在【甘特图】视图中，选择【视图】|【数据】|【表格】|【工时】选项，在【工时】表中，查看任务的工时、基线、差异、实际、剩余及工时完成百分比情况，如图 7-45 所示。

图 7-42 【任务分配状况】视图

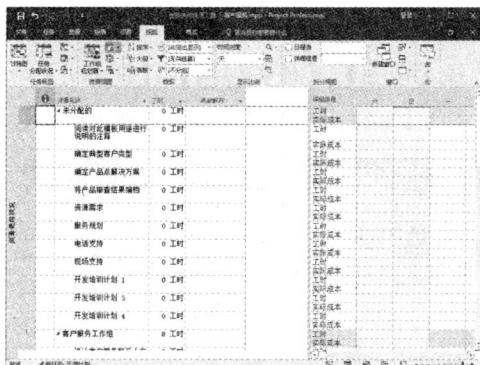

图 7-43 【资源使用情况】视图

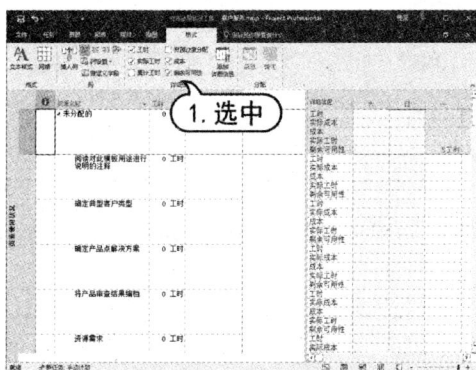

图 7-44 设置【资源使用情况】视图

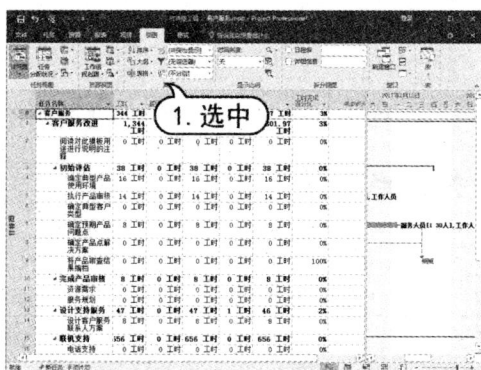

图 7-45 【工时】表

⑦.4.4 移动项目

更新项目之后，需要根据新的项目开始时间调整所有任务的开始和结束时间。选择【项目】|【日程】|【移动项目】选项，在打开的对话框中设置新项目的开始日期，单击【确定】按钮即可，如图 7-46 所示。

另外，选择【文件】|【选项】选项，选择【高级】选项卡，选中【将状态日期后已完成部分的结束时间移回到状态日期】复选框，即可将处于状态日期后且已完成部分的结束时间移动到状态日期处，如图 7-47 所示。

图 7-46 移动项目

图 7-47 【Project 选项】对话框

在【高级】选项卡中的【该项目的计算选项】列表中，还包括下列选项。

- 并将剩余部分的开始时间移回到状态日期：启用该复选框，表示将已完成部分的结束时间移到状态日期处时，同时将剩余部分的开始时间移回到状态日期处。
- 将状态日期前剩余部分的开始时间前移到状态日期：启用该复选框，可以将处于状态日期前的剩余部分的开始时间前移到状态日期处。
- 并将已完成部分的结束时间前移到状态日期：启用该复选框，表示将在状态日期前的剩余部分的开始时间前移到状态日期处时，同时将已完成部分的开始日期一同前移到状态日期处。
- 将新输入的总任务完成百分比一直分布到状态日期：启用该复选框，表示将总完成百分比的更改平均分配到截止项目状态日期的日程中。禁用该复选框，表示将任务完成百分比更改分配到任务的实际工期结束时。
- 计算多条关键路径：启用该复选框，计算并显示项目中每个独立的任务网络的关键路径。另外，启用该复选框时，没有后续任务或约束的任务的最晚完成时间将设置为其最早完成时间，从而使这些任务变得关键。
- 关键任务定义：用于定义任务可宽延时间少于或等于的默认值。

7.5　查看项目进度

查看项目进度可以了解项目的进展情况，了解是否有任务未完成，了解项目实际运行情况与计划的差异等，并根据这些情况来调整任务，以保证项目的顺序完成。

7.5.1　查看单位信息

由于在 Project 2016 中显示单位要比显示数据困难很多，所以单位问题是经常被忽视的问题，此时就可以使用【任务窗体】视图来查看项目的单位信息。

在【甘特图】视图中，选择【视图】|【拆分视图】|【详细信息】选项。系统会将视图分为上下两部分，上部分显示【甘特图】视图，下部分显示【任务窗体】视图。在【甘特图】视图中选择任务后，即可在【任务窗体】视图中查看分配给该任务的资源的单位值，如图 7-48 所示。

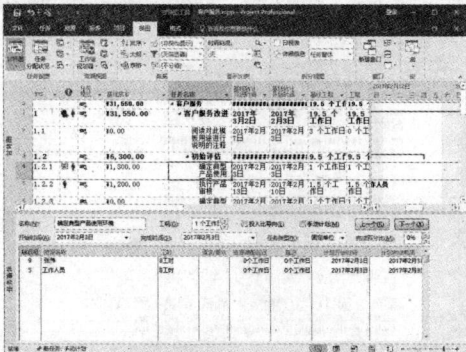

提示

在【甘特图】视图中，双击任务名称，在弹出的【任务信息】对话框中，激活【资源】选项卡，在该选项卡中可以查看资源的单位值。

图 7-48　【任务窗体】视图

⑦5.2 查看允许时差

在项目实施中，有些任务与前面的任务并没太大的相关性，在有资源多余的情况下，可以适当提前某些任务，以节省时间。此外，为了保证按计划完成任务，也可以延迟一些相关性不大的任务。在 Project 2016 中，通过查看允许时差，可以找到能够提前或延期的任务。

【例7-8】在"客户服务"项目文档中，查看项目允许的时差。

(1) 启动 Project 2016 应用程序，打开项目文档"客户服务"。

(2) 打开【视图】选项卡，选择【任务视图】|【甘特图】选项，从打开的菜单中选择【其他视图】选项，打开【其他视图】对话框。

(3) 选择【视图】|【详细甘特图】选项，单击【应用】按钮，如图 7-49 所示。

(4) 切换至【详细甘特图】视图，选择【数据】|【表格】选项，从打开的菜单中选择【日程】选项，打开如图 7-50 所示的窗口。

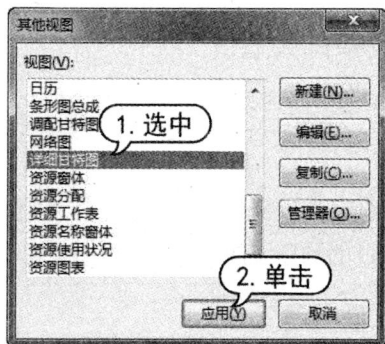

图 7-49　【其他视图】对话框

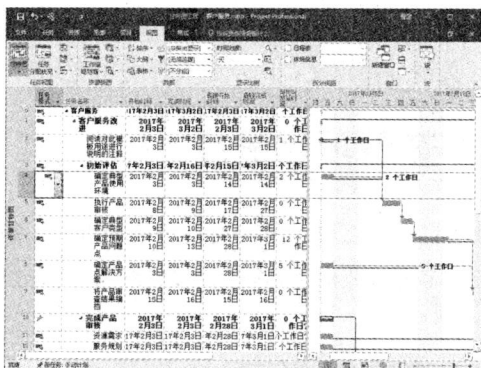

图 7-50　【详细甘特图】视图

(5) 右击【完成时间】列，在打开的快捷菜单中选择【插入列】命令，打开如图 7-51 所示的列表框，在其中选择【最早开始时间】选项，插入【最早开始时间】列。

(6) 使用同样的方法，显示【最早完成时间】列，如图 7-52 所示，此时就可以查看各任务的最晚开始时间、最晚完成时间、最早开始时间、最早完成时间、可用可宽延时差以及可宽延总时间，来确定可提前的任务和可延迟的任务。

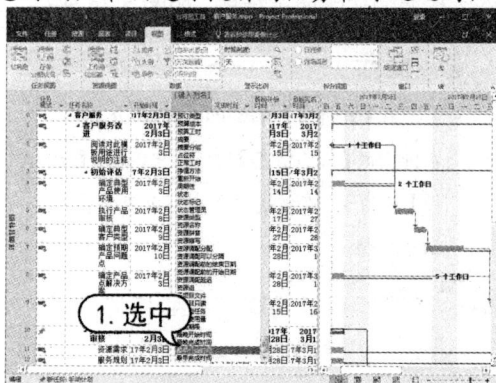

图 7-51　插入列名

图 7-52　查看允许的时差

7.5.3　查看进度与日程差异

在 Project 2016 中，除了可以运用【差异】表来查看项目的进度差异之外，用户还可以用【工时】表来查看项目的日程差异。

1. 查看进度差异

在 Project 2016 中，使用【差异】表可以查看项目进度差异。

【例 7-9】在"客户服务"项目文档中，查看项目进度差异。

(1) 启动 Project 2016 应用程序，打开项目文档"客户服务"。

(2) 打开【视图】选项卡，选择【任务视图】|【甘特图】|【跟踪甘特图】选项，切换到【跟踪甘特图】视图，如图 7-53 所示。

(3) 选择【视图】|【数据】|【表格】选项，在弹出的列表中选择【差异】选项，打开【差异】表，在窗口中可以查看任务进度的差异，如图 7-54 所示。

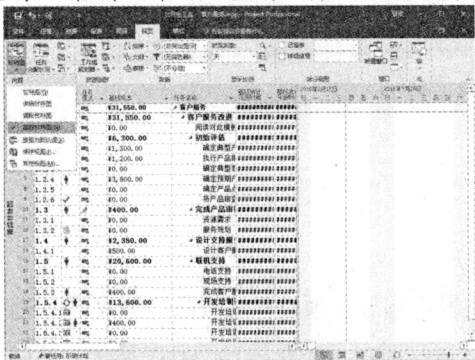

图 7-53　【跟踪甘特图】视图　　　　图 7-54　查看进度差异

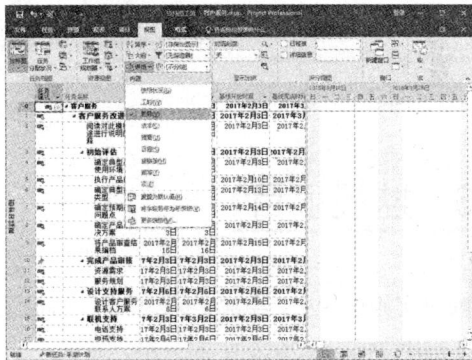

2. 查看日程差异

在 Project 2016 中，查看项目进度差异后，可以了解哪些任务没有按计划进行，但不能了解任务的实际工时与计划工时相差多少。此时就需要使用日程差异来进行查看。切换到【甘特图】视图，选择【视图】|【数据】|【表格】选项，从弹出的列表中选择【工时】选项，切换至【工时】表，在该视图中即可对各任务的实际消耗工时与项目计划工时进行对比，如图 7-55 所示。

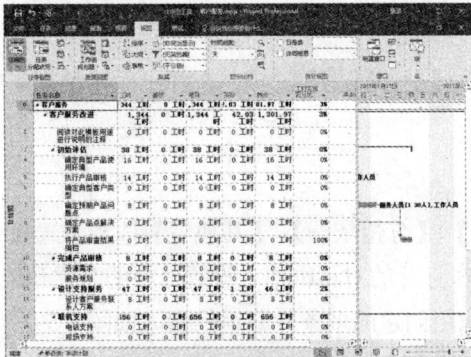

图 7-55　查看日程差异

知识点

在项目文档中，选择多个需要更新的任务，打开【任务】选项卡，在【日程】组中单击【完全完成】按钮，即可将所选的任务设置为100%完成。

3. 查看任务信息

在 Project 2016 中，还可以运用【网络图】视图中的【跟踪】方框样式，来跟踪项目进度。

首先，选择【任务】|【视图】|【甘特图】|【网络图】选项，切换到【网络图】视图中，同时，选择【格式】|【格式】|【方框样式】选项，在【方框样式】对话框中选择【关键标记】选项，将【数据模式】设置为【跟踪】即可，如图 7-56 所示。

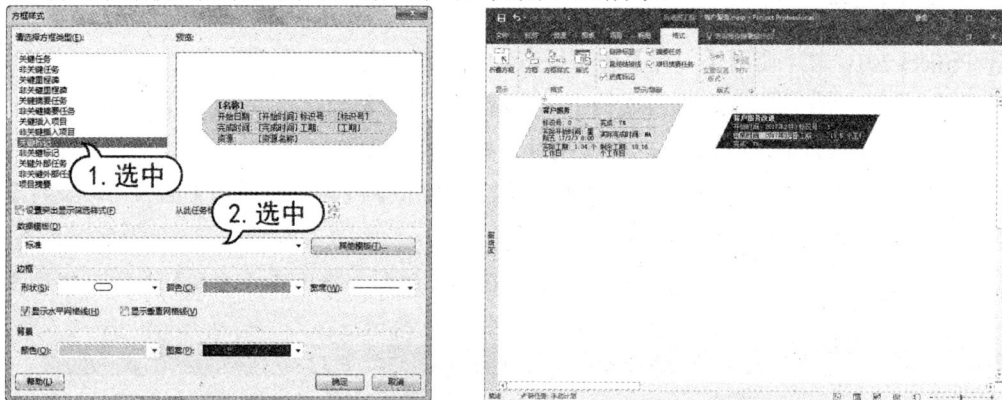

图 7-56　查看任务信息

7.6　监视项目

在项目实施过程中，经常会因为一些小问题或突发问题导致项目无法按照计划进行。此时，用户需要运用 Project 2016 中的分组、筛选与进度线等功能，来监视项目的进度情况，从而可以保证项目根据预计的范围、日程及预算标准顺利进行。

7.6.1　使用分组

分组是按照指定标准为视图中的项目分组，便于用户查看工作表视图的任务、资源或工作分配的总成型摘要信息。在 Project 2016 中，用户可以对项目数据进行单条件与多条件分组。

1. 单条件分组

在【甘特图】视图中，选择【视图】|【数据】|【分组依据】选项，在弹出的下拉列表中选择分组条件即可，如图 7-57 所示。

2. 多条件分组

在【甘特图】视图中，选择【视图】|【数据】|【分组依据】|【其他组】选项，选择【资源】选项，单击【复制】按钮，如图 7-58 所示。在打开的对话框中，设置分组的名称和依据，以及分组状态等选项，单击【保存】按钮，即可应用创建的多条件分组依据，如图 7-59 所示。

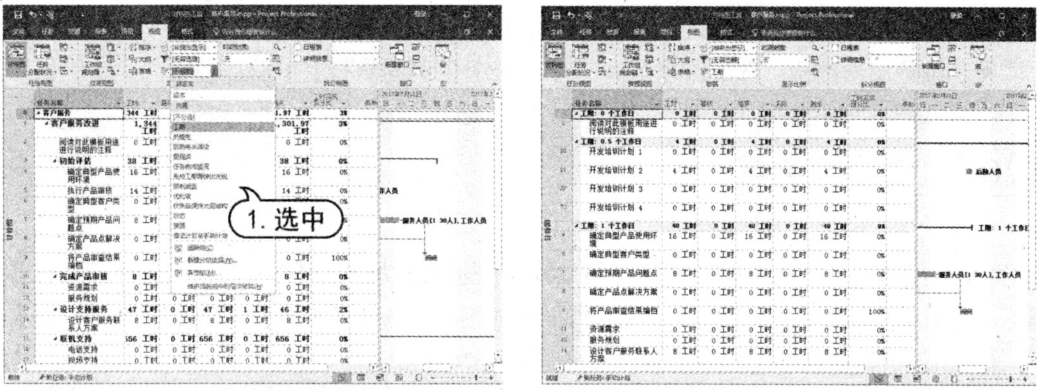

图 7-57　单条件分组

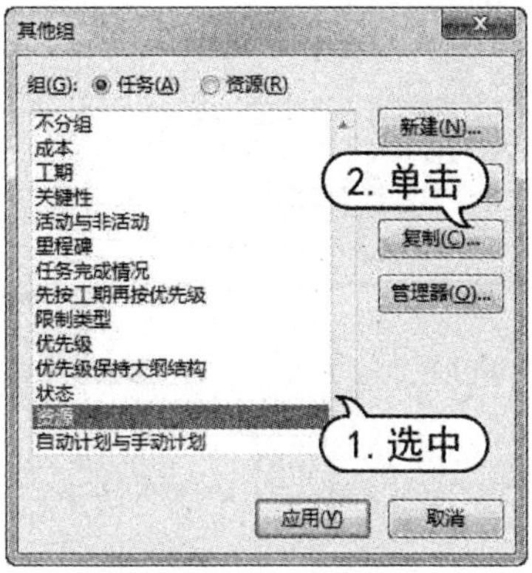

图 7-58　其他组

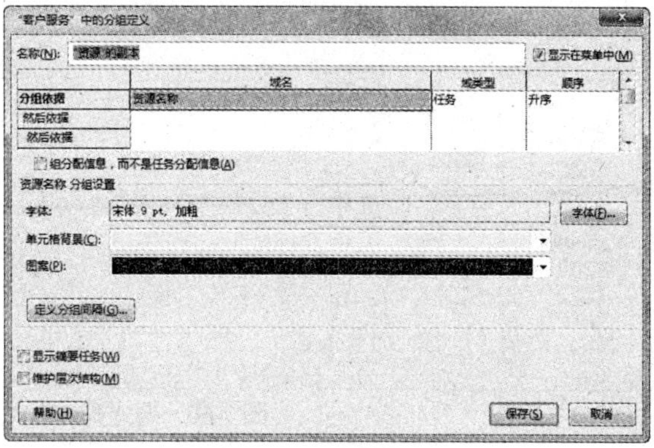

图 7-59　设置分组定义

知识点

当在任务视图中进行分组时，【其他组】对话框中的【资源】类选项将不可用。反之，在资源视图中【其他组】对话框中的【任务】类选项将不可用。

在图 7-59 所示的对话框中，主要包括下列选项。

- 名称：用来设置自定义分组的名称。
- 显示在菜单中：启用该复选框，将自定义分组显示在菜单中。
- 分组依据：用来设置分组的第 1 个条件，包括域名称、域类型与排列顺序。
- 然后依据：用来设置分组的第 2~9 个条件，包括域名称、域类型与排列顺序。
- 组分配信息，而不是任务分配信息：选中该复选框，表示所设置的是组分配信息，并非任务分配信息。
- 字体：用来设置分组依据的字体格式，单击其后的【字体】按钮，可在打开的【字体】对话框中设置详细的字体格式。
- 单元格背景：用来设置分组依据的单元格背景颜色。
- 图案：用来设置分组依据的单元格背景图案。
- 定义分组间隔：单击该按钮，可在打开的【定义分组间隔】对话框中，设置分组依据、起始值与间隔值。

- 显示摘要任务：选中该复选框，可以在分组时显示摘要任务。
- 维护层次结构：选中该复选框，可以在分组时维持分组的层次结构。

7.6.2 使用筛选器

除了分组功能外，还可以使用 Project 2016 中的筛选功能，来按照指定的条件筛选任务或资源，从而达到监视项目的目的。在【甘特图】视图中，选择【视图】|【数据】|【筛选器】选项，在弹出的下拉列表中选择分组条件即可，如图 7-60 所示。

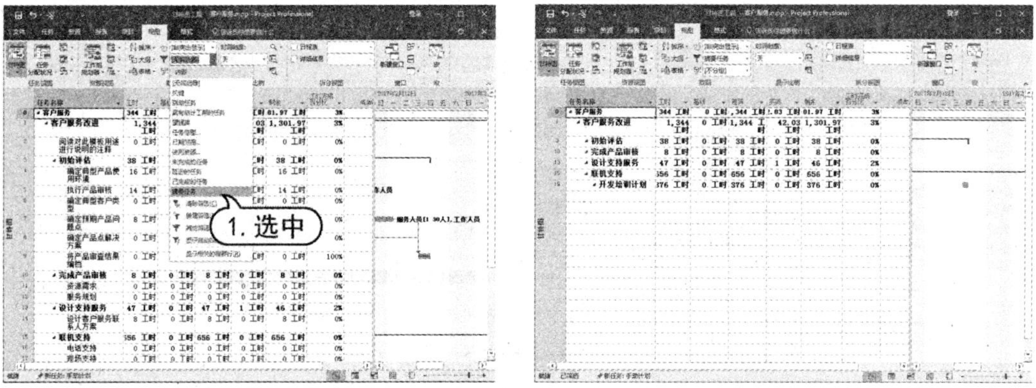

图 7-60　选择筛选器类别

另外，选择【视图】|【数据】|【筛选器】|【其他筛选器】选项，选择【已完成的里程碑】选项，单击【复制】按钮，如图 7-61 所示。

在打开的对话框中设置筛选器的名称。在列表框中添加新域，并设置域条件与值，单击【保存】按钮，应用新筛选器，如图 7-62 所示。

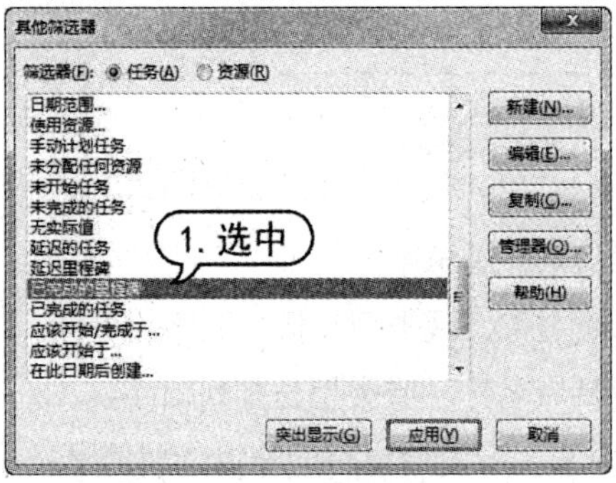

图 7-61　【其他筛选器】对话框

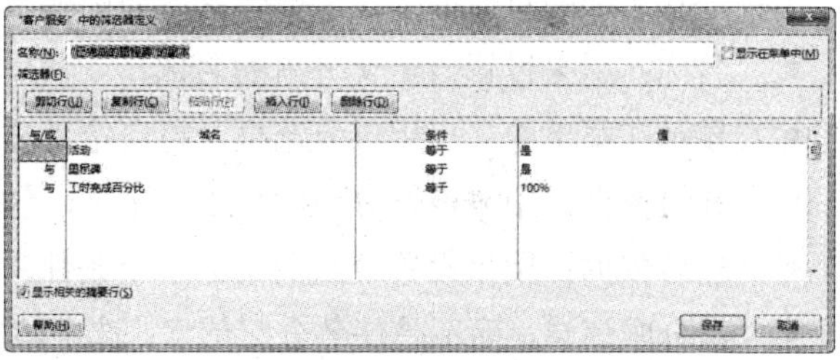

图 7-62　设置筛选条件

在图 7-62 所示的对话框中，主要包括下列选项。

- 剪切行：选中列表框中的域名，单击该按钮，可以剪切域名所在的整行。
- 复制行：选中列表框中的域名，单击该按钮，可以复制域名所在的整行。
- 粘贴行：剪切或复制选中域名所在的行后，单击该按钮可以粘贴行。
- 插入行：选中列表框中的行，单击该按钮可以在该行上方插入一个空白行，用于创建新的域名。

- 删除行：选中列表框中的行，单击该按钮可以删除所选域名所在的整行。
- 显示相关的摘要行：启用该复选框，可以在筛选结果中显示与任务相关的摘要行。

7.6.3　使用排序

在 Project 2016 中，用户还可以通过排序功能，按一定的顺序显示任务的成本值。首先，在【甘特图】视图中，选择【视图】|【数据】|【排序】|【按成本】选项，在视图中按成本显示任务，如图 7-63 所示。

另外，选择【视图】|【数据】|【排序依据】选项，在打开的【排序】对话框中，设置【主要关键字】和【次要关键字】选项，单击【排序】按钮即可，如图 7-64 所示。

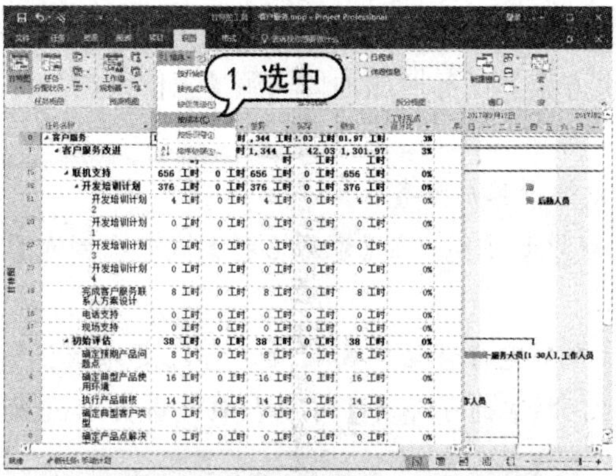

图 7-63　按成本排序任务 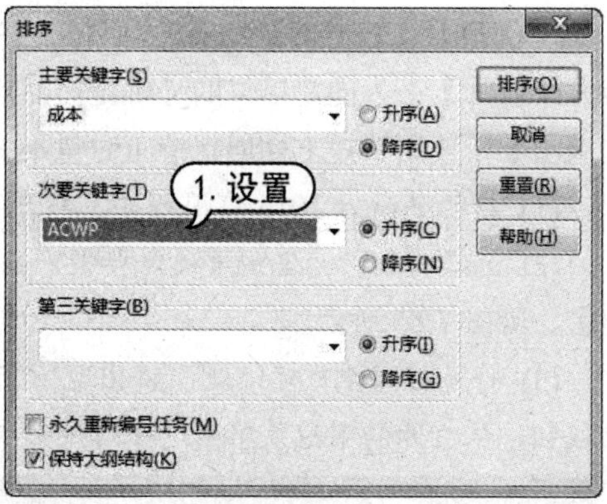　　　　　图 7-64　自定义排序

在【排序】对话框中，还包括下列选项。

- 永久重新编号任务：选中该复选框，表示排序结果中的任务将不按照原序号进行显示，而是按照重新编号的序号进行显示。
- 保持大纲结构：选中该复选框，表示排序结果将保持大纲结构。
- 排序：单击该按钮，可对项目中的数据进行排序操作。
- 重置：单击该按钮，可以撤销已设置的排序条件，恢复到未设置选项之前的状态。

7.7　优化日程

在复杂多变的项目中，对基本的日程安排进行初步设置后，在某些方面不可避免地存在错误以及时间安排上的不足，因此，需要根据实际情况优化日程，使日程安排更加合理有效。

7.7.1　使用投入比导向安排日程

新的工时资源分配给任务或从任务中删除工时资源时，Project 将根据为任务分配的资源数量延长或缩短任务工期，但不会更改任务的总工时。这种日程排定方式称为投入比导向日程控制方法，它是 Project 用于多个资源分配的默认的日程排定方式。通过更改默认的投入比导向日程控制方法，可以更改 Project 排定日程的方式。

1. 投入比导向日程控制方法

采用投入比导向日程控制的方法来排定任务，其实也就是将新资源添加到项目中的任务时，任务的总工时保持不变，但该任务分配到每个资源上的工时量将由 Project 按它们在工作分配单位总和中所占的比例重新分配。

要使用投入比导向安排日程，先在项目文档中更改任务的工时、工期或资源，此时在单元格中将出现▸标记，将光标移至该处将出现⬧标记，再将光标移至⬧标记处，标记变为⬧▾，单击该下拉按钮，从打开的下拉菜单中选择投入比导向提供的日程修改方法。

【例 7-10】在"客户服务"项目文档中，为固定单位【确定典型产品使用环境】任务增加资源【讲师】；为固定单位的【确定产品点解决方案】任务增加项目资源【工作人员】、【后勤人员】，使用缩短工期但保持工时量不变。

(1) 启动 Project 2016 应用程序，打开项目文档"客户服务"。

(2) 选择标识号为 4 的【确定典型产品使用环境】任务，在【资源名称】域中添加资源【讲师】，如图 7-65 所示。

(3) 将光标移至▸标记处，将出现⬧标记，再将光标移至⬧标记处，标记变为⬧▾，单击该按钮，从打开的下拉菜单中选中【缩短工期但保持工时量不变】单选按钮，如图 7-66 所示。

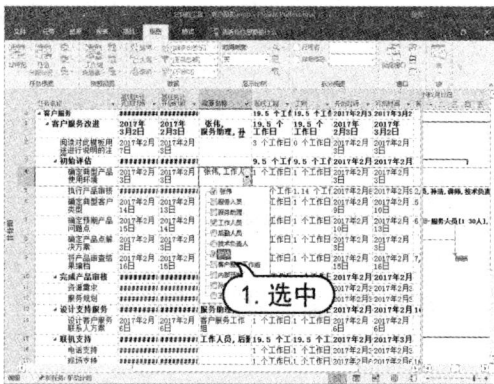

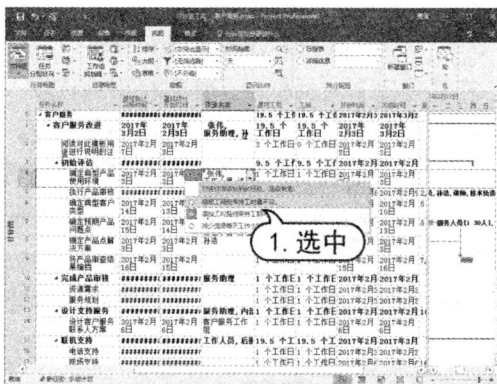

图 7-65　添加资源　　　　图 7-66　选择投入比导向提供的日程修改方法

提示

投入比导向日程控制方法仅在从任务中添加或删除资源时才有效，在更改已分配给任务的工时、工期和资源的单位值时，该计算规则并不适用。

(4) 此时【确定典型产品使用环境】任务工期变为 0.67 工作日，如图 7-67 所示。

(5) 使用同样的方法，为标识号为 8 的【确定产品点解决方案】任务增加项目资源【工作人员】、【后勤人员】来缩短工期，效果如图 7-68 所示。

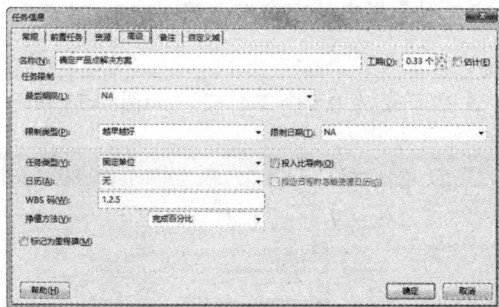

图 7-67　使用投入比导向日程缩短工期

图 7-68　为标识号为 8 的任务缩短工期

使用投入比导向安排日程时，需要注意以下内容。

- ◉　只有在给任务分配了第一个资源后，才能应用投入比导向日程计算方式。在资源分配后，给同一任务添加新资源或从中删除资源时，任务的工时值将不会更改。
- ◉　如果分配的任务类型为【固定单位】，分配附加资源将缩短任务工期。
- ◉　如果分配的任务类型为【固定工期】，分配附加资源将减少资源的单位值。
- ◉　如果分配的任务类型为【固定工时】，分配附加资源将缩短任务工期。
- ◉　摘要任务和插入项目不能设置为投入比导向控制。

2. 改变投入比导向日程控制设置

为了更准确地反映出在添加或删除资源时在该任务上发生的实际变动情况，可以改变某任务的投入比导向日程控制方式。例如，将新的工时资源添加到某任务时，希望了解总工时的增加量。要改变投入比导向日程控制设置，首先切换到【甘特图】视图，在【任务名称】域中选择要关闭投入比导向日程排定的任务，打开【任务】选项卡，在【属性】组中单击【信息】按钮，打开【任务信息】对话框的【高级】选项卡，取消选中【投入比导向】复选框，单击【确定】按钮，这样就改变了任务的投入比导向日程控制方式，如图 7-69 所示。

图 7-69　【高级】选项卡

知识点

要取消 Project 默认的投入比导向日程排定设置，可单击【文件】按钮，从打开的【文件】菜单中选择【选项】命令，打开【Project 选项】对话框，在【日程】选项卡中取消选中【新任务为投入比导向】复选框。

⑦7.2　缩短工期

若项目日程超出了项目计划，必须缩短后期任务的工期，从而保证项目按时完成。缩短工期可通过安排加班、延长工作时间等操作来实现。

1．安排加班

在项目的实施过程中，有时为了赶上工期，需要在关键任务上为资源设置加班工时，来缩短任务工期。首先，在【甘特图】视图中选择任务名称，打开【视图】选项卡，在【拆分视图】组中选中【详细信息】复选框，此时自动打开【任务窗体】窗格。选择【任务窗体工具】的【格式】选项卡，在【详细信息】组中单击【工时】按钮，切换至资源工时的详细信息窗格，最后，在【加班工时】栏中为该任务资源设置加班工时。

【例7-11】在"客户服务"项目文档中，安排在执行【设计客户服务联系人方案】任务时加班4工时，缩短工期为0.5天。

(1) 启动 Project 2016 应用程序，打开项目文档"客户服务"，选择标识号为 14 的【设计客户服务联系人方案】任务。

(2) 打开【视图】选项卡，在【拆分视图】组中选中【详细信息】复选框，此时自动打开【任务窗体】窗格，如图 7-70 所示。

(3) 打开【任务窗体工具】的【格式】选项卡，在【详细信息】组中单击【工时】按钮，切换至资源工时的详细信息窗格，如图 7-71 所示。

图 7-70　打开【任务窗体】窗格　　　　图 7-71　打开资源工时的详细信息窗格

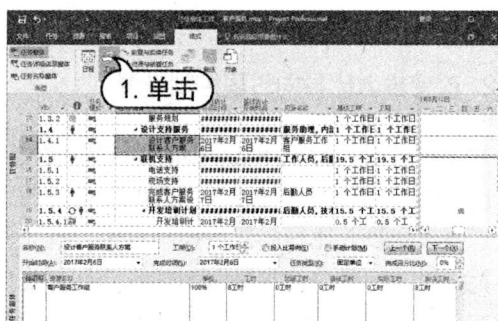

(4) 单击【客户服务工作组】资源对应的【加班工时】栏中的空白单元格，输入"4 工时"，如图 7-72 所示。

(5) 在任意空白处单击，该任务的工期由 1 个工作日变为 0.5 个工作日，如图 7-73 所示。

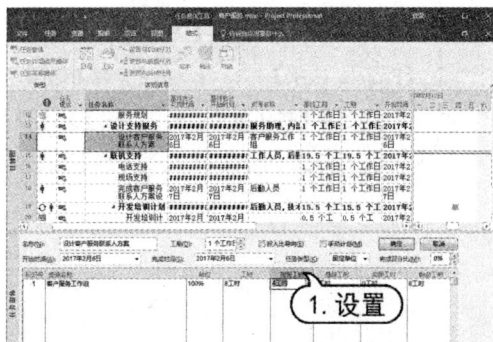

图 7-72　输入加班工时　　　　　　　　图 7-73　缩短工期

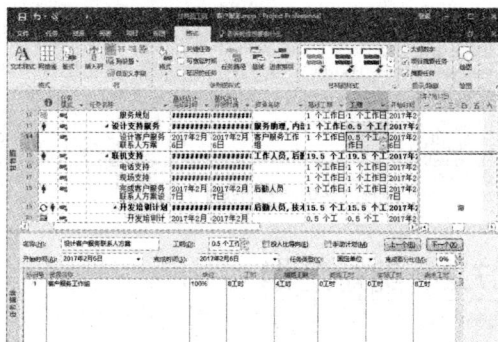

计算机 基础与实训教材系列

> 💫 **提示**
>
> 在 Project 2016 中，添加资源是优化日程最简单的方法，还可以在【任务信息】对话框中，通过更改任务工期的方法来优化日程。

2. 延长工作时间

在项目的实施过程中，也可以通过改变资源的日历来调整工期，例如可以将资源原来的休息时间改为工作时间，通过增加资源的工作时间来缩短项目的工期。

要更改整个项目的工作时间，只需打开【项目】选项卡，在【属性】组中单击【更改工作时间】按钮，在打开的【更改工作时间】对话框中选择想要修改的日期，在【对于日历】下拉列表中选择日历模板，将【将所选时间设置为】项设置为【非工作日】即可。

【例 7-12】在"客户服务"项目文档中，安排每周日 18：00-20：00 按工作时间上班。

(1) 启动 Project 2016 应用程序，打开项目文档"客户服务"。

(2) 打开【项目】选项卡，在【属性】组中单击【更改工作时间】按钮，打开【更改工作时间】对话框。

(3) 在【例外日期】选项卡列表框的第一行【名称】单元格中输入"加班"，在其后的【开始时间】和【完成时间】单元格中分别设置 2017/3/17 和 2017/4/2，如图 7-74 所示。

(4) 单击【详细信息】按钮，打开【"加班"的详细信息】对话框，选中【工作时间】单选按钮，并设置工作时间为 18：00-20：00，选择【每周】单选按钮和【周日】复选框，如图 7-75 所示。

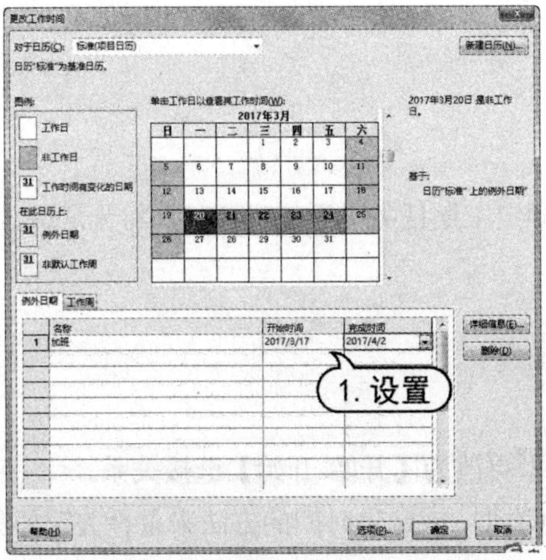

图 7-74　【更改工作时间】对话框 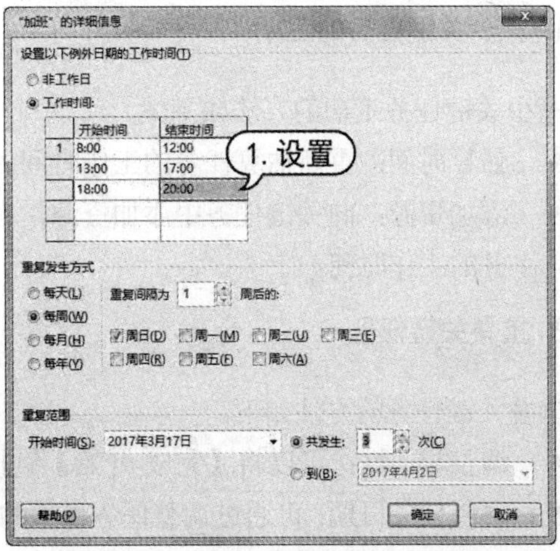　　　　图 7-75　【"加班"的详细信息】对话框

(5) 单击【确定】按钮，返回至【更改工作时间】对话框，可以看到在日历中 3 月 19 日、3 月 26 日、4 月 2 日已变成例外日期，即为需要加班的日期。如图 7-76 所示。

(6) 单击【确定】按钮，即可完成延长工作时间的设置。

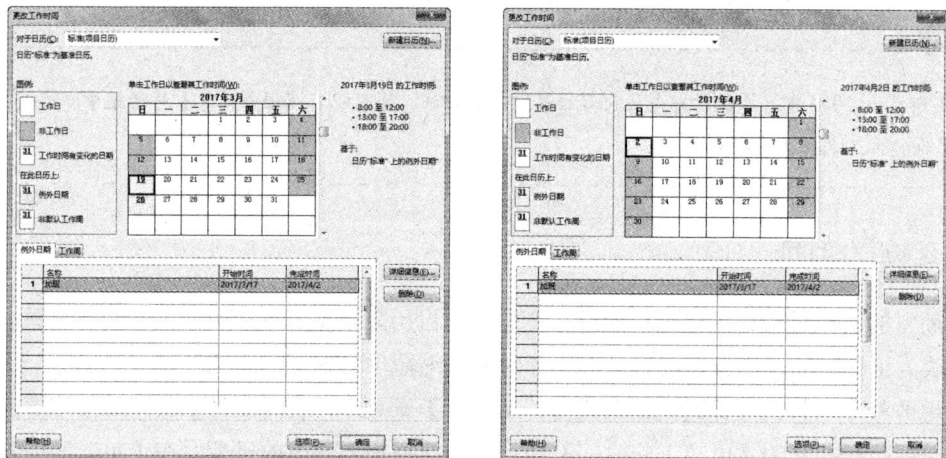

图 7-76　查看加班日期

⑦7.3　缩短项目日程

　　当延迟一些关键任务时，将直接影响到项目的完成时间。用户可以通过缩短项目关键路径的方法来优化日程。

　　当项目日程安排出现问题后，可通过缩短关键路径中的工期的方法，在缩短项目施工时间的同时降低项目费用。一般情况下，用户可通过减少关键任务的工期，以及重叠关键任务两种方法，解决日程安排问题。

1. 减少关键任务的工期

减少关键任务工期的方法如下。

- ◉ 估算时间：重新估算任务的工作时间。
- ◉ 添加资源：向关键任务中添加资源，当向固定工期任务中添加资源时，将无法减少任务的工作时间。

2. 重叠关键任务

重叠关键任务的方法如下。

- ◉ 调整相关性：可以将【完成-开始】链接类型更改为【开始-开始】链接关系。
- ◉ 限制任务日期：可通过调整任务日期的限制类型，或延隔时间的方法来重叠关键任务。

✏️ 知识点

　　双击任务，打开【任务信息】对话框，在【高级】选项卡的【限制类型】下拉列表框中可以调整任务日期的限制类型，在【限制日期】下拉列表框中可以选择限制日期。

计算机 基础与实训教材系列

7.8　上机练习

本章的上机练习将通过处理"商业建筑"项目，来练习设置基线、更新项目进度等操作。

(1) 启动 Project 2016 应用程序，打开项目文档"商业建筑"，并切换至【甘特图】视图，如图 7-77 所示。

(2) 打开【项目】选项卡，在【日程】组中单击【设置基线】按钮，从打开的菜单中选择【设置基线】选项，打开【设置基线】对话框，保持默认设置，单击【确定】按钮设置基线，如图 7-78 所示。

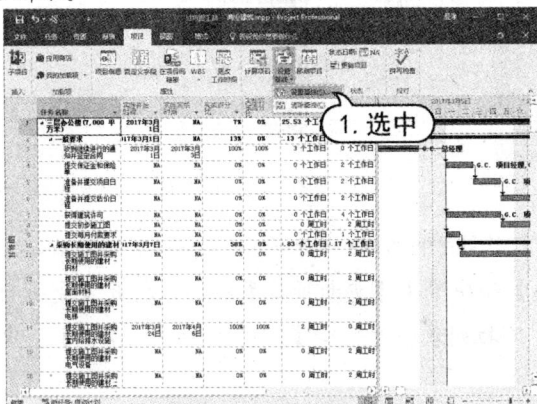

图 7-77　"商业建筑"项目文档　　　图 7-78　【设置基线】对话框

(3) 右击【任务名称】域，在弹出的快捷菜单中选择【插入列】命令，插入新列，并打开【域名称】下拉列表框，在其中选择【基线成本】选项，如图 7-79 所示。

(4) 此时即可在【甘特图】视图中显示【基线成本】域，并显示基线成本值，效果如图 7-80 所示。

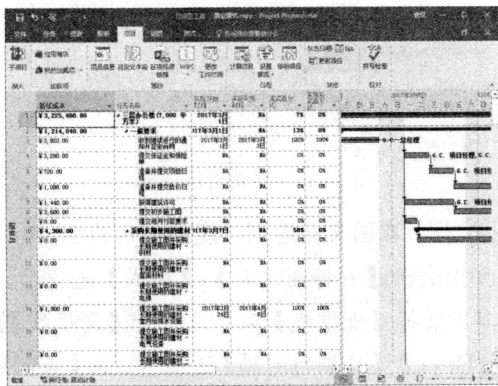

图 7-79　插入列　　　图 7-80　显示基线成本

(5) 选择标识号为 9 的【提交每月付款要求】任务，打开【任务】选项卡，在【日程】组中单击【跟踪时标记】按钮，从打开的菜单中选择【更新任务】选项，打开【更新任务】对话框，在【工期】微调框中输入"1 个工作日"，单击【确定】按钮，如图 7-81 所示。

(6) 此时在【甘特图】视图中【结果编档：创建需要培训内容的主题列表】任务对应的蓝色条形图上出现一条黑色线条表示进度，并且在备注栏中显示标记【✓】，表示任务 100%完成，如图 7-82 所示。

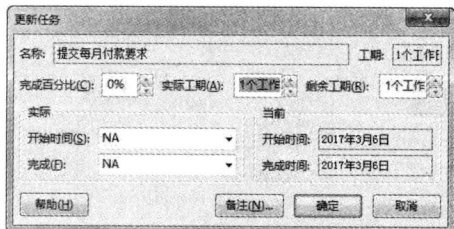

图 7-81　【更新任务】对话框

图 7-82　更新任务

(7) 使用同样的方法，更新其他任务，效果如图 7-83 所示。

(8) 打开【项目】选项卡，在【状态】组中单击【更新项目】按钮，打开【更新项目】对话框，在【将任务更新为在此日期完成】下拉列表框中选择【2017 年 4 月 10 日】，单击【确定】按钮，如图 7-84 所示。

图 7-83　更新其他任务

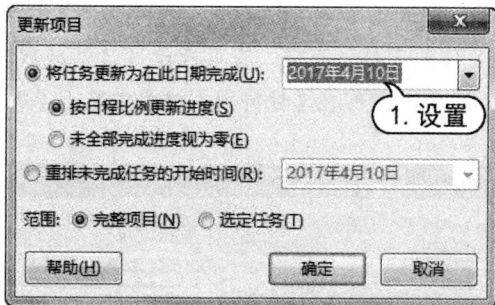

图 7-84　设置完成日期

(9) 此时在图表区看到进度线显示为 2017 年 4 月 10 日的项目进度，如图 7-85 所示。

(10) 打开【甘特图工具】|【格式】选项卡，在【格式】组中单击【网格线】按钮，从打开的菜单中选择【进度线】命令，打开【进度线】对话框。

(11) 打开【日期与间隔】选项卡，在【当前进度线】选项区域中选中【显示】复选框；在【周期性间隔】选项区域中选中【显示进度线】复选框；在【每周】选项区域中选中【星期五】复选框，如图 7-86 所示。

(12) 打开【线条样式】选项卡，在【进度线类型】选项区域中选择最后一种样式，在【线条颜色】下拉列表框中选择【绿色】色块，在【进度点形状】下拉列表框中选择一种形状，在【进度点颜色】下拉列表框中选择【黄色】色块，如图 7-87 所示。

(13) 单击【确定】按钮完成设置，显示进度线，如图 7-88 所示。

图 7-85　更新项目

图 7-86　【日期与间隔】选项卡

图 7-87　【线条样式】选项卡

图 7-88　显示进度线

(14) 打开【项目】选项卡，在【属性】组中单击【项目信息】按钮，打开项目信息对话框，在【状态日期】下拉列表框中选择 2017 年 4 月 10 日，如图 7-89 所示。

(15) 单击【统计信息】按钮，打开项目统计对话框，可查看项目当前、基线、实际、差异等信息，如图 7-90 所示。

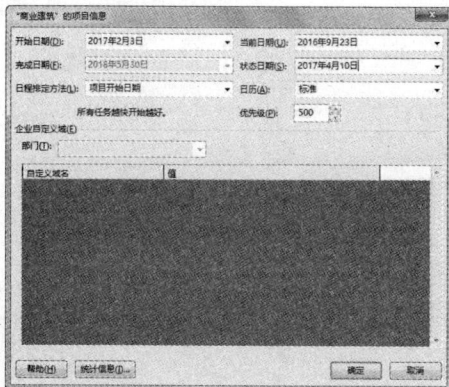

图 7-89　项目信息对话框

图 7-90　项目统计信息

(16) 在快速访问工具栏中单击【保存】按钮，保存跟踪过的"商业建筑"项目文档。

7.9 习题

1. 如何设置基线？
2. 如何使用分组？
3. 如何设置项目延长工作时间？

第8章

美化项目文档

学习目标

为了使项目文档更加美观，也为了方便用户查询，设置分析项目信息，需要美化项目文档，即对项目文档及整体文件进行格式化操作。其中，包括项目信息中的文本、条形图、网格的格式设置以及插入对象等知识。

本章重点

- ⦿ 设置组件格式
- ⦿ 设置整体格式
- ⦿ 插入绘图
- ⦿ 插入对象

8.1 设置组件格式

组件表示 Project 2016 视图中的字体、背景和网格线等元素。用户可以通过设置其格式的方法，达到美化项目文档，以及突出显示特殊或重要任务的目的。

8.1.1 设置字体格式

Project 2016 与 Office 软件中的其他组件一样，具有美化字体功能。通过该功能，可以在视图中突出显示特殊任务的文本信息。

要设置文本格式，可以使用如下方法进行。

- ⦿ 通过【任务】组：选择需要设置格式的文本，打开【任务】选项卡，使用【字体】组中提供的按钮即可设置文本格式，如图 8-1 所示。

- ⊙ 通过【字体】对话框：选择需要设置格式的文本，打开【任务】选项卡，在【字体】组中单击对话框启动器按钮，打开【字体】对话框，如图 8-2 所示，在该对话框中设置字体格式。
- ⊙ 通过浮动工具栏：右击需要设置格式的文本，此时选中单元格的右上角将出现浮动工具栏，单击相应按钮或在下拉列表框中选择所需的选项，即可设置格式，如图 8-3 所示。

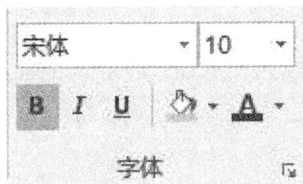

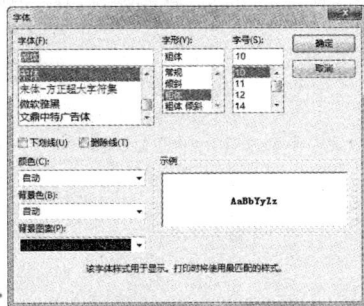

图 8-1　【字体】组　　　　图 8-2　【字体】对话框　　　　图 8-3　浮动工具栏

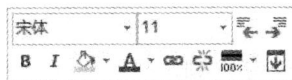

在【字体】对话框中，主要包括下列选项。

- ⊙ 字体：用于设置文本的字体样式，可在列表框中选择相应的字体样式，其作用等同于【字体】组中的【字体】选项。
- ⊙ 字形：用于设置文本的加粗、斜体、粗体等字体效果。
- ⊙ 字号：用于设置文本的字体大小，其作用等同于【字体】组中的【字号】选项。
- ⊙ 下划线：启用该复选框，可在文本底部添加一条横线，其作用等同于【字体】组中的【下划线】选项。
- ⊙ 删除线：启用该复选框，可在文本中间添加一条横线。
- ⊙ 颜色：用于设置文本的字体颜色，作用等同于【字体】组中的【字体颜色】选项。
- ⊙ 背景色：用于设置文本的背景颜色，其作用等同于【字体】组中的【背景色】选项。
- ⊙ 背景图案：用于设置文本的背景图案样式，一共包括 14 种样式。

提示

在 Project 2016 中，不能对单个字进行格式设置，只能以单元格为单位进行设置。

【例 8-1】在"客户服务"项目文档中设置字体样式。

(1) 启动 Project 2016 应用程序，打开项目文档"客户服务"。

(2) 选择大纲级别 1 的任务名称所在的单元格，打开【任务】选项卡，在【字体】组中，单击【字体】下拉按钮，从打开的下拉列表中选择【黑体】选项；单击【字号】下拉按钮，从打开的下拉列表中选择【14】选项；单击【字体颜色】按钮，从打开的【主题颜色】面板中选择【蓝色】色块。此时文本效果如图 8-4 所示。

(3) 按住 Ctrl 键，选择所有大纲级别 3 的任务单元格，在【任务】选项卡的【字体】组中单击对话框启动器按钮，打开【字体】对话框。

(4) 在【字体】列表框中选择【宋体】选项，在【字号】列表框中选择【12】选项，在【颜色】下拉列表框中选择【绿色】色块，如图 8-5 所示。

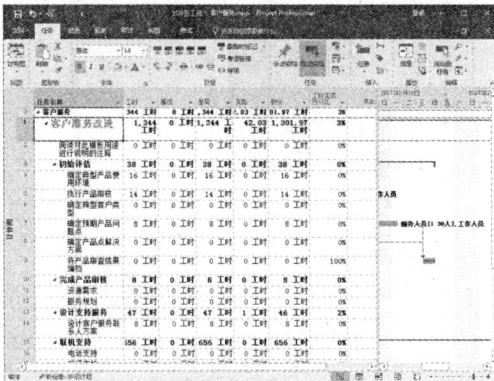

图 8-4　设置字体

图 8-5　【字体】对话框

知识点

用户可通过使用 Ctrl+B、Ctrl+I、Ctrl+U 快捷键，快速设置字体的加粗、倾斜与下划线格式。

(5) 单击【确定】按钮，完成单元格文本的格式设置。

(6) 使用同样的方法，将所有大纲级别 5 的任务的字体设置为【黑体】、【粗体倾斜】、【红色】，如图 8-6 所示，效果如图 8-7 所示。

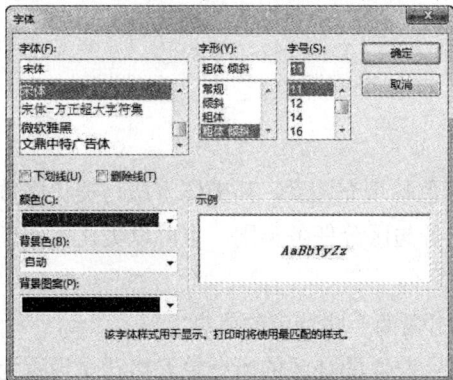

图 8-6　【字体】对话框

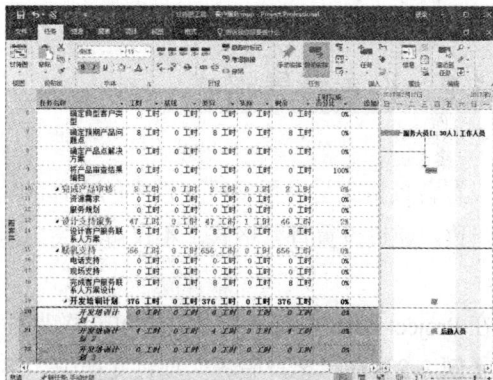

图 8-7　完成设置

提示

在项目文档中，使用【格式刷】工具是 Project 提供的可快速格式文本的工具。要快速地将某任务的文本样式复制到其他任务，可选定要复制格式的任务，在【任务】|【剪贴板】组中单击【格式刷】按钮，然后单击应用该格式的任务单元格即可。

在设置字体颜色时，如果颜色面板中的色块满足不了需求，则在打开的颜色面板中选择【其他颜色】选项，打开【颜色】对话框，在【标准】选项卡中可以选择任意一种色块，如图 8-8 所示；在【自定义】选项卡中可以自定义设置字体颜色，如图 8-9 所示。

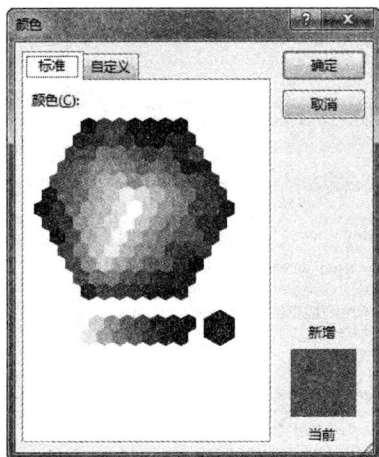

图 8-8 【标准】选项卡

图 8-9 【自定义】选项卡

在【自定义】选项卡中的【颜色模式】下拉列表中，用户可以设置 RGB 或 HSL 颜色模式。

- RGB 颜色模式：该模式主要基于红、绿、蓝 3 种基色 256 种颜色组成，其每种基色的度量值介于 0~255 之间。用户只需单击【红色】、【绿色】和【蓝色】微调按钮或在微调框中直接输入颜色值即可。

- HSL 颜色模式：主要基于色调、饱和度与亮度 3 种效果来调整颜色，其各数值的取值范围介于 0~255 之间。用户只需在【色调】、【饱和度】与【亮度】微调框中设置数值即可。

8.1.2 设置背景格式

设置背景格式是设置项目文档中的字体的背景颜色与填充图案，其操作方法与美化字体的方法一致。通过设置背景格式，不仅可以突出重点任务与区分任务类别，也可以美化工作表的外观。

在 Project 2016 中可以通过设置单元格背景来突出强调一些特定的信息。

【例 8-2】在"客户服务"项目文档中，将标识号为 4 的任务的所有单元格背景设置为金色，深度 25%，并设置一种背景图案。

(1) 启动 Project 2016 应用程序，打开项目文档"客户服务"。

(2) 选择标识号为 4 的任务，打开【任务】选项卡，在【字体】组中单击对话框启动器按钮，打开【字体】对话框。

(3) 在【背景色】下拉列表框中选择【金色，深度 25%】色块；在【背景图案】下拉列表框中选择一种背景图案，如图 8-10 所示。

(4) 单击【确定】按钮，完成背景色的设置，此时标识号为 4 的任务的背景的填充效果如图 8-11 所示。

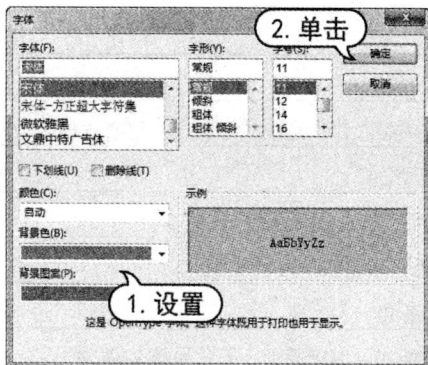

图 8-10 【字体】对话框

图 8-11 设置背景色和背景图案

知识点

为任务设置了背景色后，在【任务】选项卡的【字体】组中，单击【背景色】按钮，从打开的颜色面板中选择【无颜色】选项，即可取消已设置的背景色。

8.1.3 设置条形图格式

默认情况下，【甘特图】视图中任务的三维条形图是蓝色的，可以对这些条形图重新设置。

1. 美化条形图

要设置条形图格式，首先需要选择要设置的条形图，然后打开【甘特图工具】|【格式】选项卡，在【条形图样式】组中单击【格式】按钮，从打开的菜单中选择【条形图】选项，打开【设置条形图格式】对话框，如图 8-12 所示。在其中可以设置条形图的形状和条形图的文本。

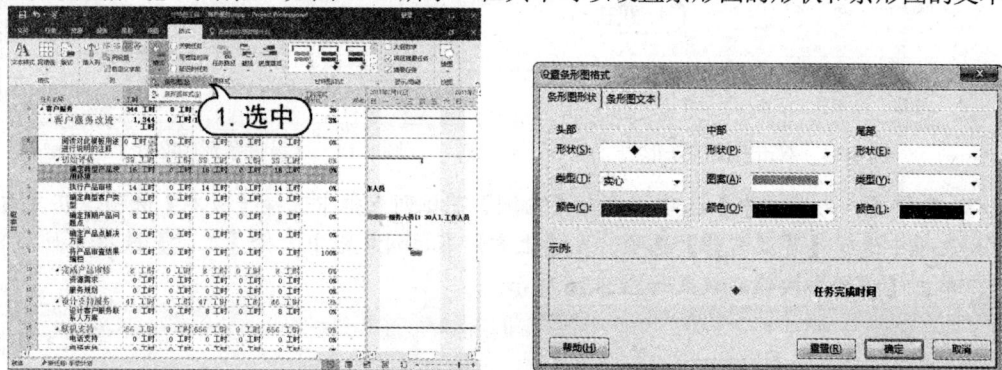

图 8-12 【设置条形图格式】对话框

在【设置条形图格式】对话框中，主要包括表 8-1 中的选项。

表 8-1 【设置条形图格式】对话框中的选项

选 项		说 明
头 部	形 状	用于设置条形图头部形状的样式，包括菱形、五角星等 24 种样式

计算机 基础与实训教材系列

(续表)

选　　项		说　　明
头 部	类 型	用于设置条形图头部形状的类型，包括点画线、实线与空心 3 种类型
	颜 色	用于设置条形图头部形状的颜色
中 部	形 状	用于设置条形图中部形状的样式，包括 6 种样式
	图 案	用于设置条形图中部形状的图案，包括 12 种类型
	颜 色	用于设置条形途中部形状的颜色
尾 部	形 状	用于设置条形图尾部的形状样式，包括菱形、五角星等 24 种样式
	类 型	用于设置条形图尾部形状的类型，包括点画线、实线与空心 3 种类型
	颜 色	用于设置条形图尾部形状的颜色
重置		单击该按钮，可以撤销已设置的条形图格式，恢复到未设置格式之外的状态
帮助		单击该按钮，可以打开【Project 帮助】窗口

【例 8-3】在"客户服务"项目文档中设置条形图。

(1) 启动 Project 2016 应用程序，打开项目文档"客户服务"，选择标识号为 12 的【服务规划】任务，双击右侧的条形图，如图 8-13 所示。

(2) 打开【设置条形图格式】对话框，在【头部】|【形状】下拉列表中选择▼选项，在【颜色】下拉列表中选择【金色】色块；在【尾部】|【形状】下拉列表中选择▲选项，在【颜色】下拉列表中选择【紫色】选项。如图 8-14 所示。

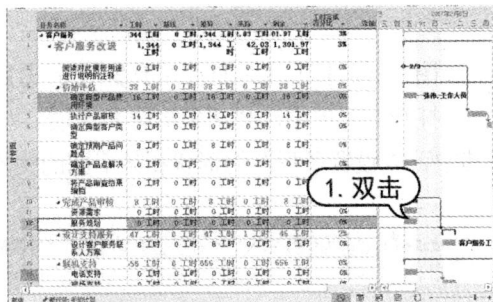

图 8-13　双击右侧的条形图

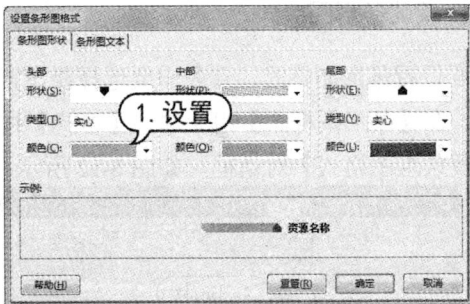

图 8-14　【设置条形图格式】对话框

(3) 选择【条形图文本】选项卡，在【左侧】下拉列表框中选择【成本】选项，在【右侧】下拉列表框中选择【资源名称】选项，在【上方】下拉列表框中选择【工时】选项，如图 8-15 所示，单击【确定】按钮，效果如图 8-16 所示。

图 8-15　【条形图文本】选项卡

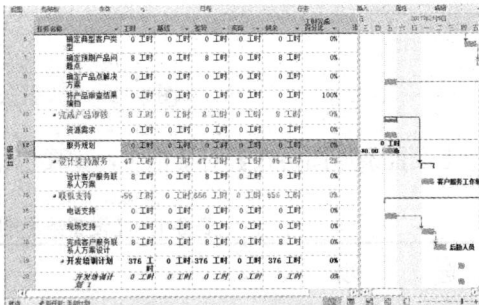

图 8-16　完成后的效果

需要注意的是，本例中的美化条形图只能美化选中任务的条形图，对于未选定的任务的条形图将保持原有格式不变。

2. 设置条形图样式

在 Project 2016 中，还可以针对任务的类别来设置条形图的样式。例如，可以单独设置关键任务、比较基准、里程碑等任务的甘特图样式。

在【甘特图】视图中，执行【格式】|【条形图样式】选项，在打开的对话框中按照任务类型分别设置条形图的样式，如图 8-17 所示。

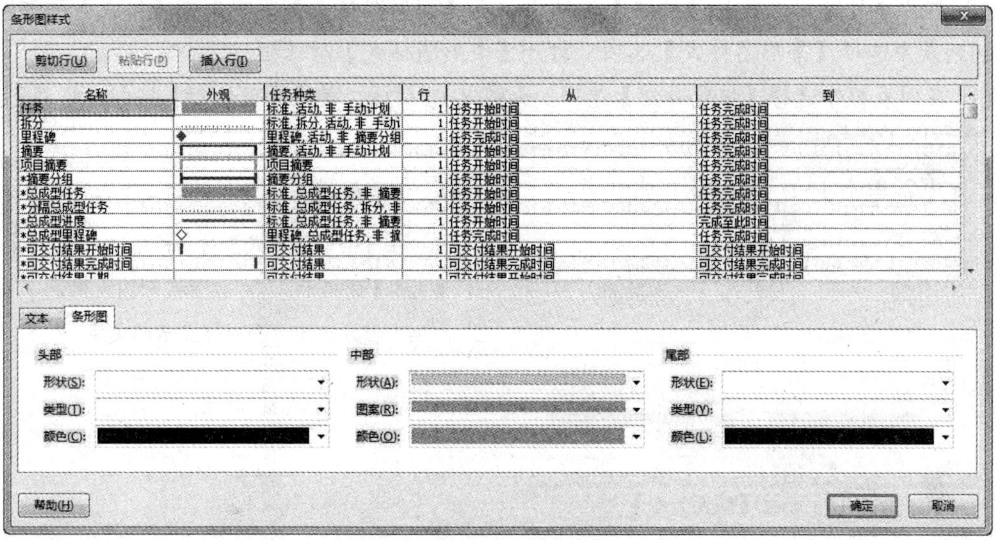

图 8-17 【条形图样式】对话框

【条形图样式】对话框主要包括下列选项。

- 剪切行：用来移动所选任务行，即现在【名称】列表中的任务名称。单击该按钮即可剪切该任务行。

- 粘贴行：用来移动所选任务行。该选项应配合【剪切行】选项使用。单击该按钮，即可将已剪切的任务粘贴在指定位置。

- 插入行：单击该按钮，可在【名称】列表框中所选任务的上方插入一个空行，用于设置新的任务。

- 名称：用于显示或输入任务名称的列。

- 外观：用于显示任务条形图样式的列。

- 任务种类：用于显示或设置任务类型的列。当用户需要在条形图上显示多种类型的任务时，可在文本框中输入任务类型，然后输入逗号，再输入另外一个任务类型。

- 行：用于设置条形图所占据的行数。该行数是依据任务名称中的工作表行来设置的。其中，默认值为 1，其值介于 1~4 之间。

- 从：用于设置任务条形图的起始点。
- 到：用于设置任务条形图的结束点。当用户需要创建代表某个日期符号时。可在【从】与【到】列中设置相同的选项。
- 【文本】选项卡：选择该选项卡，可以设置条形图左侧、右侧、上方、下方与内部显示值的类型。
- 【条形图】选项卡：选择该选项卡，可设置所选任务的条形图的头部、中部与尾部的样式与颜色。
- 帮助：单击该按钮，可打开【Project 帮助】对话框。

【例8-4】在"客户服务"项目文档中设置条形图样式。

(1) 启动 Project 2016 应用程序，打开项目文档"客户服务"。

(2) 打开【甘特图工具】|【格式】选项卡，在【条形图样式】组中单击【格式】按钮，从弹出的列表中选择【条形图样式】选项，打开【条形图样式】对话框。

(3) 在列表框中选择【摘要分组】选项，如图8-18所示，单击【剪切行】按钮，将其删除。

图8-18　删除【摘要分组】

> **知识点**
>
> 在【条形图样式】对话框中，打开【文本】选项卡，可以设置条形图左侧、右侧、上方、下方和内部显示的文字。

(4) 在列表框中选择【摘要】选项，在【条形图】选项卡的【头部】、【中部】和【尾部】的【颜色】下拉列表框中均选择【黄色】选项，在【头部】、【中部】和【尾部】|【形状】下拉列表框中选择一种形状，并在【中部】|【图案】下拉列表框中选择一种图案，如图8-19所示。

(5) 单击【确定】按钮，返回到项目文档，条形图样式如图8-20所示。

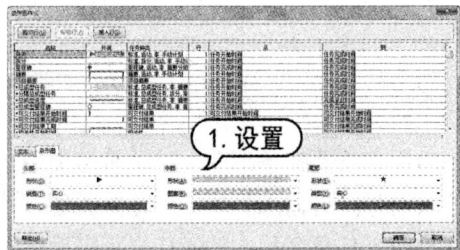

图8-19　设置摘要信息

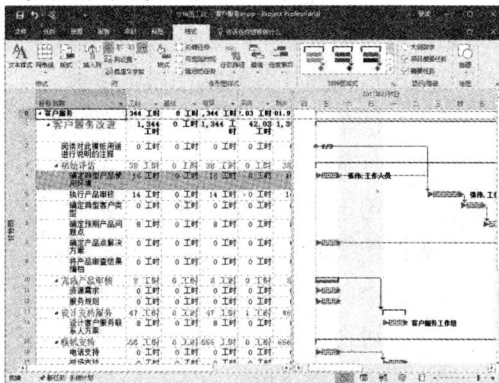

图8-20　设置条形图样式

知识点

在【条形图样式】对话框中插入新任务时，为了便于设置条形图的样式与格式，需要先复制相似的已有任务，然后在复制任务的基础上修改任务格式与类型即可。

⑧.1.4 设置视图格式

视图格式是设置显示在视图部分组件的格式，包括整体甘特图的样式、版式，以及网格线和时间刻度的格式。

1. 设置甘特图样式

在【甘特图】视图中，可以通过【格式】|【甘特图样式】选项中的【其他】下拉列表，来设置任务条形图的样式，如图 8-21 所示。

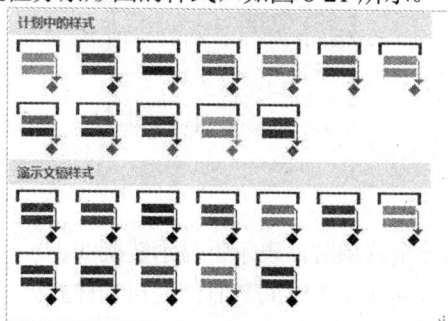

图 8-21 甘特图样式列表框

提示

在【甘特图演示】组中，单击对话框启动器按钮，可以打开【条形图演示】对话框。在该对话框中可以设置条形图的样式。

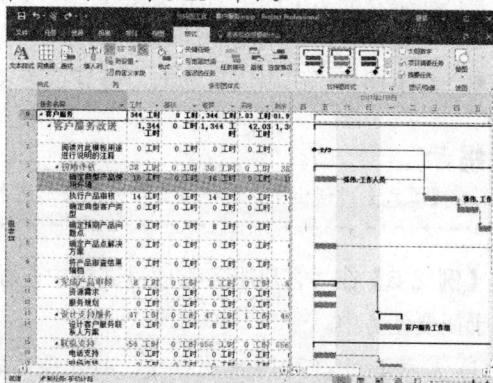

【例 8-5】在"客户服务"项目文档中，快速应用 Project 2016 内置的甘特图样式。

(1) 启动 Project 2016 应用程序，打开项目文档"客户服务"。

(2) 打开【甘特图工具】|【格式】选项卡，在【甘特图样式】组中单击【其他】按钮，从弹出的【计划中的样式】甘特图样式列表框中选择一种任务条形图样式，如图 8-22 所示。

(3) 此时该甘特图样式即可应用到项目文档中，效果如图 8-23 所示。

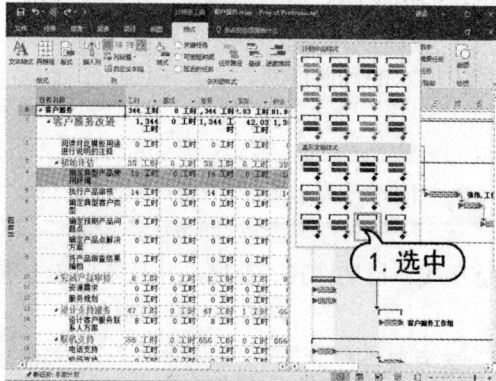

图 8-22 选择一种计划中的样式

图 8-23 应用内置的样式后的甘特图效果

知识点

用户可通过单击【甘特图样式组】|【对话框启动器】按钮，快速打开【条形图样式】对话框。

2. 设置版式

版式是指链接线、条形图旁的日期格式、条形图高度等外观属性。要设置版式在【甘特图】视图中，可以通过选择【格式】|【格式】|【版式】选项，在打开的对话框中设置条形图所显示的日期格式、高度以及链接线的样式，如图 8-24 所示。

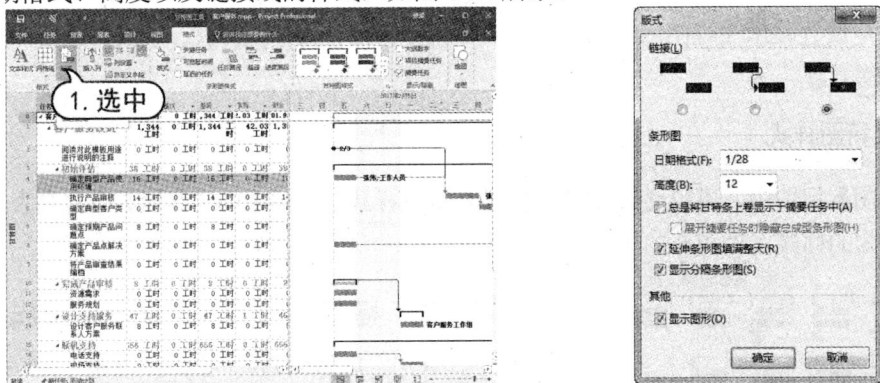

图 8-24 【版式】对话框

在【版式】对话框中，主要包括下列选项。

- 链接：用于设置条形图的链接方式，选中第一个选项时，表示不显示链接线。
- 日期格式：用来设置条形图上所显示的开始时间或结束时间等时间的日期样式。
- 高度：用来设置条形图形状的高度，其选项只包括 6、8、10、12、14、18 与 24 选项。
- 总是将甘特条上卷显示于摘要任务中：启用该复选框，可将条形图的上卷显示在摘要任务中。即，将同列任务的最上一卷任务以总成型任务的方式显示在摘要任务中。
- 展开摘要任务时隐藏总成型条形图：启用该复选框，可展开摘要任务，并隐藏总成型任务。
- 延伸条形图填满整天：启用该复选框，将条形图延伸至整天的长度。
- 显示分隔条形图：启用该复选框，可显示拆分的条形图。禁用该复选框，拆分的条形图将以正常条形图的样式显示。
- 显示图形：启用该复选框，可显示图表区域内插入的其他形状。

提示

在【版式】对话框中，选中【显示分隔条形图】复选框，可在条形图上显示任务的拆分状态。

【例 8-6】在"客户服务"项目文档中，设置链接线、日期格式、高度，并且条形图上卷显示于摘要任务中。

(1) 启动 Project 2016 应用程序，打开项目文档"客户服务"。

(2) 打开【甘特图工具】|【格式】选项卡，单击【格式】|【版式】按钮，打开【版式】对话框。

(3) 在【链接】选项区域中选择第二个单选按钮，在【日期格式】下拉列表框中选择【2009年 1 月 28 日星期三】选项，在【高度】下拉列表框中选择【18】选项，选择【总是将甘特条上卷显示于摘要任务中】复选框，如图 8-25 所示。

(4) 单击【确定】按钮，完成版式设置，此时条形图的版式效果如图 8-26 所示。

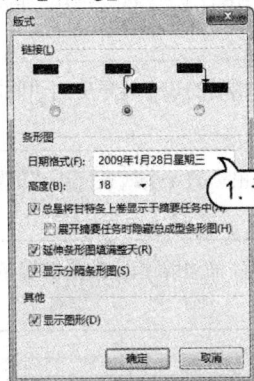

图 8-25　设置版式　　　　　　　图 8-26　设置版式后的效果

3. 设置网格格式

在视图中为了增强可读性，可以重新设置网格格式，即设置视图中网格的线条样式。例如，设置视图中的工作表行、工作表列、甘特图行等。

要设置网格格式，打开【甘特图工具】|【格式】选项卡，单击【格式】|【网格线】按钮，从打开的菜单中选择【网格】选项，打开【网格】对话框，如图 8-27 所示。在该对话框中可以设置线型、颜色等。

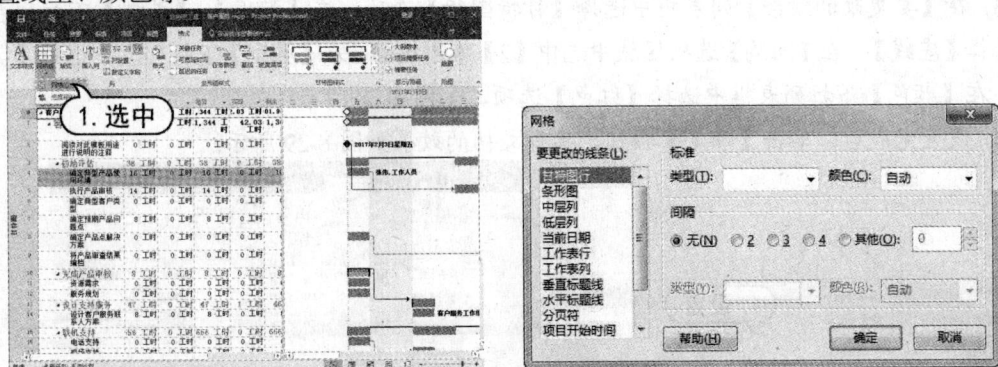

图 8-27　【网格】对话框

在【网格】对话框中，主要包括表 8-2 中的选项。

表 8-2　【网格】对话框选项

选　　项	说　　明
要更改的线条	用于选择需要更改的线条类型，包括甘特图行、条形图等 14 种线条类型

（续表）

选　　项	说　明	选　　项
标准	类型	用于设置线条的类型，包括无、短划线等五种选项
	颜色	用于设置线条的颜色
间隔	无	表示线条之间没有间隔，也表示将"标准"设置应用到所有线条类型中
	2	表示间隔 2 个线条应用"标准"设置，而相隔的 2 个线条应用"间隔"中的【类型】与【颜色】设置
	3	表示间隔 3 个线条应用"标准"设置，而相隔的 3 个线条应用"间隔"中的【类型】与【颜色】设置
	4	表示间隔 4 个线条应用"标准"设置，而相隔的 4 个线条应用"间隔"中的【类型】与【颜色】设置
	其他	表示间隔指定数量的线条应用"标准"设置，而相隔指定数量的线条应用"间隔"中的【类型】与【颜色】设置
	类型	用于设置间隔内线条的类型
	颜色	用于设置间隔内线条的颜色
帮助		单击该按钮，可打开【Project 帮助】窗口

【例 8-7】在"客户服务"项目文档中，将甘特图行设置为实线，间隔为 3，间隔线为虚线，颜色为橄榄色。

(1) 启动 Project 2016 应用程序，打开项目文档"客户服务"，切换至【甘特图】视图。

(2) 打开【甘特图工具】|【格式】选项卡，单击【格式】|【网格线】按钮，从打开的菜单中选择【网格】选项，打开【网格】对话框。

(3) 在【要更改的线条】列表框中选择【甘特图行】选项，在【标准】|【类型】下拉列表框中选择【虚线】，在【间隔】选项区域中选中【2】单选按钮，在【类型】下拉列表中选择【实线】，在【颜色】下拉列表框中选择【红色】选项，如图 8-28 所示。

(4) 设置完成后，单击【确定】按钮，项目文档的效果如图 8-29 所示。

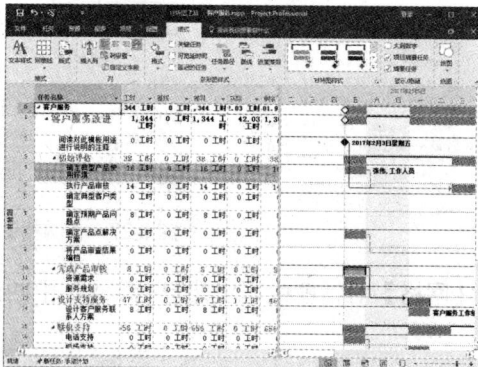

图 8-28　设置网格格式

图 8-29　设置网格样式后的效果

4. 美化时间刻度

时间刻度显示在视图的图表或时间分段部分的上面，每个视图中可以显示最多 3 层时间刻度。为使整个视图具有和谐、统一的效果，还需选择【视图】|【显示比例】|【时间刻度】|【时间刻度】选项。在打开的【时间刻度】对话框中的【顶层】、【中层】与【底层】选项卡中，分别设置时间刻度的显示格式，如图 8-30 所示。

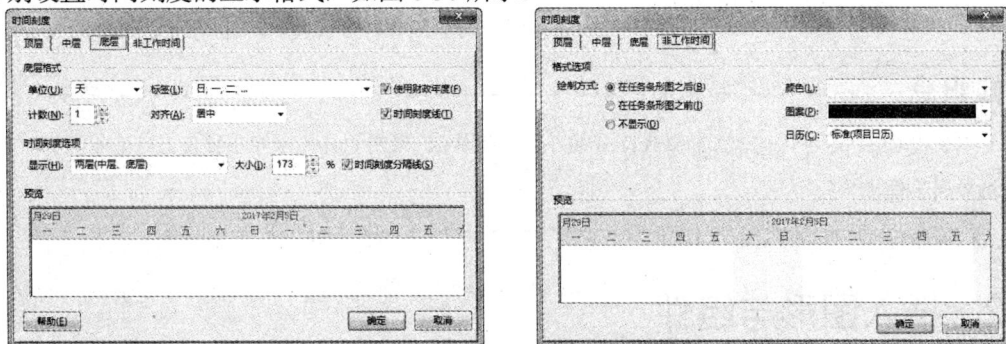

图 8-30　【时间刻度】对话框

在【顶层】、【中层】与【底层】选项卡中，主要包括表 8-3 中的选项。

表 8-3　时间刻度格式设置选项说明

选　项		说　明
顶层/中层/底层格式	单位	用于设置时间显示的单位(范围)，包括天、周、月等 9 种选项
	标签	用于设置实际显示的标签格式，包括 39 种标签格式
	使用财政年度	启用该复选框，将以财政年度作为时间刻度标签的基准；禁用该复选框，将以日历年作为时间刻度标签的基准
	计数	用于设置单位标签在时间刻度层上的频率。例如，当【单位】选项为"周"时，输入 2 表示时间刻度按 2 周分段
	对齐	用于设置单位标签的对齐格式，包括左、右与居中 3 种对齐方式
	时间刻度线	启用该复选框，可以显示单位之间的竖线
时间刻度选项	显示	用来设置时间刻度的显示层数，包括一层(中层)、两层(中层、底层)与三层(顶层、中层、底层)3 种选项
	大小	用于输入或选择所需的百分比值，该值表示紧缩或展开时间刻度列的程度
	时间刻度分隔线	启用该复选框，表示显示时间刻度层之间的横线

另外，在【时间刻度】对话框中，激活【非工作时间】选项卡，可设置任务在非工作时间段内时间刻度的格式。

在【非工作时间】选项卡中，主要包括下列选项。

- ⊙ 绘制方式：用于设置非工作时间的时间刻度的显示位置，其中【在任务条形图之后】选项表示在条形图之后显示非工作时间刻度，并在连续非工作日之间显示间隔条；

【在任务条形图之前】选项表示在条形图之前显示，并在连续非工作日之间不显示间隔条；而选中【不显示】选项表示不在时间刻度中显示非工作时间。

- 颜色：用于设置非工作时间刻度的显示颜色。
- 图案：用于设置非工作时间刻度的显示图案，包含 11 种图案样式。
- 日历：用于设置非工作时间的日历类型，包括内置的夜班、24 小时、标准与当前项目中以资源名称表示的日历类型。

知识点

可以使用 Ctrl+/(数字小键盘上的斜线)显示较小的时间单位，使用 Ctrl+*(数字小键盘上的星号)显示较大的时间单位。

⑧.2 插入图形与组件

为了能让 Project 2016 传递的信息更加直观，可以使用 Project 2016 的【插入】功能在项目文档中插入备注信息与形状，进行说明性描述，如代表一定意义的图形、图像等，以增强计划文件的显示效果。

⑧.2.1 插入绘图

Project 2016 为用户提供了文本框、箭头、矩形、椭圆和多边形等多种绘图形状，便于描述与显示任务的条形图。

1. 绘制图形

在【甘特图】视图中要插入绘图，首先打开【甘特图工具】|【格式】选项卡，在【绘图】组中单击【绘图】下拉按钮，从打开的下拉菜单中选择要绘制的图形，然后在图表区中拖动鼠标进行绘制即可，如图 8-31 所示。

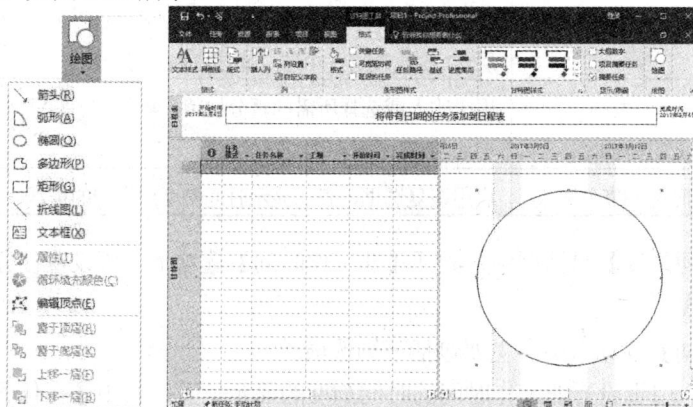

图 8-31　绘制椭圆图形

2. 设置绘图格式

为了使绘制的图形更加美观，还需要设置绘图的格式，如填充颜色、线条样式、绘图大小等。选中绘制的图形，在【格式】|【绘图】组中单击【绘图】下拉按钮，从打开的下拉菜单中选择【属性】选项，打开【设置绘图对象格式】对话框，如图 8-32 所示。在【线条与填充】选项卡中可以设置绘图的线条样式及填充颜色；在【大小和位置】选项卡中可以设置绘图的显示位置、高度与宽度。

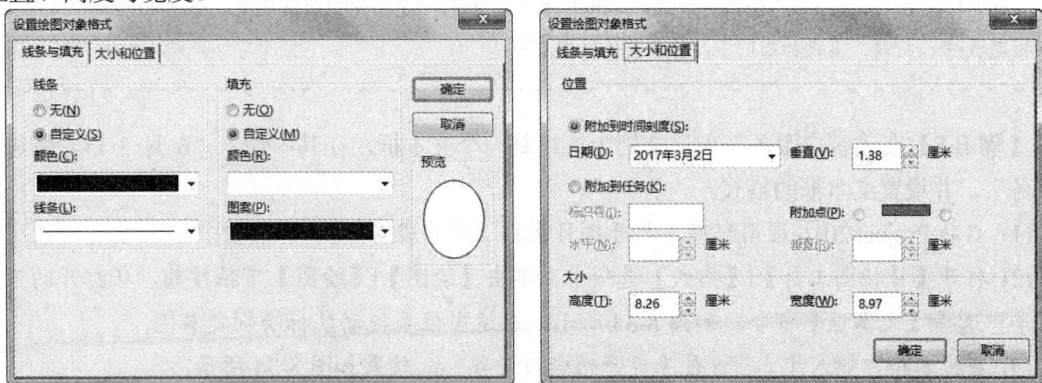

图 8-32　【设置绘图对象格式】对话框

在【线条与填充】选项卡中，主要包括表 8-4 中的选项。

表 8-4　线条与填充设置选项说明

选　项		说　明
线条	无	选中该选项，表示不为绘图的边框线条设置任何颜色
	自定义	选中该选项，可以对绘图的边框线条设置颜色与粗细样式
	颜色	用来设置绘图边框线条的显示颜色
	线条	用来设置绘图边框线条的显示样式(粗细)，包括 5 种选项
填充	无	选中该选项，表示不为绘图设置任何颜色
	自定义	选中该选项，可以对绘图设置颜色与粗细样式
	颜色	用来设置绘图的显示颜色
	图案	用来设置绘图的显示图案，包括 11 种选项
预览		用来显示自定义绘图线条与填充颜色的最终样式

另外，在【设置绘图对象格式】对话框中选择【大小和位置】选项卡，可以设置绘图的显示位置、高度与宽度。

在【大小和位置】选项卡中，主要包括下列选项。

◉ 附加到时间刻度：选中该选项，绘图将自动以指定的时间日期与垂直高度进行显示。其中，单击【日期】下列按钮可以设置绘图的附加日期；单击【垂直】微调按钮，可以设置绘图距离时间刻度的垂直高度。

　　　◉　附加到任务：选中该选项，可将绘图链接到任务上。其中，通过【标识号】选项设置绘图链接到哪个任务，通过【附加点】选项设置绘图是链接到条形图的前面还是后面，通过【水平】与【垂直】选项设置绘图距离条形图的位置。

　　　◉　大小：用于设置绘图形状的高度与宽度。

> **知识点**
>
> 　　在项目文档中，可以插入绘图和图像的位置有 4 个：甘特图中的条形图区域中，备注域(任务、资源和指定域)中，标题、页脚和图例中，资源窗体的图表中。

　　【例 8-8】在"客户服务"项目文档中，绘制一个文本框，在其中输入"6 月 3 日开始进行任务"，并设置文本框的格式。

　　(1) 启动 Project 2016 应用程序，打开项目文档"客户服务"。

　　(2) 打开【甘特图工具】|【格式】选项卡，单击【绘图】|【绘图】下拉按钮，从打开的下拉菜单中选择【文本框】命令，如图 8-33 所示，在适当位置拖动鼠标绘制文本框。

　　(3) 在文本框中输入文本"6 月 3 日开始进行任务"，效果如图 8-34 所示。

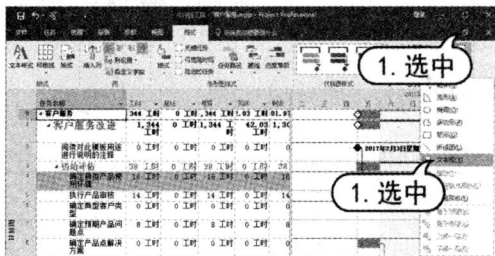

图 8-33　绘制文本框　　　　　　　　　　　　　图 8-34　插入任务

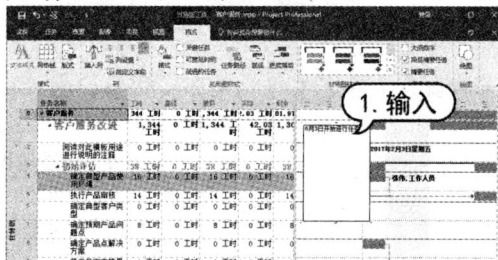

　　(4) 右击文本框，在打开的快捷菜单中选择【属性】命令。

　　(5) 在弹出的对话框中打开【大小和位置】选项卡，在【位置】选项区域中选中【附加到时间刻度】单选按钮，在【垂直】微调框中输入 2 厘米，并设置高度和宽度，如图 8-35 所示。

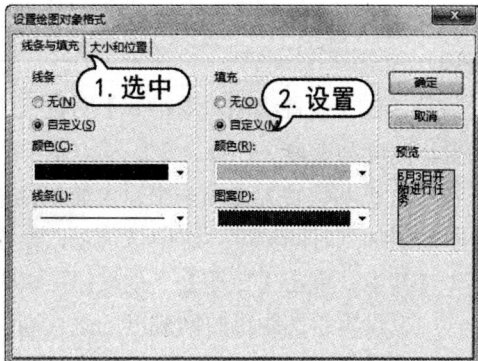

　　(6) 选择【线条与填充】选项卡，在【线条】|【颜色】下拉列表中，选择【蓝色】色块，在【填充】|【颜色】下拉列表中，选择【黄色】色块，在【图案】下拉列表框中选择一种图案样式，如图 8-36 所示。

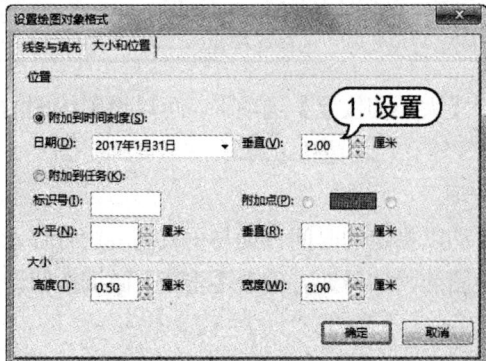

图 8-35　【大小和位置】选项卡　　　　　　　　図 8-36　【线条与填充】选项卡

（7）单击【确定】按钮，调整后的文本框如图 8-37 所示。

（8）右击文本框，在打开的快捷菜单中选择【字体】命令，如图 8-38 所示，打开【字体】对话框，在【字体】列表框中选择【微软雅黑】选项，在【字形】列表框中选择【粗体】选项，在【字号】列表框中选择【小五】选项，在【颜色】下拉列表中选择【黄色】色块，如图 8-39 所示。

图 8-37　调整后的文本框

图 8-38　选择【字体】命令

（9）单击【确定】按钮，完成文本框字体格式的设置，效果如图 8-40 所示。

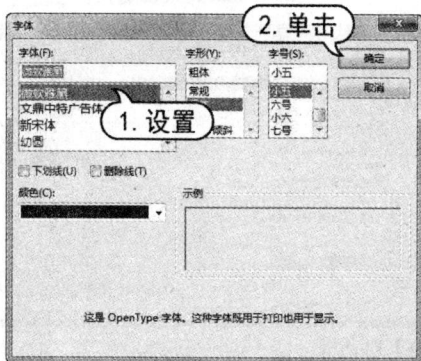

图 8-39　【字体】对话框

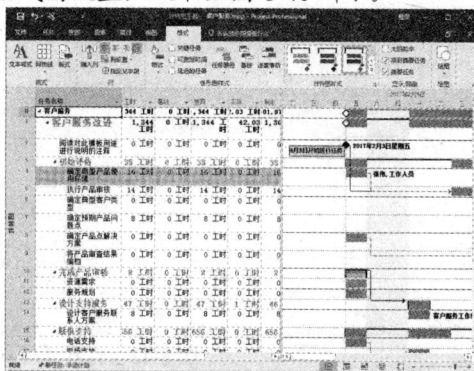

图 8-40　设置文本框中的字体格式

3. 设置绘图的显示层次

当用户在视图中绘制多个图形时，需要根据图形的具体内容，调整图形的显示层次。选择需要调整层次的形状，选择【格式】|【绘图】|【置于顶层】选项，即可将所选图形放置于所有形状的上方，如图 8-41 所示。

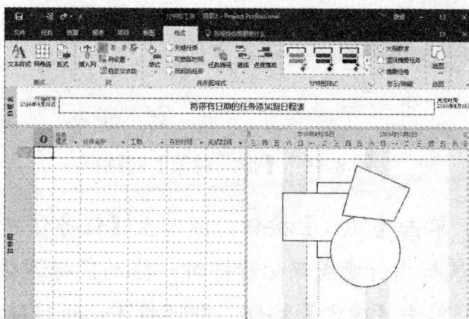

图 8-41　将绘图置于顶层

⑧ 2.2 插入对象

在 Project 2016 中，只能将 Excel 工作表、PowerPoint 幻灯片和 Word 文档等对象插入到任务的备注信息中。此外，还可以在项目文档的页眉、页脚等位置插入图片对象。

1. 插入 Excel 工作表

Excel 具有强大的数据组织、计算、分析和统计功能，可以将数据通过图表、图形等形象地表现出来。在 Project 2016 中，也可以直接使用已有的 Excel 文件，提高工作效率。

【例 8-9】在"客户服务"项目文档中插入 Excel 文档"服务明细表"。

(1) 启动 Project 2016 应用程序，打开项目文档"客户服务"。

(2) 选中标识号为 6 的任务，打开【任务】选项卡，单击【属性】|【备注】按钮，打开【任务信息】对话框。

(3) 在【任务信息】对话框中单击【插入对象】按钮 ，打开【插入对象】对话框，如图 8-42 所示。

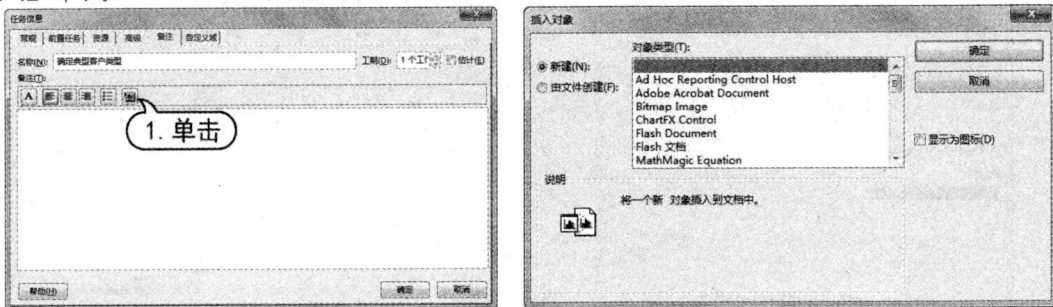

图 8-42　打开【插入对象】对话框

(4) 选中【由文件创建】单选按钮，单击【浏览】按钮，如图 8-43 所示。

(5) 打开【浏览】对话框，在其中选择【服务明细表】工作表，如图 8-44 所示。

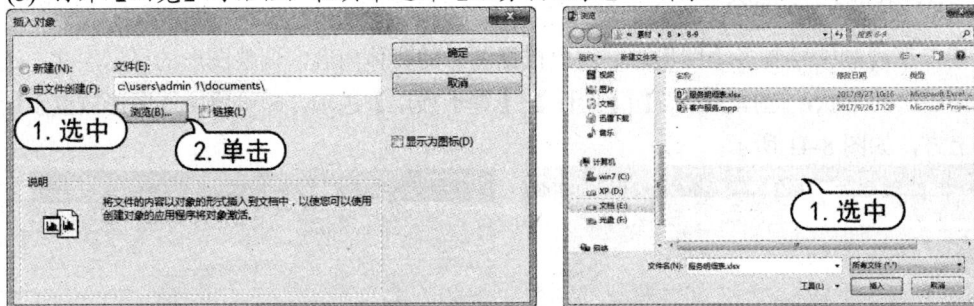

图 8-43　【插入对象】对话框　　　　　图 8-44　【浏览】对话框

(6) 单击【插入】按钮，返回至【任务信息】对话框，将鼠标指针移至对象四周的控制点上，待鼠标指针变成双向箭头时，拖动鼠标调整 Excel 对象的大小，效果如图 8-45 所示。

(7) 单击【确定】按钮，即可将 Excel 对象插入到任务的备注信息中，并显示标记 ，如图 8-46 所示。要查看对象，只需双击该标记，打开【任务信息】对话框，在其中进行查看。

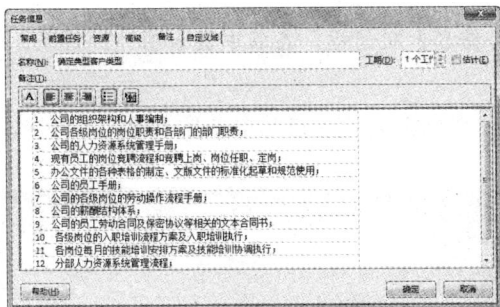

图 8-45 插入 Excel 对象

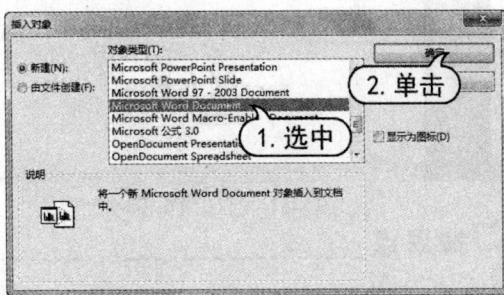

图 8-46 显示 Excel 对象备注信息标记

提示

在【插入对象】对话框中选中【显示为图标】复选框，即可在【任务信息】对话框中显示对象的图表，而非显示对象的内容。

选中【由文件创建】单选按钮的【插入对象】对话框主要包括下列选项。

- ◉ 浏览：单击该按钮，可在打开的【浏览】对话框中选择需要插入的对象文件。
- ◉ 链接：启用该复选框，可将文件内容以图片的形式插入到文档中，其图片将被链接到文件，使文件更改可反映到 Project 文档中。
- ◉ 显示为图标：启用该复选框，可将文件的图标插入到文档中。

2. 插入 Word 图片

在 Project 2016 中，不仅可以插入 Word 文档，还可以插入 Word 图片，进一步描述和说明特殊任务。

【例 8-10】在"客户服务"项目文档中插入 Word 图片。

(1) 启动 Project 2016 应用程序，打开项目文档"客户服务"。

(2) 选中标识号为 1 的摘要任务，打开【任务】选项卡，单击【属性】|【备注】按钮，打开【摘要任务信息】对话框，单击【插入对象】按钮，打开【插入对象】对话框，如图 8-47 所示。

(3) 选中【新建】单选按钮，在【对象类型】列表框中选择 Microsoft Word Document 选项，单击【确定】按钮，如图 8-48 所示。

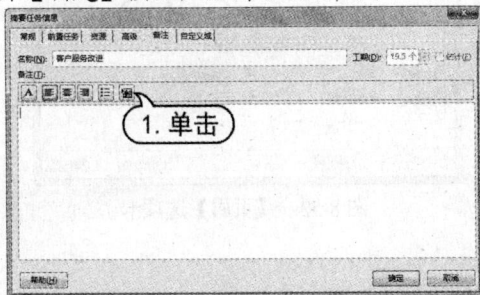

图 8-47 【摘要任务信息】对话框

图 8-48 【插入对象】对话框

(4) 启动 Word 应用程序，打开图片，按 Ctrl+C 快捷键复制图片，然后在 Word 应用程序窗口中按 Ctrl+V 快捷键粘贴图片，如图 8-49 所示。

(5) 关闭 Word 应用程序，返回至【摘要任务信息】对话框，在其中显示图片的效果，如图 8-50 所示。

(6) 单击【确定】按钮，即可将 Word 图片插入到任务的备注信息中并显示标记。

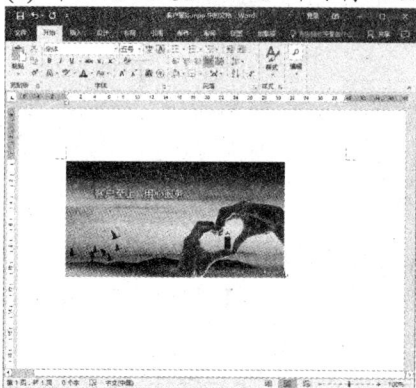

图 8-49　插入图片　　　　　　　　　　　图 8-50　显示图片效果

3. 在页眉、页脚和图例插入图片

除了可以在工作表中插入对象，还可以在项目文档的页眉、页脚等位置插入对象。如果要将图片对象插入到标题、页脚或图例上，可以使用【页眉设置】对话框来实现。

【例 8-11】在"客户服务"项目文档中的页眉处插入图片。

(1) 启动 Project 2016 应用程序，打开项目文档"客户服务"。

(2) 单击【文件】按钮，在打开的【文件】菜单中选择【打印】选项，在打开的窗格中选择【页面设置】选项，如图 8-51 所示。

(3) 打开【页面设置】对话框，选择【页眉】选项卡，选择【居中】选项卡，单击【插入图片】按钮，如图 8-52 所示。

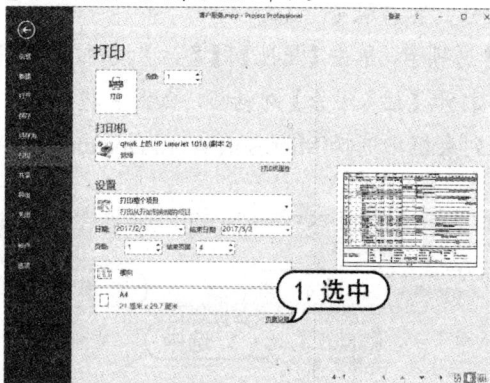

图 8-51　打印预览窗格　　　　　　　　　图 8-52　【页眉】选项卡

知识点

在【页眉设置】对话框中，选择【页脚】和【图例】选项卡，单击【插入图片】按钮，同样可以在页脚和图例的左侧、右侧和中部插入图片。

(4) 打开【插入图片】对话框，选择一张图片，单击【插入】按钮，如图 8-53 所示。

(5) 返回至【页眉】选项卡，在【预览】区域中查看图片效果，如图 8-54 所示。

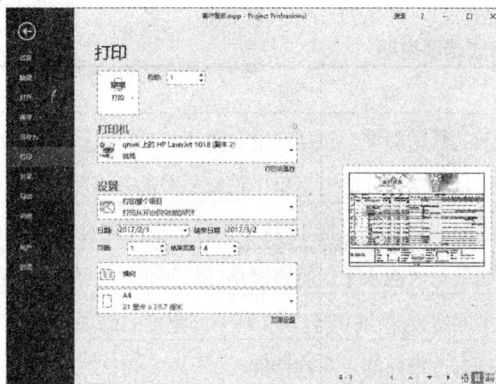

图 8-53 【插入图片】对话框

图 8-54 预览插入的图片

(6) 单击【确定】按钮，返回至打印预览窗格中查看插入图片后的项目文档，效果如图 8-55 所示。

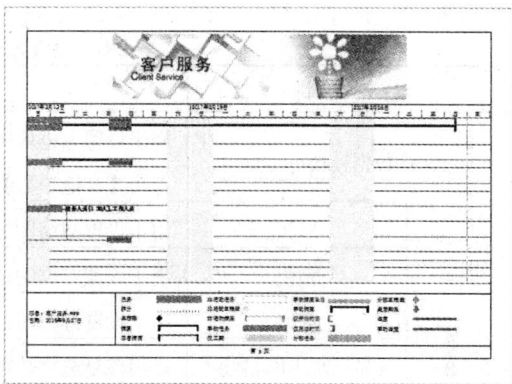

图 8-55 预览插入的图片

8.3 格式化视图

在 Project 2016 中，除了最常用的【甘特图】视图之外，还包括以图形化显示项目任务与资源信息的网格图、日历、资源图表等图表型视图。为了突出项目任务与资源，也为了增加视图的美观性，还需要设置图表型视图的格式。

8.3.1 格式化【网络图】视图

Project 2016 的【网络图】视图是以流程图的格式显示任务与任务相关性。选择【任务】|【视图】|【甘特图】|【网络图】选项，即可切换到【网络图】视图中。

1. 设置方框格式

在【网络图】视图中，选择【格式】|【格式】|【方框】选项，在打开的【设置方框格式】对话框中设置方框的数据模板、边框样式与背景颜色，如图8-56所示。

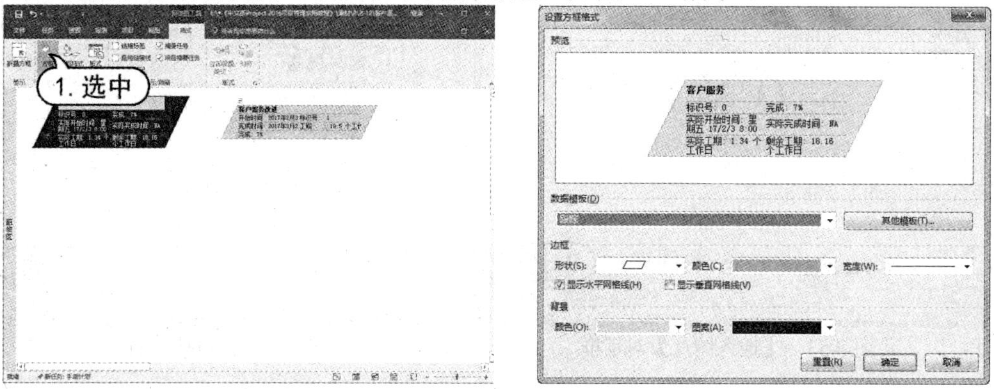

图8-56 【设置方框格式】对话框

在【设置方框格式】对话框中主要包括表8-5中的选项。

表8-5 设置方框格式选项说明

选 项		说 明
数据模板		用于设置方框内所显示的数据类型，包括标准、摘要等10种选项。另外，单击【其他模板】按钮，可在打开的对话框中选择更多的数据类型
边框	形状	用于设置网络图边框的形状样式，包括10种不同的形状样式
	颜色	用于设置方框的边框线条与内部水平、垂直网格线的颜色
	宽度	用于设置方框边框线条的宽度(粗细)，包括4种不同宽度的选项
	显示水平网格线	启用该复选框，可以显示方框内的水平网格线
	显示垂直网格线	启用该复选框，可以显示方框内的垂直网格线
背景	颜色	用于设置方框背景颜色
	图案	用于设置方框的背景图案样式，包括14种不同的图案样式
重置		单击该按钮，可以清除方框格式

2. 设置方框样式

在【网络图】视图中，选择【格式】|【格式】|【方框样式】选项，在打开的【方框样式】对话框中设置方框的类型，以及数据模板、边框样式与背景颜色，如图8-57所示。

在【方框样式】对话框中，主要包括下列选项。

⊙ 请选择方框类型：用来选择需要设置方框样式的任务类型，可按住 Ctrl 或 Shift 键选择多个任务类型。

⊙ 预览：用来显示方框样式的最终效果。

⊙ 设置突出显示筛选样式：启用该复选框，表示将突出显示所选类型的方框样式。

- 从此任务标识号开始显示数据：用来输入或调整开始显示方框样式的任务标识号。例如，输入数字"4"表示从标识号为 4 的任务开始显示所设置的方框样式。
- 数据模板：用于设置方框内所显示的数据类型。
- 边框：用于设置方框边框与内部网格线的颜色，以及边框线条的形状样式与宽度。
- 背景：用于设置方框的背景颜色与背景图案样式。
- 帮助：单击该按钮，可打开【Project 帮助】对话框。

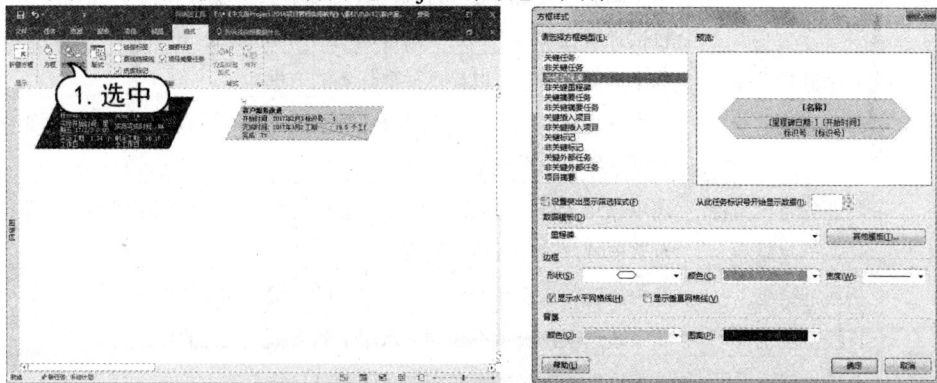

图 8-57　【方框样式】对话框

3. 设置版式

在【网络图】视图中，选择【格式】|【格式】|【版式】选项，在打开的【版式】对话框中选择【在链接线上显示标签】复选框，单击【确定】按钮，如图 8-58 所示。

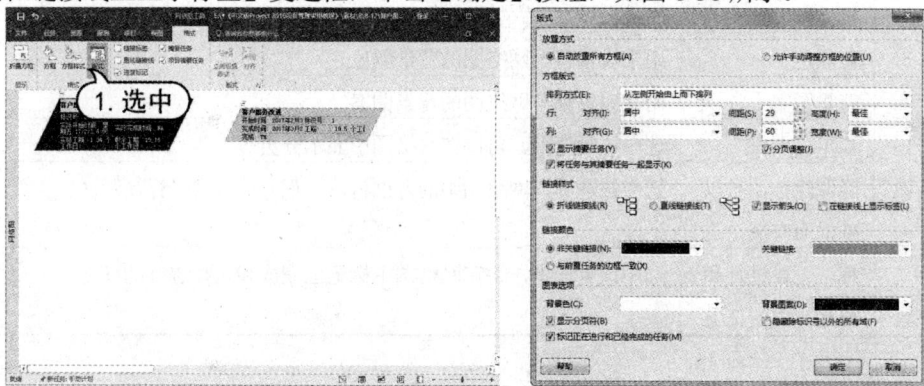

图 8-58　【版式】对话框

在【版式】对话框中，主要包括表 8-6 所示的选项。

表 8-6　版式设置选项说明

选　项		说　明
放置方式	自动设置所有方框	选中该选项，表示系统将按默认位置显示项目中的所有方框
	允许手动调整方框的位置	选中该选项，表示可以手动设置任务方框的显示位置

（续表）

选 项		说 明
方框版式	排列方式	用来设置方框的排列方向与顺序
	行	用于设置方框行的对齐方式，以及间距与高度值。其中，【高度】选项包括"最近"与"固定"两种选项，而【间距】值介于 0~200 之间
	列	用于设置方框列的对齐方式，以及间距与高度值。其中，【高度】选项包括"最近"与"固定"两种选项，而【间距】值介于 0~200 之间
	显示摘要任务	选中该复选框，可以显示摘要任务的方框
	分页调整	选中该复选框，可按整页且分页的格式显示与调整任务方框。否则任务方框会位于分页线上
	将任务与其摘要任务一起显示	选中该复选框，可以同时显示摘要任务与任务。当禁用【显示摘要任务】复选框时，该任务也将被禁用
链接样式	折线链接线	选中该选项，表示不在同一水平上的方框之间用折线进行链接
	直线链接线	选中该选项，表示不在同一水平上的方框之间用直线进行链接
	在链接线上显示标签	选中该复选框，表示在方框之间的链接线上方，将显示代表人物相关性的标签
链接颜色	非关键链接	选中该选项，可以设置非关键链接线的颜色
	关键链接	用于设置关键链接线的颜色
	与前置任务的边框一致	选中该选项，表示非关键链接线的颜色与前置任务的边框颜色一致
图表选项	背景色	用来设置整个网络图的背景颜色
	背景图案	用来设置整个网络图的背景图案
	显示分页符	选中该复选框，可以在网络图中显示分页等
	隐藏除标识号以外的所有域	选中该选项，网络图中的方框将以标识号的样式进行显示
	标记正在进行和已经完成的任务	选中该复选框，将在网络图中标记已完成和正在进行的任务

⑧ 3.2 格式化【日历】视图

Project 2016 中的【日历】视图用来查看某一特定周的任务与工期，以及使用日历格式查看周的范围。选择【任务】|【视图】|【甘特图】|【日历】选项，即可切换到【日历】视图中。然后，选择【格式】|【格式】|【条形图样式】选项，在打开的【条形图样式】对话框中设置不同任务类型的条形图样式，如图 8-59 所示。

📖 **知识点**

在【日历】视图中，通过形状【格式】|【版式】|【立即设置版式】选项，可以更改任务在视图中的排列方式。

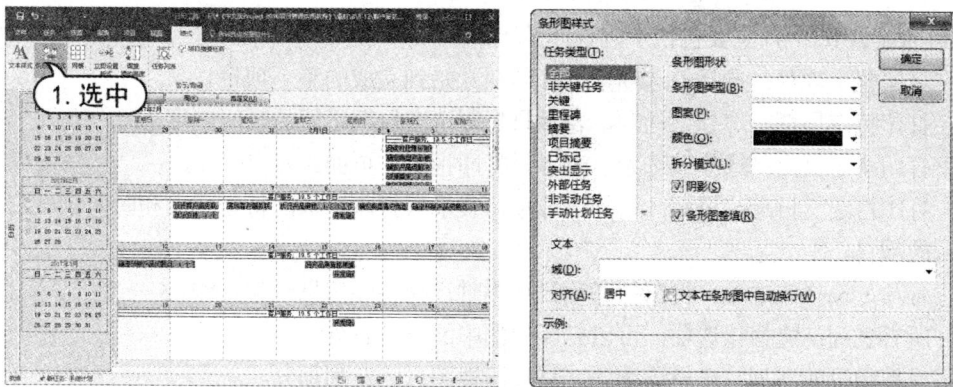

图 8-59　【条形图样式】对话框

在【条形图样式】对话框中，主要包括下列选项。

⦿　任务类型：用于选择需要设置条形图形状的任务类型。

⦿　条形图形状：可以设置条形图的类型、图案、颜色、拆分模式等条形图形状的样式。

⦿　文本：用来设置显示在条形图中的文本名称、对齐格式与自动换行等格式。

8.4　打印视图

为了详细分析项目的日常与成本信息，也为了详细研究项目在实施中所遇到的问题与解决方法，以及保留项目相关信息，需要将项目信息输出到纸张中，在保存项目信息的同时为项目备案提供现实依据。

8.4.1　设置打印范围

管理人员可以根据项目的进度，有选择性地打印项目的已完成信息。首先，选择【文件】|【打印】选项，单击【打印整个项目】下拉按钮，在其下拉列表中选择相应的选项，如图 8-60所示。

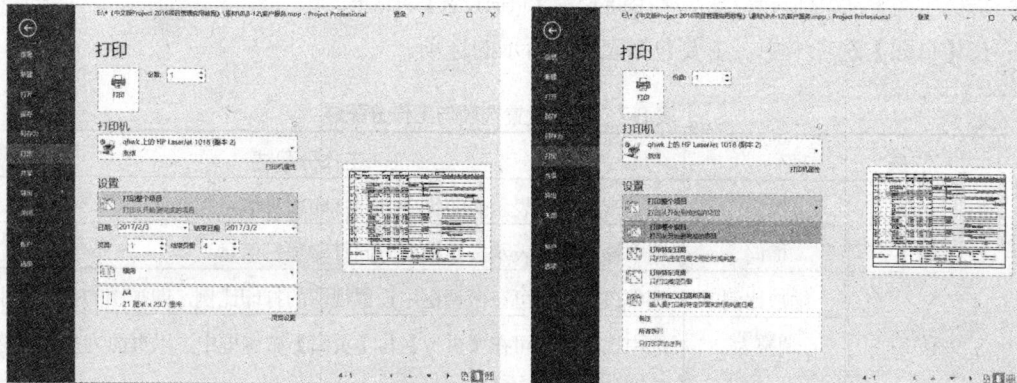

图 8-60　打印设置

在 Project 2016 中，主要包括下列打印范围。

- 打印整个项目：选择该选项，可打印从开始到完成的整个项目。
- 打印特定日期：选择该选项，表示只打印选定日期之间的时间刻度。
- 打印特定页面：选择该选项，表示只打印指定的页面。
- 打印自定义日期和页面：选择该选项，表示只打印输入的特定页面和时间刻度日期内的项目。
- 备注：选择该选项，将在打印项目视图时，将备注信息一起打印。
- 所有表列；选择该选项，可以打印视图中的所有表列。
- 只打印页的左列：选择该选项，只打印视图页的左列部分。

⑧4.2 设置打印页面

在【设置】列表中，选择【页面设置】选项，可在打开的【页面设置】对话框中设置打印页面的样式。

1. 设置页面

在【页面设置】对话框中选择【页面】选项卡，设置打印方向、缩放比例与纸张大小等信息，如图 8-61 所示。

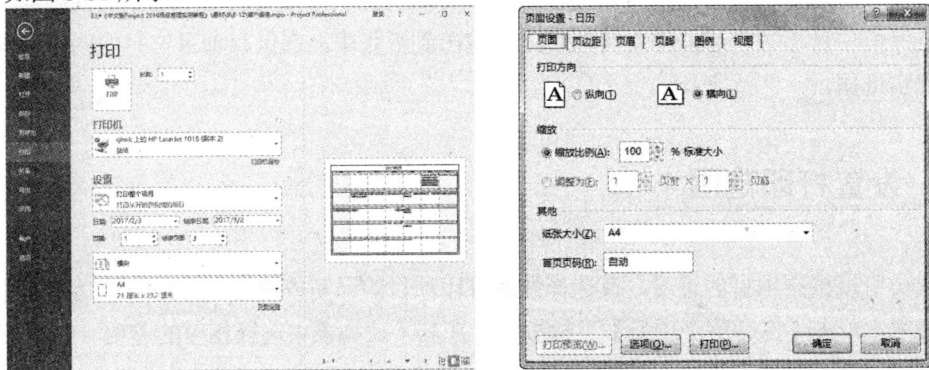

图 8-61　【页面设置】对话框

在【页面】选项卡中，主要包括表 8-7 所示的选项。

表 8-7　页面设置选项与工作分配域

选　　项		工作分配域
打印方向	纵向	选中该选项，表示按照纵向方向打印项目信息
	横向	选中该选项，表示按照横向方向打印项目信息
缩放	缩放比例	选中该选项，可在微调框中设置视图的打印比例，即视图的打印大小
	调整为	选中该选项，可在【页宽】与【页高】微调框中，以页面为基准调整打印视图的大小

(续表)

选 项		工作分配域
其他	纸张大小	用于设置打印纸张的大小，包括 A4、A3、A5 等选项
	首页页码	可在文本框中输入开始打印视图的页码。例如，从第 2 页开始打印时，则需要在文本框中输入数字 2

2. 设置页边距

在【页面设置】对话框中选择【页边距】选项卡，分别设置页面上部、下部、左侧与右侧的边距值，如图 8-62 所示。

在【页边距】选项卡中，还包括【绘制边框于】选项。

◉ 每页：选中该选项，表示在每页中都将显示页面边框。

◉ 页面之外：选中该选项，表示将页面边框设置在页面之外的区域。

◉ 无：选中该选项，表示不显示页面边框。

3. 设置页眉与页脚

在【页面设置】对话框中，选择【页眉】或【页脚】选项卡，可以在页眉与页脚中设置所要显示的内容，如图 8-63 所示。

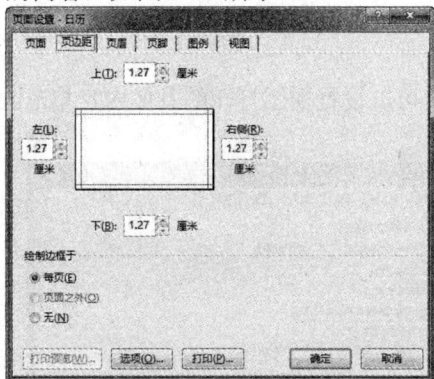

图 8-62 【页边距】选项卡

图 8-63 【页眉】选项卡

在【页眉】与【页脚】选项卡中，主要包括下列选项。

◉ 预览：用于预览页眉或页脚中的内容与样式。

◉ 左：选择该选项卡，可在文本框中设置显示在页眉或页脚左侧的内容。

◉ 右：选择该选项卡，可在文本框中设置显示在页眉或页脚右侧的内容。

◉ 设置字体格式：单击该按钮 ，可在打开的【字体】对话框中，设置页眉或页脚中文本的字体格式。

◉ 插入页码：单击该按钮 ，可在页眉或页脚指定的位置中插入视图页码。

◉ 插入总页数：单击该按钮 ，可在页眉或页脚指定的位置中插入总页数。

◉ 插入当前日期：单击该按钮 ，可在页眉或页脚指定的位置插入当前日期。

◉ 插入当前时间：单击该按钮 ，可在页眉或页脚指定的位置插入当前时间。

◉ 插入文件名：单击该按钮 ，可在页眉或页脚指定的位置中插入当前文档的文件名。

- ◉ 插入图片：单击该按钮 ，可在打开的【插入图片】对话框中，选择所要插入的图片文件。

- ◉ 常规：单击该下拉按钮，在弹出的下拉列表中选择所需插入的内容，单击【添加】按钮，即可将所选内容添加到页眉或页脚中(在其下拉列表中，主要包括项目标题、页码、总页数等 21 种内容)。

- ◉ 项目域：用于添加项目中的域。要添加项目中的域，可单击下拉按钮，在其下拉列表中选择所需插入的域名称，单击【添加】按钮即可。

4. 设置图例

在【页面设置】对话框中，选择【图例】选项卡，可以设置图例的显示位置与图例中所需显示的内容，如图 8-64 所示。

在【图例】选项卡中除了包括【页眉】选项卡中的选项之外，还包括下列选项。

- ◉ 图例位置：用于设置图例的显示位置。选中【每页】选项表示在每个页面中都显示图例，选中【图例页】选项表示只在图例页面中显示图例，选中【无】选项表示不在打印视图中显示图例。

- ◉ 宽度：用于设置图例的显示宽度。

- ◉ 图例标签：单击该按钮，可在打开的【字体】对话框中设置图例的字体格式。

5. 设置视图选项

在【页面设置】对话框中选择【视图】选项卡，可以设置视图打印的具体内容与范围，如图 8-65 所示。

图 8-64　【图例】选项卡　　　　　图 8-65　【视图】选项卡

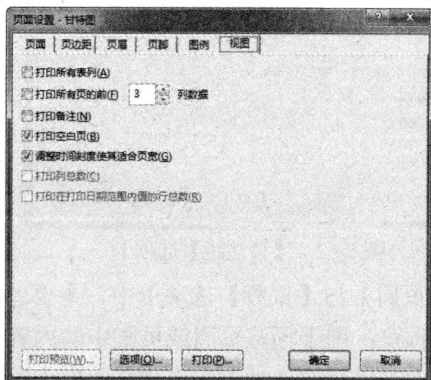

在【视图】选项卡中，主要包括下列选项。

- ◉ 打印所有表列：选中该复选框，可打印视图中的所有表列。

- ◉ 打印所有页的前__列数据：选中该复选框，并在微调框中输入或设置数字，即可只打印所有页中指定的列数据。

- ◉ 打印备注：选中该复选框，可打印视图中的备注信息。

- ◉ 打印空白页：选中该复选框，可打印视图中指定页面范围的空白页。

- 调整时间刻度使其适合页宽：选中该复选框，可在打印视图中自动调整实际刻度的大小，使其适应整个页面。
- 打印在打印日期范围内值的行总数：选中该复选框，可打印指定打印日期范围内的行的总数。默认情况下，该选项为不可用状态。
- 打印列总数：选中该复选框，可打印列的总数。默认情况下，该选项为不可用状态。
- 选项：单击该按钮，可在打开的对话框中设置打印页面、打印方向。
- 打印：单击该按钮可打印视图。
- 打印预览：单击该按钮可预览打印内容。
- 确定：单击该按钮将保存所有的页面设置，并返回到【打印】列表中。
- 取消：单击该按钮将取消所有的页面设置，并返回到【打印】列表中。

8.4.3　设置打印属性

在设置打印属性之前，为保证打印质量，还需要预览打印页面的整体情况。选择【文件】|
【打印】选项，单击预览页面右下角的【实际尺寸】按钮，还原视图的实际大小，如图 8-66
所示。

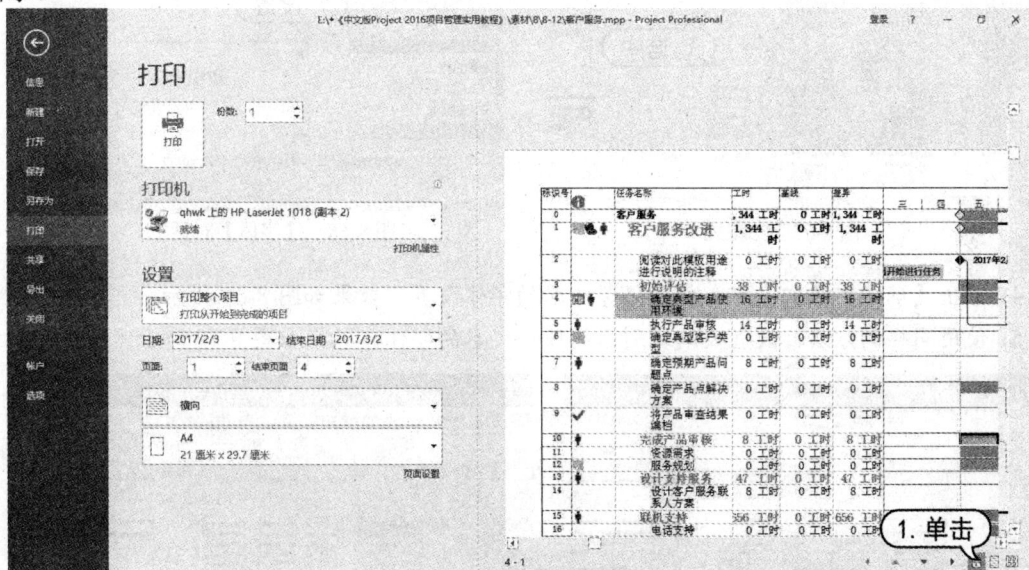

图 8-66　视图实际尺寸

在预览页面中，还包括下列选项。

- 翻页按钮：可通过单击翻页按钮，向上、下、左、右翻页，以查看视图的其他打印页面。
- 实际尺寸：单击该按钮，可以用绘图页的实际尺寸进行显示。
- 单页：单击该按钮，只显示当前的打印页面。
- 多页：单击该按钮，可显示视图中所有的打印页面。

8.5 上机练习

本章的上机练习主要介绍在"商业建筑"项目中来练习设置项目文档的各组件、整体格式和插入对象等操作。

(1) 启动 Project 2016 应用程序，打开项目文档"商业建筑"。右击【比较基准成本】域，在弹出的快捷菜单中选择【隐藏列】命令，如图 8-67 所示，隐藏该列。

(2) 选中大纲级别 1 的任务名称所在的单元格，选择【任务】选项卡，在【字体】组中单击对话框启动器按钮，打开【字体】对话框。

(3) 在【字体】列表框中选择【幼圆】选项，在【字形】列表框中选择【粗体】选项，在【字号】列表框中选择【18】选项，在【颜色】下拉列表框中选择【红】色块，在【背景色】下拉列表框中选择【白色，深色 25%】色块，在【背景图案】下拉列表框中选择一种背景图案样式，如图 8-68 所示。

图 8-67　隐藏列

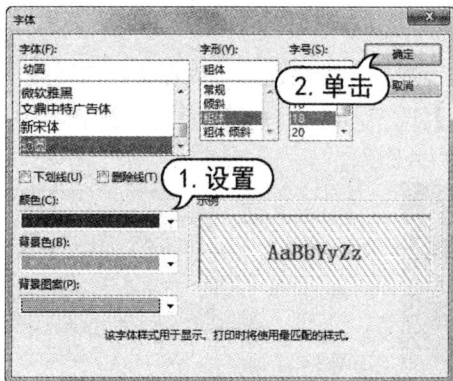

图 8-68　【字体】对话框

(4) 单击【确定】按钮，完成摘要任务文本的字体设置，效果如图 8-69 所示。

(5) 使用同样的方法，设置大纲级别 2 的任务文本的字体，效果如图 8-70 所示。

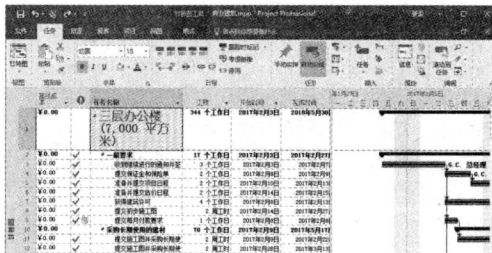

图 8-69　设置大纲级别 1 的任务字体

图 8-70　设置大纲级别 2 的任务字体

(6) 打开【甘特图工具】|【格式】选项卡，在【条形图样式】组中单击【格式】按钮，从打开的菜单中选择【条形图样式】命令，打开【条形图样式】对话框。

(7) 在列表框中选择【任务】选项，在【条形图】选项卡的【头部】、【中部】和【尾部】选项区域的【颜色】下拉列表框中均选择【橙色】选项，在【头部】和【尾部】|【形状】下拉列表框中选择一种形状，在【中部】|【图案】下拉列表框中选择一种图案，如图 8-71 所示。

(8) 单击【确定】按钮，完成任务条形图样式的设置，返回到项目文档查看条形图样式，效果如图 8-72 所示。

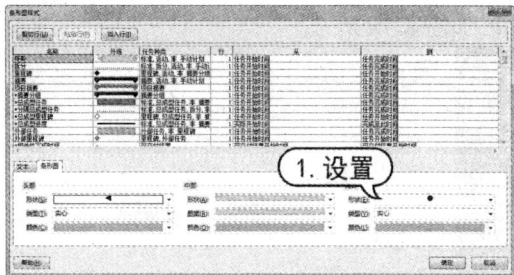

图 8-71　【条形图样式】对话框

图 8-72　设置条形图样式

(9) 选择【视图】选项卡，在【资源视图】组中单击【资源工作表】按钮，切换至【资源工作表】视图，如图 8-73 所示。

(10) 选择【资源工作表工具】|【格式】选项卡，在【格式】组中单击【网格】按钮，打开【网格】对话框。

(11) 在【要更改的线条】列表框中选择【工作表行】选项，在【颜色】下拉列表框中选择【紫色】色块，如图 8-74 所示。

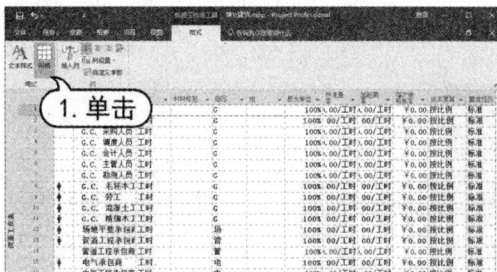

图 8-73　【资源工作表】视图

图 8-74　【网格】对话框

(12) 单击【确定】按钮，设置工作表行的线条颜色。使用同样的方法，设置工作表列的线条颜色，效果如图 8-75 所示

(13) 选择【资源名称】列，在【资源工作表工具】|【格式】选项卡的【格式】组中单击【文本样式】按钮，打开【文本样式】对话框，在【字体】列表框中选择【黑体】选项，在【背景色】下拉列表框中选择【绿色，深色 40%】色块，在【字号】列表框中选择 10，如图 8-76 所示。

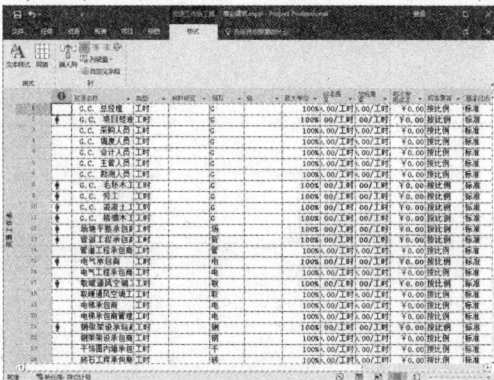

图 8-75　设置网格线

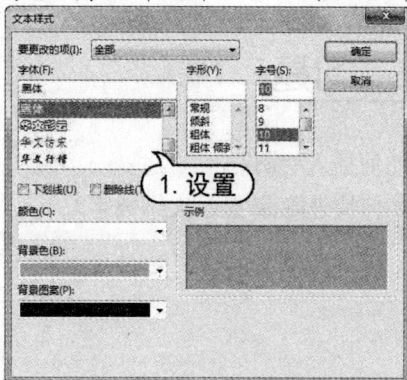

图 8-76　【文本样式】对话框

(14) 单击【确定】按钮，完成字体的设置，效果如图 8-77 所示。

(15) 切换至【甘特图】视图，单击【文件】按钮，从弹出的【文件】菜单中选择【打印】命令，在打开的中部窗格中单击【页面设置】链接，如图 8-78 所示。

图 8-77　设置文本样式

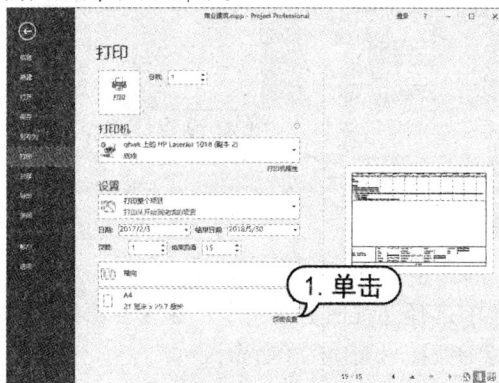

图 8-78　打印预览窗格

(16) 选择【页面设置】对话框的【页眉】选项卡，单击【居中】标签，单击【插入图片】，打开【插入图片】对话框，选择一张图片，单击【插入】按钮，如图 8-79 所示。

(17) 返回至【页眉】选项卡，单击【确定】按钮，返回至打印预览窗格中查看插入图片后的项目文档，效果如图 8-80 所示。

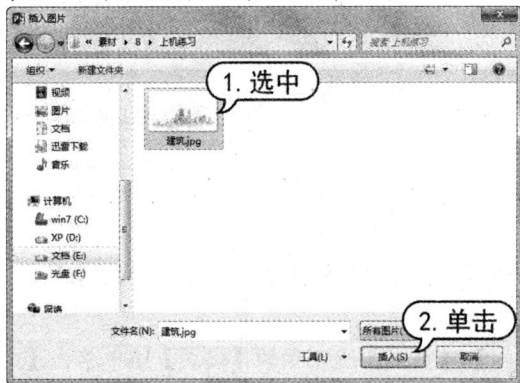

图 8-79　选择页眉图片

图 8-80　预览插入的页眉图片

⑧.6　习题

1. 如何插入绘图？
2. 如何快速隐藏/显示大纲数字？

第9章

分析财务进度

在项目管理中，单独查看进度或成本差异很难发现项目的绩效趋势，另外，这种趋势可能会在项目的剩余工期中继续进行。此时，项目经理可以使用 Project 2016 中的挣值分析(作盈余分析)，全部了解项目在时间和成本方面的绩效趋势。

在本章中，将通过使用挣值视图、挣值成本标记表、挣值日程标记表、可视图表等方式，测量项目的进度，以及根据累计成本进度测量项目的盈余分析。

本章重点

- 设置挣值的计算方法
- 使用【挣值】表
- 查看进度指数
- 查看成本指数
- 图表分析

9.1 理解挣值

Project 2016 为用户提供了挣值功能，主要根据项目状态日期，通过选择工时成本来评估项目进度，并自动评估项目是否超过预算，从而达到分析项目财务进度的目的。

在 Project 2016 中，可以通过挣值功能，全面了解项目的整体绩效。其中，挣值又称为盈余分析与盈余值管理，主要用于衡量项目进度并帮助预测项目结果。挣值包括将项目进度与日程某一点的预期目标对比，或与项目计划的预算对比，并预测项目的未来绩效。

通过挣值，不仅可以确定目前为止项目结果的真实成本，而且在项目的剩余部分可持续预测其绩效趋势。由于挣值有助于预测项目的未来绩效，所以挣值分析是项目使用的重要项目状态报告工具。

在使用挣值分析财务进度之前，还需要了解挣值的分析域。其具体情况如下所示。

- BCWS：表示计划工时的预算成本。
- BCWP：表示已完成工时的预算成本。
- ACWP：表示已完成工时的实际成本。
- SV：表示预算成本与按精度预算成本的差异。
- CV：表示预算成本与实际成本的差异。
- EAC：表示估计完成成本。
- BAC：表示预算完成成本。
- VAC：表示完成差异。

其中，BCWS、BCWP 与 ACWP 这 3 个分析域是挣值分析的核心。在使用挣值分析财务进度之前，必须进行下列操作。

- 为便于在开始跟踪实际工作前计算预算成本，还需要设置基线计划。
- 记录任务或工作分配的实际工时。

另外，为了能及时计算项目的实际状态，还需要设置项目的状态日期，否则系统会自动使用当前日期。在使用挣值分析表时，需要注意下列问题。

- 在进行盈余分析之前，需要设置项目中的固定成本、工时等信息。
- 为了计算预算成本，需要为项目设置基线。
- 记录任务或工作分配的实际工时。
- 为了计算某时间段内的实际绩效，需要设置指定状态日期。

⑨.2 使用分析表

项目经理可以通过不同的计算方式和【挣值】表来查看与分析项目的进度与成本。

⑨.2.1 设置挣值的计算方法

在使用挣值分析与查看项目的进度与成本情况之前，还需要设置整个项目或单个任务挣值的计算方法。

1. 设置项目挣值的计算方法

选择【文件】|【选项】选项，在打开的【Project 选项】对话框中，选择【高级】选项卡，设置挣值的计算方法，如图 9-1 所示。

在【该项目的挣值选项】列表中，主要包括下列两种选项。

- 默认的任务挣值方法：用于指定该项目新任务的挣值计算方法，包括完成百分比与实际完成百分比两种计算方法。在输入新任务时，该任务的挣值计算方法将自动显示为所设置的计算方法。

- 挣值计算的基线：用来指定该项目挣值计算方法所使用的基线，包括基线～基线 10 等 11 种选项。

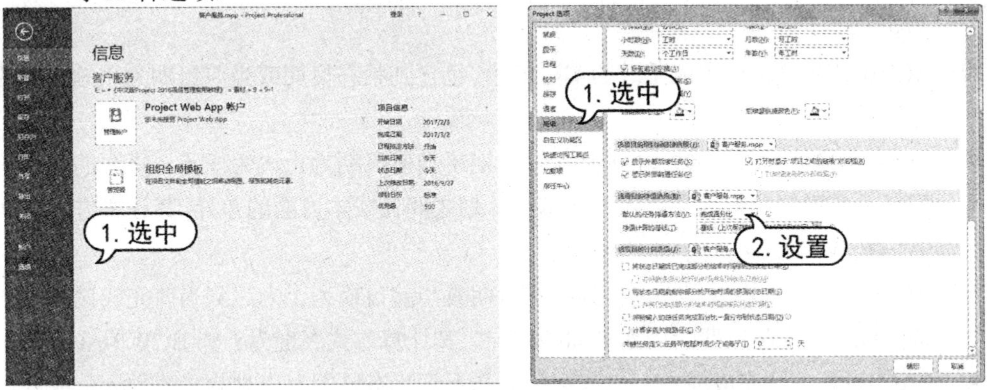

图 9-1　设置挣值的计算方法

知识点

当用户为项目设置基线之后，系统将自动在【挣值计算的基线】选项中显示基线的保存时间。

2. 设置项目挣值的计算方法

要设置项目挣值的计算方法，可以在【甘特图】视图中选择任务名称，选择【任务】|【属性】|【信息】选项。在【高级】选项卡中，单击【挣值方法】下拉按钮，在其下拉列表中选择相应的方法，如图 9-2 所示。

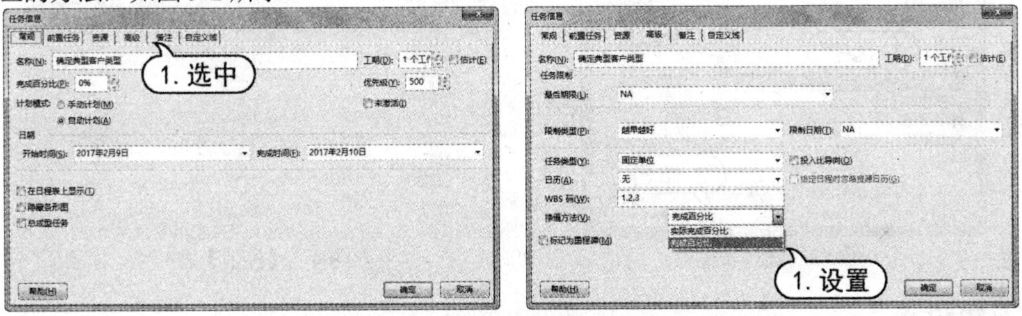

图 9-2　设置任务挣值的计算方法

9.2.2　使用【挣值】表

在【甘特图】视图中选择【视图】|【数据】|【表格】|【更多表格】选项，在打开的【其他表】对话框中选择【挣值】选项，如图 9-3 所示。

在【其他表】对话框中单击【应用】按钮，即可切换到【挣值】表中，如图 9-4 所示。

在【挣值】表中，主要包括下列 8 种分析域。

- 计划值-PV(BCWS)表示计划工时的预算成本，包含到状态日期或当前日期为止，时间分段的基线成本的累计值。

- 挣值-EV(BCWP)表示已完成工时的预算成本，包含任务、资源或工作分配的完成百分比与按时间分段的基线成本的乘积的累计值，EV 的计算到状态日期或当前日期为止。

- AC(ACWP)表示已完成工时的实际成本，包含到状态日期或当前日期为止的工时的累算成本。

- SV 表示挣值日程差异，显示到状态日期或当前日期为止，为任务、资源的所有已分配任务或工作分配的当前进度和基线计划之间在成本方面的差异，其计算方式表现为 SV=BCWP-BCWS。

- CV 表示挣值成本差异，包含到状态日期或当前日期为止为达到当前完成比例应该花费的成本与实际花费的成本之间的差异。其计算方式表现为 CV=BCWP-ACWP。

- EAC 表示估计完成成本，包含某任务基于到状态日期为止时业绩的预计总成本。其计算方式表现为 EAC=ACWP+(基线成本 x BCWP)/CPI。

- BAC 表示预算完成成本，显示某一任务、所有已分配的任务的某一资源或任务上某一资源已完成的工时的总计划成本。该值与保存基线时的【成本】域的内容相同。

- VAC 表示完成差异，显示某一任务、资源或任务上的工作分配的 BAC(预算完成成本)或基线成本和 EAC(估计完成成本)之间的差异，其计算方式表现为 VAC=BAC-EAC。

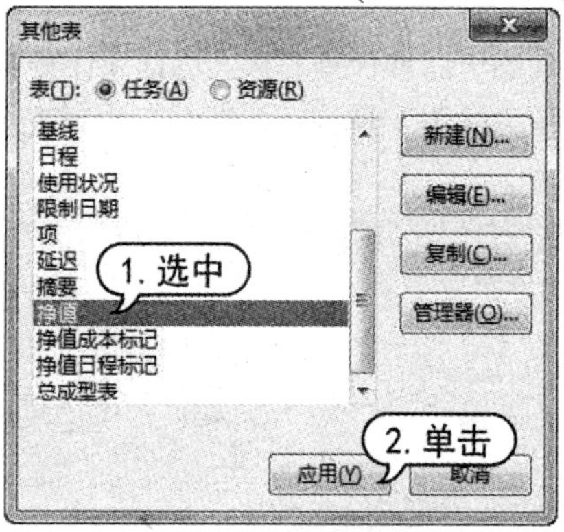

图 9-3　选择表类型

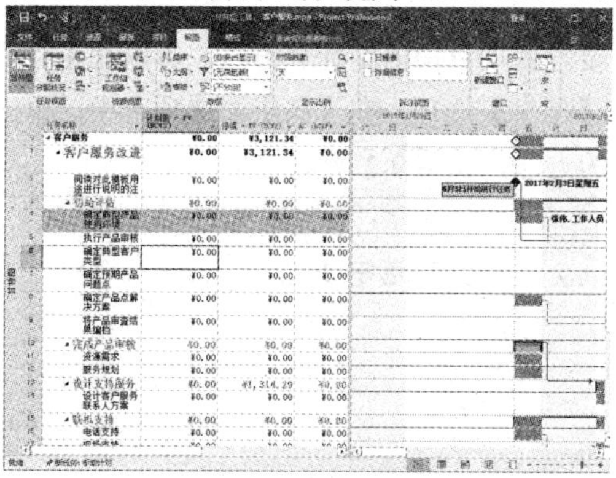

图 9-4　【挣值】表

知识点

　　在资源类视图中，选择【视图】|【数据】|【表格】|【更多表格】选项，选择【挣值】选项，单击【应用】按钮，即可将视图切换到【挣值】表中。

⑨.3　衡量绩效

　　挣值分析是用来了解项目时间与成本方面的整体绩效，是衡量项目进度的有力工具，不仅可以查看项目进度与成本指数，而且还可以生成可视报表。

⑨.3.1　查看进度指数

在【甘特图】视图中，可以通过下面介绍的方法查看进度指数。

【例 9-1】在"客户服务"项目文档中查看进度指数。

(1) 启动 Project 2016 应用程序，打开项目文档"客户服务"。

(2) 在【甘特图】视图中，选择【视图】|【数据】|【表格】|【更多表格】选项。在打开的【其他表】对话框中，选择【挣值日程标记】选项，并单击【应用】按钮，如图 9-5 所示。

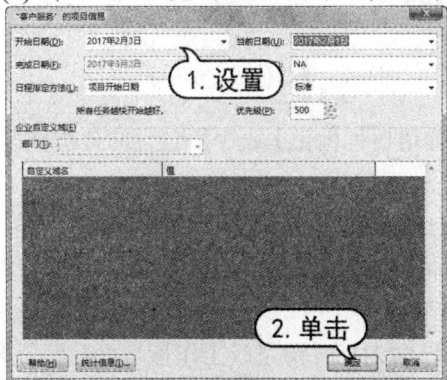

图 9-5　选择表类型

(3) 选择【项目】|【属性】|【项目信息】选项，设置项目的状态日期，如图 9-6 所示。

(4) 单击【确定】按钮，便可以在视图中查看挣值分析进度指数，如图 9-7 所示。

图 9-6　设置状态日期　　　　图 9-7　【挣值日程标记】表

📖 **知识点**

　　【挣值日程标记】表只能显示在任务类视图中，无法显示在资源类视图中。

在【挣值日程标记】表中，除了包括 PV(BCWS)、EC(BCWP) 与 SV 分析域之外，还包括下列两种分析域。

- **SV%**：表示日程差异百分比，显示日程差异(SV)与计划工时的预算成本(BCWS)之间的比值，以百分比表示，其计算方式表现为 $SV\% = (SV/BCWS) \times 100$。

● SPI：表示日程业绩指数，显示已完成工时的预算成本与计划工时的预算成本的比值。其计算方式表现为 SPI=BCWP/BCWS。

9.3.2 查看成本指数

在【甘特图】视图中，可以通过下面介绍的方法查看成本指数。

【例 9-2】在"客户服务"项目文档中查看成本指数。

(1) 启动 Project 2016 应用程序，打开项目文档"客户服务"。

(2) 在【甘特图】视图中，选择【视图】|【数据】|【表格】|【更多表格】选项。在打开的【其他表】对话框中选择【挣值成本标记】选项，并单击【应用】按钮，如图 9-8 所示。

(3) 此时系统会自动切换到【挣值成本标记】表中，用户可在视图中查看挣值分析成本指数，如图 9-9 所示。

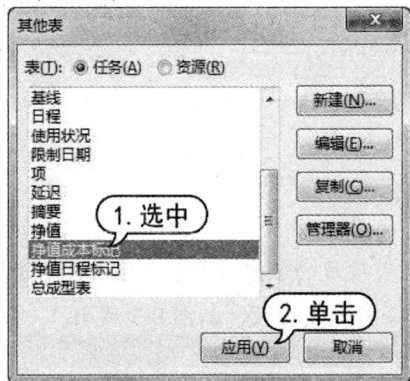

图 9-8　选择表类型

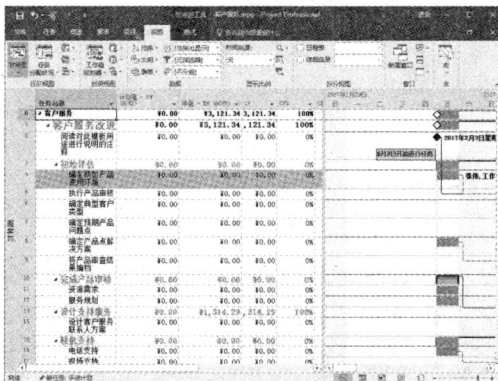

图 9-9　【挣值成本标记】表

在【挣值成本标记】表中，除了【挣值】表与【挣值日程标记】表中所包含的分析域之外，还有下列两种分析域。

● CPI：表示成本业绩指数，包含到项目状态日期或当前日期为止时已完成工作量的基线成本(BCWP)与已完成工作量的时间成本(ACWP)之间的比值，其计算方式表现为 CPI＝BCWP－ACWP。

● TCPI：表示待完成业绩指数，显示到状态日期为止时待完成工作量与可花费资金之间的比值。其计算方式表现为 TCPI＝(BAC－BCWP)/(BAC－ACWP)。

知识点
> 【挣值成本标记】表只能显示在任务类视图中，无法显示在资源类视图中。

9.3.3 使用盈余分析可视报表

在 Project 2016 中，可以使用盈余分析可视报表查看按时间显示的 AC、计划值与盈余值的图表。

【例 9-3】 在"客户服务"项目文档中，使用盈余分析可视报表。

(1) 启动 Project 2016 应用程序，打开项目文档"客户服务"。

(2) 选择【报表】|【导出】|【可视报表】选项。选择【工作分配使用状况】选项卡，选择【随时间变化的盈余分析表】选项，单击【查看】按钮，如图 9-10 所示。

(3) 此时，系统会自动打开 Excel 组件，并显示生产盈余分析可视报表，如图 9-11 所示。

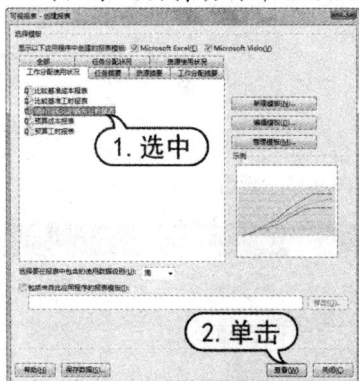

图 9-10　创建可视报表

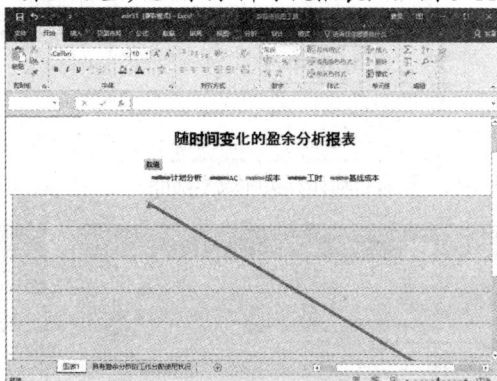

图 9-11　盈余分析可视报表

> **知识点**
>
> 　生成盈余分析可视报表之后，可通过在【数据透视表字段列表】对话框中添加或删除数据透视表来显示字段。

9.4　记录项目的成本信息

除了运用挣值、图表与数据透视表分析财务进度之外，用户还可以通过计算分配给任务的资源成本的方法，来分析除固定成本之外的任务成本。

9.4.1　记录任务成本表

在使用任务成本表记录项目的成本信息之前，首先需要选择【文件】|【选项】选项，在【选项】对话框中的【日程】选项卡中确定已经启用了【Project 自动计算实际成本】复选框，如图 9-12 所示。

然后在【甘特图】视图中，选择【视图】|【数据】|【表格】|【成本】选项，切换到【成本】表中，查看任务的总成本、基线成本、成本差异、实际成本与剩余成本等成本信息，如图 9-13 所示。

当为项目设置基线之后，系统会根据项目实际完成情况，对比计划任务成本，以突出显示基准成本与实际成本之间的差异情况。另外，当为任务分配了固定成本时，系统会自动将固定成本添加到已计算的成本中，并显示基线与实际成本的差异值，如图 9-14 所示。

图 9-12　设置自动计算实际成本功能

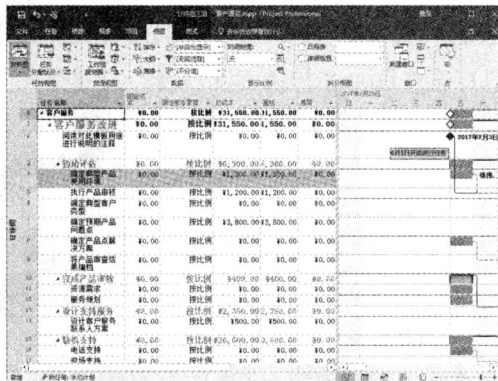

图 9-13　查看任务的成本信息

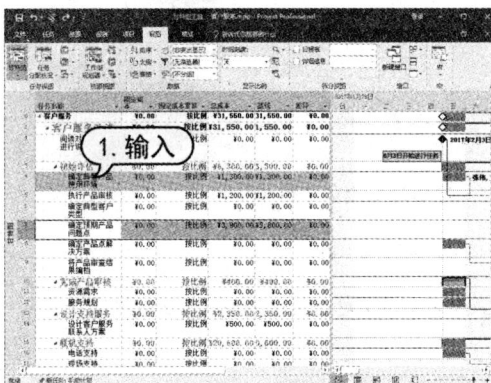

图 9-14　查看差异情况

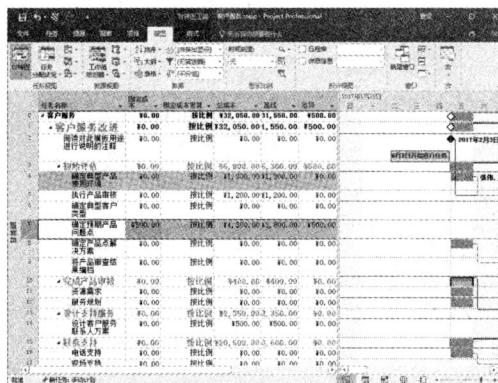

9.4.2　记录资源成本表

资源成本表与任务成本表大体相同，主要显示了资源的成本、基线成本、差异、实际成本与剩余成本信息。一般情况下，可在【资源工作表】视图中的【成本】表中，查看资源的成本信息，如图 9-15 所示。

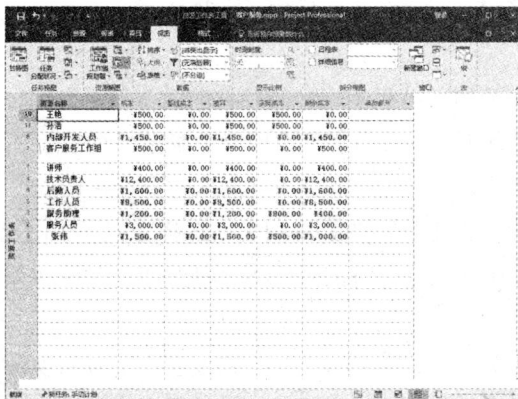

图 9-15　查看资源成本

⑨.4.3　重新设置资源成本

虽然在 Project 2016 中可以设置自动更新成本，但是 Project 2016 更新资源成本时，需要依靠用户设置的累算方式进行更新。另外，为了实现为资源分配实际成本，或跟踪任务实际工时中的实际成本，还需要重新设置系统已计算的成本。

1. 重设计算方式

选择【文件】|【选项】选项，在打开的【选项】对话框的【日程】选项卡，禁用【Project 自动计算实际成本】复选框，禁止系统自动计算实际成本，如图 9-16 所示。

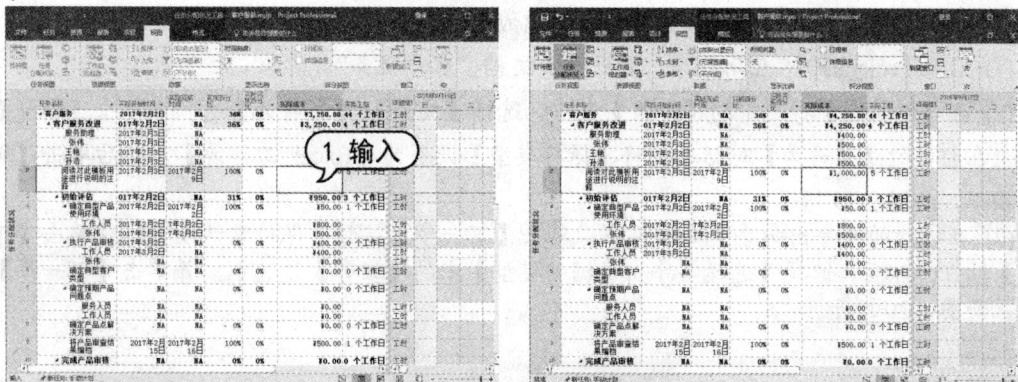

图 9-16　禁用自动计算实际成本功能

2. 重设资源成本

在【任务分配状况】视图中的【跟踪】表中，选择需要重设成本的资源名称，在【实际成本】域中输入成本值。此时，系统会自动将资源的实际成本累加到任务的时间成本中，如图 9-17 所示。

图 9-17　输入资源成本值

另外，选择需要重设成本的任务名称，在【实际成本】域中输入成本值，如图 9-18 所示。此时，系统会将新增加的实际成本平分到该任务下的所有资源中。

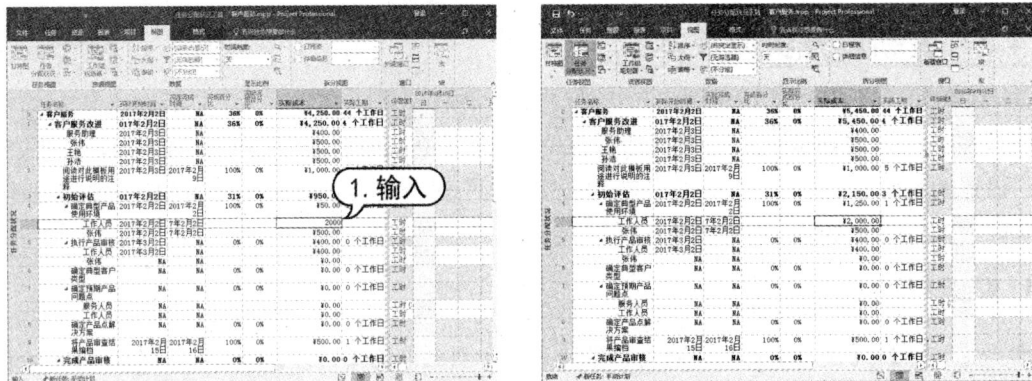

图 9-18　输入任务成本值

9.5 分析项目信息

在 Project 2016 中，还可以通过将挣值分析数据导入 Excel 工作表中的方法，以图表与数据透视表的方式分析项目的成本或进度信息。

9.5.1 图表分析

用户可以运用 Project 2016 中的导出项目功能，将挣值分析数据导出 Excel 工作表中，并以图表的方式分析项目数据。

1. 导出数据

在 Project 2016 中，可以通过下面介绍的方法导出数据。

【例 9-4】在"客户服务"项目文档中导出数据。

(1) 启动 Project 2016 应用程序，打开项目文档"客户服务"。

(2) 在【甘特图】视图中的【挣值】表中，选择【文件】|【另存为】选项，单击【浏览】按钮。在打开的【另存为】对话框中将【保存类型】设置为【Excel 工作簿】，然后单击【保存】按钮，如图 9-19 所示。

(3) 在打开的【导出向导】对话框中，单击【下一步】按钮。保持默认设置继续单击【下一步】按钮。然后，选择【选择要导出数据的类型】中的【任务】复选框，并单击【下一步】按钮，如图 9-20 所示。

知识点

当用户导出资源类的挣值数据时，例如导出【资源工作表】视图中的【挣值】表中的数据时，则需要启用【资源】复选框。

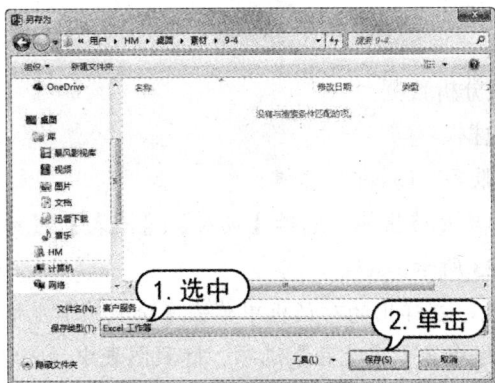

图 9-19 选择保存类型

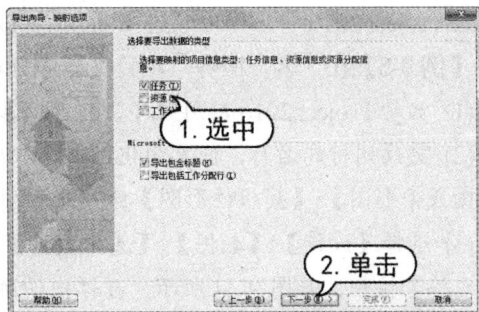

图 9-20 选择导出数据的类型

(4) 打开【导出向导-任务映射】对话框，单击【根据表】按钮，如图 9-21 所示。在打开的
【选定域映射基准表】对话框中选择【挣值】选项，单击【确定】按钮，如图 9-22 所示。

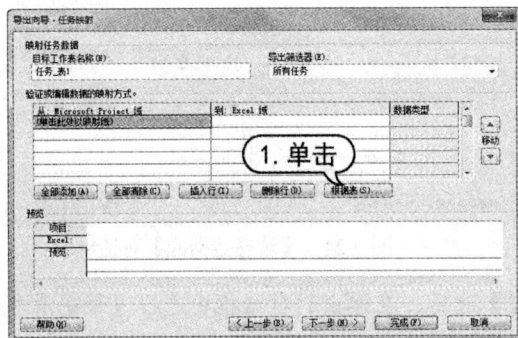

图 9-21 【导出向导-任务映射】对话框

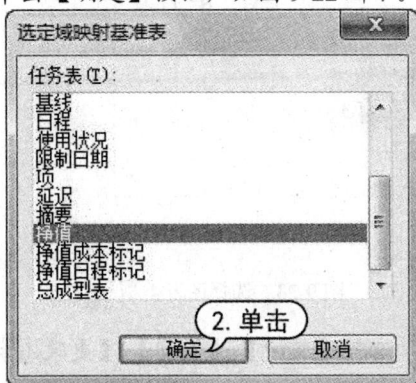

图 9-22 【选定域映射基准表】对话框

在【导出向导-任务映射】对话框中，主要包括下列选项。

- 目标工作表名称：表示系统自动分配给工作表的名称，用户可以修改目标工作表的名称。
- 导出筛选器：用于设置所需导出的数据，默认筛选器为【所有任务】。
- 从：用于显示所导出的域，单击单元格，可从下列列表中选择域。
- 到：用来显示【从】单元格中域的标题，可以手动输入新的标题。
- 数据类型：用来显示域的数据类型，为默认值，不可以更改。
- 全部添加：单击该按钮可以快速添加所有的域。
- 全部清除：单击该按钮可以删除所有已添加的域。
- 插入行：单击该按钮可以在两个现有的域中间插入一个空行。
- 删除行：单击该按钮可以删除包括域的行。
- 根据表：单击该按钮可以在打开的对话框中，添加特定的映射基准表。
- 移动：单击【移动】按钮，可以上下移动域。

2. 分析数据

在 Project 2016 中，可以通过下面介绍的方法分析数据。

【例 9-5】在"客户服务"项目文档中分析数据。

(1) 启动 Project 2016 应用程序，打开"客户服务"Excel 工作簿。

(2) 更改列标题名称，使其简化，选择相应的单元格区域，选择【插入】|【图表】|【插入柱形图或条形图】|【簇状柱形图】选项，如图 9-23 所示。

(3) 选择【设计】|【数据】|【选择数据】选项，在弹出的对话框中单击【隐藏的单元格和空单元格】按钮，如图 9-24 所示。在弹出的对话框中选中【空距】选项，隐藏图表中的零值，单击【确定】按钮，如图 9-25 所示。

图 9-23　选择图表类型

图 9-24　【选择数据源】对话框

(4) 选择【设计】|【类型】|【更改图表类型】选项，在弹出的对话框中选择【带平滑线的散点图】选项，如图 9-26 所示。

(5) 单击【确定】按钮后，Excel 将自动更改图表的类型。此时，用户可通过表中的数据，查看任务的挣值分析数据。

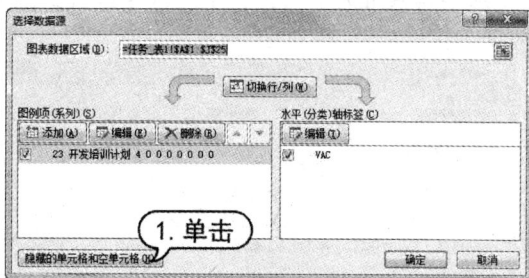

图 9-25　隐藏零值

图 9-26　更改图表类型

知识点

由于导出到工作表中的数据是以默认的文本格式存储的，所以在分析数据之前，还需要将所有的项目数据格式转换为【数字格式】。

⑨.5.2　数据透视表分析

数据透视表是一种可汇总或交叉排列大量数据的交互式格式，可通过选中列或行来查看源数据的不同汇总结果，并可以多方位地筛选与显示数据信息。

1. 允许系统保存旧版本文件

在 Project 2016 默认情况下，不允许用户保存版本比较低的文件。例如，不允许用户保存 Excel 97~2003 版本的文件。

选中【文件】|【选项】选项，选择【信任中心】选项卡。单击【信任中心设置】按钮，选择【旧式格式】|【允许加载使用旧式文件格式或非默认文件格式的文件】单选按钮，单击【确定】按钮，如图 9-27 所示。

图 9-27　允许保存为旧版文件

2. 导出数据

在 Project 2016 中，可以通过下面介绍的方法将数据导出为 Excel 97~2003 工作簿。

【例 9-6】在"客户服务"项目文档中，将数据导出为 Excel 97~2003 工作簿。

(1) 启动 Project 2016 应用程序，打开项目文档"客户服务"。

(2) 选择【文件】|【另存为】选项，并单击【浏览】按钮。然后，在打开的【另存为】对话框中，将【保存类型】设置为【Excel 97~2003 工作簿】，单击【保存】按钮，如图 9-28 所示。

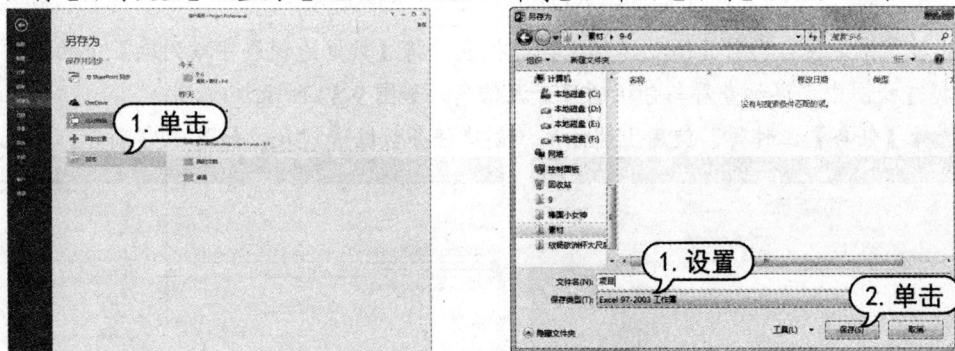

图 9-28　设置保存类型

(3) 在打开的【导出向导】对话框中，单击【下一步】按钮。然后，保持默认选项，继续单击【下一步】按钮，并选中【使用现有映射】选项，如图 9-29 所示。

(4) 在打开的【导出向导-映射选定内容】对话框中，选择【任务与资源数据透视表报表】选项，单击【完成】按钮，如图 9-30 所示。

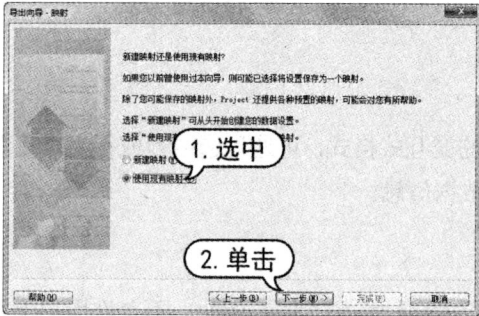

<table>
<tr><td>图 9-29 选择映射方式</td><td>图 9-30 选择映射内容</td></tr>
</table>

3. 分析数据

在导出的项目数据工作表中，可以通过下面介绍的方法分析数据。

【例 9-7】在导出的项目数据工作表中分析数据，创建任务数据透视表。

(1) 打开【例 9-6】导出项目数据的工作表，选择【资源】选项卡，选择【插入】|【表格】|【数据透视表】选项，设置创建选项，在新工作表中创建资源类数据透视表，如图 9-31 所示。

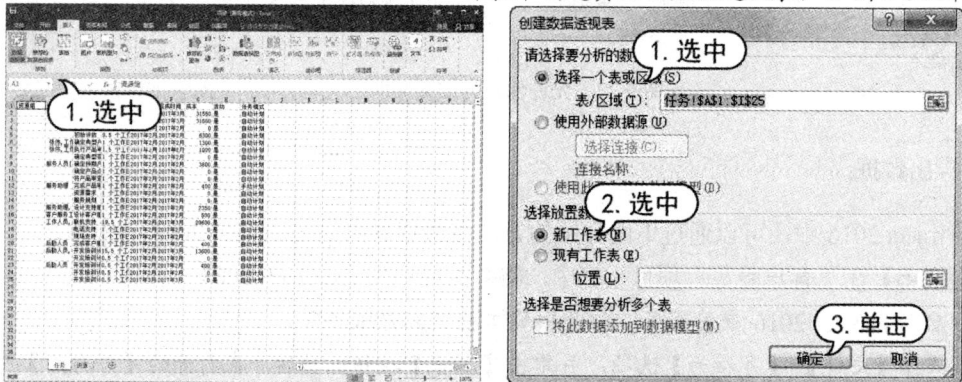

图 9-31 创建数据透视表

(2) 此时，系统会自动打开所创建的数据透视表，将【数据透视表字段列表】中的字段分别拖到数据透视图中，详细查看与分析项目资源信息，如图 9-32 所示。

(3) 选择【任务】工作簿，使用上述方法，创建任务数据透视表，如图 9-33 所示。

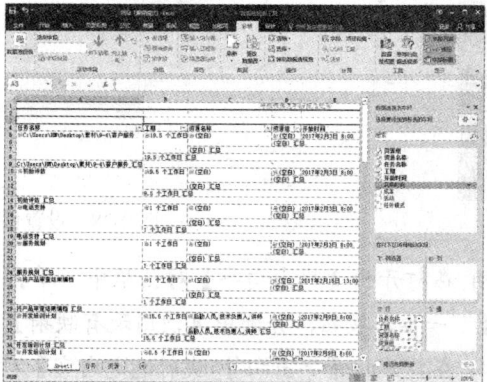

<table>
<tr><td>图 9-32 添加数据字段</td><td>图 9-33 创建任务数据透视表</td></tr>
</table>

⑨.6 上机练习

本章的上机练习主要介绍在"商业建筑"项目实施过程中，为了全面了解项目在时间和成本方面的绩效趋势，也为了防止项目日程与资源文件在项目的剩余工期中继续进行，需要运用 Project 2016 中的挣值分析方法来分析项目的财务进度。

(1) 启动 Project 2016 应用程序，打开项目文档"商业建筑"。

(2) 选择【甘特图】视图中的【项】表，选择所有任务，选择【任务】|【属性】|【信息】选项，在打开的【多任务信息】对话框中设置【挣值方法】选项，单击【确定】按钮，如图 9-34 所示。

(3) 选择【视图】|【数据】|【表格】|【更多表格】选项，选择【挣值】选项，在【挣值】表中查看项目信息，如图 9-35 所示。

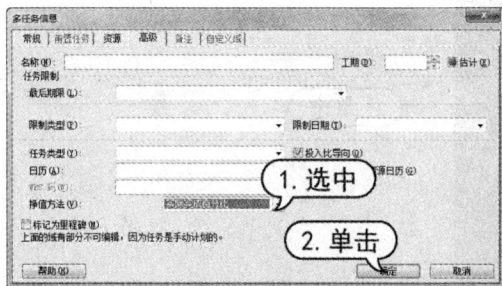

图 9-34 设置挣值的计算方法

图 9-35 使用【挣值】表

(4) 选择【视图】|【数据】|【表格】|【更多表格】选项，在【其他表】对话框中选择【挣值日程标记】选项，并单击【应用】按钮，如图 9-36 所示。

(5) 选择【项目】|【属性】|【项目信息】选项，在弹出的对话框中设置项目的状态日期，单击【确定】按钮，如图 9-37 所示。

图 9-36 选择表类型

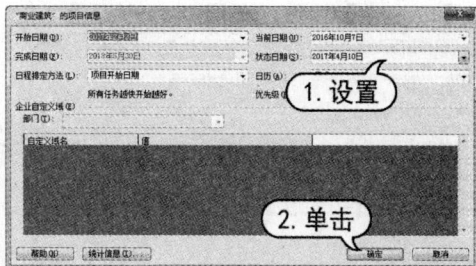

图 9-37 设置项目的状态日期

(6) 在【挣值日程标记】表中查看挣值分析进度指数，如图 9-38 所示。

(7) 选择【报表】|【导出】|【可视报表】选项，在打开的对话框中选择【随时间变化的盈余分析报表】选项，单击【查看】按钮，如图 9-39 所示。

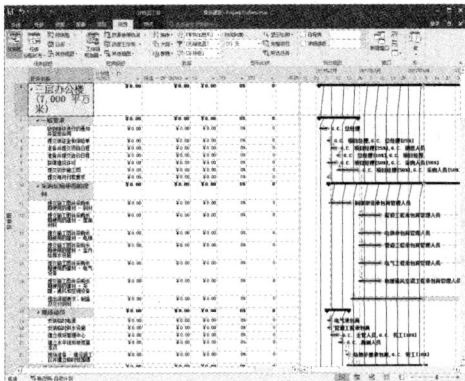

图9-38 查看进度指数

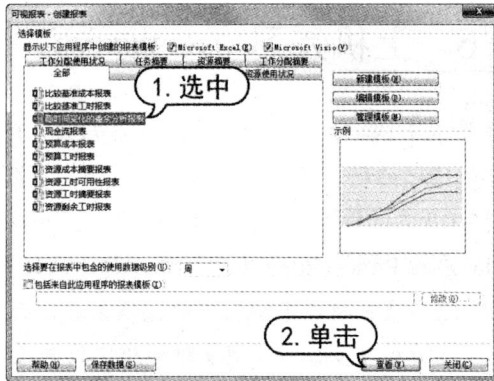

图9-39 选择报表类型

(8) 然后，在Excel工作表中以图表的形式查看盈余分析可视报表，如图9-40所示。

(9) 将视图切换到【甘特图】视图中的【挣值】表中，选择【文件】|【另存为】选项，并单击【浏览】按钮，如图9-41所示。

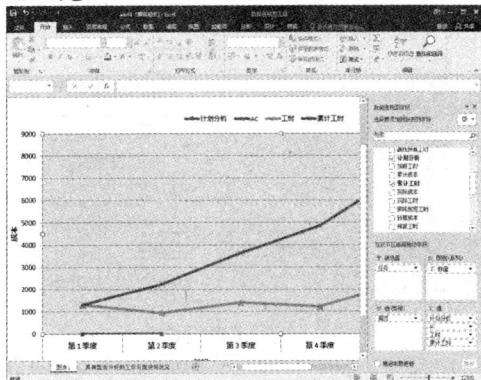

图9-40 查看分析数据

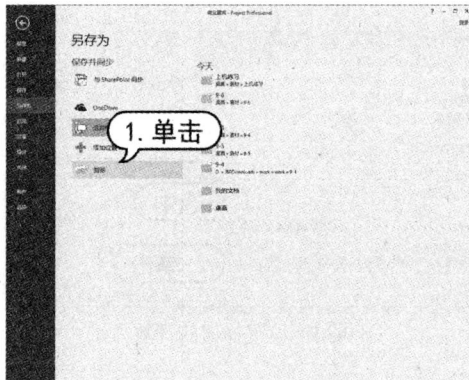

图9-41 选择保存位置

(10) 在打开的【另存为】对话框中，将【保存类型】设置为【Excel 工作簿】，单击【保存】按钮，如图9-42所示。

(11) 依次单击【下一步】按钮，启用【选择要导出数据的类型】列表中的【任务】复选框，并单击【下一步】按钮，如图9-43所示。

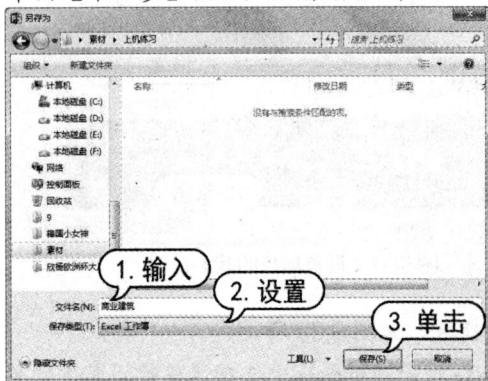

图9-42 设置保存类型

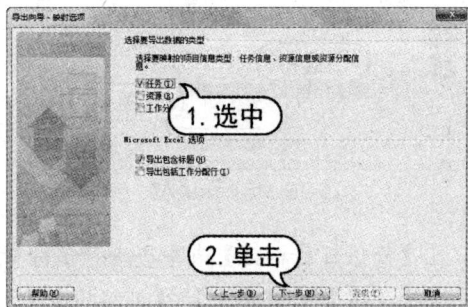

图9-43 选择数据类型

(12) 单击【根据表】按钮，在打开的对话框中选择【挣值】选项，单击【确定】按钮，并单击【完成】按钮，如图 9-44 所示。

(13) 打开 Excel 工作簿，选择所有数字数据，单击【智能标记】按钮，将数据格式转换为数字，如图 9-45 所示。

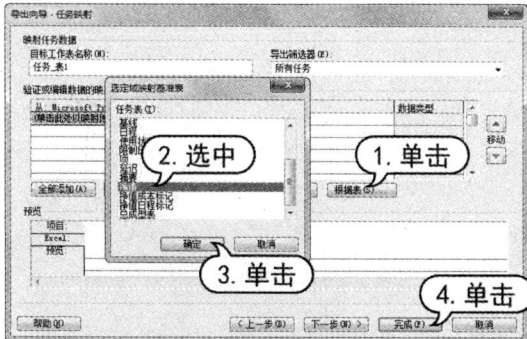

图 9-44　设置表类型

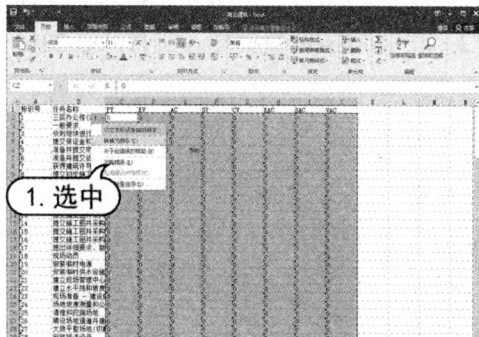

图 9-45　设置数据格式

(14) 单击数据的列标题，在编辑栏中更改数据的列标题名称，如图 9-46 所示。

(15) 同时选择单元格区域 B4∶J3 与 B6∶J12，选择【插入】|【图表】|【柱形图】|【簇状柱状图】选项，如图 9-47 所示。

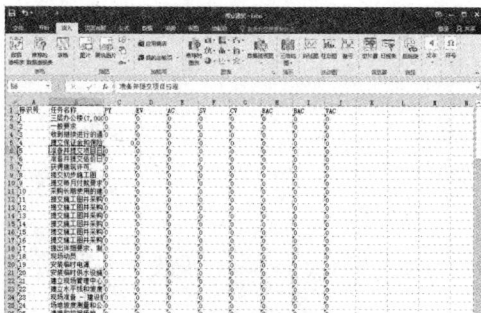

图 9-46　更改标题名称

图 9-47　插入图表

(16) 删除图表标题，选择【设计】|【类型】|【更改图表类型】选项，在弹出的对话框中选择【带平滑线和数据标记的散点图】选项，单击【确定】按钮，如图 9-48 所示。设置完成后的结果如图 9-49 所示。

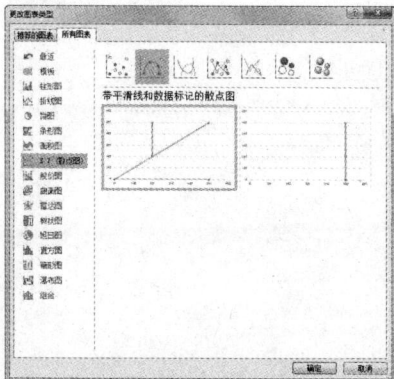

图 9-48　更改图表类型

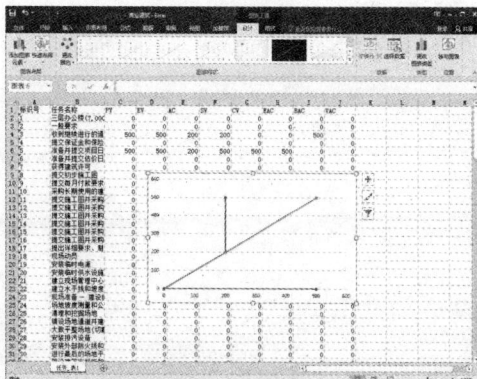

图 9-49　设置完成

⑨.7 习题

1. 如何在项目实施中进行各项目的信息调整？
2. 如何在 Excel 工作表中，显示更改数据格式的智能标记？
3. 如何将 Excel 数据导入到 Project 2016 中？

第10章

管理多重项目

学习目标

在实际工作中，所接触到的项目往往是既庞大又复杂，而且执行的过程分为不同的阶段，由公司的各个部门来管理不同的项目内容。因此，为了使部门内部或部门之间能够更好地交流项目信息，Project 2016 提供多项目管理功能，不仅可以将多个项目计划间的资源进行合并及更新，而且还可以将多个单独的项目计划组合为一个合并项目计划，并为新项目计划创建项目间的依赖关系，从技术上大大减轻了多项目管理工作的难度。

本章重点

- ◉ 合并项目
- ◉ 建立项目间的相关性
- ◉ 在项目间共享资源
- ◉ 管理多项目

10.1 合并项目文档

Project 2016 提供了【项目合并】功能，尤其在制定大型而复杂的计划时，通过将一个项目插入到另一个项目中创建合并项目，可以简单而有效地组织一系列相关的大型项目。

10.1.1 主/子项目和合并项目

合并项目是将多个项目组合成一个总项目，也就是将其中一个项目作为主项目，另外几个项目作为子项目插入到主项目中。其中，主项目是指包含其他项目(插入项目或子项目)的项目，也称为合并项目。子项目是指插入到其他项目中的项目，子项目可作为一种复杂项目分解为更多可管理部分的部分，子项目也称为插入项目。

　　每个子项目都可以被保存为一个单独的项目文档，可以为每个子项目分配资源，建立链接和约束。当需要从宏观的角度跟踪整个项目时，就可以把分离的多个子项目合并成为一个大型项目。子项目在合并项目中显示为摘要任务，可以隐藏任何一个与子项目相关的任务。在合并项目文档中，可以只对所关心的部分进行操作，可以查看、打印和修改任何一个子项目的信息。

⑩.1.2　插入项目文档

　　在插入项目文档之前首先需要确定主项目，然后将其他的项目文档作为子项目插入到主文档中。

　　【例 10-1】在"客户服务"项目文档中，插入【年度报表准备】子项目。

　　(1) 启动 Project 应用程序，打开创建好的项目文档【客户服务】和【年度报表准备】，其【甘特图】视图分别如图 10-1 和图 10-2 所示。

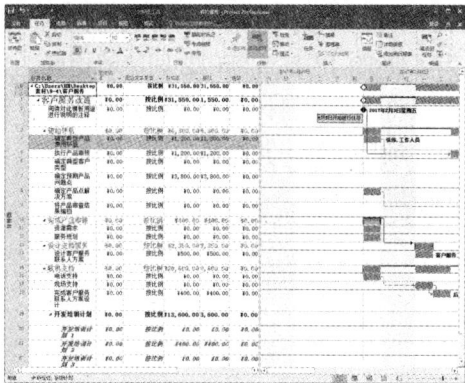

图 10-1　"客户服务"项目文档　　　　图 10-2　"年度报表准备"项目文档

知识点

　　在【插入项目】对话框中，单击【插入】按钮的下拉按钮，在其下拉列表中选择【插入只读】选项，即可在主项目中插入只读文档。

　　(2) 在项目文档"客户服务"中，选择空白任务栏，单击【项目】|【插入】|【子项目】按钮，打开【插入项目】对话框，选择要插入的项目文档，如图 10-3 所示。

提示

【插入项目】对话框中，取消选中【链接到项目】复选框，如果插入的子项目与主项目中有重名的资源，同名称的第一资源信息将覆盖其后所有同名资源信息。

　　(3) 单击【插入】按钮，"年度报表准备"项目文档被插入到指定位置，也就是在"客户服务"项目文档中插入子项目，效果如图 10-4 所示。

图 10-3　【插入项目】对话框

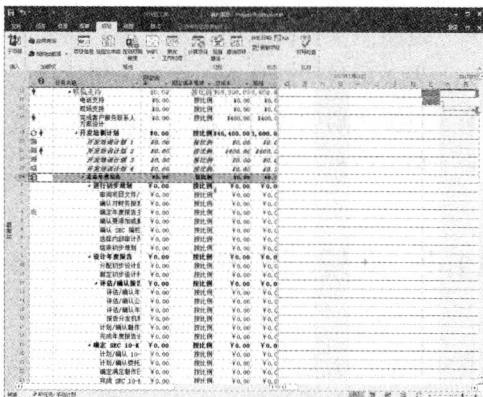

图 10-4　插入项目文档

知识点

新插入的项目文件前有一个 图标，表示插入项目作为相对独立的文件存在于合并项目中。新项目刚插入时是看不到子任务的，需要通过单击子任务的大纲符号，即子项目名前的加号，来显示子项目的隐藏任务。所有插入的项目任务在甘特图中是以灰色的甘特条形图显示的，其形状和摘要任务的甘特条形图形状一致，只是用颜色加以区分。

10.1.3　查看子项目信息

选择子项目总摘要任务，选择【任务】|【属性】|【信息】选项，如图 10-5 所示，在打开的【插入项目信息】对话框中选择【高级】选项卡，即可查看子项目的名称、链接地址等信息，如图 10-6 所示。

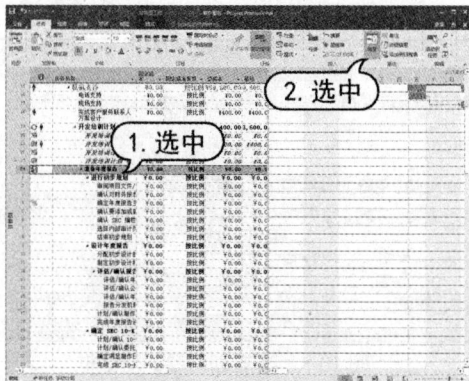

图 10-5　选择子项目任务

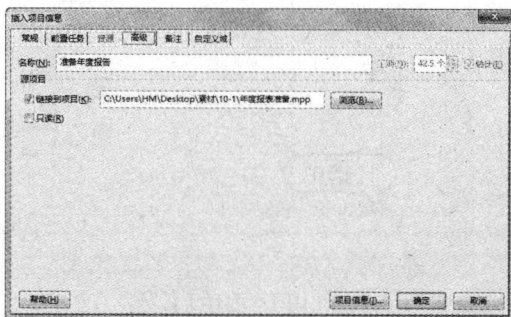

图 10-6　查看子项目信息

在【高级】选项卡中，主要包括下列选项。

- ◉　名称：用于显示子项目的名称。
- ◉　工期：用于显示子项目的总工期。

- 链接到项目：禁用该复选框，可断开子项目与主项目的链接关系。此时，子项目将作为主项目的部分，而非嵌入形式。
- 只读：启用该复选框，子项目将以只读的格式嵌入至主项目中。
- 项目信息：单击该按钮，可在打开的【项目信息】对话框中查看子项目的信息。

⑩.1.4 编辑项目文档

将子项目插入到主项目后，为了满足主项目文档的需要，还需对插入的项目做进一步的编辑。例如，可以对子项目进行类似于摘要任务的处理，在大纲中通过升级或降级的方法来更改任务层次中子项目的次序。

1. 移动插入的项目

Project 允许对插入的项目进行移动，从而适应不同情况下项目管理的需要。要移动所插入的项目，在选择该任务的全部子任务后，在【任务】选项卡的【剪贴板】组中单击【剪切】按钮，然后选择目标下方任务所在的单元格，单击【粘贴】按钮，就可以完成子项目的移动。

【例 10-2】在"客户服务"项目文档中，将插入的【年度报表准备】子项目移动到【联机支持】任务之前。

(1) 启动 Project 2016 应用程序，打开插入子项目后的项目文档"客户服务"。

(2) 选择【年度报表准备】子项目，打开【任务】选项卡，在【剪贴板】组中单击【剪切】按钮，如图 10-7 所示。打开【规划向导】对话框，保持默认设置，单击【确定】按钮，如图 10-8 所示。

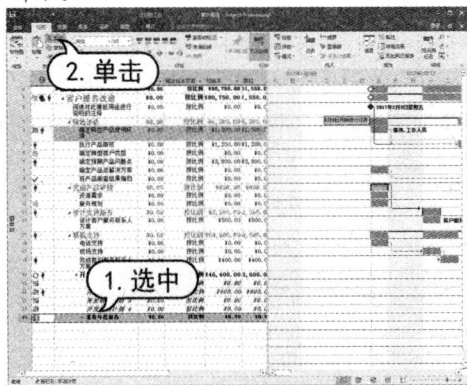

图 10-7 选择子任务   图 10-8 【规划向导】对话框

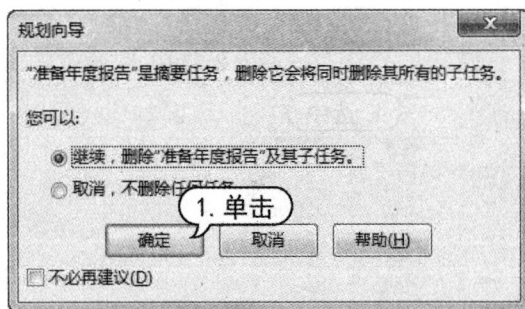

> **提示**
> 在项目文档中选中子项目，按住鼠标左键不放向上或向下移动鼠标，在目标位置释放鼠标，同样可以实现移动项目的操作。

(3) 选择【联机支持】任务所在的单元格，如图 10-9 所示。

　　(4) 在【任务】选项卡的【剪贴板】组中单击【粘贴】按钮，就可以将子项目移动到【联机支持】任务之前，如图 10-10 所示。

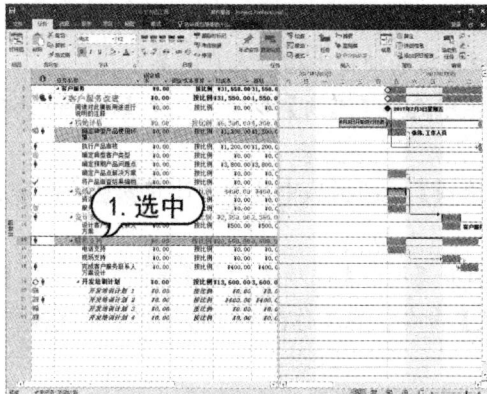

图 10-9　选择任务所在的单元格　　　　　　　图 10-10　单击【粘贴】按钮

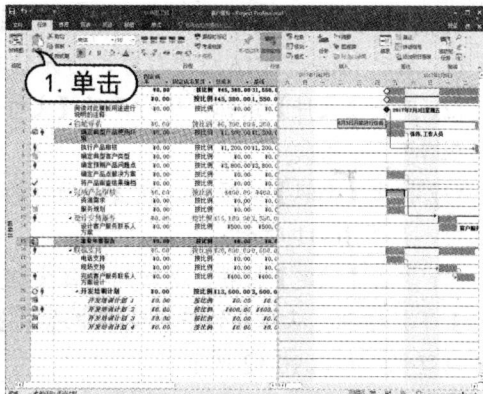

2. 升级或降级插入的项目

　　默认状态下，插入的子项目与上一行单元格中任务的大纲级别相同，在插入一个项目之后，可以通过将其移到大纲中的某个级别上来创建分层结构。如果其前面的任务也是一个插入项目的话，则不能够升级或降级该插入项目。

　　要升级或降级插入的项目，只需切换至【甘特图】视图，在【任务名称】栏中选择要升级或降级的插入项目，然后打开【任务】选项卡，在【日程】组中单击【升级任务】按钮 或【降级任务】按钮 即可。

📖 **知识点**

　　Project 将插入的项目作为自成一体的独立项目看待。如果将一个项目插入或粘贴到另一个只显示了项目摘要任务的项目之下，则插入或粘贴的项目将会与其上的插入项目有相同的级别。但如果将项目插入或粘贴到一个显示了所有子任务的项目之下，则插入或粘贴的项目将成为其上的那个项目的一个子任务。

3. 计算多重关键路径

　　默认情况下，Project 仅显示一条关键路径，即影响计划完成日期的路径。但对于合并的项目，通常会有很多插入的子项目，而这些子项目都有属于自己的一条关键路径。要想查看每个插入项目的关键路径，使用计算多重关键路径的方法就可以很方便地达到目的。

　　在计算多重关键路径时，任何没有后续任务的最迟完成时间将设置为其最早完成时间，这样该任务的可宽限时间为零从而成为关键任务。相反，对于只显示一个关键路径的项目中没有后续任务的任务，其最迟完成时间为项目的完成日期，该任务因而拥有了可宽限时间。

　　要显示合并项目中的多重关键路径，可单击【文件】按钮，从打开的【文件】菜单中选择【选项】命令，打开【Project 选项】对话框，切换至【高级】选项卡，在【该项目的计算选项】

选项区域中选中【计算多重关键路径】复选框，然后再用查看关键路径的方法查看关键路径及关键任务。

【例 10-3】在"客户服务"项目文档中计算多重路径。

(1) 启动 Project 2016 应用程序，打开插入子项目后的项目文档"客户服务"。

(2) 单击【文件】按钮，从打开的【文件】菜单中选择【选项】命令，打开【Project 选项】对话框。

(3) 打开【高级】选项卡，在【该项目的计算选项】选项区域中选中【计算多重关键路径】复选框，如图 10-11 所示。

(4) 单击【确定】按钮，返回到项目文档中。打开【视图】选项卡，在【数据】组单击【筛选器】下拉按钮，从打开的下拉菜单中选择【关键】命令，在工作区和图形区将显示关键任务和关键路径，如图 10-12 所示。

图 10-11　【Project 选项】对话框

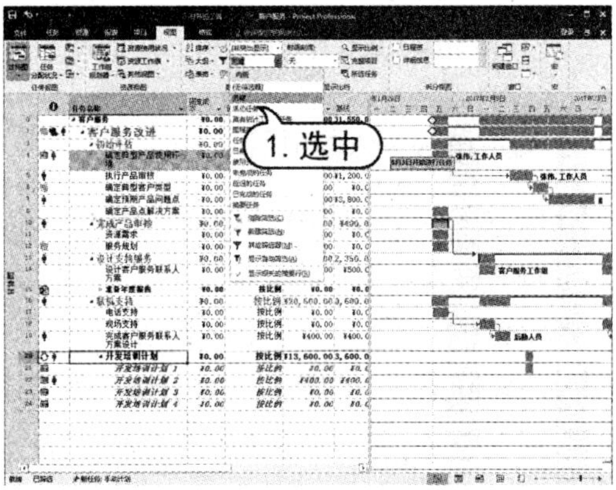

图 10-12　显示多重关键路径

10.2　建立项目间的相关性

在实际工作中，只有两个项目的任务目的相同，并且两者之间存在相互制约的关系才会进行合并。因此，合并项目后，既可以链接合并项目中各项目之间的任务，也可以链接几个独立的相关项目之间的任务。链接任务时，Project 显示任务相关性的同时会在每个项目中显示外部任务。要注意的是，不能对外部任务进行编辑。

10.2.1　创建合并项目中任务的相关性

创建合并项目中任务的相关性是指创建子项目的任务与主项目中的任务之间的相关性。项目之间的相关性可以是 Project 提供的 4 种链接关系中的任意一种，也可以设置延隔或重叠时间。创建合并项目中任务的相关性与创建同一项目内各任务之间的相关性完全相同。

【例 10-4】在"客户服务"项目文档中，将【资源需求】任务与【准备年度报告】子项目中的【结束初步规划】任务用【完成-开始】类型链接起来。

(1) 启动 Project 2016 应用程序，打开插入子项目后的项目文档"客户服务"。

(2) 选择【资源需求】任务，按住 Ctrl 键，选择【准备年度报告】子项目中的【结束初步规划】任务，然后打开【任务】选项卡，在【日程】组中单击【链接任务】按钮，自动建立两个任务之间为【完成-开始】类型的链接关系，如图 10-13 所示。

(3) 使用同样的方法，创建其他任务间的关系，如图 10-14 所示。

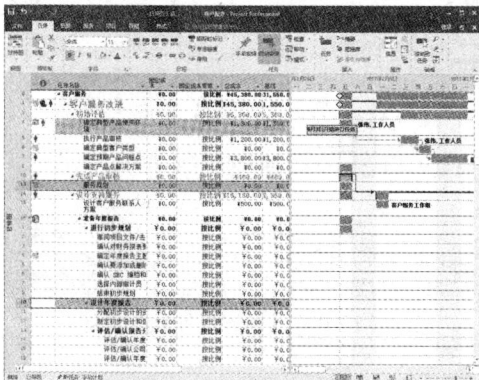

图 10-13　创建任务间的相关性

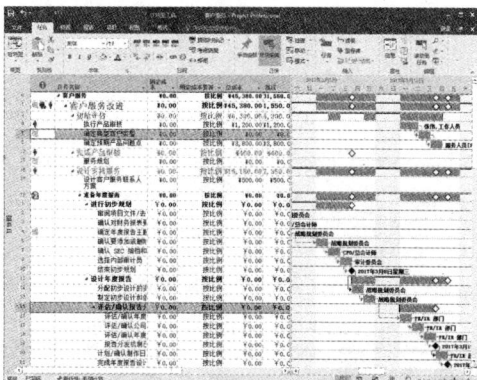

图 10-14　创建其他任务间的相关性

知识点

创建合并项目中任务之间的相关性后，双击两任务之间的链接线，打开【任务相关性】对话框，在【类型】下拉列表框中选择所需要的链接类型，即可更改为其他类型的链接关系。

10.2.2　创建不同项目中任务的相关性

创建不同项目中的任务相关性是在未建立合并关系的不同项目任务之间建立链接。

【例 10-5】在合并之前的"客户服务"项目文档中，将【确定营销楼群方案】任务与"年度报表准备"项目文档中的【购买询价文件】任务建立【完成-开始】类型的链接。

(1) 启动 Project 2016 应用程序，打开创建的项目文档"客户服务"和"年度报表准备"。

(2) 打开【视图】选项卡，在【窗口】组中单击【全部重排】按钮，将两个项目以上、下窗格的形式进行排列，如图 10-15 所示。

(3) 在"年度报表准备"项目文档中选择【确认 SEC 编档和年度报告检查点】任务，打开【任务】选项卡，在【属性】组中单击【信息】按钮，打开【任务信息】对话框。

(4) 选择【前置任务】选项卡，在【标识号】栏中输入前置任务所属项目的路径和任务标识号(中间用\号隔开)，如图 10-16 所示。

(5) 单击【确定】按钮，就可以建立任务相关性，并且项目中的外部链接任务以灰色显示在任务列表中，如图 10-17 所示。

(6) 在"客户服务"项目文档中选择【设计客户服务联系人方案】任务，打开【项目】选项卡，在【属性】组中单击【在项目间链接】按钮，打开如图 10-18 所示的对话框，在【外部前置任务】或【外部后续任务】选项卡中查看项目中的外部链接任务。

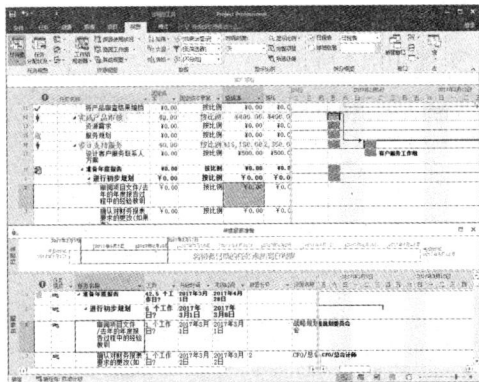

图 10-15　重排窗口

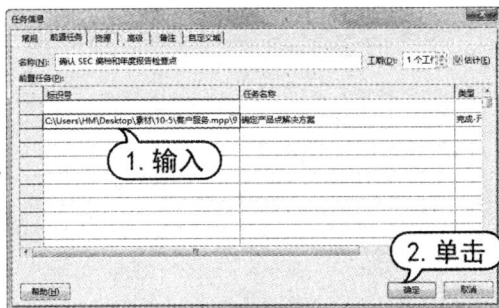

图 10-16　【前置任务】选项卡

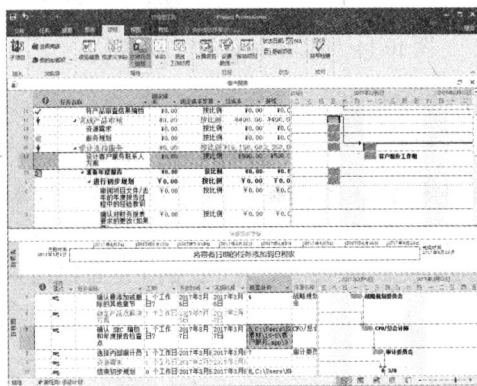

图 10-17　创建不同项目中的任务相关性

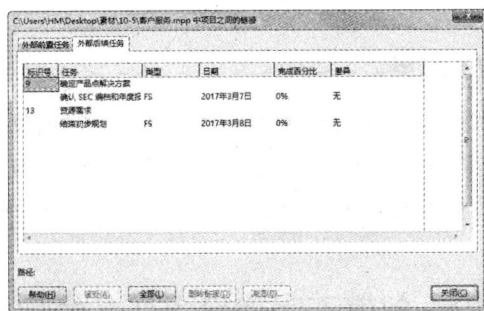

图 10-18　查看项目的外部前置任务和外部后续任务

知识点

单击【文件】按钮，从打开的【文件】菜单中选择【选项】命令，打开【Project 选项】对话框，切换至【高级】选项卡，在【该项目的项目间链接选项】选项区域中取消选中【显示外部后续任务(X)】和【显示外部后续任务(P)】复选框，单击【确定】按钮，就可以在原文档中取消显示外部链接任务。

10.3　在项目间共享资源

在同时对多个项目进行处理时，各个项目会经常使用相同的资源，而这些项目都各自调用自身的资源池，从而造成了一定程度的浪费。尤其是面对一些庞大的项目管理时，资源池的修改和维护是非常耗费人力的。Project 提供了共享资源池功能可以有效地解决多个项目间共享资源的管理问题。

提示

资源共享是指在多个文件中使用同一资源。当一个项目从其他项目中借用资源时，正在借用该资源的文件是共享文件，正在贡献该资源的文件是资源库。资源库是可以分配给项目中任务的一组资源，它可以由一个项目单独使用，也可以由多个项目共享。

⑩.3.1　理解资源池

资源池是一个项目计划，其他项目计划从中提取资源信息，有助于查看多资源在多个项目中的使用情况。资源池中包括链接到资源池的所有项目计划中的资源的任务分配信息，用户可以在资源池中修改资源的最大值、成本费率、非工作时间等资源信息。另外，所有链接的项目计划会使用更新后的信息，并且链接到资源池的项目计划会成为共享计划。

在创建资源池之前，每个项目包含自己单独的资源信息。当将该项目的资源信息分配给两个项目中的任务时，可能会导致资源的过度分配与重复的现象。

在创建资源池之后，项目计划链接到资源池，资源信息合并到资源池中，并在共享计划中更新。此时，共享计划中的工作分配信息与详细信息也更新到资源池，极大可能解决资源过度分配的问题。

另外，在管理多个项目时，设置资源池后会具有下列优势。

- 单独的资源信息，可在多个项目计划中使用，减少资源重复输入的操作。
- 可同时查看多个项目中的工作分配细节。
- 可以查看每个资源在多个项目中的工作分配成本。
- 可以查看材料资源在多个项目中的累计消耗值。
- 可以查找在多个项目中被过度分配或过低分配的资源。
- 在任意共享计划或资源池中输入资源信息时，其他共享计划也可使用该信息。

当用户需要与网络上的 Project 用户共享时，资源池尤其有用。此时，资源池存储在中央位置，而共享计划的所有者则可以共同使用公共的资源池。

⑩.3.2　建立共享资源池

若在多个项目中分配了相同的资源，或者在多个项目中具有共享的资源，可将所有资源信息合并到资源池中，然后在分配资源时让所有的项目都使用这个公共资源池。

【例 10-6】将"客户服务"和"年度报表准备"项目文档中的资源添加到名为"共享资源池"的项目文档中。

(1) 启动 Project 2016 应用程序，打开项目文档"客户服务"和"年度报表准备"，并切换至【资源工作表】视图。

(2) 打开【视图】选项卡，在【窗口】组中单击【全部重排】按钮 ▤，重排文件，如图 10-19 所示。

(3) 单击【文件】按钮，从打开的【文件】菜单中选择【新建】命令，选择【空白项目】选项，如图 10-20 所示。

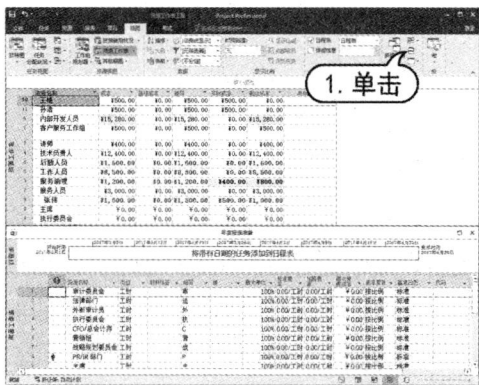

图 10-19　全部重排窗口

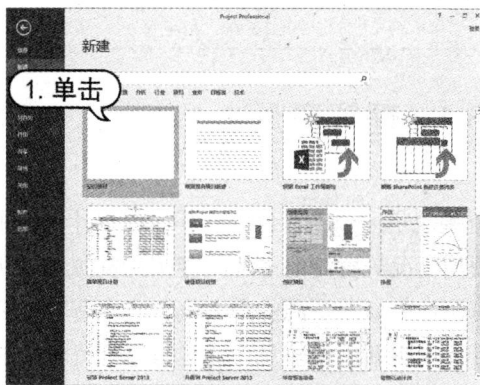

图 10-20　新建窗格

(4) 此时即可创建一个空白文档，将其以"共享资源池"为名保存，并切换至【资源工作表】视图，如图 10-21 所示。

(5) 参照步骤(2)，重新排列窗口，并在【视图】选项卡的【拆分视图】组中取消选中【日程表】复选框，如图 10-22 所示。

图 10-21　新建一个项目文件

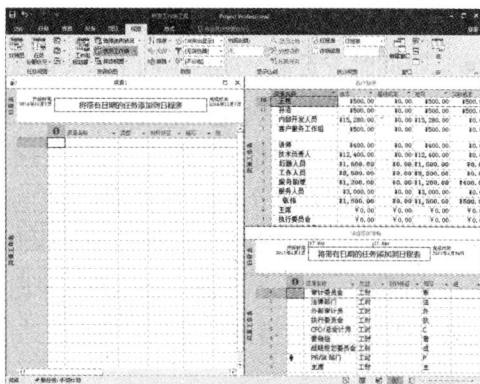

图 10-22　再次排列窗口

(6) 激活"年度报表准备"项目文档，打开【资源】选项卡，在【工作分配】组中单击【资源池】按钮，从打开的菜单中选择【共享资源】命令，打开【共享资源】对话框。

(7) 选中【使用资源】单选按钮，在【来自】下拉列表框中选择【共享资源池】选项，选择【本项目优先】单选按钮，单击【确定】按钮，如图 10-23 所示。

(8) 这时，"年度报表准备"项目文档中的资源就添加到了【共享资源池】项目文档中，如图 10-24 所示。

(9) 使用同样的方法，添加"客户服务"项目文档的资源信息，如图 10-25 所示。

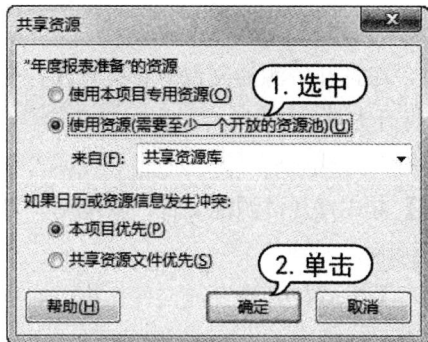

图 10-23　【共享资源】对话框

知识点

如果在【共享资源】对话框中选中【共享资源文件优先】单选按钮，共享资源文档就会覆盖资源库和其他共享资源文档中的资源信息。

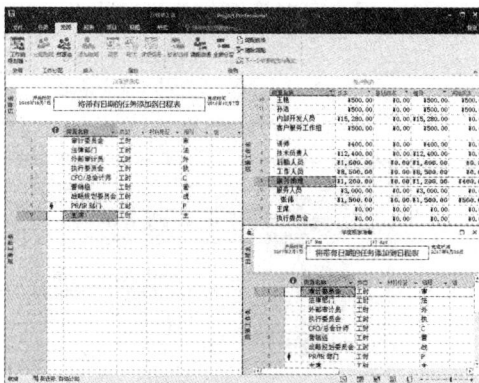

图 10-24　添加资源

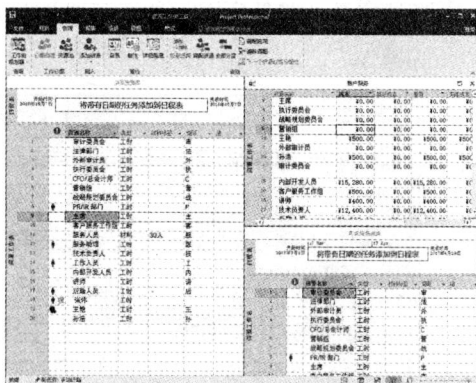

图 10-25　创建共享资源池

知识点

如果使用复制、粘贴的方法将项目文档中的资源复制到共享资源库中，则资源库中重复的资源不会被合并，不能对资源进行管理。

10.3.3　打开共享资源池

创建了共享资源池后，再打开资源池或共享资源文件时，Project 2016 将给出各种提示，可以使用不同的方式打开这些文件。

1. 打开共享资源文件

打开与资源池建立了共享关系的共享文件时，将打开【打开资源池信息】对话框，如图 10-26 所示，可在其中选择打开的方式。

在【打开资源池信息】对话框中，主要包括以下两种文件打开方式。

- ⊙　打开资源池以查看所有共享资源文件的工作分配：Project 将打开该文件，并以【只读】方式打开资源池文件。
- ⊙　不打开其他文件：Project 将只打开此文件，不打开资源池文件。

2. 打开共享资源池

当资源池文件与其他项目文档建立了共享关系时，在打开资源池文件时将打开【打开资源池】对话框，如图 10-27 所示，提示按使用需求选择打开方式。

在【打开资源池】对话框中，主要包含以下 3 种打开方式。

⦿ 以只读方式打开资源池：Project 将以【只读】方式打开资源池文件，其他用户可以连接到此资源池，并可以在共享文件中更新资源池。

⦿ 以读写方式打开资源池：Project 将以【可读写】方式打开资源池文件，可以对资源信息进行更改，其他用户无法更新资源池。

⦿ 以读写方式打开资源池和所有其他共享资源文件：Project 将以【可读写】方式打开资源池文件和其他所有与该资源池相关的项目文件，用户可对资源信息进行更改、添加等操作。

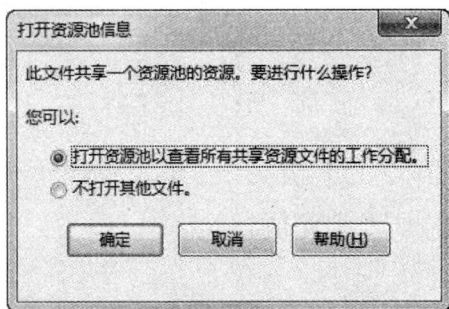

图 10-26 【打开资源池信息】对话框

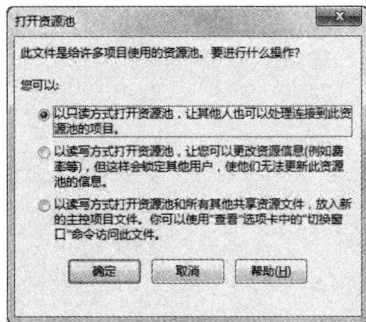

图 10-27 【打开资源池】对话框

3. 合并打开所有的项目文档

打开所有需要合并的项目，选择【视图】|【窗口】|【新建窗口】选项，如图 10-28 所示，按 Ctrl 键选择需要合并的项目，单击【确定】按钮，如图 10-29 所示。

此时，系统会自动创建一个新的合并项目，保存合并项目。再次打开保存的合并项目时，系统会自动打开合并项目内的所有项目。

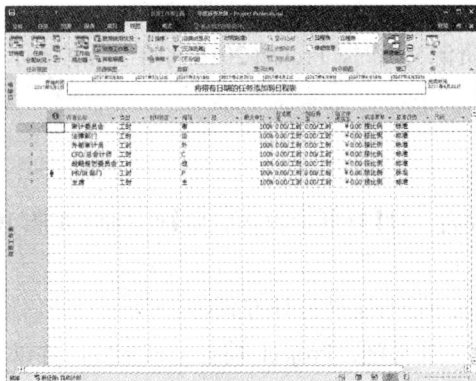

图 10-28 选择【新建窗口】选项

图 10-29 合并打开的项目文档

⑩.3.4　查看共享资源池

在项目管理的过程中，常常需要管理多个项目，同时这些项目的资源又存在一定的相关性。这时，就可以查看创建了资源共享的项目以及发生冲突的资源。

1. 查看资源共享的项目

通过查看资源共享的项目可以清楚地了解资源是否已将资源信息添加到了共享资源池中，确保检查资源冲突的正确性。

要查看资源共享的项目，只需打开共享资源池，打开【资源】选项卡，在【工作分配】组中单击【资源池】按钮，从打开的菜单中选择【共享资源】命令，打开【共享资源】对话框，在【共享链接】列表框中可以看到进行资源共享的项目及保存位置，如图 10-30 所示。

在【共享资源】对话框中，主要包括下列选项。

- ⊙　共享链接：主要用来显示链接共享资源池的文件的链接地址。
- ⊙　打开：单击该按钮，可打开【共享链接】列表框中选中的链接文件。
- ⊙　全部打开：单击该按钮，可打开【共享链接】列表框中显示的所有链接文件。
- ⊙　断开链接：单击该按钮，可断开选中的文件与资源池之间的链接。
- ⊙　以只读方式打开：启用该复选框，将以只读方式打开链接文件。
- ⊙　如果日历或资源信息发生冲突：用来设置日历与资源信息发生冲突时的优先方式，选中【本项目优先】选项时，表示当日历或资源信息发生冲突时，将使用共享计划中的资源信息。选中【共享资源文件优先】选项，表示当日历或资源信息发生冲突时，将使用资源池中的资源信息。

另外，在【共享链接】列表框中选择共享项目文件，单击【断开链接】按钮，即可断开资源池与共享资源文件的链接，如图 10-31 所示。

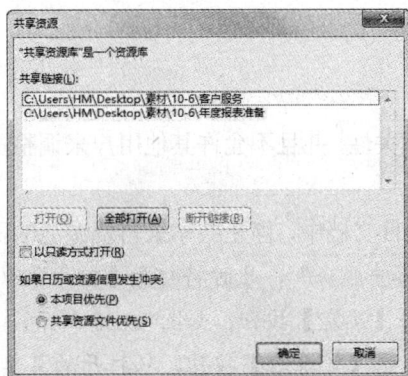

图 10-30　查看资源池　　　　　　　图 10-31　断开链接

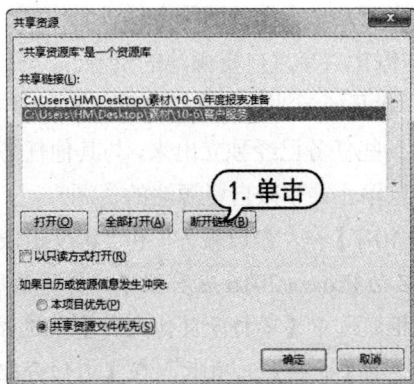

提示

在【共享链接】列表框中选择项目文件后，选中【以只读方式打开】复选框，单击【打开】按钮，将以只读方式打开链接文件。

2. 查看资源冲突

创建共享资源的目的是为了防止发生资源冲突，因此，将多个项目中的资源添加到资源池后，就应该查看资源是否发生冲突。

要查看资源冲突，打开共享资源池，切换至【资源使用状况】视图，在【视图】选项卡的【数据】组中单击【筛选器】右侧的下拉按钮，从打开的下拉菜单中选择【过度分配的资源】选项，在右侧的工作区显示发生资源冲突的资源信息，在右侧出现资源冲突对应的日期单元格用红字表示工时，如图 10-32 所示。

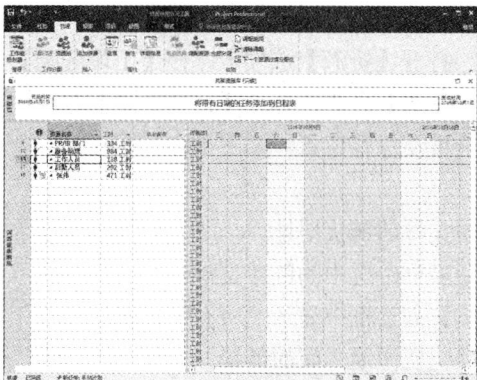

图 10-32　查看资源冲突

> **提示**
>
> 在默认状态下，Project 使用红字表示发生冲突的资源，但不能了解何时发生冲突，因此还需要作进行一步的查询。

10.3.5　中断资源共享

如果需要独自对所属项目文件进行操作，可以断开项目文件与共享资源池或其他文件的链接。断开链接后，项目文件中自有的资源将保留，而资源池及其他文件所拥有的资源将无法调用。中断资源共享有如下两种方法。

- ◉　停止共享来自资源池的资源。
- ◉　断开资源池与被共享资源文件的链接。

如果一些任务已经独立出来，与其他任务不具有相关性，并且不允许其他用户来调整资源，这时就可以停止共享来自资源池的资源。

【例 10-7】在"客户服务"和"年度报表准备"项目文档中，停止共享来自资源池的资源。

(1) 启动 Project 2016 应用程序，打开项目文档"客户服务"，此时将打开【打开资源池信息】对话框，选中【不打开其他文件】单选按钮，单击【确定】按钮，如图 10-33 所示。

(2) 打开【资源】选项卡，在【工作分配】组中单击【资源池】按钮，从打开的菜单中选择【共享资源】命令，打开【共享资源】对话框，选中【使用本项目专用资源】单选按钮，将自动打开提示信息框，单击【是】按钮，如图 10-34 所示。

(3) 返回至【共享资源】对话框，选中【共享资源文件优先】单选按钮，单击【确定】按钮，就可以停止共享来自资源池的资源，如图 10-35 所示。

(4) 使用同样的方法，打开"年度报表准备"项目文档，参照步骤(1)~(3)，停止共享来自资源池的资源。

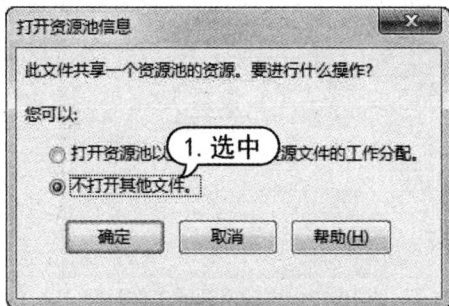

图 10-33　不打开其他文件

图 10-34　使用本项目专用资源

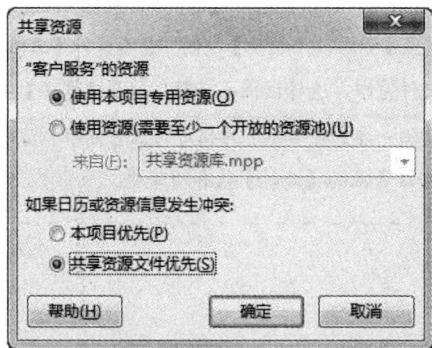

图 10-35　使用本项目专用资源

提示

停止共享来自资源库的资源后，共享资源库中该项目有关的资源将会被自动删除。

10.4　更新资源池

为了便于管理资源池中的资源信息，也为了更好地协调各项目间的工作分配与工作时间等问题，项目经理需要运用【资源使用状况】视图、【更改工作时间】对话框等功能来更新资源池。

10.4.1　更新资源信息

更新资源信息是更新资源池中的成本率及工作时间。选择资源池窗口，选择【视图】|【任务视图】|【资源使用状况】选项，然后选中资源名称，选择【任务】|【编辑】|【滚动到任务】选项，查看该资源的工作信息，如图 10-36 所示。

选择【资源】|【属性】|【信息】选项，单击【更改工作时间】按钮，在【例外日期】选项卡中，更改资源的工作时间，如图 10-37 所示。

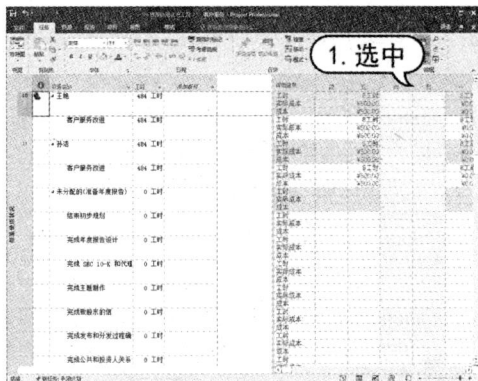

图 10-36　查看资源信息

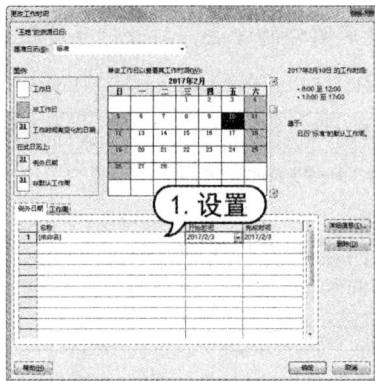

图 10-37　更改资源的工作时间

知识点

打开所有的资源共享文件，选择一个工作资源窗口，切换至【资源使用状况】视图，查看资源【工时】值，如果为零，表示未分配资源，然后选择另一个共享资源文件窗口，选择该任务名称，打开【资源】选项卡，在【工作分配】组中单击【分配资源】按钮，打开【分配资源】对话框，为指定的任务分配相应的资源，更新工作分配，此时在【资源使用状况】视图中会看到该资源的【工时】值有所改变。

10.4.2　更新工作分配

在 Project 2016 中，可以通过下面介绍的方法更新工作分配。

【例 10-8】在项目文档中更新工作分配。

(1) 启动 Project 2016 应用程序，打开所有的资源共享文件，选择一个共享资源窗口，选择【视图】|【甘特图】|【其他视图】|【资源使用情况】选项，切换到【资源使用状况】视图中，如图 10-38 所示。

(2) 此时，资源【工时】值为零的资源表示未分配资源，如图 10-39 所示。

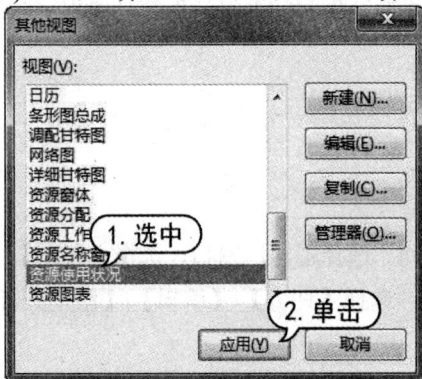

图 10-38　【其他视图】对话框

图 10-39　查看资源

(3) 选择另一个共享资源文件窗口，选择任务名称，选择【资源】|【工作分配】|【分配资

源】选项，在打开的【分配资源】对话框中，选择未分配的资源，选择【分配】选项，为指定的任务分配相应的资源，如图 10-40 所示。

(4) 返回到【资源使用状况】视图中，所选资源的工时值更改为"40.67"，表示该资源已被分配，如图 10-41 所示。

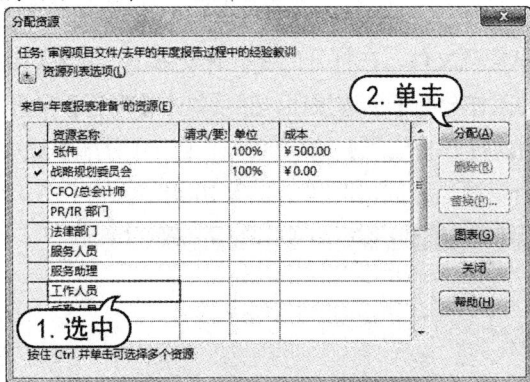

图 10-40　分配资源

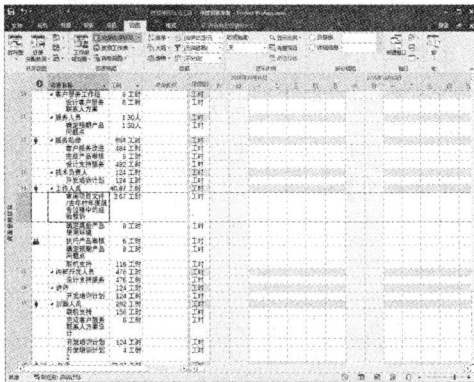

图 10-41　验证资源的分配情况

> **提示**
>
> 可通过执行【资源】|【工作分配】|【资源池】|【刷新资源池】选项，来刷新资源池信息。

10.4.3　更改所有计划的工作时间

首先，选择资源池文档，将视图切换到【甘特图】视图中，选择【项目】|【更改工作时间】选项，如图 10-42 所示。在打开的【更改工作时间】对话框中，设置所有计划任务的日历类型与例外日期，如图 10-43 所示。

然后，在【甘特图】视图中，选择资源共享文件，选择【项目】|【更改工作时间】选项，打开【更改工作时间】对话框，设置所有计划任务的日历类型与例外日期，在资源池文件中将显示所更改的工作时间。

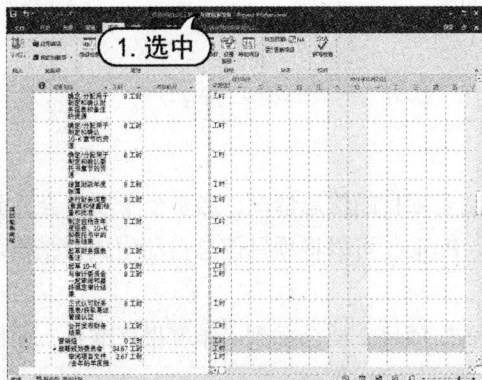

图 10-42　选择【更改工作时间】选项

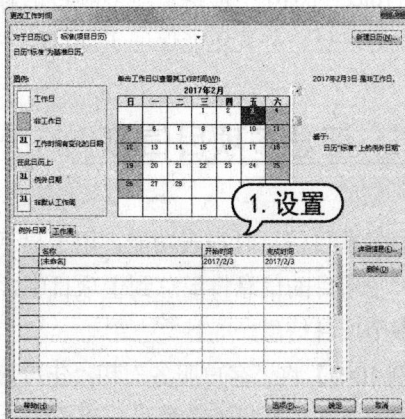

图 10-43　【更改工作时间】对话框

⑩.4.4　更新资源池

资源发生冲突时，就需要对资源进行调整。调整资源之前，先要权衡发生冲突的任务的重要性，再选择对应的项目文件进行调整。

要更新共享资源池，首先打开需要更新的共享资源文件，在打开的【打开资源池信息】对话框中选中【打开资源池以查看所有共享资源文件的工作分配】单选按钮，然后单击【确定】按钮，如图 10-44 所示。在项目文档中对资源进行调整后，打开【资源】选项卡，在【工作分配】组中单击【资源池】按钮，从打开的菜单中选择【更新资源池】选项即可，如图 10-45 所示。

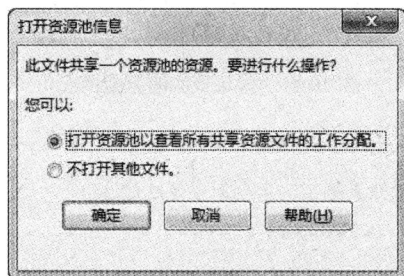

图 10-44　以查看所有共享资源文件的方式打开

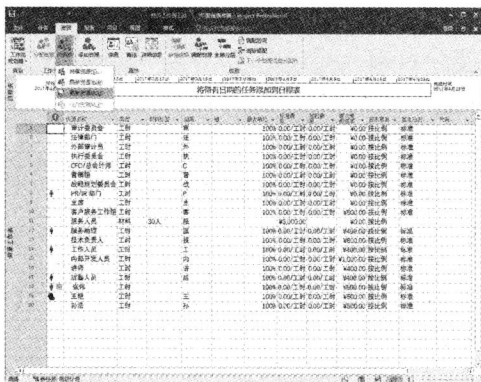

图 10-45　更新资源池

提示

在共享资源库中不能调整资源。用户需要在共享资源文件中进行调整，以解决资源冲突。在共享资源文件中进行调整后，需要对共享资源库进行更新，以便再次检查是否发生资源冲突。

⑩.5　管理多项目

在 Project 2016 中提供了对多项目信息进行汇总和管理的功能，可以在一个项目中创建报表、视图等信息，并且还能保证子项目与主项目的同步。

⑩.5.1　汇总多项目信息

汇总多项目信息时报表功能，用于显示或查阅多项目的信息情况。当多个子项目合并到主项目中，子项目的信息将汇总到主项目中，此时，Project 可以将项目信息自动生成一张报表，来反映多个项目信息。

【例 10-9】将"客户服务"和"年度报表准备"项目文档合并到"年度报表准备"项目文档中，生成一张工作日汇总报表。

(1) 启动 Project 2016 应用程序，打开"客户服务"和"年度报表准备"项目文档，选择【视图】|【窗口】|【新建窗口】选项，按 Ctrl 键选择需要合并的项目，单击【确定】按钮，合并项目文档，如图 10-46 所示。

(2) 打开合并项目文档，选择【报表】|【查看报表】|【成本】|【现金流量】选项，查看更多项目信息，如图 10-47 所示。

图 10-46　合并项目文档

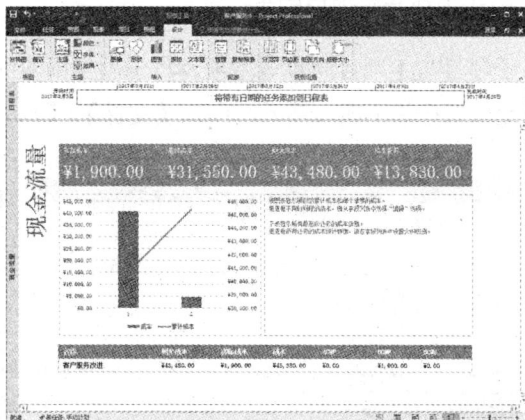

图 10-47　查看更多项目信息

10.5.2　创建多项目信息同步

在管理多项目信息时，需要保持子项目与主项目之间的同步性。也就是说，在更改了子项目信息时，主项目信息也会自动同步更改。而在更改主项目信息时，子项目信息也会同步更改。

1. 主项目与子项目同步

同时打开主项目与子项目文档，选择【视图】|【窗口】|【全部重排】选项。然后，更改主项目文档中的子项目任务的工期，如图 10-48 所示。

按下 Enter 键后，打开子项目文档，此时，用户会发现子项目文档中该任务的工期也自动进行了更改，如图 10-49 所示。

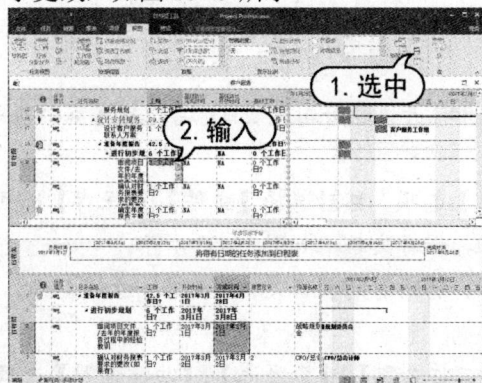

图 10-48　更改子项目的任务工期

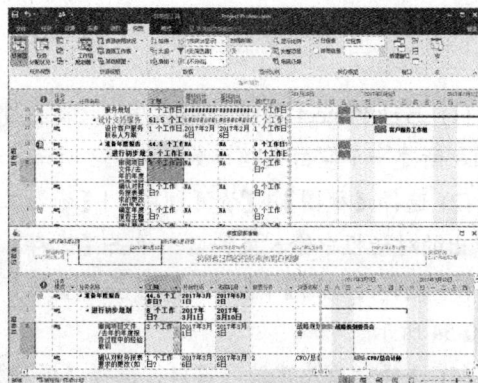

图 10-49　验证更改结果

知识点

主项目与子项目同步，就是更改主项目中的子项目任务，然后在保存主项目时，同时保存子项目。

2. 子项目与主项目同步

子项目与主项目同步与主项目与子项目同步的操作方法一致。打开子项目文档，选择任务，并更改该任务的工期。然后，选择【文件】|【保存】选项，保存子项目，如图 10-50 所示。打开主项目文档，在子项目中所更改的任务工期，在主项目文档中也已更改，如图 10-51 所示。

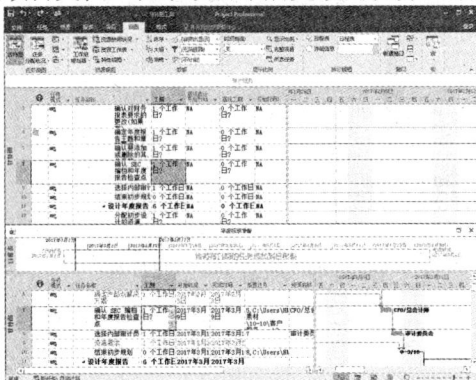

图 10-50　更改并保存子项目文档

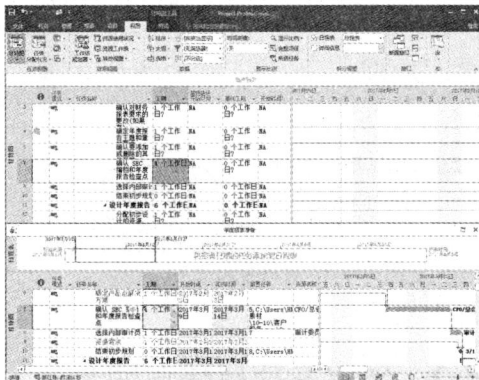

图 10-51　验证更改结果

知识点

从该实例中可以看出子项目与主项目同步和主项目与子项目同步的操作方法是一致的。在子项目中所更改的任务工期，在主项目文档中也已更改。

10.6　上机练习

本章的上机实验主要介绍将"商业建筑"和"开办新公司"项目合并到共享资源的操作方法。

(1) 启动 Project 2016 应用程序，"商业建筑"和"开办新公司"项目，再选择【空白项目】选项，新建一个空白文档，如图 10-52 所示。

(2) 选择【视图】|【资源视图】|【资源工作表】选项，然后选择【文件】|【保存】选项，在弹出的对话框中输入文件名，单击【保存】按钮，保存文档，如图 10-53 所示。

(3) 选择【视图】|【窗口】|【全部重排】选项，将所有的项目文档排列在一个窗口中，如图 10-54 所示。

(4) 选择"商业建筑"窗口，选择【资源】|【工作分配】|【资源池】|【共享资源】选项，单击【确定】按钮，如图 10-55 所示。

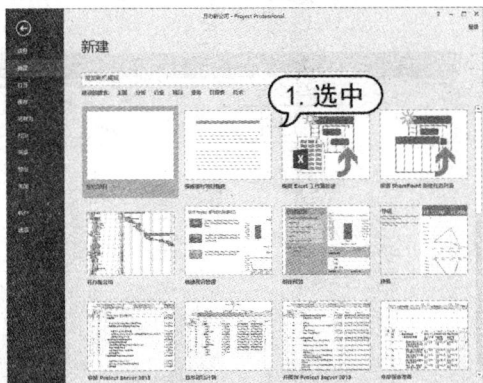

图 10-52　新建空白文档

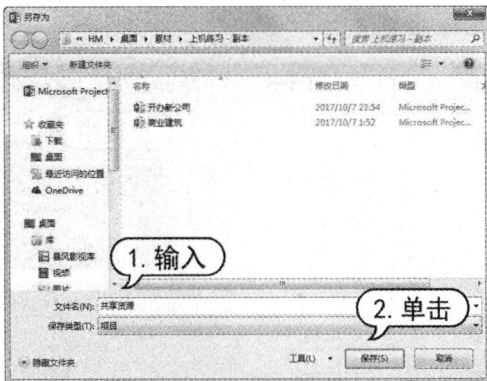

图 10-53　保存文档

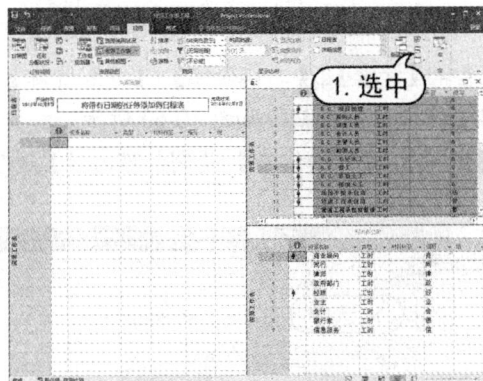

图 10-54　重排窗口

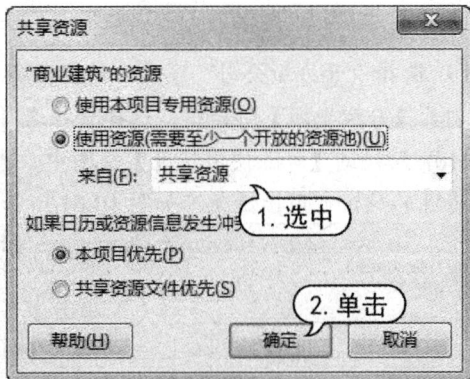

图 10-55　共享资源

(5) 选择"开办新公司"窗口，选择【资源】|【工作分配】|【资源池】|【共享资源】选项，在弹出的对话框中单击【确定】按钮，如图 10-56 所示。

(6) 在资源池项目文档中选择【资源】|【工作分配】|【资源池】|【共享资源】选项，查看链接信息，单击【确定】按钮，如图 10-57 所示。

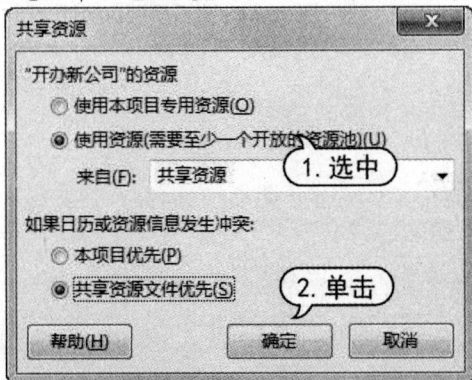

图 10-56　共享资源

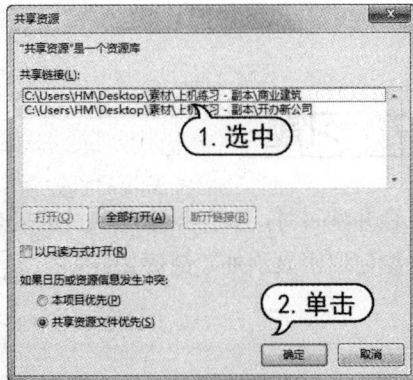

图 10-57　查看资源池

(7) 选择【视图】|【资源类视图】|【资源使用状况】选项，选择资源名称，选择【任务】|【编辑】|【滚动到任务】选项，查看工作信息，如图 10-58 所示。

(8) 选择"商业建筑"窗口，在【资源使用状况】视图中，查看资源【工时】的资源，如图 10-59 所示。

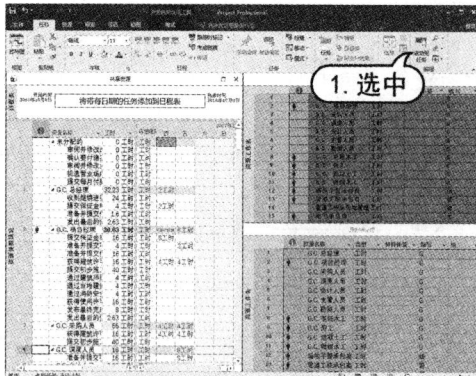
图 10-58 更新资源信息

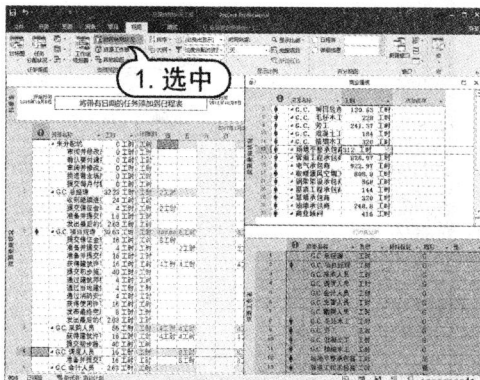
图 10-59 查看资源状态

(9) 选择"开办新公司"窗口，选择任务 3，选择【资源】|【工作分配】|【分配资源】选项，打开【分配资源】对话框，选择资源名称，单击【分配】按钮，如图 10-60 所示。

(10) 切换到【资源使用状况】视图中，选择【格式】|【详细信息】|【剩余可用性】选项，查看资源的剩余可用性情况，如图 10-61 所示。

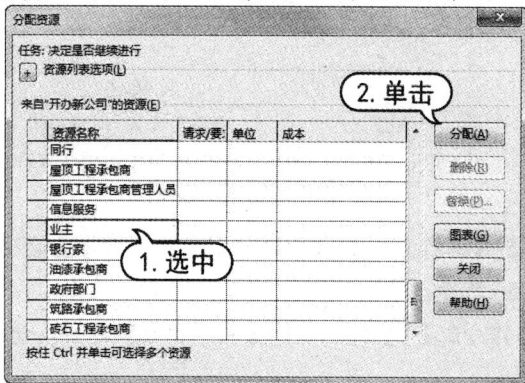
图 10-60 分配资源

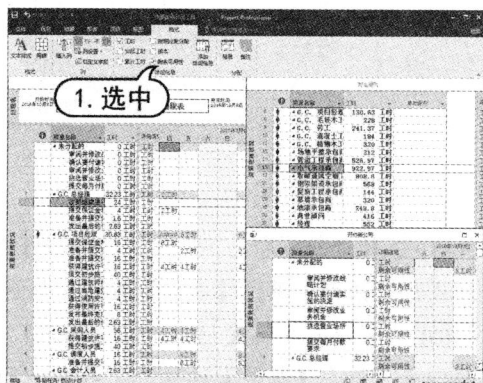
图 10-61 查看资源可用性

10.7 习题

1. 合并项目时，如何删除子项目链接？
2. 如何取消显示外部链接任务？

第11章

管理项目报表

学习目标

在 Project 2016 中，通过项目报表管理，不仅可以快速汇总及组织详细的项目信息，将项目数据以丰富的形式进行显示，而且还可以了解项目在时间与成本上的整体绩效。另外，使用 Project 2016 提供的报表功能可以选定一种格式来打印项目的各种信息。本章主要介绍管理项目报表的方法和技巧，以及打印报表的方法等。

本章重点

- ⊙ 报表概述
- ⊙ 创建预定义报表
- ⊙ 创建可视报表
- ⊙ 打印报表和视图

11.1 报表概述

报表是指项目计划中与特定部分相关的项目信息或汇总数据以定义的格式打印出来，方便查阅。在使用各类项目报表分析与管理项目信息前，需要先了解项目报表的基础表格类型与含义。

11.1.1 预定义报表概述

预定义报表是以表格的形式将项目中的数据以汇总性、详细性与组织性的方式进行显示。Project 2016 提供了许多报表，如仪表板、资源、成本、进行中等 20 多种预定义报表。每种预定义报表的具体功能如下所述。

1. 仪表板报表

仪表板报表主要用于显示项目的整体情况，如图 11-1 所示，包括即将开始任务、工时概述、成本概述、进度、项目概述这 5 种报表。其具体功能与内容如下所示。

- 即将开始任务：主要显示了项目中指定时间段内的任务信息，包括本周已完成的工时、本已到期的任何未完成任务的状态、下一周将开始的任务等内容。
- 工时概述：主要显示了项目的工时进度和所有顶级任务的工时状态，包括实际工时、剩余工时、基线工时、剩余累计工时等内容。
- 成本概述：主要显示了项目及其顶级任务的当前成本状态，可以帮助用户判断项目是否保持在预算成本内，包括计划成本、剩余成本、实际成本、累计成本等内容。
- 进度：主要显示了已完成多少工时和任务，还有多少工时和任务待完成，包括剩余实际任务、剩余累计工时、基线剩余任务等内容。
- 项目概述：主要显示项目已完成多少部分、即将来临的里程碑和延迟的任务。

2. 资源报表

资源报表主要用于显示项目中当前任务的资源使用情况，如图 11-2 所示，包括资源概述和过度分配的资源两种报表。其具体功能与用法如下所示。

- 资源概述：主要显示项目中所有工时资源的工作状态，包括实际工时、剩余工时、工时的完成百分比等内容。
- 过度分配的资源：主要显示了项目中所有过度分配资源的工作状态，显示剩余工时和实际工时。

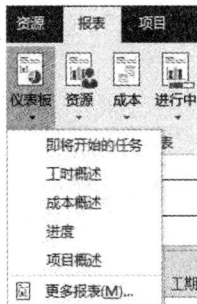

图 11-1　【仪表板】扩展列表　　　　图 11-2　【资源】扩展列表

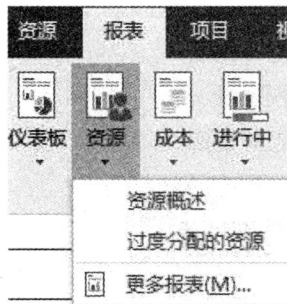

3. 成本报表

成本类报表主要用于显示项目的成本使用情况，如图 11-3 所示，包括现金流量、成本超支、挣值报告、资源成本概述、任务成本概述这 5 种报表。其具体功能与内容如下所示。

- 任务成本概述：主要显示顶级任务成本状态、成本详细信息表格和成本分布数据图表。
- 挣值报告：主要显示了项目中的挣值、差异和性能指标，对照基线来比较成本和日程，以判断项目是否在正常进行。
- 成本超支：主要显示了顶级任务和工时资源的成本差异，并显示了实际成本超过基线成本的位置。

- ⦿ 现金流量：主要显示了所有顶级任务的成本和累计成本，包括成本、累计成本等内容。
- ⦿ 资源成本概述：主要显示工时资源成本状态、成本详细信息表格和成本分布数据图表。

4. 进行中的报表

进行中的报表又称为进度报告，用于显示项目任务的具体实施情况，如图 11-4 所示，包括关键任务、延迟的任务、里程碑报告和进度落后的任务这 4 种报表。其具体功能与内容如下所示。

- ⦿ 关键任务：主要显示了项目的关键路径中被列为关键任务的所有时间安排紧凑的任务，如果被显示的任务出现任何延迟，将导致项目的日程安排进度落后。
- ⦿ 延迟的任务：主要显示了项目中开始日期或完成日期晚于计划的开始日期和完成日期的所有任务，以及未按计划进度进行的任务。
- ⦿ 进度落后的任务：主要显示了项目中完成任务所用的时间大于预算时间且完成日期晚于基线完成日期的所有任务。
- ⦿ 里程碑报告：主要显示了项目中延迟、到期或已完成的里程碑任务。

图 11-3　【成本】扩展列表	图 11-4　【进行中】扩展列表

11.1.2　可视报表概述

可视报表是一种具有灵活性的报表，项目可以用图表、数据透视表与组织图的方式进行显示的报表。通过可视报表，用户可以在 Excel 与 Visio 中以图表中的方式查看项目数据。在 Project 2016 中，主要为用户提供了任务分配状况、资源使用状况、任务分配使用状况等 6 类报表。

1. 任务分配状况可视报表

任务分配状况可视报表是一种按时间分段的任务数据的报表，主要包括现金流量报表一种可视报表。该报表可以查看按时间显示的成本与累计成本金额的条形图，并以 Excel 方式进行显示。

2. 资源使用状况可视报表

资源使用状况可视报表是争议中可以按时间分段查看项目中的资源数据的报表，主要包括现金流量报表、资源可用性报表、资源成本摘要报表、资源工时可用性报表、资源工时摘要报表 5 种可视报表。具体功能与实现组件如下所示。

◉ 现金流量报表：可以查看按时间显示的计划成本与实际成本的图表，并以 Visio 方式进行显示。

◉ 资源可用性报表：可以查看按资源类型显示的资源工时与剩余可用性的图表，并以 Visio 方式进行显示。

◉ 资源成本摘要报表：可以查看显示成本、材料与工时资源成本划分的饼图，并以 Excel 方式进行显示。

◉ 资源工时可用性报表：可以查看按时间显示的总工时量、工时与剩余工时资源可用性的条形图，并以 Excel 方式进行显示。

◉ 资源工时摘要报表：可以查看按工时单位显示的总工时量、工时与剩余工时资源可用性的条形图，并以 Excel 方式进行显示。

3. 任务分配使用状况可视报表

工作分配使用状况可视报表是一种可以按时间段来查看项目数据的报表，主要包括比较基准成本报表、基准报表、比较基准工时报表、预算成本报表、预算工时报表与随时间变化的盈余分析报表 6 种可视表。具体功能与实现组件如下所示。

◉ 比较基准成本报表：显示比较基准成本、计划成本与实际成本的条形图，并以 Excel 方式进行显示。

◉ 基准报表：显示按时间与按任务划分的图表，主要显示计划工时、成本与比较基准工时、成本的差异情况，并以 Visio 方式进行显示。

◉ 比较基准工时报表：显示比较基准工时、计划工时与实际工时的条形图，并以 Excel 方式进行显示。

◉ 预算成本报表：可以查看按时间显示的预算成本、比较基准成本、计划成本与实际成本的条形图，并以 Excel 方式进行显示。

◉ 预算工时报表：可以查看按时间显示的预算工时、比较基准工时、计划工时与实际工时的条形图，并以 Excel 方式进行显示。

◉ 随时间变化的盈余分析报表：可以查看按时间显示的 AC、计划值与盈余值的图表，并以 Excel 方式进行显示。

4. 任务摘要可视报表

任务摘要可视报表是一种可以查看项目的任务状态的报表，主要包括关键任务状态报表一种报表。该报表可以查看项目中的关键与非关键任务的工时及剩余工时的图表，并以 Visio 方式显示。

5. 资源摘要可视报表

资源摘要可视报表只包含资源剩余工时报表一种可视报表。该报表可以查看按工时单位显示的工时资源的剩余工时与实际工时的条形图，并以 Excel 方式进行显示。

6. 工作分配摘要可视报表

工作分配摘要可视报表是一种用于显示项目工时资源与任务工时、成本值域百分比数据的报表，主要包括资源状态报表与任务状态报表两种可视报表。具体功能与显示组件如下所示。

- ⊙ 资源状态报表：可以查看每个项目的工时与成本值的图表，并以 Visio 方式进行显示。
- ⊙ 任务状态报表：可以查看项目中任务的工时与工时完成百分比的图表，并以 Visio 方式进行显示。

⑪.2　创建项目报表

了解了预定义报表与可视报表的种类、功能及内容后，便可以创建项目报表了。创建项目报表，即是将项目数据以预定义报表的形式输出，或将项目数据生成 Excel 图表、数据透视表或 Visio 图表进行灵活性分析。

⑪.2.1　创建预定义报表

选择【报表】|【查看报表】|【成本】|【挣值报告】选项，即可在文档中生成成本类型中的【挣值报表】预定义报表，如图 11-5 所示。

另外，选择【报表】|【查看报表】|【成本】|【更多报表】选项，可在打开的【报表】对话框中，选择报表类型，单击【选择】按钮，即可创建预定义报表，如图 11-6 所示。

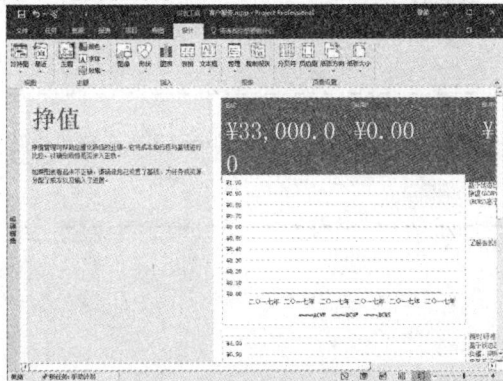

图 11-5　创建预定义报表　　　　　　　图 11-6　【报表】对话框

【例 11-1】在"客户服务"项目文档中生成【关键任务】报表。

(1) 启动 Project 2016 应用程序，打开项目文档"客户服务"。

(2) 选择【报表】|【查看报表】|【成本】|【更多报表】选项，打开【报表】对话框，选择【进行中】选项，选择【关键任务】，单击【选择】按钮，如图 11-7 所示。

(3) Project 2016 将自动打开打印预览窗格，显示生成的项目文档相应的【里程碑报告】报表，如图 11-8 所示。

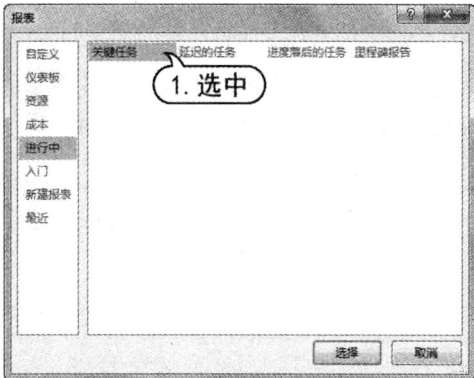

图 11-7 【报表】对话框

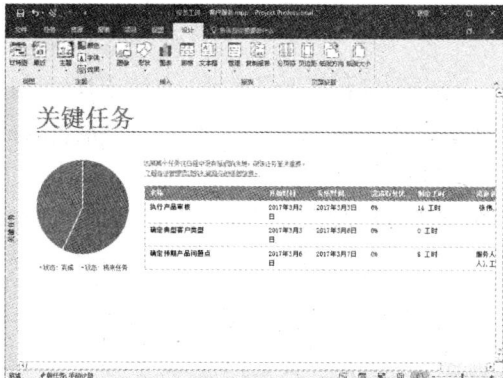

图 11-8 【里程碑报告】窗格

(4) 设置所显示的字段列表，如图 11-9 所示。可以在打印预览窗格中单击【实际尺寸】按钮，即可将【里程碑报告】报表放大到合适的大小供用户查看，效果如图 11-10 所示。

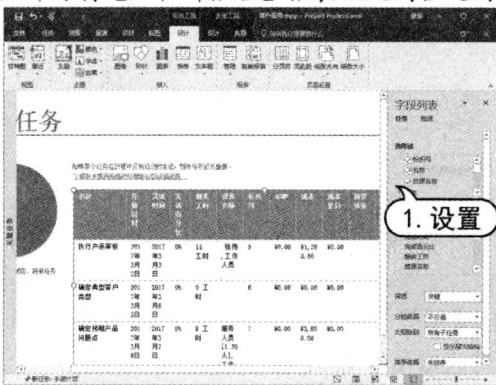

图 11-9 调整文本框

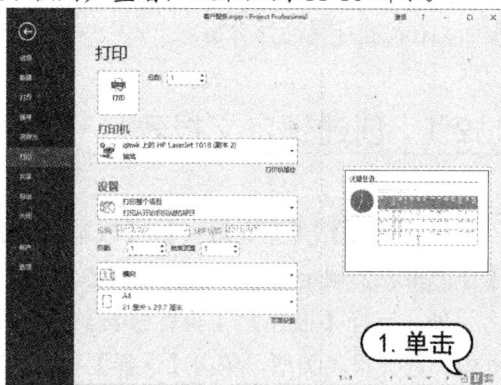

图 11-10 打印预览窗格

知识点

创建报表之后，切换到其他视图或表后，所创建的报表将自动消失，无法像其他视图或表格那样保存在项目文档中。

11.2.2 创建可视报表

在 Project 2016 中，可以使用可视报表功能生成基于 Project 数据的数据透视表视图、图表、图形和图示。在视图中查看报表时可以选择要显示的域(包括自定义域)，可以快速修改报表的显示方式，而无须从 Project 2016 中生成报表。凭借这种灵活性，可视报表提供了一种比基本报表更加灵敏的报表解决方案。Project 2016 提供了十几种预定义格式的可视报表，可以很方便地使用这些模板来创建可视报表。

【例 11-2】在"客户服务"项目文档中，使用模板创建资源剩余工时报表。

(1) 启动 Project 2016 应用程序，打开项目文档"客户服务"。

(2) 选择|【报表】|【可视报表】选项，打开【可视报表-创建报表】对话框。

(3) 打开【资源摘要】选项卡，在列表框中选择【资源剩余工时报表】选项，在【选择要在报表中包含的使用数据级别】下拉列表框中选择【月】选项，如图 11-11 所示。

(4) 单击【查看】按钮，即可自动生成资源剩余工时报表，如图 11-12 所示。

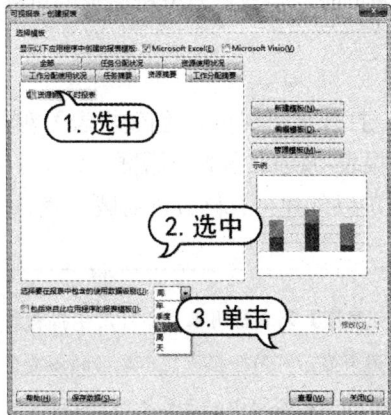

图 11-11　【资源摘要】选项卡

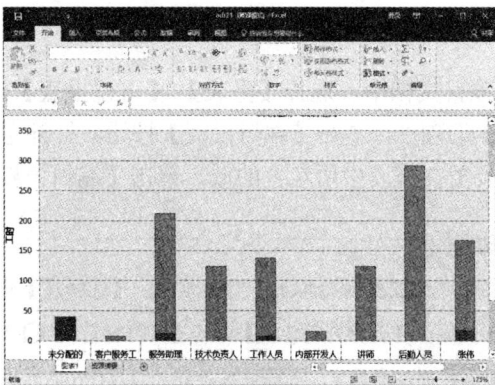

图 11-12　使用模板生成可视报表

> **提示**
>
> 在【可视报表-创建报表】对话框的【全部】选项卡中，选择要生成的可视报表的类型，单击【视图】按钮，即可自动生成 Excel 表格报表，如现金流报表、预算成本报表、资源成本摘要报表等。

在【可视报表-创建报表】对话框中，主要包括下列选项。

◉ 显示以下应用程序中创建的报表模板：用于选中在列表框中显示的报表模板的应用程序，包括 Excel 与 Visio 程序。

◉ 新建模板：选择该选项，可在打开的【可视报表-新建模板】对话框中重新创建一个报表模板。

◉ 编辑模板：选择该选项，可在打开的【可视报表-域选取器】对话框中，编辑当前所选的报表模板。

◉ 管理模板：选择该选项，可在打开的对话框中，删除或添加新的报表模板。

◉ 选择要在报表中包含的使用数据级别：用来设置报表中显示数据的范围级别，包括天、周、月、季度与年这 5 种选项。

◉ 包括来自此应用程序的报表模板：选择该复选框，并单击【修改】按钮，可指定包含其他应用程序的文件夹路径。

◉ 保存数据：单击该按钮，可在打开的【可视报表-保存数据】对话框中，将可视图表中的数据保存到数据库或多维数据集中。

◉ 查看：选择该选项，可生成可视报表。

◉ 帮助：选择该选项，可打开【Project 帮助】对话框。

⑪.2.3　自定义可视报表

如果 Project 2016 提供的可视报表仍然无法满足项目管理任务多方位分析项目数据的需求，此时，可以根据 Project 2016 提供的自定义报表功能来编辑或者新建符号分析需求的可视报表。

1. 编辑现有可视报表模板

在项目文档中，选择【报表】|【可视报表】选项，打开【可视报表-创建报表】对话框的【全部】选项卡，单击【编辑模板】按钮，打开【可视报表-域选取器】对话框，如图 11-13 所示，选择要在报表中所包含的域，单击【编辑模板】就可以创建带有修改过的域列表的报表。

> **知识点**
>
> 在【可视报表-域选取器】对话框中，【选择域】中的【可用域】列表框用来显示可用于报表显示数据的各类域；【选择自定义域】中的【可用自定义域】列表框用来显示可用于报表显示数据的各类自定义域。需要特别注意的是：有些域被标识为维度(Project 域，表示 OLAP 分析中的主要类别，可根据这些类别查看和分析项目数据)。应为报表选择 6 个以下的维度，这一点很重要。如果选择的维度大于 6 个，会大大降低报表性能。

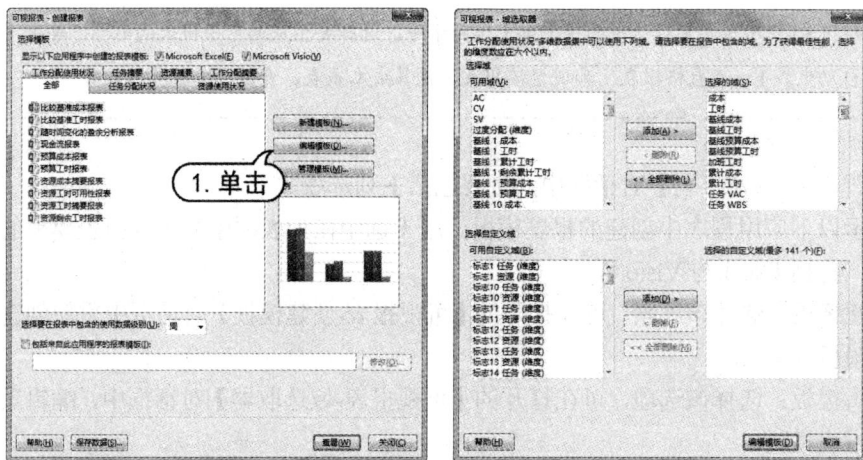

图 11-13　【可视报表-创建报表】对话框与【可视报表-域选取器】对话框

在【可视报表-域选取器】对话框中，主要包括表 11-1 中的选项。

表 11-1　可视报表模板编辑选项

选　项		功　能
选择域	可用域	用来显示可用于报表显示数据的各类域
	选择的域	用来显示报表当前所显示的域
	添加	选择【可用域】列表框中的域，单击该按钮
	删除	选择该选项，可删除【选择的域】列表框中的域
	全部删除	选择该选项，可删除【选择的域】列表框中的所有的域

(续表)

选　项		功　　能
选择自定义域	可用自定义域	用来显示可用报表所显示数据的各类自定义域
	选择的自定义域	用来显示当前报表所显示的自定义域
	添加	选择【可用自定义域】列表框中的域，单击该按钮，即可将所选域添加到当前报表中，即添加到【选择的自定义域】列表中
	删除	选择该选项，可删除【选择的自定义域】列表框中的域
	全部删除	选择该选项，可删除【选择的自定义域】列表框中的所有的域
编辑模板		选择该选项，可生成编辑后的可视报表
帮助		选择该选项，可打开【Project 帮助】窗口

2. 创建新的可视报表模板

在 Project 2016 中还可以创建新的可视报表模板。打开【可视报表-创建报表】对话框，单击【新建模板】按钮，打开【可视报表-新建模板】对话框，如图 11-14 所示。

在【选择应用】选项区域中选择用于此报表模板的应用程序，可以是 Excel 或 Visio，在【选择数据类型】下拉列表框中选择要在报表中使用的数据类型，在【选择域】选项区域中单击【域选取器】按钮，打开【可视报表-域选取器】对话框，选择包含在报表中的域，最后单击【确定】按钮，就可以生成新建可视报表模板。

在【可视报表-新建模板】对话框中，主要包括下列选项。

- 选择应用程序：用于设置新建可视报表中的应用程序，包括 Excel 与 Visio。
- 选择数据类型：用于选择需要在新建可视报表中要显示的数据类型，包括任务分配状况、资源使用状况、工作分配使用状况、任务摘要、资源摘要与工作分配摘要 6 种数据类型。
- 选择域：用于设置新建可视报表中需要显示的域，单击【域选取器】按钮，可在打开的【可视报表-域选取器】对话框中添加新域。
- 确定：单击该按钮可生成新建报表。

3. 导出报表数据

选择【报表】|【导出】|【可视报表】选项，在【可视报表-创建报表】对话框中，单击【保存数据】按钮。在打开的【可视报表-保存报表数据】对话框中，设置保存类型，保存数据即可，如图 11-15 所示。在【可视报表-保存报表数据】对话框中，主要包括下列选项。

- 保存报表多维数据集：包含用于将报表数据保存为多维数据集的 3 种选项，首先，在下拉列表中选择任务分配状况、任务摘要等 6 种数据类型中的一种类型。然后单击【域选取器】按钮，设置报表中的域。最后，单击【保存多维数据集】按钮，在打开的【另存为】对话框中保存数据类型即可。
- 保存报表数据库：单击【保存数据库】按钮，在打开的【另存为】对话框中保存数据，即可将报表数据保存在 Microsoft Access 数据库中。

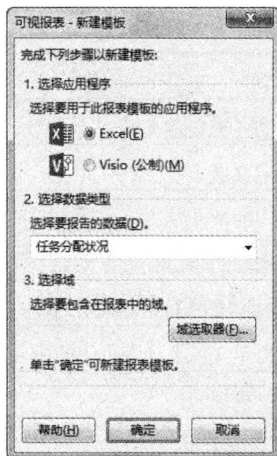

图 11-14 　【可视报表-新建模板】对话框　　　　图 11-15 　【可视报表-保存报表数据】对话框

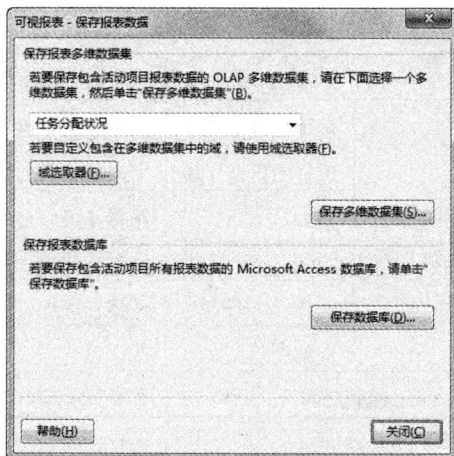

11.3　自定义预定义报表

Project 2016 还为用户提供了自定义预定义报表的功能，用来满足预定义报表所不能提供的分析功能。自定义项目报表，主要包括空白、图表、表格和比较 4 种类型。

11.3.1　自定义空白报表

Project 2016 为用户提供了自定义空白报表功能。该功能是新建一个空白画布，使用户可以根据实际情况在画布中插入表格或图表。

1．设置报表名称

选择【报表】|【查看报表】|【新建报表】|【空白】选项，在打开的【报表名称】对话框中设置自定义报表的名称，单击【确定】按钮，如图 11-16 所示。

图 11-16 　定义报表名称

2. 插入表格

为表格定义标题之后，系统会自动生成一个只包含标题的空白报表。选择【报表工具】|【设计】|【插入】|【表格】选项，系统会自动显示一个表格，如图 11-17 所示。

然后在右侧的【字段列表】窗格中，选择【资源】选项，同时在列表中启用相应的字段即可，如图 11-18 所示。

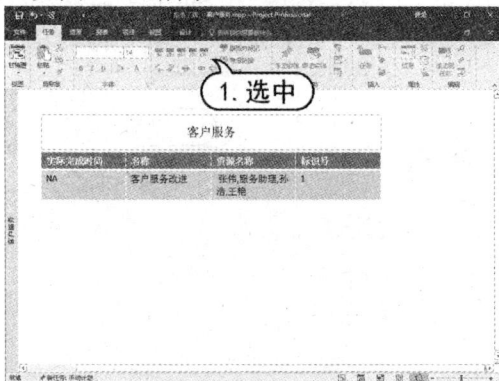

图 11-17　插入表格

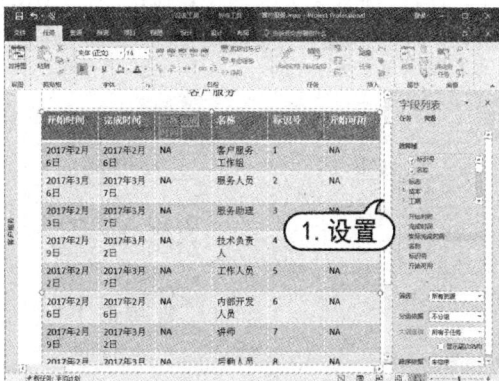

图 11-18　添加表格字段

知识点

在【字段列表】窗格中，单击【筛选】或【分组依据】按钮，即可按条件筛选，或分组资源与任务信息。

3. 插入图表

选择【报表工具】|【设计】|【插入】|【图表】选项，在打开的【插入图表】对话框中，选择图表类型，单击【确定】按钮，插入图表，如图 11-19 所示。

在窗口右侧的【字段列表】窗格中，选择【资源】选项，在列表中启用或禁用相应的字段即可，如图 11-20 所示。

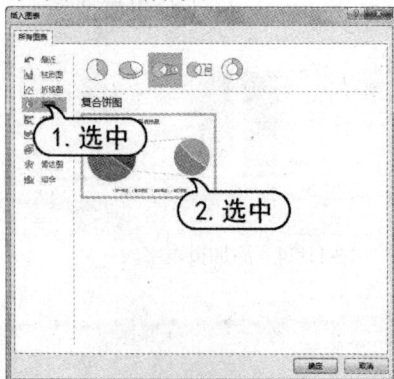

图 11-19　插入图表

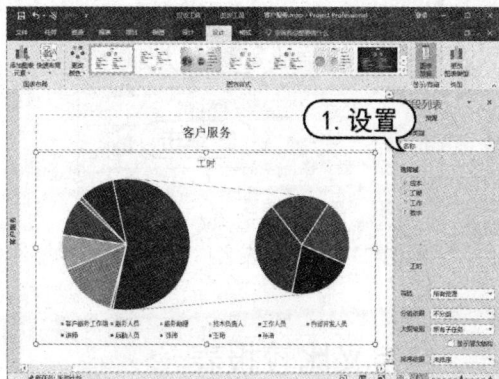

图 11-20　添加字段

11.3.2　自定义表格报表

　　选择【报表】|【查看报表】|【新建报表】|【表格】选项，在打开的【报表名称】对话框中设置自定义报表名称，单击【确定】按钮，如图 11-21 所示。

　　在窗口右侧的【字段列表】窗格中，启用或禁用相应的字段选项即可，如图 11-22 所示。

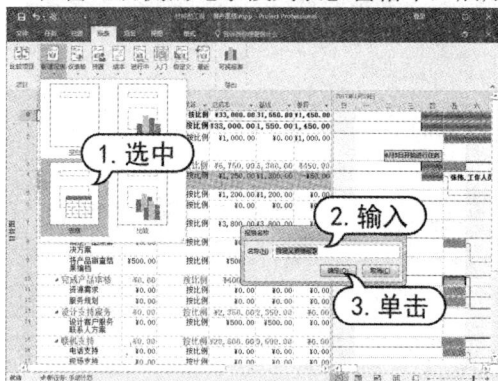

图 11-21　设置报表标题

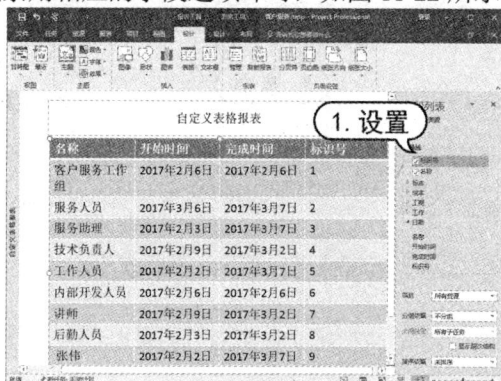

图 11-22　添加报表字段

11.3.3　自定义图表报表

　　图表报表是 Project 2016 中内置的一种自动带有图表的自定义报表。选择【报表】|【查看报表】|【新建报表】|【图表】选项，在打开的【报表名称】对话框中设置自定义报表名称，单击【确定】按钮，如图 11-23 所示。

　　在窗口左侧的【字段列表】窗格中，启用或禁用相应的字段选项即可，如图 11-24 所示。

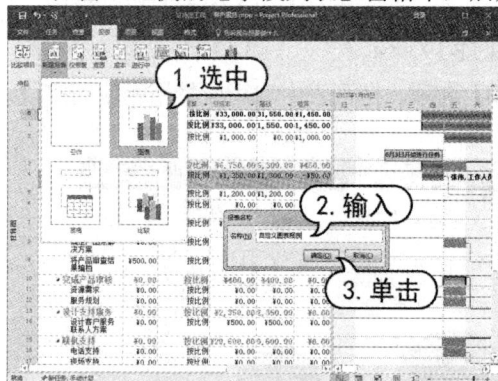

图 11-23　设置报表名称

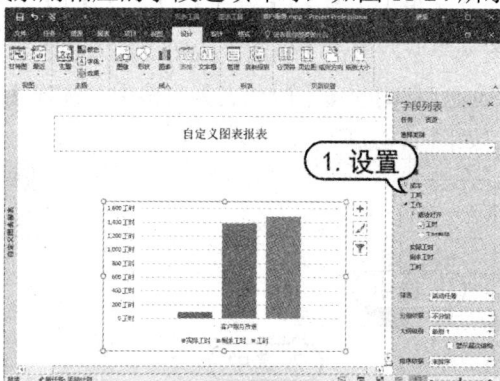

图 11-24　添加报表字段

11.3.4　自定义比较报表

　　选择【报表】|【查看报表】|【新建报表】|【比较】选项，设置自定义报表的名称，单击【确定】按钮，如图 11-25 所示。

然后，选择图表，在左侧的【字段列表】窗格中，启用或禁用相应的字段选项即可，如图 11-26 所示。

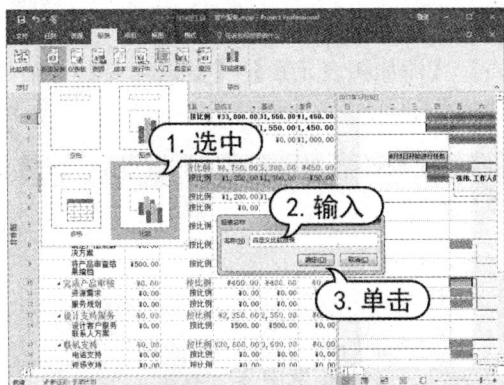

图 11-25　设置自定义报表名称

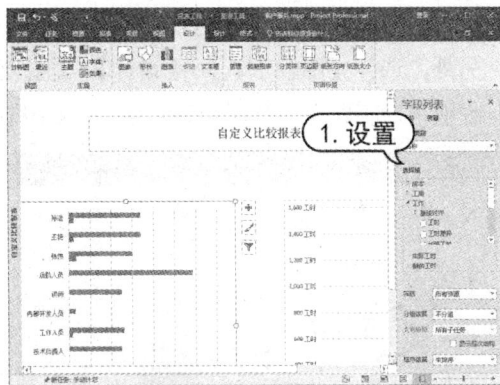

图 11-26　自定义比较报表

11.4　美化预定义报表

Project 2016 中的预定义报表不同于旧版本的预定义报表。它以新型的图表样式进行显示。其图表和表格样式类似于 Office 组件中的 Excel 图表和 Word 表格。用户可以像设置 Excel 中图表和 Word 表格样式和格式的方法，来美化预定义报表。

11.4.1　美化图表

选择【报表】|【查看报表】|【成本】|【任务成本概述】选项，创建预定义报表。然后，在【图表工具】选项卡中，如图 11-27 所示，可以设置图表的样式、插入形状、形状样式颜色的布局样式等格式。

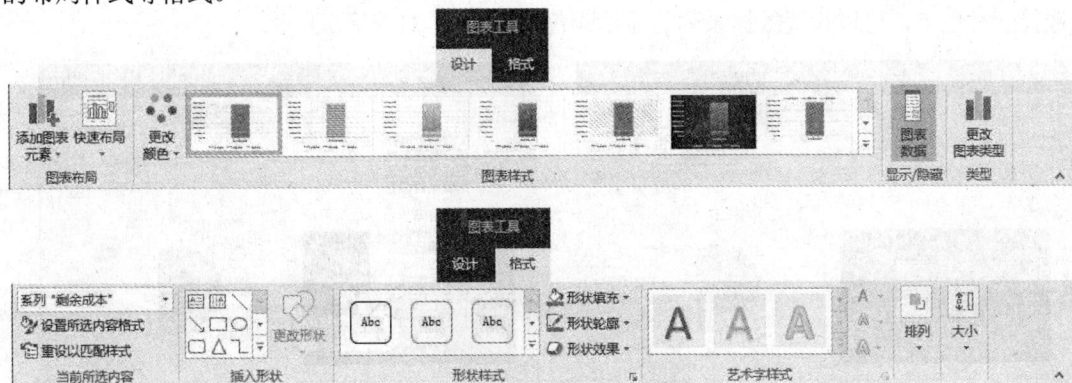

图 11-27　图表工具

1. 设置图表布局

选择图表，选择【图表工具】|【设计】|【图表布局】|【快速布局】选项，在展开的列表中选择一种布局样式，如图 11-28 所示。

另外，选择【图表工具】|【设计】|【图表布局】|【添加图表元素】|【数据标签】|【轴内侧】选项，为图表添加数据标签元素，如图 11-29 所示。

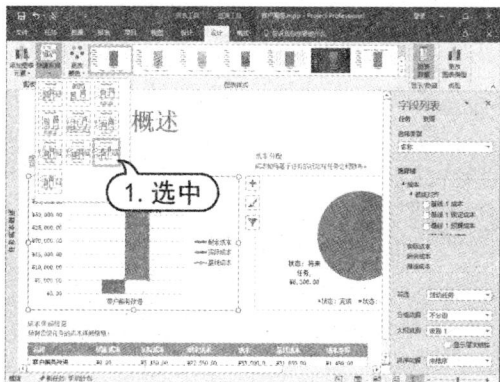

图 11-28　设置布局样式

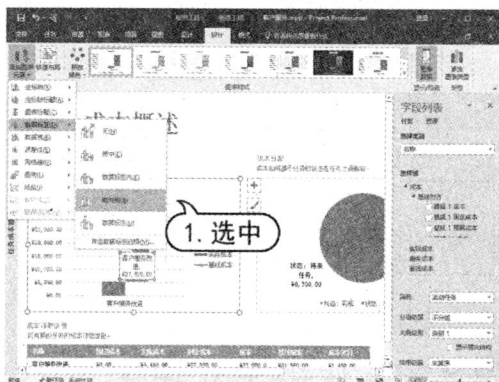

图 11-29　添加数据标签元素

> **知识点**
>
> 选择【图表布局】|【添加图表元素】|【数据标签】|【其他数据标签选项】选项，可在打开的【设置数据标签格式】窗格中，设置数据标签的格式。

2. 设置图表样式

选择图表，选择【图表工具】|【设计】|【图表样式】|【快速样式】|【样式 6】选项，设置图表的样式，如图 11-30 所示。

选择图表，选择【图表工具】|【设计】|【图表样式】|【更改颜色】选项，在展开的列表中选择一种色卡，可以设置数据系列的显示颜色，如图 11-31 所示。

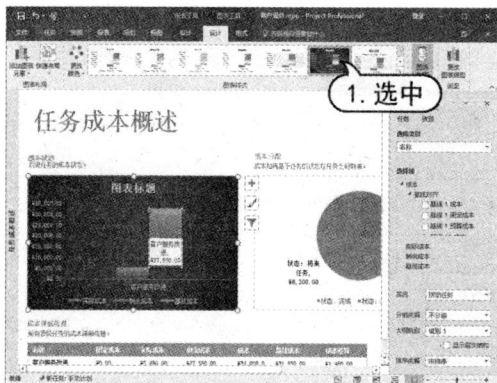

图 11-30　更改图表样式

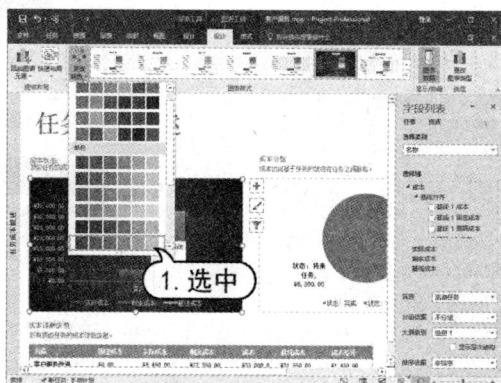

图 11-31　更改图表颜色

3. 设置形状样式

选择图表，选择【图表工具】|【格式】|【形状样式】选项，在其列表中选择一种样式即可，如图 11-32 所示。

另外，选择【图表工具】|【格式】|【形状样式】|【形状效果】|【棱台】|【角度】选项，即可设置图表的形状效果，如图 11-33 所示。

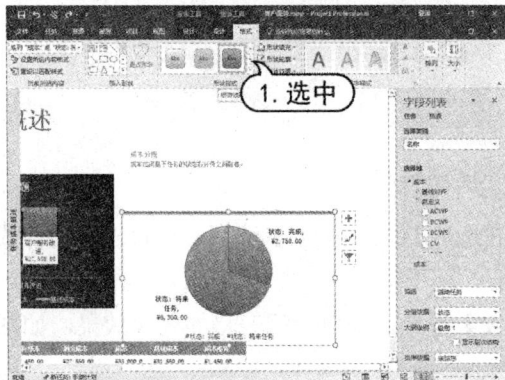

图 11-32　设置形状样式

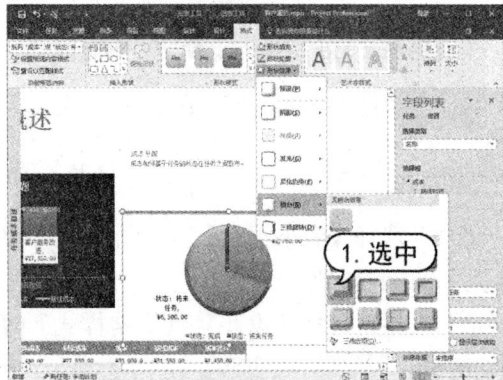

图 11-33　设置形状效果

> **知识点**
>
> 用户可通过选中【格式】|【形状样式】|【形状填充】和【形状轮廓】选项，自定义图表形状的填充颜色和轮廓效果。

⑪.4.2　美化表格

创建一个包含表格的报表，例如创建成本类型中的"关键任务"报表。选择报表中的表格，选择【表格工具】|【设计】|【表格格式】选项，在其列表中选择一种样式，如图 11-34 所示。

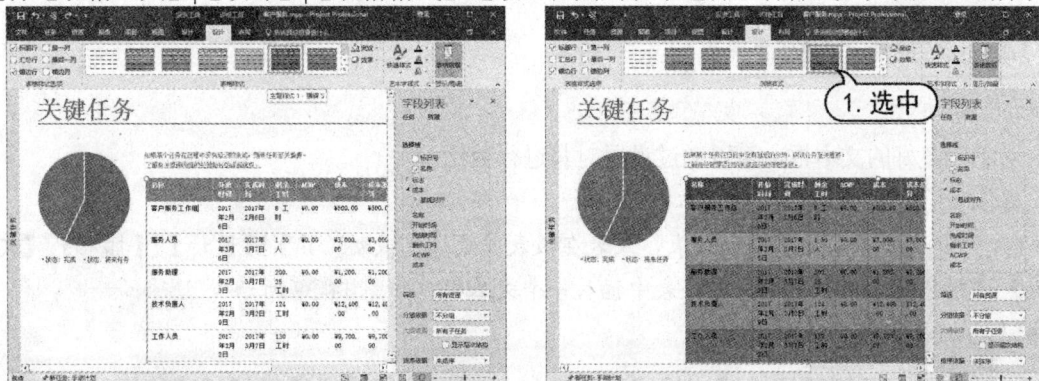

图 11-34　套用表格样式

同时，选择【表格工具】|【设计】|【表格样式】|【效果】|【阴影】选项，在其列表中选择一种样式，即可设置表格的阴影效果，如图 11-35 所示。

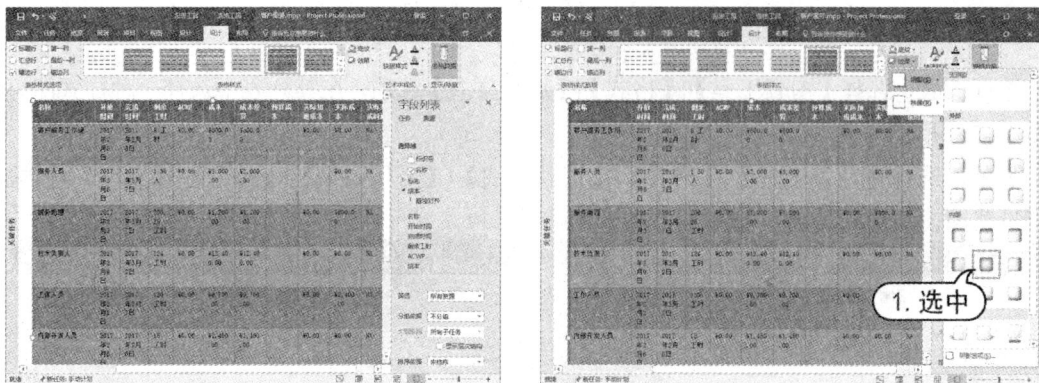

图 11-35　设置表格阴影效果

另外，选择【表格工具】|【设计】|【表格样式选项】|【镶边列】选项，设置表格的样式选项，如图 11-36 所示。

选择表格，选择【设计】|【表格样式】|【底纹】选项，即可设置表格的底纹效果，如图 11-37 所示。

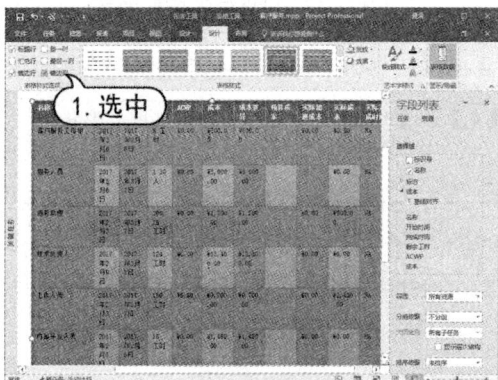

图 11-36　设置表格镶边列

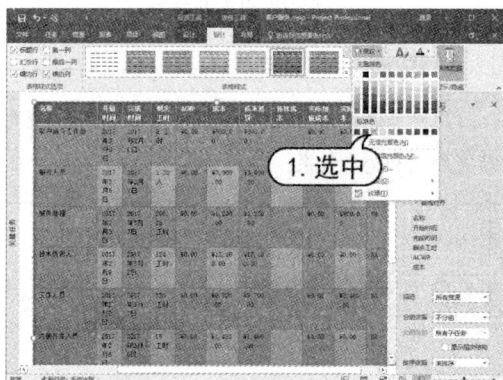

图 11-37　设置表格底纹

11.4.3　美化文本框

对于创建好的文本框，可以通过设置对其进行美化。

【例 11-3】在报表中美化文本框。

(1) 创建一个包含文本框的报表，或者在报表中选择【报表工具】|【设计】|【插入】|【文本框】|【横排文本框】选项，在报表中插入一个文本框，如图 11-38 所示。

> **知识点**
>
> 选择文本框，选择【格式】|【形状样式】|【形状填充】或【形状轮廓】或【形状效果】选项，即可自定义文本框的形状样式。

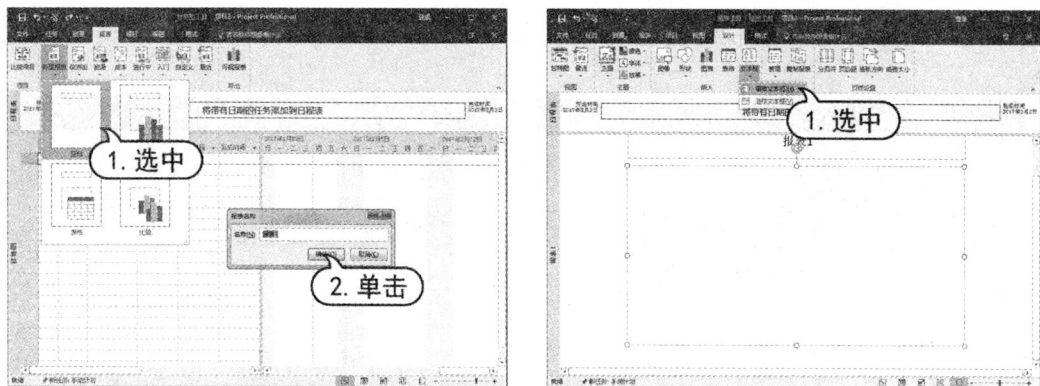

图 11-38 创建报表

(2) 选择文本框，选择【绘图工具】|【格式】|【形状样式】|【其他】|【细微效果-蓝色，强调颜色 1】选项，设置文本框的形状样式，如图 11-39 所示。

(3) 选择【绘图工具】|【格式】|【艺术字样式】选项，选择一种艺术字样式，即可设置文本框中文本的艺术字效果，如图 11-40 所示。

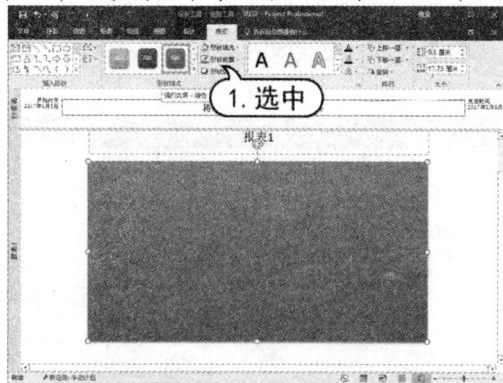

图 11-39 设置形状样式

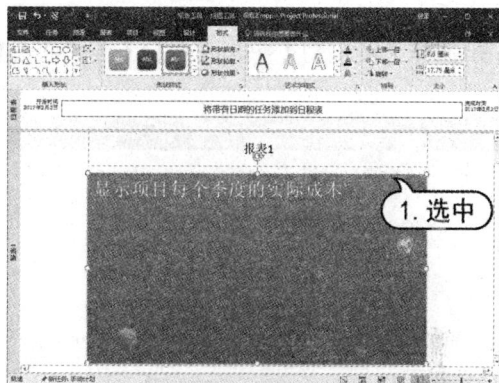

图 11-40 设置艺术字样式

提示

选择文本框，单击【艺术字样式】|【对话框启动器】按钮，即可在打开的【设置形状格式】对话框中自定义艺术字的格式。

11.5 上机练习

本章的上机练习主要通过"商业建筑"项目进行。为了能够查看、对比项目进度与规划之间的差异，也为了分析项目数据，在本上机练习中，利用 Project 2016 中的报表及可视报表功能，准确地显示与分析成本、工时及项目日程。

(1) 启动 Project 2016 应用程序，打开项目文档"商业建筑"。

(2) 选择【报表】|【查看报表】|【成本】|【现金流量】选项，创建现金流量报表，如图 11-41 所示。

(3) 选择图表，在【字段列表】|【选择域】列表框中设置禁用与启用相应的字段，如图 11-42 所示。

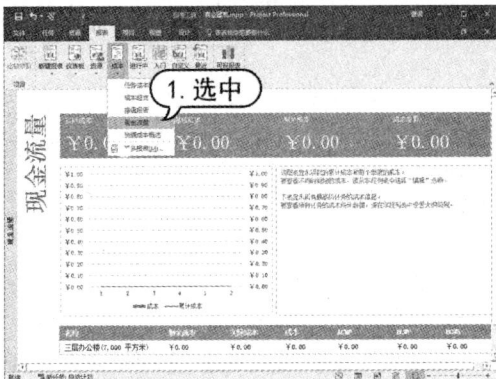

图 11-41　创建现金流量报表

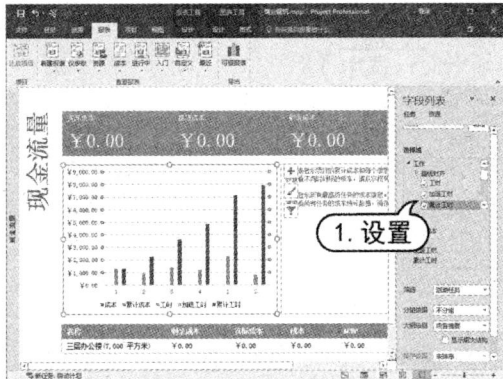

图 11-42　设置图表字段

(4) 选择【报表】|【查看报表】|【进行中】|【关键任务】选项，创建关键任务报表，如图 11-43 所示。

(5) 选择【报表】|【查看报表】|【新建报表】|【比较】选项，自定义比较报表，如图 11-44 所示。

图 11-43　创建关键任务报表

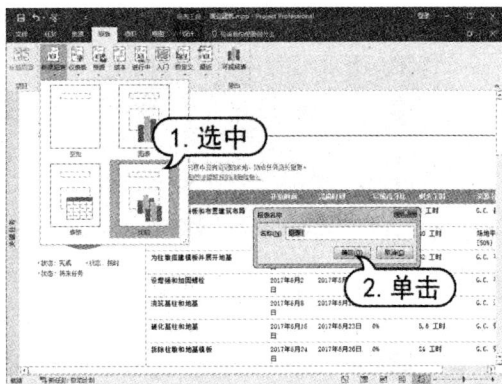

图 11-44　自定义比较报表

(6) 在打开的对话框中自定义报表名称，单击【确定】按钮，完成设置，如图 11-45 所示。

(7) 选择左侧的图表，在【字段列表】窗格中，取消选中所有的字段，如图 11-46 所示。

(8) 依次选择【工作】列表中的【工时】、【工时差异】、【加班工时】、【剩余工时】复选框，如图 11-47 所示。

(9) 选择【报表】|【导出】|【可视报表】选项，选择【任务分配状况】选项卡，选择【现金流报表】选项，单击【查看】选项，生成可视报表，如图 11-48 所示。

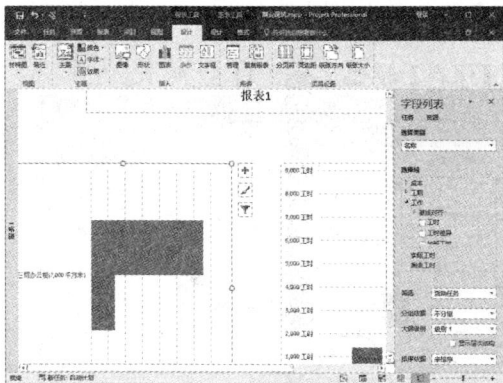

图 11-45　设置报表名称

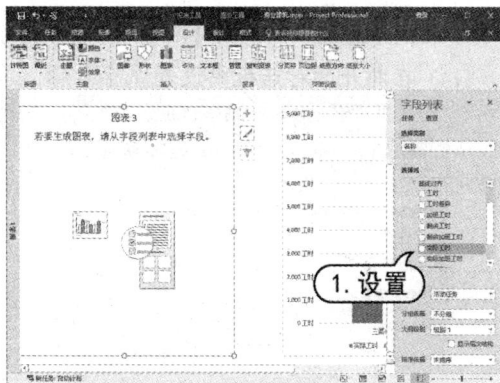

图 11-46　取消选中字段

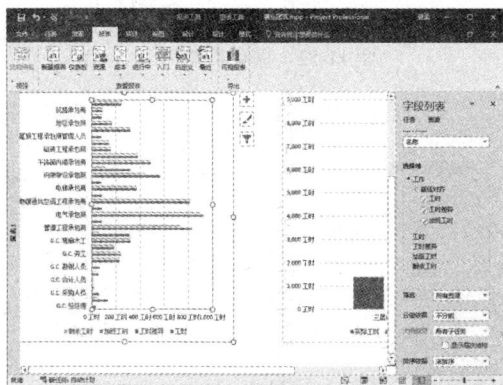

图 11-47　添加字段

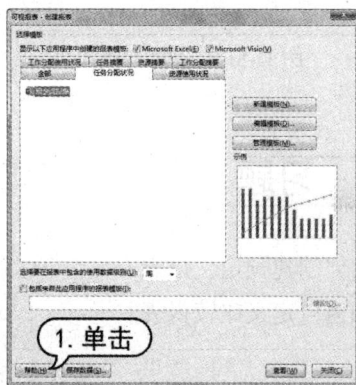

图 11-48　生成可视报表

(10) 此时，打开【现金流报表】工作表，如图 11-49 所示。

(11) 选择【字段列表】选项，在【数据透视图字段】列表中，设置需要显示的字段，如图 11-50 所示。

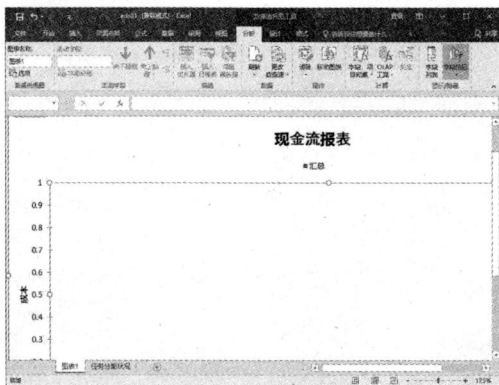

图 11-49　添加字段

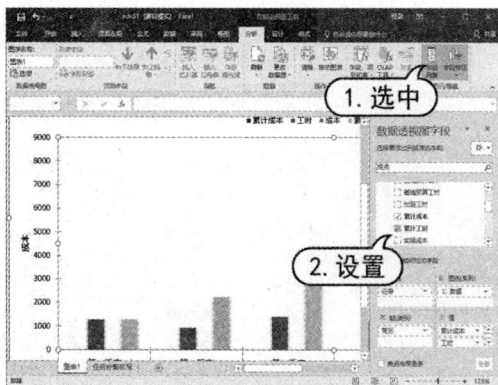

图 11-50　生成可视报表

(12) 返回【可视报表-创建报表】对话框中，选择【任务分配情况】选项卡，选择【现金流报表】选项，单击【保存数据】按钮。

(13) 在打开的【可视报表-保存报表数据】对话框中，选择【任务分配状况】选项，单击

【保存数据库】按钮，如图 11-51 所示。

(14) 在打开的对话框中设置保存名称，单击【保存】按钮，如图 11-52 所示。

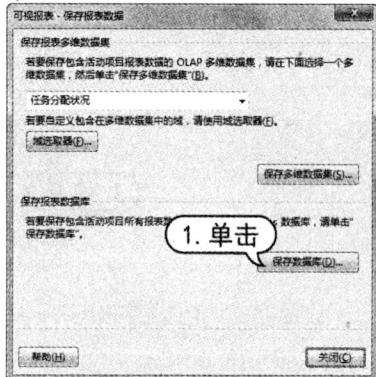

图 11-51　选择报表类型　　　　　　　　　　图 11-52　保存类型

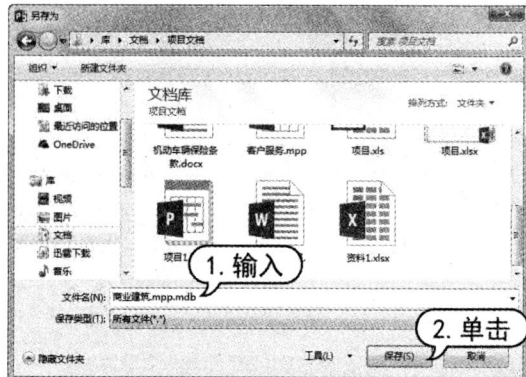

11.6　习题

1. 如何创建预定义报表？
2. 如何自定义比较报表？

第12章

商业建筑项目管理实例

学习目标

为了使项目能够按照计划顺利实施，需要利用 Project 2016 中的多重项目管理的功能，拆分、合并项目计划，从而减轻项目经理在实际工作中面临的庞大负担。本章主要通过创建商业建筑项目，来介绍创建项目、工作分配、跟踪项目和打印项目等内容。

本章重点

- ⊙ 设置任务和资源
- ⊙ 工作分配
- ⊙ 合并项目
- ⊙ 跟踪进度
- ⊙ 项目报表

12.1 实例背景

商业建筑在如今社会发展领域中占据主要地位。一个大型的房地产项目从筹办到竣工是一个庞大且复杂的过程，既需要办理各种审批手续，又需要进行建筑师设计与可行性分析等。因此，在规划与执行房地产项目时，为了确保项目的合理性、紧密性，项目管理人不仅需要使用 Project 2016 中的基础功能启动项目与规划项目，还需要使用 Project 2016 中的多重项目管理功能进行项目合并。

在房地产开发项目中，主要介绍了房地产开发的大体流程，其整体项目规划主要分为"合并或收购"、"建筑师设计"和"可行性分析"3个项目。每个项目分别由不同的负责人规划与执行。为了分析与查阅项目成本、资源使用状况、项目进度等信息，需要将3个项目合并为1个完整的商业建筑项目。在本实例中，主要以"建筑师设计"项目文档为基础，介绍创建项目、设置任务和资源、工作分配等基础操作。另外，以"建筑师设计"项目为主项目，将"评估分析"和"可行性分析"项目合并进来。其实例最终效果如图 12-1 所示。

在使用 Project 2016 管理商业建筑项目之前，项目管理人还需要根据项目的实际情况对项目进行任务分解。项目任务分解图如图 12-2 所示。

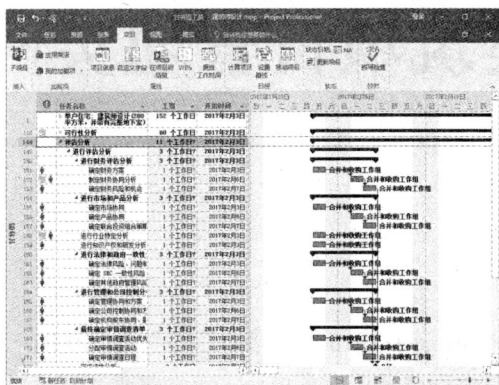

图 12-1　商业建筑项目

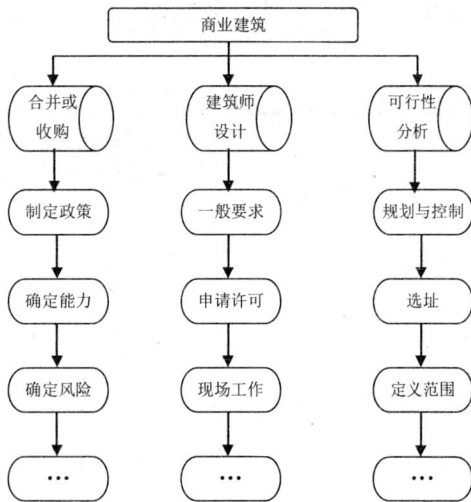

图 12-2　项目任务分解图

12.2　创建项目

在制作"建筑师设计"项目规划之前，需要创建项目，主要包括设置项目的开始时间、设置项目的工作时间等操作。具体操作步骤如下所述。

(1) 启动 Project 2016 应用程序，自动新建一个名为"项目 1"的项目文档，如图 12-3 所示。在快速访问工具栏中单击【保存】按钮，打开【另存为】对话框，选择保存位置，在【文件名】文本框中输入"建筑师设计"，单击【保存】按钮，保存新命名的项目文档，如图 12-4 所示。

图 12-3　新建项目文档

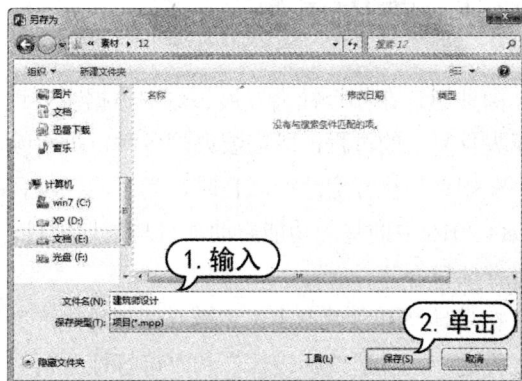

图 12-4　另存项目文档

(2) 打开【项目】选项卡，在【属性】组中单击【项目信息】按钮，如图 12-5 所示。打开【"建筑师设计"的项目信息】对话框，设置开始日期为【2017 年 4 月 1 日】，单击【确定】按钮，完成设置项目开始时间的操作，如图 12-6 所示。

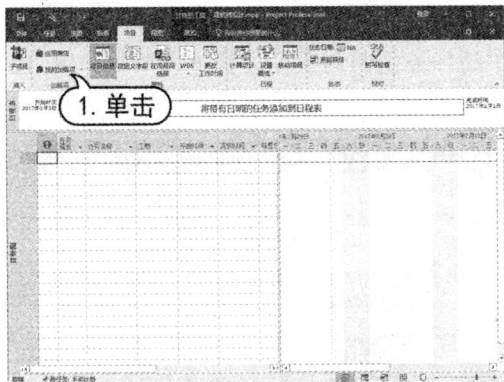

图 12-5　单击【项目信息】按钮　　　图 12-6　【"建筑师设计"的项目信息】对话框

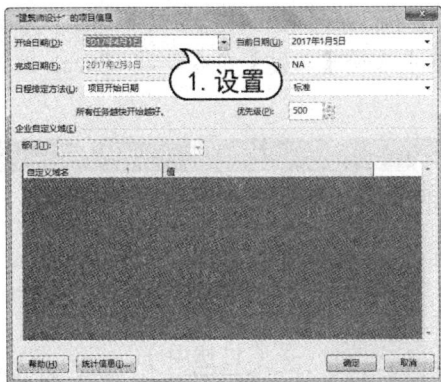

(3) 在【项目】选项卡的【属性】组中单击【更改工作时间】按钮，打开【更改工作时间】对话框，保存默认设置，单击【选项】按钮，如图 12-7 所示。

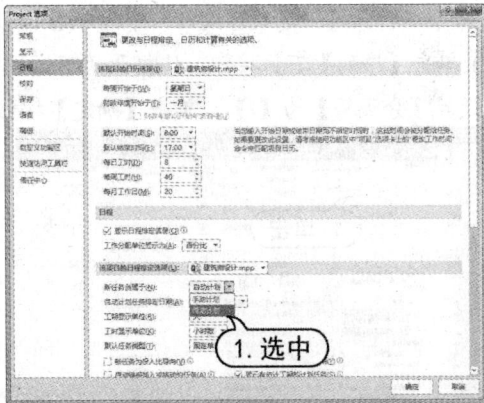

(4) 单击【选项】按钮，打开【Project 选项】对话框，在【日程】选项区域中单击【新任务创建于】右侧的下拉按钮，从打开的下拉菜单中选择【自动计划】选项，单击【确定】按钮，完成新项目的设置，如图 12-8 所示。

(5) 在快速访问工具栏中单击【保存】按钮，保存新建的"建筑师设计"项目文档。

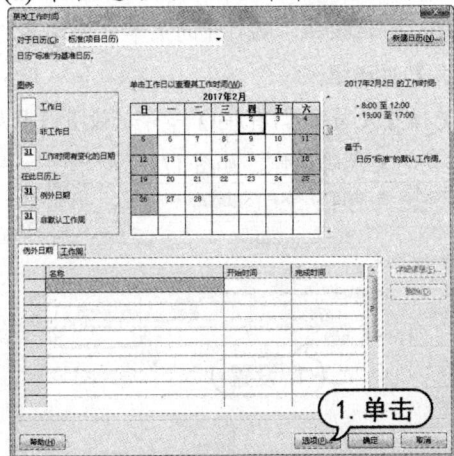

图 12-7　【更改工作时间】对话框　　　图 12-8　【Project 选项】对话框

12.3　规划项目

创建项目之后，项目管理者就可以开始规划项目了。规划项目主要包括制定项目任务、估算任务工期、设置固定成本、链接任务、分配工作等操作。具体操作步骤如下所述。

(1) 启动 Project 2016 应用程序，打开"建筑师设计"的项目文档。

(2) 启动 Excel 2016 应用程序，打开"建筑师设计"工作簿的 Sheet1 工作表，选择所有的任务名称，右击，从打开的快捷菜单中选择【复制】命令，如图 12-9 所示。

(3) 在"建筑师设计"项目文档中，右击【任务名称】列中的第一个单元格，从打开的快捷菜单中选择【粘贴】命令，将 Excel 工作表中的任务复制到项目文档中，效果如图 12-10 所示。

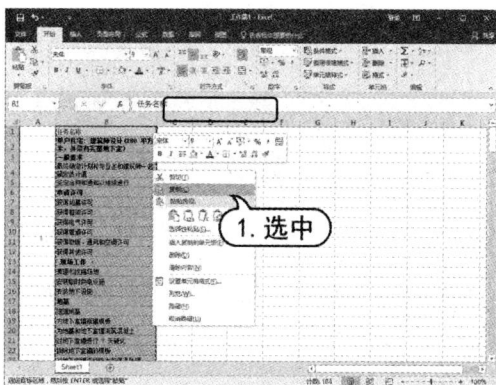

图 12-9　复制任务名称

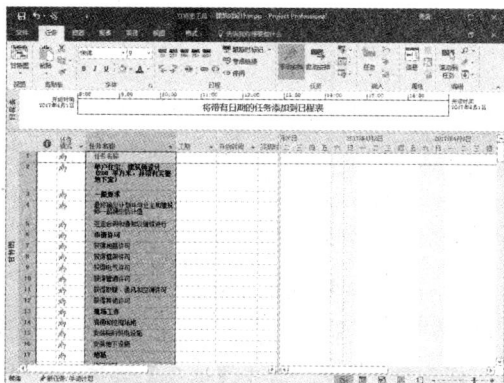

图 12-10　在项目文档中粘贴任务名称

(4) 同时选中标识号为 2~54 的任务，打开【任务】选项卡，在【日程】组中单击【降级任务】按钮，对任务进行降级操作。

(5) 使用同样的方法，对其他任务进行降级操作，效果如图 12-11 所示。

(6) 打开【项目】选项卡，在【属性】组中单击 WBS 下拉按钮，从打开的菜单中选择【定义代码】命令，打开【"建筑师设计"中的 WBS 代码定义】对话框。

(7) 单击【序列】下拉按钮，从打开的下拉菜单中选择【大写字母(有序)】命令，设置【长度】为 3，设置【分隔符】为【/】，单击【确定】按钮，完成定义代码操作，如图 12-12 所示。

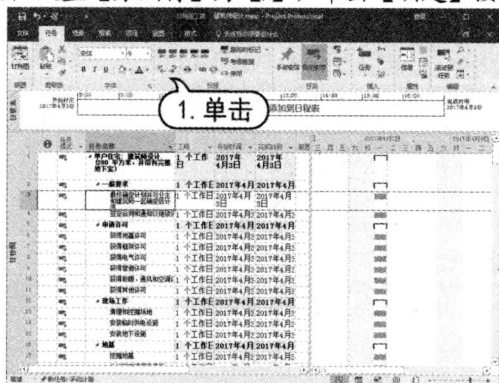

图 12-11　降级任务

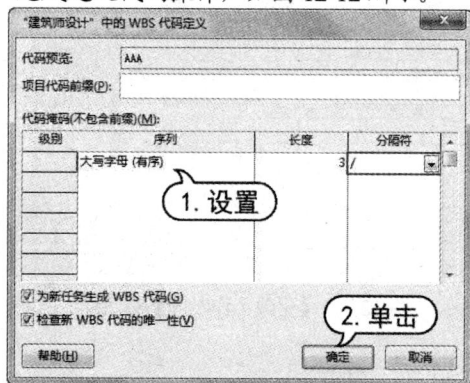

图 12-12　WBS 代码定义

(8) 右击【标记】列，从打开的快捷菜单中选择【插入列】命令，此时自动插入新列，并打开域名称列表框，选择 WBS 选项，插入 WBS 域，如图 12-13 所示。

(9) 在标号为 3 的任务对应的【工期】列中输入 5，按 Enter 键，为任务设置预计工期。

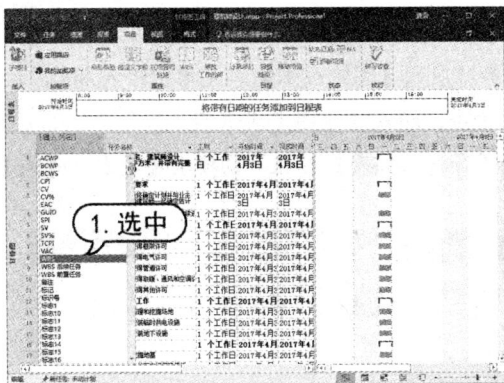

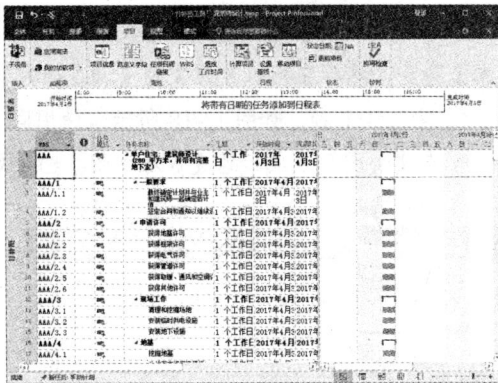

图 12-13　插入 WBS 域

(10) 使用同样的方法，分别为其他任务设置估计工期，效果如图 12-14 所示。

(11) 同时选中标识号为 3~20 的任务，打开【任务】选项卡，在【日程】组中单击【链接任务】按钮，为任务创建【完成-开始】链接关系。

(12) 使用同样的方法，创建其他任务之间的链接，最终效果如图 12-15 所示。

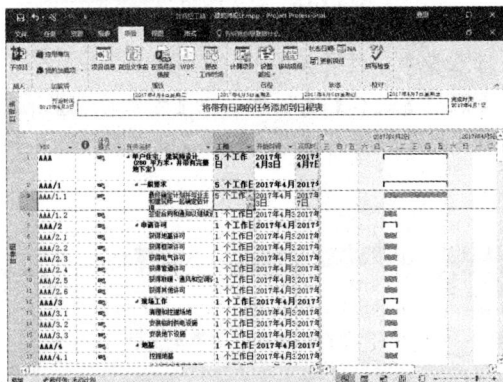

图 12-14　设置任务工期

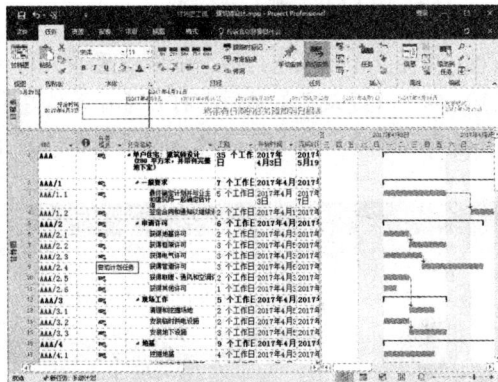

图 12-15　链接任务

(13) 选中标识号为 5 的任务，在【任务】选项卡的【属性】组中单击【备注】按钮，打开【任务信息】对话框。

(14) 在【备注】文本框中输入文本"商业建筑企业资质证明文件"，如图 12-16 所示。

(15) 单击【确定】按钮，将指针移动到标记栏中的，显示备注文本，如图 12-17 所示。

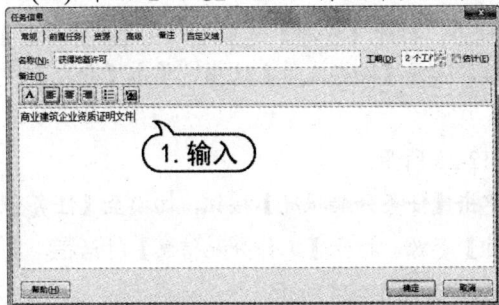

图 12-16　【任务信息】对话框

图 12-17　显示备注文本

(16) 打开【视图】选项卡，在【数据】组中单击【表格】下拉按钮，从打开的下拉菜单中选择【成本】命令，然后在标识号为3的【调查研究】任务对应的【固定成本】单元格中输入300，按Enter键，输入成本额，如图12-18所示。使用同样的方法，输入其他固定成本额。

(17) 在【视图】选项卡的【资源视图】组中单击【资源工作表】按钮，切换至【资源工作表】视图，在其中输入所需的资源，如图12-19所示。

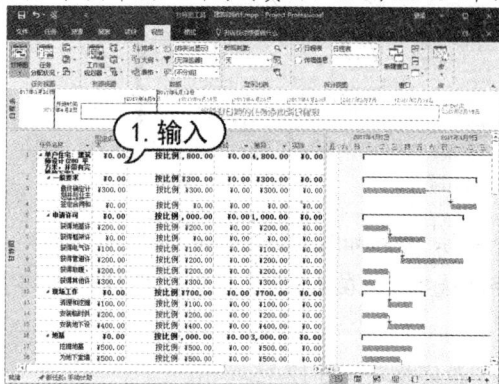

图12-18　输入成本额

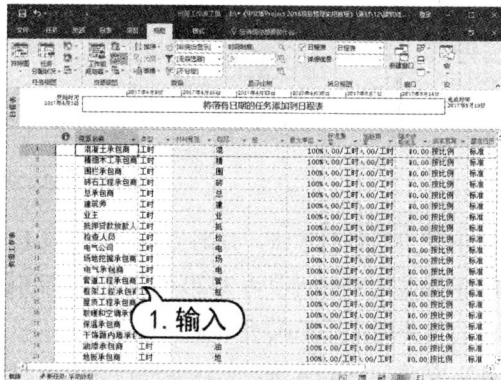

图12-19　输入资源

(18) 在资源工作表中为各个资源设置最大单位、标准费率，效果如图12-20所示。

(19) 双击【建筑师】资源，打开【资源信息】对话框的【成本】选项卡，在【生效日期】第2个单元格中设置日期为【2017年5月5日】，将【标准费用】设置为260，单击【确定】按钮，如图12-21所示。

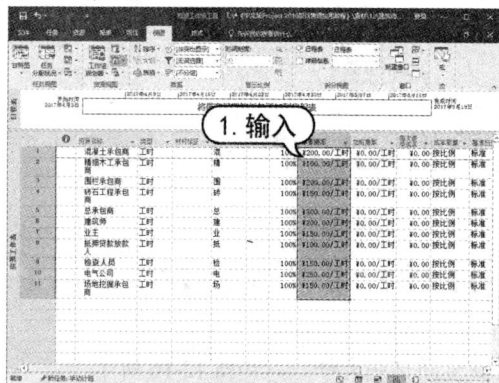

图12-20　设置最大单位、标准费率

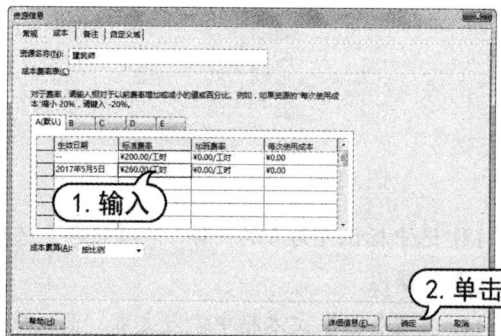

图12-21　【资源信息】对话框

(20) 切换至【甘特图】视图，选中标识号为4的任务，打开【资源】选项卡，在【工作分配】组中单击【分配资源】按钮，打开【分配资源】对话框，选择【检查人员】选项，单击【分配】按钮，如图12-22所示。

(21) 使用同样的方法，分配其他资源，效果如图12-23所示。

(22) 打开【视图】选项卡，在【任务视图】组中单击【任务分配状况】按钮，切换至【任务分配状况】视图，双击标识号为4的任务下的【检查人员】资源，打开【工作分配信息】对话框，更改开始时间为【2017年5月4日】，单击【确定】按钮，如图12-24所示。

(23) 双击【获得地基许可】任务下的【场地挖掘承包商】资源，打开【工作分配信息】对话框，单击【工时分布图】下拉按钮，从弹出的下拉列表中选择【先峰分布】选项，单击【确定】按钮，如图 12-25 所示。

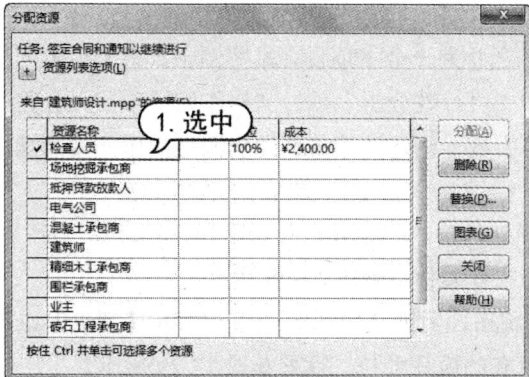

图 12-22　【分配资源】对话框

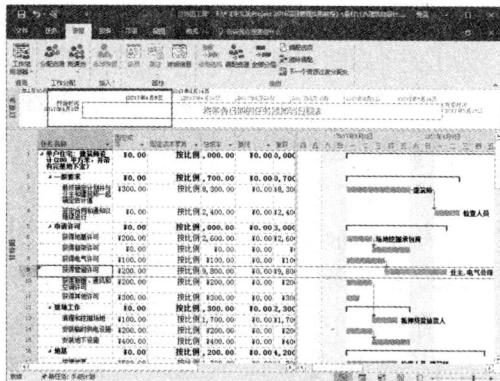

图 12-23　分配资源

图 12-24　设置开始时间

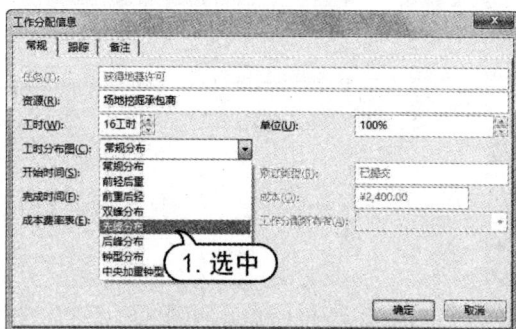

图 12-25　设置工时分布

(24) 在快速访问工具栏中单击【保存】按钮，保存"建筑师设计"项目文档。

💡 **提示**

参照第 12.2 节和 12.3 节的操作步骤，创建和规划"合并或收购"和"可行性分析"项目文档，效果如图 12-26 和图 12-27 所示。

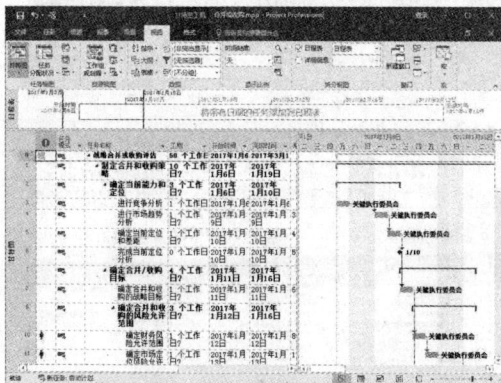

图 12-26　"合并或收购"项目文档

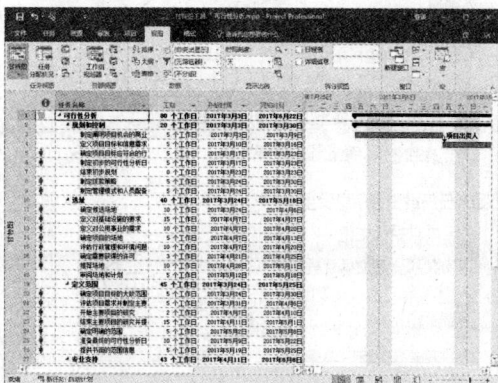

图 12-27　"可行性分析"项目文档

12.4 合并项目

　　为了便于跟踪与控制项目，需要将所有的项目合并为一个主项目。本案例中，将"建筑师设计"项目文档作为主项目，将"合并或收购"和"可行性分析"项目文档作为子项目。合并项目主要包括创建资源池、插入项目、添加【项目】域、创建链接与调配资源等操作。具体操作步骤如下所述。

　　(1) 启动 Project 2016 应用程序，打开"建筑师设计"、"合并或收购"和"可行性分析"项目文档。然后新建一个名为"商业建筑资源"的项目文档，如图 12-28 所示。

　　(2) 将所有的项目文档切换至【资源工作表】视图，打开【视图】选项卡，在【窗口】组中单击【全部重排】按钮 ，在一个窗口中显示所有的项目文档，效果如图 12-29 所示。

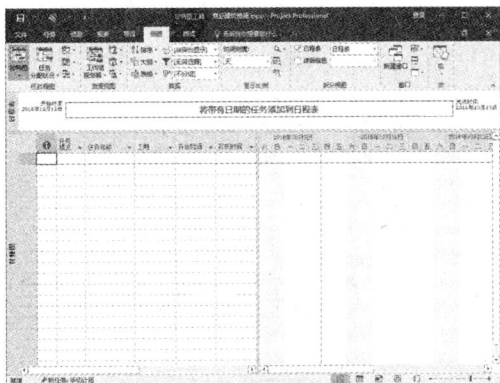

图 12-28 "商业建筑资源"项目文档

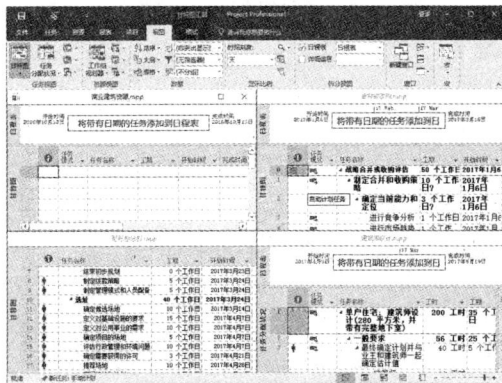

图 12-29 重排项目文档

　　(3) 切换"建筑师设计"项目文档，打开【资源】选项卡，在【工作分配】组中单击【资源池】下拉按钮，从打开的下拉菜单中选择【共享资源】命令，打开【共享资源】对话框，选中【使用资源】单选按钮，在【来自】下拉列表中选择【商业建筑资源】选项，单击【确定】按钮，如图 12-30 所示。

　　(4) 使用同样的方法，共享其他子项目资源，如图 12-31 所示。

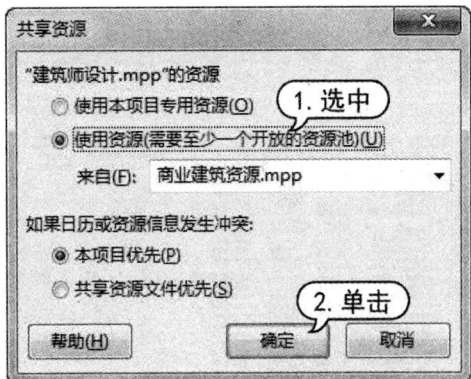

图 12-30 【共享资源】对话框

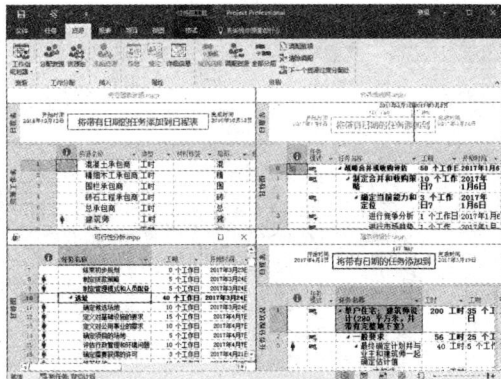

图 12-31 共享资源

(5) 最大化"建筑师设计"项目文档窗口，并切换至【甘特图】视图，选择标识号为 5 的任务，打开【项目】选项卡，在【插入】组中单击【子项目】按钮，打开【插入项目】对话框，选择【合并或收购】选项，单击【插入】按钮，即可插入【合并或收购】子项目，如图 12-32 所示。

图 12-32　插入【合并或收购】子项目

(6) 使用同样的方法，在标识号为 57 的任务中插入【可行性分析】子项目，效果如图 12-33 所示。

(7) 右击【任务名称】列标题，从打开的快捷菜单中选择【插入列】命令，自动插入新列，并在自动打开的下拉列表框中选择【项目】选项，此时即可显示项目分类，如图 12-34 所示。

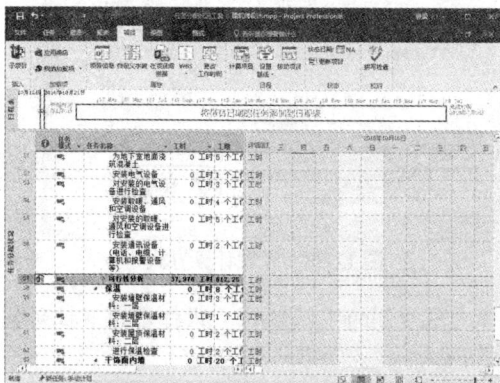

图 12-33　插入【可行性分析】项目

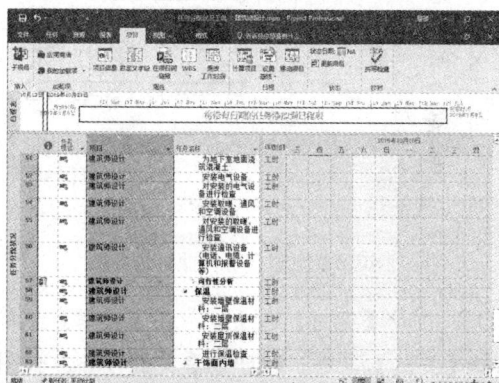

图 12-34　插入【项目】域

(8) 同时选中标识号为 7~8 的任务，打开【任务】选项卡，在【日程】选项卡中单击【取消链接任务】按钮，取消任务链接，然后选择任务 8 和 10，在【日程】选项卡中单击【链接任务】按钮，重新链接任务。

(9) 选择任务 13 与【合并或收购】子项目中的【确定内部对比合并和收购评估标准】任务，在【日程】选项卡中单击【链接任务】按钮。然后，双击【确定内部对比合并和收购评估标准】任务，打开【摘要任务信息】对话框的【前置任务】选项卡，设置类型为【开始-开始】，如图 12-35 所示。

(10) 单击【确定】按钮，完成任务的链接操作，此时效果如图 12-36 所示。

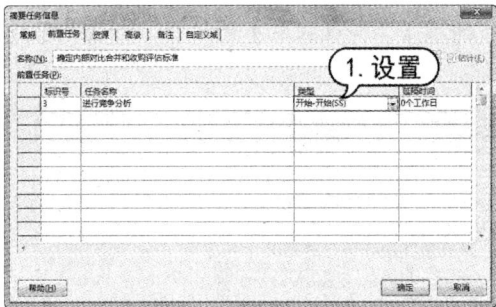

图 12-35　【摘要任务信息】对话框

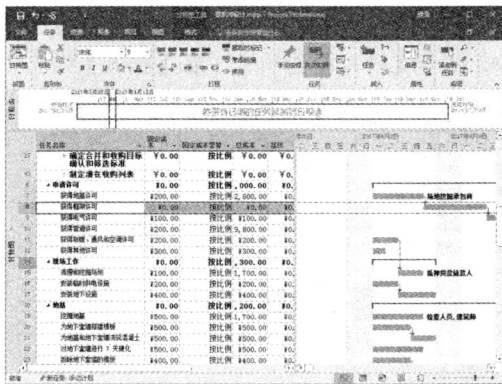

图 12-36　重新链接【合并或收购】子项目中的任务

　　(11) 使用同样的方法更改主项目与【可行性分析】子项目的任务链接关系，最终效果如图 12-37 所示。

　　(12) 单击【文件】按钮，从打开的【文件】菜单中选择【选项】命令，打开【Project 选项】对话框的【高级】选项卡，在【该项目的计算选项】选项区域中选中【计算多重关键路径】复选框，单击【确定】按钮，如图 12-38 所示。

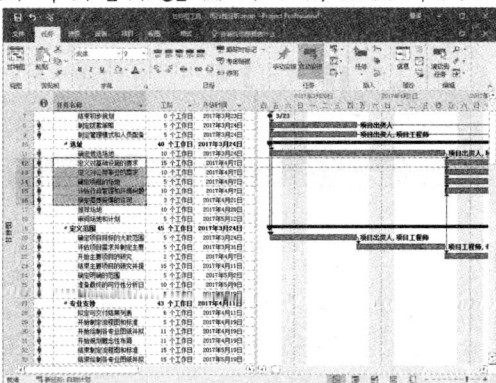

图 12-37　重新链接可行性分析任务

图 12-38　设置计算方式

　　(13) 打开【视图】选项卡，在【数据】组单击筛选器右侧的下拉按钮，从打开的下拉列表中选择【关键】命令，即可查看关键任务，如图 12-39 所示。

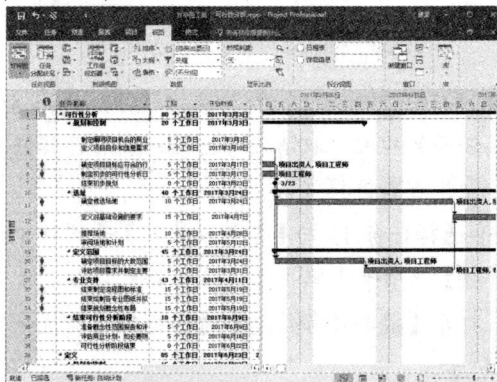

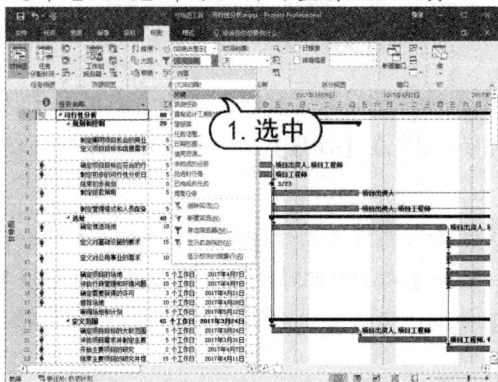

图 12-39　关键任务

12.5 跟踪项目

对于整理项目而言，用户可以使用 Project 2016 的跟踪功能来跟踪项目的实际执行情况。具体操作步骤如下所述。

(1) 在"建筑师设计"项目文档中，打开【项目】选项卡，在【日程】组中单击【设置基线】下拉按钮，从打开的下拉菜单中选择【设置基线】命令，打开【设置基线】对话框。

(2) 选中【设置基线】和【完整项目】单选按钮，单击【确定】按钮，如图 12-40 所示。

(3) 打开【视图】选项卡，在【任务视图】组中单击【其他视图】按钮，从打开的菜单中选择【其他视图】命令，打开【其他视图】对话框选择【任务工作表】选项，然后单击【应用】按钮，如图 12-41 所示。

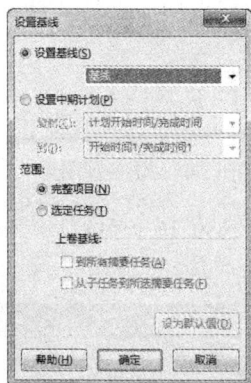

图 12-40　【设置基线】对话框　　　　图 12-41　【其他视图】对话框

(4) 在【任务工作表】视图中打开【视图】选项卡，在【数据】组中单击【表格】按钮，从打开的菜单中选择【差异】命令，切换至对应的视图，查看基线开始时间、基线完成时间等信息，如图 12-42 所示。

(5) 在任务栏中单击【甘特图】按钮，切换至【甘特图】视图，选中标识号为 7~10 的任务，打开【任务】选项卡，在【日程】组中单击【完全完成】按钮 ，即可完成跟踪任务操作。此时，项目效果如图 12-43 所示。

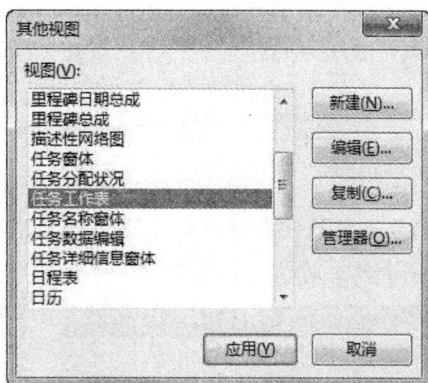

图 12-42　查看基线信息　　　　　　图 12-43　跟踪任务

计算机 基础与实训教材系列

(6) 打开【项目】选项卡，在【状态】组中单击【更新项目】按钮，打开【更新项目】对话框，设置【将任务更新为在此日期完成】中的日期为【2017 年 7 月 3 日】，单击【确定】按钮，如图 12-44 所示，完成任务的更新操作。

(7) 打开【视图】选项卡，在【数据】组中单击【表格】按钮，从打开的菜单中选择【工时】命令，切换至对应的视图，如图 12-45 所示。

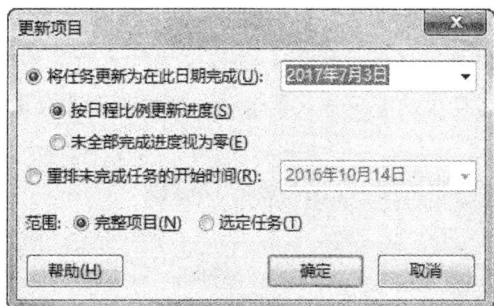

图 12-44　更新项目

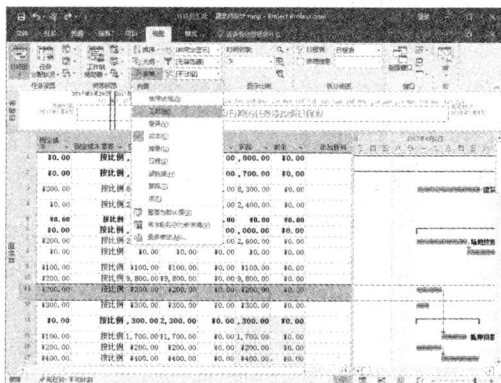

图 12-45　切换视图

(8) 将标识号为 7 的任务对应的【实际】工时更改为 14(原来为 16 工时)，按 Enter 键，系统会自动计算剩余的工时值，如图 12-46 所示。

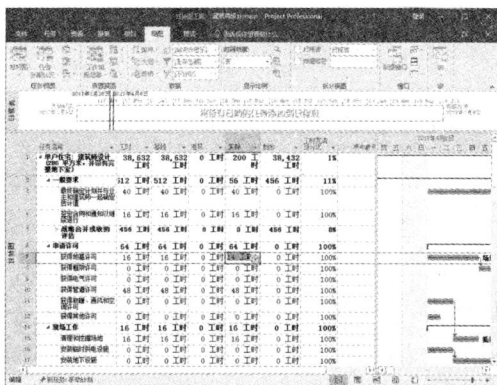

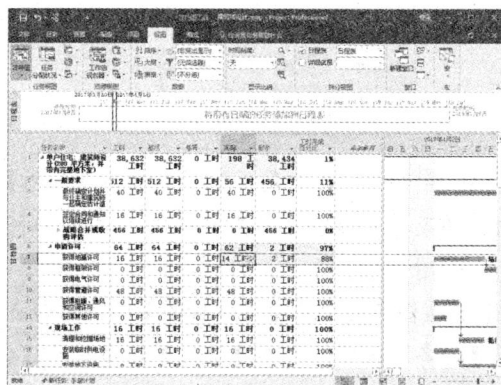

图 12-46　修改实际工时值

12.6　结束项目

在项目结束时，需要将项目视图、数据等信息输出到纸张中。同时，为了便于更好地分析项目数据，用户还可以将项目数据以可视报表或报表的形式输出。具体操作步骤如下所述。

(1) 在"建筑师设计"项目文档中，切换至【甘特图】视图，打开【甘特图工具】的【格式】选项卡，在【条形图样式】组中单击【格式】下拉按钮，从打开的下拉菜单中选择【条形图样式】选项，打开【条形图样式】对话框。

(2) 打开【条形图】选项卡，在【头部】和【尾部】的【形状】下拉列表中选择【◎】形状，设置【颜色】为【绿色】；在【中部】的【颜色】下拉列表中选择【紫色】色块，如图 12-47 所示。

(3) 单击【确定】按钮，完成条形图的设置。其效果如图 12-48 所示。

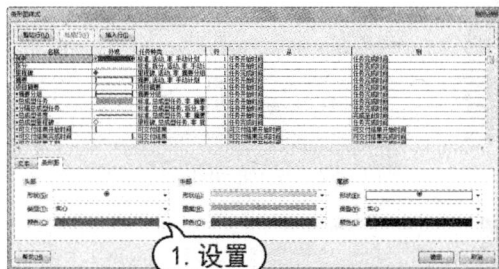

图 12-47　【条形图样式】对话框

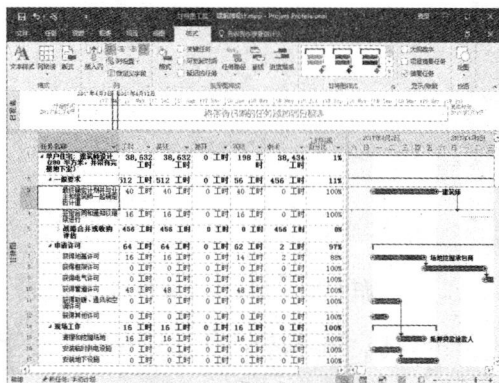

图 12-48　显示条形图格式

(4) 选择【报表】选项卡，在【查看报表】组中，选择【资源】|【资源概述】选项，如图 12-49 所示。

(5) 打开【资源概述】视图，查看相关数据，如图 12-50 所示。

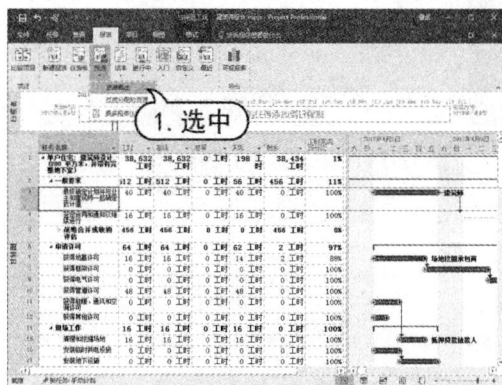

图 12-49　【报表】对话框

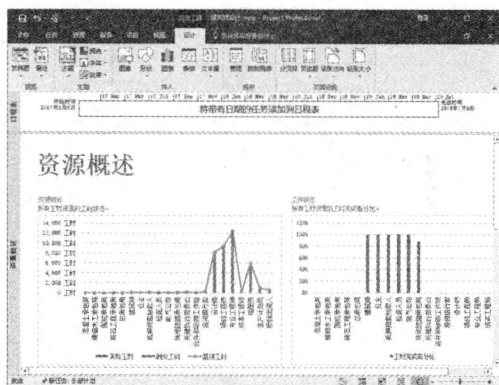

图 12-50　【成本报表】对话框

(6) 选择【文件】|【打印】选项，此时自动打开打印预览窗格，在其中显示成本报表，如图 12-51 所示。

(7) 在预览窗格中单击【单页】按钮，预览单页报表的打印效果，如图 12-52 所示。

(8) 单击【下一页】按钮 ▼，查看下一页报表的打印效果。

(9) 在中间的打印设置窗格中，单击【页面设置】选项，打开【页面设置-资源概述】对话框。

(10) 选择【页脚】选项卡，在【居中】文本框的开始处单击，然后单击【插入总页数】按钮圐，单击【确定】按钮，如图 12-53 所示，插入总页数标记。

(11) 完成设置后，返回至打印预览窗格中查看打印效果，在中间的打印设置窗格的【份数】微调框中输入 5，在【打印机】下拉列表中选择当前打印机，单击【打印】按钮，如图 12-54

计算机 基础与实训教材系列

所示，即可开始打印报表。

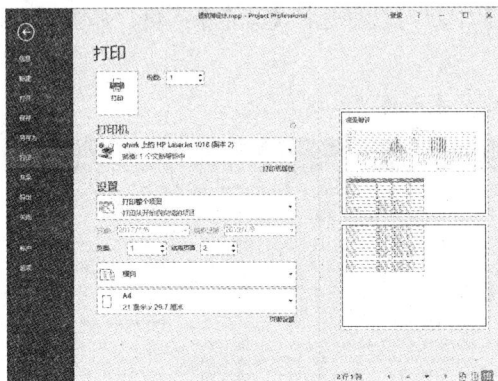

图 12-51　预览整个报表

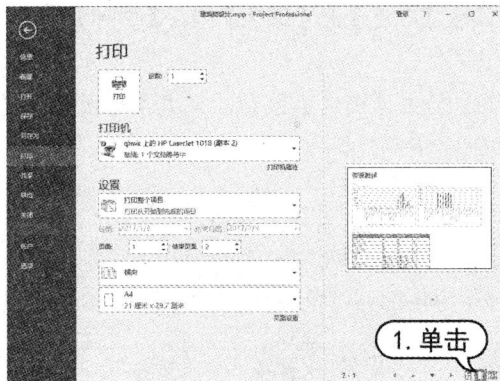

图 12-52　预览单页报表

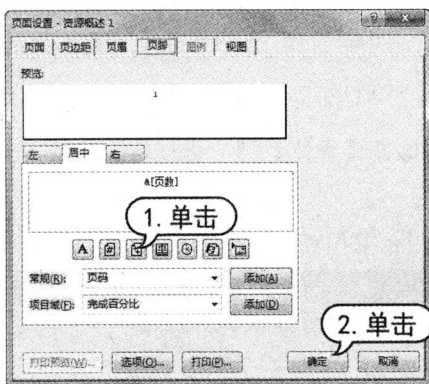

图 12-53　设置页脚

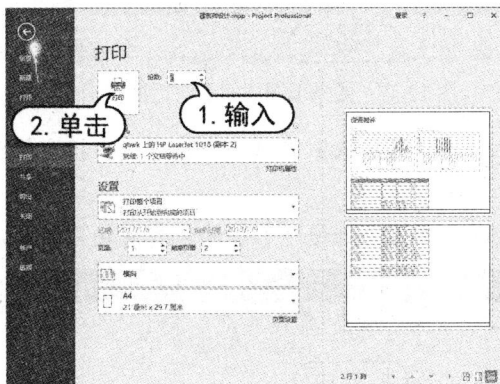

图 12-54　预览打印效果并打印报表